EinFach Deutsch
Unterrichtsmodell

Sprachursprung
Sprachskepsis
Sprachwandel

Diskussionen über die Sprache
von Herder bis heute

Erarbeitet von
Frank Schneider

Herausgegeben von
Johannes Diekhans

Baustein 3: Sprachbewusstsein und Sprachskepsis in der Moderne (S. 124–194 im Modell)

	Einführung		
3.1	Die Welt um 1900	Entwicklungen um 1900, Die Moderne, Der Naturalismus als Antwort auf eine veränderte Welt	Textarbeit, Tafelskizze Visualisieren: Mindmapping Recherche Arbeitsblatt 50–52
3.2	Das Thema „Sprache" in der Lyrik des jungen Rilke und des jungen Hofmannsthal	Frühe Sprachlyrik Rilkes und Hofmannsthals	Textarbeit, Folienskizze Arbeitsblatt 53–54
3.3	Hofmannsthals Chandos-Brief	Vorentlastung der Sachtextlektüre, Hofmannsthals „Ein Brief", Aufgaben zum Chandos-Brief (Inhalt, Form, Kritische Einordnung, Bündelung, Bildzuordnung), Sekundärliteratur zum Chandos-Brief (Zmegac, Grimminger, Wunberg, Mauser, König), Antworten auf den Chandos-Brief (100 Jahre danach)	Textarbeit, Tafelskizze, Folienskizze Visualisieren: Kausalitätsnetz Kooperieren: Sprechmühle Kooperieren: 3-Schritt-Interview Visualisieren: Concept map Schreiben: Fikt. Aktualisierung Arbeitsblatt 55–66
3.4	Sprachskepsis bei Nietzsche, Mauthner, Kraus und in der Lyrik	Zitate und Epigramme zur Sprache (Hofmannsthal), Lyrik zum Thema Sprache (Nietzsche, Hofmannsthal, Rilke, Benn, Gernhardt, Kraus), Nietzsche, Mauthner, Kraus	Textarbeit, Tafelskizze Visualisieren: Vergleichsdiagramm Arbeitsblatt 67–71
3.5	Überwindungsversuche zur Sprachkrise	Überwindungsversuche: Hofmannsthal (Das Gespräch über Gedichte), Stramm (Lyrik), Ball (Lyrik)	Textarbeit, Tafelskizze Kooperieren: Gruppenpuzzle Arbeitsblatt 72–74
3.6	Sprachskepsis nach 1945	Sprachskepsis nach 1945 (Borchert, Böll, Frisch), Lyrik nach Auschwitz? (Adorno, Enzensberger, Celan), Gedichte: Lyrik nach Auschwitz? (Zuordnungsrätsel), Gedichte von Sachs und Celan, Schwierigkeiten beim Schreiben der Wahrheit (Brecht, Heißenbüttel)	Textarbeit, Tafelskizze Schreiben: Fiktiver Dialog Schreiben: Aktualisierung Erörtern: Abschlussdiskussion Arbeitsblatt 75–79 Klausur: Zusatzmaterial 11–12

Baustein 4: Sprachwandel: Phänomen und Kritik (S. 195–251 im Modell)

	Einführung		
4.1	Das Phänomen des Sprachwandels	Streitgespräch (Keller, Krämer, Kekulé), Selbsttest zum Sprachwandel, Typen des Bedeutungswandels (Zuordnungsrätsel), Ursachen des Sprachwandels (Übersicht)	Textarbeit, Tafelskizze Visualisieren: Infoposter Kooperieren: Museumsführung Selbsttest Arbeitsblatt 80–83
4.2	Auf- und untergehende Wörter	Selektionsprozesse in der Sprache (Dambeck), Neue Wörter aus dem Netz (Michel), Auf- und untergehende Wörter (Duden, Schwarzbuch)	Textarbeit Experiment zur Sprache Arbeitsblatt 84–86
4.3	Warum geht die deutsche Sprache immer wieder unter? Anglizismen als Hauptfeld der Kritik am Sprachwandel	Texte zur Anglizismenverwendung: Stop making sense! (Sick), Zur Psychologie des Sprachimporteurs (Jessen), Kommentar zur gängigen Anglizismenkritik (Hoberg), Unglückliche Sprachen (Deutscher), Das schönste deutsche Wort (do Rock), Ausgewanderte Wörter	Textarbeit, Tafelskizze Kooperieren: Stationenlauf Erörtern: Fishbowl Visualisieren: PMI-Tabelle Erörtern: Meinungsbarometer Arbeitsblatt 87–92
4.4	Sprache und Sprachwandel im ausgehenden 20. und beginnenden 21. Jahrhundert	Amtsdeutsch (Selbsttest, Interview (Blaha), Vorschläge für Verständlichkeit), Geteiltes Deutsch? (DDR-BRD), Umdeutungen als Zeichen gesellschaftlicher Prozesse: Das Beispiel „schwul" (Martenstein), Jugendsprache-Geusenwortstrategie, e-Deutsch: Das Netz und die Sprache	Textarbeit, Tafelskizze, Selbsttest Schreiben: Märchen, Projektarbeit Arbeitsblatt 93–101
4.5	Moralische Sprachbeurteilung: Sprache und kommunikative Ethik	Können Wörter lügen? (Weinrich, Unwörter des Jahres), Unwort des 20. Jahrhunderts, Die Sprache der Kinder: „Opfer", „Hass spricht" (Butler), Zur Wortgeschichte „opfern", Political Correctness	Textarbeit, Tafelskizze Visualisieren: Grafik Erörtern: Abschlussdiskussion Arbeitsblatt 102–107 Klausur: Zusatzmaterial 13–14

Sprachursprung Sprachskepsis Sprachwandel

Baustein 1: Das Herder-Thema: Die Frage nach dem Ursprung der Sprache (S. 16–89 im Modell)

		Einführung		
	1.1	Sprache und Sprachursprungsfrage	Gedichte, Zitate, Bilder zum Thema „Sprache", Bibeltexte und Korrespondenztexte dazu, Traditionsbruch im 18. Jh., Bildung eigener Thesen zum Sprachursprung, Ebenen und Dimensionen der Sprachursprungsfrage, Typologie heutiger Theorie	Textarbeit, Tafelskizze Visualisieren: Cluster Recherche Kooperieren: Placemat Arbeitsblatt 1–6
	1.2	Positionen in der Sprachursprungsdiskussion vor Herder	Zuordnungspuzzle: Theoretiker – These, Die Epoche der Aufklärung, Condillacs Sprachursprungstheorie, Zirkel der Sprachursprungsfrage (Rousseau), Göttlicher Sprachursprung (Süßmilch)	Textarbeit, Tafelskizze Zuordnungspuzzle Schreiben: Glossar Visualisieren: Zeitstrahl Schreiben: Peer-Review Visualisieren: Textgrafik Kooperieren: Gruppenpuzzle Arbeitsblatt 7–11
	1.3	Die akademische Preisfrage und Herders Preisschrift	Die Königliche Akademie der Wissenschaften und die Sprachursprungsfrage, Vorentlastung der Lektüre der Herder-Abhandlung, Herder: Abhandlung über den Ursprung der Sprache, Aufgaben zu Herder (Inhalt, Abgrenzung von anderen Positionen, Form/Argumentationsaufbau, Zusammenfassung, horizontale und vertikale Vernetzung)	Textarbeit, Tafelskizze, Folienskizze Visualisieren: Flussdiagramm Visualisieren: Zitatenetz Wortfeldarbeit Schreiben: Abstract Schreiben: Wikipedia-Artikel Visualisieren: Vernetzung Arbeitsblatt 12–19
	1.4	Reaktionen auf Herders Sprachursprungsschrift	Kritik und Würdigung der Abhandlung (Heintel, Goethe, Hamann, Apel, Seebaß), Gebärdensprache (Beispiel für die Herder-Theorie?), Humboldts Wendung der Sprachursprungsfrage	Textarbeit, Tafelskizze, Folienskizze Schreiben: Fikt. Dialog Schreiben: Thesenformulierung Arbeitsblatt 20–26
	1.5	Aktuelle Positionen zur Sprachursprungsfrage	Heutige Erkenntnisse (Spiegel-Artikel), Interview mit Derek Bickerton, Warum spricht der Affe nicht?, Evolutionsbiologie (Kirschner, Wilhelm)	Textarbeit, Tafelskizze Visualisieren: Plakat Schreiben: Thesenpapier Visualisieren: Flussdiagramm Erörtern: Abschlussdiskussion Arbeitsblatt 27–31 Klausur: Zusatzmaterial 7–8

Baustein 2: Spracherwerb des Kindes (S. 90–123 im Modell)

		Einführung		
	2.1	Sprache erlernen oder Angeborenes entfalten? Behavioristische, nativistische und epigenetische Positionen zum Spracherwerb	Theorieentwicklung, Stufen des Spracherwerbs, Grundpositionen zum Spracherwerb, Kritische Phase des Spracherwerbs, Behavioristische Position (Skinner), Kritik am Behaviorismus (Chomsky), Nativistische Position (Chomsky), Epigenetische Position (Szagun)	Textarbeit, Tafelskizze Visualisieren: Tabelle Kooperieren: Doppelkreismethode Arbeitsblatt 32–39
	2.2	Empirische Befunde zum Spracherwerb: Sprachinstinkt, Sprachgene und sprechende Roboter	Sprache als Instinkt (Pinker), Genetische Grundlagen der Sprache, Kritik an der Sprachinstinkt-These, Gehirn und Sprache, Spracherfindung von Gehörlosen	Textarbeit. Tafelskizze, Folienskizze Schreiben: Fiktive Antwort Visualisieren: Textgrafik Erörtern: Podiumsdiskussion Erörtern: Abschlussdiskussion Arbeitsblatt 40–45
	2.3	Leben in zwei Sprachen: Mehrsprachigkeit als Weltgewinn und Weltverlust	Zweisprachig aufwachsen, Mehrsprachigkeit in Deutschland, Sprache als Weltansicht (Humboldt), Lyrik zur Mehrsprachigkeit (Pazarkaya, Monroy)	Textarbeit. Tafelskizze Arbeitsblatt 46–49 Klausur: Zusatzmaterial 9–10

Bildnachweis

S. 11: Alle Fotos entnommen aus: Jutta Limbach, Katharina von Ruckteschell (Hrg.): Die Macht der Sprache. Berlin und München: Langenscheidt 2008 – **S. 44 o.:** © Johann Brandstetter/OKAPIA; **mi.:** Zeichner: Hannes Herzog; **u.:** © Jan Gropp – www.blickreflex.de – **S. 48 (v. o. n. u.):** picture-alliance/ZB; © mauritius images/Alamy; © Axel Hess, www.axelhess.com – **S. 53:** ullstein bild – Granger Collection – **S. 55, 81:** AKG – **S. 56, 77:** akg-images – **S. 59, 66, 76, 156, 178:** Verlagsarchiv Schöningh – **S. 69:** wikimedia – **S. 80:** Zeichnungen: Reinhild Kassing – **S. 87:** Quelle: Frankfurter Allgemeine Sonntagszeitung, 30.4.2004/F.A.Z.-Grafik Döring – **S. 105 o.:** © mauritius images/Alamy – **S. 107:** © julien tromeur – Fotolia.com – **S. 110, 112:** © picture-alliance/dpa – **S. 115:** Copyright Sony CSL – **S. 152 (v.o.n.u.):** ullstein bild KPA; akg-images; bidgemanart.com; © AISA; Verlagsarchiv Schöningh – **S. 153 (v.o.n.u.):** ullstein bild – Granger Collection; ullstein bild - Roger Viollet; AKG; Verlagsarchiv Schöningh – **S. 153, 189 u., 190:** dpa – **S. 168 li. o., re. o.:** VG Bild-Kunst, Bonn 2009; **li. u.:** ullstein bild – Granger Collection © VG-Bild-Kunst, Bonn, 2009; **re. u.:** akg-images/Electa – **S. 173:** ulstein Bild – Fishman – **S. 174, 180, 189 o.:** © picture-alliance/dpa – **S. 182:** © picture-alliance/IMAGNO/Wiener Stadt- und Landesbibliothek – **S. 187:** bpk/SBB/Ruth Schacht – **S. 188 o.:** © picture-alliance/KPA; **mi.:** Wolfgang Borchert Archiv; **u.:** © Jürgen Christ – **S. 222 (v.l.n.r.):** Foto: Arnold Morascher © Aris; © picture-alliance/ZB – **S. 236:** Foto: Susanne Bätjer – **S. 241 o.:** Grafik: Franz Josef Domke; **mi.:** Haus der Geschichte der Bundesrepublik Deutschland – **S. 247 o.:** Verena Hermelingmeier, www.anerev.de

© 2009 Bildungshaus Schulbuchverlage
Westermann Schroedel Diesterweg Schöningh Winklers GmbH
Braunschweig, Paderborn, Darmstadt

www.schoeningh-schulbuch.de
Schöningh Verlag, Jühenplatz 1–3, 33098 Paderborn

Das Werk und seine Teile sind urheberrechtlich geschützt.
Jede Nutzung in anderen als den gesetzlich zugelassenen Fällen bedarf der
vorherigen schriftlichen Einwilligung des Verlages.
Hinweis zu § 52a UrhG: Weder das Werk noch seine Teile dürfen ohne eine
solche Einwilligung gescannt und in ein Netzwerk gestellt werden.
Das gilt auch für Intranets von Schulen und sonstigen Bildungseinrichtungen.

Auf verschiedenen Seiten dieses Buches befinden sich Verweise (Links) auf
Internetadressen. Haftungshinweis: Trotz sorgfältiger inhaltlicher Kontrolle wird
die Haftung für die Inhalte der externen Seiten ausgeschlossen. Für den Inhalt
dieser externen Seiten sind ausschließlich deren Betreiber verantwortlich. Sollten
Sie dabei auf kostenpflichtige, illegale oder anstößige Inhalte treffen, so bedauern
wir dies ausdrücklich und bitten Sie, uns umgehend per E-Mail davon in Kenntnis
zu setzen, damit beim Nachdruck der Verweis gelöscht wird.

Druck 5 4 3 2 1 / Jahr 2013 12 11 10 09
Die letzte Zahl bezeichnet das Jahr dieses Druckes.

Umschlaggestaltung: Jennifer Kirchhof
Druck und Bindung: Media-Print Informationstechnologie GmbH, Paderborn

ISBN 978-3-14-022455-0

Vorwort

Der vorliegende Band ist Teil einer Reihe, die Lehrerinnen und Lehrern erprobte und an den Bedürfnissen der Schulpraxis orientierte Unterrichtsmodelle zu ausgewählten Ganzschriften und weiteren relevanten Themen des Faches Deutsch bietet.
Im Mittelpunkt der Modelle stehen Bausteine, die jeweils thematische Schwerpunkte mit entsprechenden Untergliederungen beinhalten.
In übersichtlich gestalteter Form erhält der Benutzer/die Benutzerin zunächst einen Überblick zu den im Modell ausführlich behandelten Bausteinen.

Es folgen:

- Vorüberlegungen zum Einsatz der Materialien im Unterricht
- Hinweise zur Konzeption des Modells
- ausführliche Darstellung der einzelnen Bausteine
- Zusatzmaterialien

Ein besonderes Merkmal der Unterrichtsmodelle ist die Praxisorientierung. Enthalten sind kopierfähige Arbeitsblätter, Vorschläge für Klassen- und Kursarbeiten, Tafelbilder, konkrete Arbeitsaufträge, Projektvorschläge. Handlungsorientierte Methoden sind in gleicher Weise berücksichtigt wie eher traditionelle Verfahren der Texterschließung und -bearbeitung.
Das Bausteinprinzip ermöglicht es dabei den Benutzern, Unterrichtsreihen in unterschiedlicher Weise und mit unterschiedlichen thematischen Akzentuierungen zu konzipieren. Auf diese Weise erleichtern die Modelle die Unterrichtsvorbereitung und tragen zu einer Entlastung der Benutzer bei.

 Arbeitsfrage

 Einzelarbeit

 Partnerarbeit

 Gruppenarbeit

 Unterrichtsgespräch

 Schreibauftrag

 szenisches Spiel, Rollenspiel

 Mal- und Zeichenauftrag

 Bastelauftrag

 Projekt, offene Aufgabe

Inhaltsverzeichnis

1. **Vorüberlegungen zum Einsatz des Materials im Unterricht** 12

2. **Konzeption des Unterrichtsmodells** 14

3. **Die thematischen Bausteine des Unterrichtsmodells** 16

    Baustein 1: Das Herder-Thema: Die Frage nach dem Ursprung der Sprache 16
    Einführung 16
    1.1 Sprache und Sprachursprungsfrage 19
    1.2 Positionen in der Sprachursprungsdiskussion vor Herder 21
    1.3 Die akademische Preisfrage und Herders Preisschrift 25
    1.4 Reaktionen auf Herders Sprachursprungsschrift 37
    1.5 Aktuelle Positionen zur Sprachursprungsfrage 40
    Vorschlag zur Reduktion: Ein Minimalkatalog für die Auseinandersetzung mit dem Herder-Thema des Sprachursprungs 43

    Arbeitsblatt 1: Sprache, Mensch und Welt: Gedichte, Zitate, Bilder 44
    Arbeitsblatt 2: Im Anfang war das Wort 45
    Arbeitsblatt 3: Sprachursprung: Antworten der Religionen und Traditionsbruch im 18. Jahrhundert 46
    Arbeitsblatt 4: Wie ist die Sprache entstanden? – Was wissen wir, was vermuten wir? 47
    Arbeitsblatt 5: Ebenen und Dimensionen der Sprachursprungsfrage 48
    Arbeitsblatt 6: Am Anfang war das Boing – Theorien zum Ursprung der Sprache: Versuch einer Systematisierung 49
    Arbeitsblatt 7: Sprachtheoretiker und ihre Positionen: Ein Zuordnungspuzzle 50
    Arbeitsblatt 8: Peter-André Alt: Aufklärung 51
    Arbeitsblatt 9: Französische Aufklärung: Condillacs Sprachursprungstheorie 53
    Arbeitsblatt 10: Die Schwierigkeiten der Zirkel: Jean-Jacques Rousseau 55
    Arbeitsblatt 11: Süßmilch: Die These vom göttlichen Ursprung der Sprache 56
    Arbeitsblatt 12: Die Königliche Akademie der Wissenschaften und die Sprachursprungsfrage 57
    Arbeitsblatt 13: Johann Gottfried Herder: Abhandlung über den Ursprung der Sprache – Vorübung 58
    Arbeitsblatt 14: Johann Gottfried Herder: Abhandlung über den Ursprung der Sprache (Auszüge) (Langfassung) 59
    Arbeitsblatt 14a: Johann Gottfried Herder: Abhandlung über den Ursprung der Sprache (Auszüge) (Kurzfassung) 66
    Arbeitsblatt 15: Herder: Abhandlung über den Ursprung der Sprache (Schwerpunkt: Inhalt) – Aufgaben 69
    Arbeitsblatt 16: Abhandlung über den Ursprung der Sprache (Schwerpunkt: Abgrenzung von anderen Positionen) – Aufgaben 70
    Arbeitsblatt 17: Herder: Abhandlung über den Ursprung der Sprache (Schwerpunkt: Form/Argumentationsaufbau) – Aufgaben 72
    Arbeitsblatt 18: Herder: Abhandlung über den Ursprung der Sprache (Zusammenfassung) – Aufgaben 73
    Arbeitsblatt 19: Horizontale und vertikale Vernetzung: Die Sprachursprungsfrage und Herder 74

Arbeitsblatt 20: Würdigung der „Abhandlung": Zeitlicher und zeitloser Ursprung 75
Arbeitsblatt 21: Johann Wolfgang von Goethe: Herder und die müßige Frage nach dem Sprachursprung 76
Arbeitsblatt 22: Spott des Lehrers: Johann Georg Hamann kritisiert Herders „Abhandlung" 77
Arbeitsblatt 23: Die „Abhandlung" in der Kritik: Aporie der Frage und Originalität der Antwort 78
Arbeitsblatt 24: Die „Abhandlung" in der Kritik: Intersubjektivität und Konvention 79
Arbeitsblatt 25: Gebärdensprache: Ein Beispiel für Herders Sprachursprungstheorie? 80
Arbeitsblatt 26: Wilhelm von Humboldt: Die Wendung der Sprachursprungsfrage 81
Arbeitsblatt 27: Heutige Erkenntnisse zum Sprachursprung („Der Spiegel", Titelgeschichte 2002) 82
Arbeitsblatt 28: Der Linguist Derek Bickerton über die Entstehung der Sprache 84
Arbeitsblatt 29: Warum spricht der Affe nicht? 87
Arbeitsblatt 30: Die evolutionsbiologische Sicht auf Sprache 88
Arbeitsblatt 31: Evolingo: Eine neue Phase der Sprachursprungsforschung 89

Baustein 2: Spracherwerb des Kindes 90
Einführung 90
2.1 Sprache erlernen oder Angeborenes entfalten? Behavioristische, nativistische und epigenetische Positionen zum Spracherwerb 92
2.2 Empirische Befunde zum Spracherwerb: Sprachinstinkt, Sprachgene und sprechende Roboter 95
2.3 Leben in zwei Sprachen: Mehrsprachigkeit als Weltgewinn und Weltverlust 101
Vorschlag zur Reduktion: Ein Minmalkatalog für die Auseinandersetzung mit dem Spracherwerb 103
Arbeitsblatt 32: Was weiß ich über meinen Spracherwerb? Was habe ich bei Kindern beobachtet? 104
Arbeitsblatt 33: Stufen des Spracherwerbs 105
Arbeitsblatt 34: Grundpositionen zum Spracherwerb 106
Arbeitsblatt 35: Können nur Kinder primäre Sprache erwerben? 107
Arbeitsblatt 36: B. F. Skinners behavioristische Position: Sprachlernen durch Verstärkung 108
Arbeitsblatt 37: Noam Chomsky: Rezension zu Skinners „Verbal Behavior" 109
Arbeitsblatt 38: Nativistische Erklärung des Spracherwerbs: Chomskys Theorie einer angeborenen Universalgrammatik 110
Arbeitsblatt 39: Kritik am nativistischen Ansatz: Die epigenetische Erklärung des Spracherwerbs 111
Arbeitsblatt 40: Steven Pinker: [Die Sprache als Menschenrüssel] 112
Arbeitsblatt 41: Der Gopnik-Fall und das Sprachgen FOXP2 114
Arbeitsblatt 42: Kritik an Pinkers Sprachinstinkt-These 115
Arbeitsblatt 43: Wie versteht unser Gehirn Sprache? 116
Arbeitsblatt 44: Hubertus Breuer: Linguistischer Urknall 117
Arbeitsblatt 45: Rollenkarten Podiumsdiskussion zu Spracherwerbstheorien 118
Arbeitsblatt 46: Zweisprachig aufwachsen 119
Arbeitsblatt 47: Olaf Tarmas: Mehrsprachigkeit: Sprachlabor Deutschland 120
Arbeitsblatt 48: Wilhelm von Humboldt: Sprache als Weltansicht 122
Arbeitsblatt 49: In zwei Sprachen leben 123

Baustein 3: Sprachbewusstein und Sprachskepsis in der Moderne 124
Einführung 124
3.1 Die Welt um 1900 126
3.2 Das Thema „Sprache" in der Lyrik des jungen Rilke und des jungen Hofmannsthal 128
3.3 Hofmannsthals Chandos-Brief 129
3.4 Sprachskepsis bei Nietzsche, Mauthner, Kraus und in der Lyrik 142
3.5 Überwindungsversuche zur Sprachkrise 144
3.6 Sprachskepsis nach 1945 144
Vorschlag zur Reduktion: Ein Minimalkatalog für die Auseinandersetzung mit dem Thema „Sprachbewusstsein und Sprachskepsis in der Moderne" 148
Arbeitsblatt 50: Die neue Welt um 1900 149
Arbeitsblatt 51: Die Moderne – Frank Trommler: Jahrhundertwende 151
Arbeitsblatt 52: Eine Antwort auf eine veränderte Welt: Der Naturalismus 152
Arbeitsblatt 53: Das Thema „Sprache" in der Lyrik des jungen Rainer Maria Rilke 153
Arbeitsblatt 54: Das Thema „Sprache" in der Lyrik des jungen Hugo von Hofmannsthal 154
Arbeitsblatt 55: Hugo von Hofmannsthal: Ein Brief (Vor dem Lesen) 156
Arbeitsblatt 56: Hugo von Hofmannsthal: Ein Brief [1902] 157
Arbeitsblatt 57: Hugo von Hofmannsthal: Ein Brief (Schwerpunkt: Inhalt) – Aufgaben 163
Arbeitsblatt 58: Hugo von Hofmannsthal: Ein Brief (Schwerpunkt: Form) – Aufgaben 165
Arbeitsblatt 59: Hugo von Hofmannsthal: Ein Brief (Schwerpunkt: Kritische Einordnung des Briefes) – Aufgaben 166
Arbeitsblatt 60: Hugo von Hofmannsthal: Ein Brief (Bündelung der Ergebnisse) – Aufgaben 167
Arbeitsblatt 61: Ein Bild zu Hugo von Hofmannsthal: Ein Brief 168
Arbeitsblatt 62: Hofmannsthal und die Chandos-Krise (V. Zmegac) 169
Arbeitsblatt 63: Rolf Grimminger: [Sprachkrise und Sprachkritik um die Jahrhundertwende] 170
Arbeitsblatt 64: Gotthart Wunberg: [Chandos und Bacon: Fingierte und historische Person] 171
Arbeitsblatt 65: Deutungen des Chandos-Briefes 172
Arbeitsblatt 66: Antworten an Lord Chandos 173
Arbeitsblatt 67: Hugo von Hofmannsthal: Zitate und Epigramme zum Thema „Sprache" 175
Arbeitsblatt 68: Sprache als Thema in der Lyrik vor und nach der Jahrhundertwende 176
Arbeitsblatt 69: Friedrich Nietzsche: Erkenntnis und Sprache 178
Arbeitsblatt 70: Fritz Mauthner: Licht und Gift in der Sprache 180
Arbeitsblatt 71: Karl Kraus: Die Sprache als „Wegwurf der Zeit" 182
Arbeitsblatt 72: Versuche zur Überwindung der Sprachkrise: Hugo von Hofmannsthal 183
Arbeitsblatt 73: Versuche zur Überwindung der Sprachkrise: Avantgardisten in der Lyrik: August Stramm 185
Arbeitsblatt 74: Versuche zur Überwindung der Sprachkrise: Avantgardisten in der Lyrik: Hugo Ball 187
Arbeitsblatt 75: Sprachbewusstheit und Sprachskepsis nach 1945 188
Arbeitsblatt 76: Die Diskussion über die Möglichkeit einer Lyrik nach Auschwitz 189

Arbeitsblatt 77: Lyrik nach Ausschwitz? (Entstehungsquiz zu 5 Gedichten)   191
Arbeitsblatt 78: Lyrik nach Auschwitz: Nelly Sachs und Paul Celan   193
Arbeitsblatt 79: Der Anspruch, die Wahrheit zu schreiben: 1934 und 1964 (Brecht, Heißenbüttel)   194

Baustein 4: Sprachwandel: Phänomen und Kritik   195
Einführung   195
4.1   Das Phänomen des Sprachwandels   197
4.2   Auf- und untergehende Wörter   202
4.3   Warum geht die deutsche Sprache immer wieder unter? – Anglizismen als Hauptfeld der Kritik am Sprachwandel   204
4.4   Sprache und Sprachwandel im ausgehenden 20. und beginnenden 21. Jahrhundert   211
4.5   Moralische Sprachbeurteilung: Sprache und kommunikative Ethik   218
Vorschlag zur Reduktion: Ein Minimalkatalog für die Auseinandersetzung mit dem Thema „Sprachwandel"   221
Arbeitsblatt 80:   Ein Streitgespräch: Geht die deutsche Sprache vor die Hunde?   222
Arbeitsblatt 81:   Sprachpurist oder Modern Talker? – Ein Selbsttest   225
Arbeitsblatt 82:   Arten des Bedeutungswandels   226
Arbeitsblatt 83:   Ursachen des Sprachwandels   227
Arbeitsblatt 84:   Holger Dambeck: [Selektionsprozesse in der Sprache]   228
Arbeitsblatt 85:   Kai Michel: [Neue Wörter aus dem Netz]   229
Arbeitsblatt 86:   Auf- und untergehende Wörter   230
Arbeitsblatt 87:   Bastian Sick: Stop making sense!   231
Arbeitsblatt 88:   Jens Jessen: [Anglizismen – Zur Psychologie des Sprachimporteurs]   232
Arbeitsblatt 89:   Rudolf Hoberg: Wird aus Deutsch Denglisch? – Ein Kommentar zur gängigen Anglizismenkritik   233
Arbeitsblatt 90:   Guy Deutscher: Unglückliche Sprachen   234
Arbeitsblatt 91:   Das schönste deutsche Wort   235
Arbeitsblatt 92:   Ausgewanderte Wörter   236
Arbeitsblatt 93:   Sprechen Sie Amtsdeutsch? (Ein Test)   237
Arbeitsblatt 94:   Amtssprache – eine deutsche Eigenart? (Interview mit der Germanistin M. Blaha)   238
Arbeitsblatt 95:   Amtsdeutsch: Vorschläge für die Verständlichkeit   239
Arbeitsblatt 96:   Politische Sprache: Zweimal Deutsch? (DDR – BRD)   240
Arbeitsblatt 97:   Geteiltes Land – geteilte Sprache?   241
Arbeitsblatt 98:   Umdeutungen als Zeichen gesellschaftlicher Prozesse: Das Beispiel „schwul"   242
Arbeitsblatt 99:   Bedeutungswandel von Tabuwörtern: Zwei Richtungen   243
Arbeitsblatt 100: e-Deutsch: Lässt das Netz unsere Sprache verfallen?   244
Arbeitsblatt 101: Gurly Schmidt: [SMS zwischen Sprachreduktion und kreativem Sprachspiel]   245
Arbeitsblatt 102: Können Wörter lügen?   246
Arbeitsblatt 103: Unwort des 20. Jahrhunderts: Menschenmaterial   247
Arbeitsblatt 104: Was die Sprache der Kinder über unsere Gesellschaft verrät: Das Beispiel „Opfer"   248
Arbeitsblatt 105: Judith Butler: „Hass spricht"   249
Arbeitsblatt 106: Zur Wortgeschichte des Wortes „opfern"   250
Arbeitsblatt 107: Political Correctness zwischen Moral und Kampfbegriff   251

4. Zusatzmaterial

- Z 1: Selbsteinschätzung: Umgang mit Sachtexten 252
- Z 2: Sachtexte lesen und verstehen: 3+3+1-Lesemethode 253
- Z 3: (Argumentative) Sachtexte (schriftlich) analysieren 254
- Z 4: Lyrik lesen und verstehen: 5 Verstehensdurchgänge 255
- Z 5: Lyrik (schriftlich) analysieren 256
- Z 6: Texte vergleichen 257
- Z 7: Klausurbeispiel zu Baustein 1 258
- Z 8: Bewertungsbogen zum Klausurbeispiel (Baustein 1) 260
- Z 9: Klausurbeispiel zu Baustein 2 262
- Z 10: Bewertungsbogen zum Klausurbeispiel (Baustein 2) 264
- Z 11: Klausurbeispiel zu Baustein 3 266
- Z 12: Bewertungsbogen zum Klausurbeispiel (Baustein 3) 267
- Z 13: Klausurbeispiel zu Baustein 4 269
- Z 14: Bewertungsbogen zum Klausurbeispiel (Baustein 4) 271
- Z 15: Gruppenpuzzle (Methodenblatt) 273
- Z 16: Kugellagermethode/Doppelkreismethode – Kurzbeschreibung (Methodenblatt) 274

Die Macht der Sprache

Peter Hense | Sprache lernen

Kasenja Kovacevic | Ohne Titel

Hakan Temucin | Sokrat

Lutz Roessler | Ohne Titel

Rosa del Carmen Lopez Correa | Libertad

Bernhard Schurian | China TV

Fotos aus dem Fotowettbewerb des Projektes „Die Macht der Sprache" des Goethe-Institutes und des Stifterverbandes für die Deutsche Wissenschaft (2005–2007)

Vorüberlegungen zum Einsatz des Materials im Unterricht

Sprachursprung – Sprachskepsis – Sprachwandel: In diesem Unterrichtsmodell werden drei Themenbereiche in den Mittelpunkt gestellt, die das Phänomen der Sprache in unterschiedlicher Weise zur Diskussion stellen.

Die Frage nach dem Ursprung der Sprache – sei sie phylogenetisch, also menschheitsgeschichtlich verstanden oder ontogenetisch, also individualgeschichtlich auf die Sprachentstehung im Kinde bezogen – wirft das sehr grundlegende Problem auf, was Sprache für den Menschen bedeutet. Inwiefern war er schon Mensch, bevor er Sprache hatte, inwiefern ist er durch die Sprachentwicklung Mensch geworden? Entwickelt er mit der Sprache allein ein hochfunktionales Medium der Kommunikation oder ist Sprache auf noch fundamentalere Weise mit der menschlichen Art des Zugangs zur Welt verwoben? Weist die Sprache dem Menschen in der Natur wirklich eine Sonderstellung zu oder markiert sie lediglich einen graduellen Unterschied zu Tieren? Die Frage nach dem Ursprung der Sprache entpuppt sich bei näherer Betrachtung als ein Fragenbündel, mittels dessen Sprache in ganz unterschiedlicher Weise beleuchtet werden muss, um sich ihren Wurzeln überhaupt nähern zu können.

Perspektivisch gewendet, aber im Kern in gleicher Weise, wird Sprache in der Moderne Gegenstand von Diskussionen. Nun gilt es vielen als fraglich, ob sie die in der Sprachursprungsdiskussion noch so selbstverständlich angenommene welterschließende Funktion für den Menschen auch in einer veränderten Welt übernehmen kann. Verstellt die Sprache vielleicht sogar den Zugang zu den Dingen? Führt der Gemeinschaftscharakter der Sprache nicht auch dazu, dass der je individuelle Zugang zur Welt in einer Sprache gar nicht adäquat ausdrückbar ist? Kann die Sprachverwendung durch bestimmte Personengruppen, seien es Wissenschaftler, Journalisten oder auch Nationalsozialisten, die Sprache so beeinträchtigen, dass sie für andere nur in Abgrenzung davon nutzbar wird? Diese Fragen prägten in unterschiedlich akzentuierter Weise das Nachdenken über Sprache im ausgehenden 19. und in der ersten Hälfte des 20. Jahrhunderts.

Das Thema des Sprachwandels führt beide Frageperspektiven unter einem neuen Blickwinkel zusammen: Sprache ist kein statisches Produkt, sondern ein sich wandelndes System, das mit seinen Veränderungen auch auf eine sich verändernde Wirklichkeit reagiert. Sprachwandel ist somit Resultat der sprachschaffenden Kraft der Menschen, die Sprache modifizieren, ergänzen und erweitern kann. Zugleich erzeugt der Wandel aber oft eine kritische, skeptische Betrachtung der dadurch entstehenden Neuerungen der Sprache. Die Fundamentalfragen früherer Jahrhunderte spiegeln sich also in nuce in aktuellen Sprachdiskussionen.

Alle drei Themenfelder bieten sich einzeln oder in Kombination miteinander dazu an, Sprache in diskursiven Zusammenhängen zu untersuchen. Aufgrund der Oberstufenlehrpläne der verschiedenen Bundesländer, der Abiturvorgaben und der Interessen der Lerngruppe und des Lehrers/der Lehrerin werden für die konkrete Arbeit in Grund- und Leistungskursen spezifische Schwerpunkte der Arbeit zu setzen sein. Ein Vorschlag für eine zeitlich begrenzte Beschäftigung mit den einzelnen Themenbereichen ist jeweils am Ende der Bausteintexte zu finden. Aus den dort vorgeschlagenen Herangehensweisen lässt sich auch eine Querschnittsreihe entwickeln, die beispielhaft Aspekte aus allen drei Themenbereichen verbindet.

Vorschläge für Klausurthemen

Zu allen Bausteinen dieses Unterrichtsmodells wird in den Zusatzmaterialien eine Klausuraufgabe mit Hinweisen zur Beurteilung vorgeschlagen.

Vorschläge für Referate und Facharbeiten

Die Aspekte zum Thema Sprache, die in diesem Heft dargestellt sind, stellen naturgemäß nur einen kleinen Ausschnitt dessen dar, was bezüglich dieses Phänomens thematisiert werden könnte. Ergänzungen und Fortführungen können durch Referate oder durch Facharbeiten von Schülerinnen und Schülern in selbstständiger Arbeit geleistet werden. Hier sind einige Themenvorschläge dazu:

1. Die Sprachursprungstheorie Jacob Grimms
2. Die Debatte über eine Ursprache
3. Jean Piagets entwicklungspsychologische Erklärung des Spracherwerbs
4. Das Wiedererlernen von Sprache nach einem Sprachverlust (Aphasie)
5. Sprachentstehung und Sprachwandel in der Gebärdensprache
6. Die elbische Sprachfamilie: Spracherfindung in J.R.R. Tolkiens „Der Herr der Ringe"
7. Die Sicht des späten Hugo von Hofmannsthal auf die Sprache
8. Die Sprache des Nationalsozialismus, dargestellt an Beispielen aus Victor Klemperers: LTI. Notizbuch eines Philologen
9. Leben in zwei Sprachen: Zur Bedeutung der Mehrsprachigkeit für die kulturelle Identität von Jugendlichen mit Migrationshintergrund
10. Die Sprache des Chats, untersucht an Beispielen aus ...

Konzeption des Unterrichtsmodells

Das vorliegende Unterrichtsmodell ist so gestaltet, dass alle Textgrundlagen, die für eine Beschäftigung mit den Phänomenen Sprachursprung (Bausteine 1 und 2), Sprachskepsis (Baustein 3) und Sprachwandel (Baustein 4) vorgeschlagen werden, in diesem Heft abgedruckt sind. Neben den Texten finden sich in den Materialien Fragebögen, Bilder und Zitate, die die Auseinandersetzung ausfächern und vertiefen können.

Durch die Bausteintexte und die Impulse auf den Arbeitsblättern werden Zugangsweisen vorgeschlagen, die einen je spezifischen Umgang mit den thematisierten Phänomenen ermöglichen. Da es sich bei einer Vielzahl von Texten um Sachtexte handelt, bietet sich zudem an, allgemeine Strategien zur Lektüre und Analyse von Sachtexten anzuwenden und zu vertiefen. Vorschläge dazu sind im Zusatzmaterial gemacht. Dort finden sich auch Hinweise zur Lektüre und Analyse lyrischer Texte, weil sich unter den literarischen Texten vor allem Gedichte häufig mit dem Thema Sprache beschäftigen und daher der Lyrik in diesem Unterrichtsmodell ebenfalls eine besondere Stellung zukommt. Aufgrund der durch die Zusatzmaterialien gegebenen allgemeinen Hinweise zur Analyse wurde bei den Arbeitsaufträgen auf den Arbeitsblättern auf Formulierungen wie „Analysieren Sie den Text" verzichtet, stattdessen wurden Impulse gewählt, die charakteristische Gesichtspunkte der Textvorlage in den Fokus der Aufmerksamkeit rücken. Mit diesen Impulsen kann in unerschiedlicher Weise unterrichtlich gearbeitet werden. Viele Aufgabenstellungen bieten sich beispielsweise für einen Dreischritt „Think-Pair-Share" im Sinne des Kooperativen Lernens an (*Einzelarbeit*: Nachdenken, erste Notizen; *Partner- oder Kleingruppenarbeit*: Austausch über die Resultate der Einzelarbeit; *Gesamtgruppe (oder Teilgruppen)*: Präsentation, Prüfung und Diskussion ausgewählter Ergebnisse).

Die Materialien sind zum einen geeignet, um sie je einzeln im Unterricht zum Gegenstand zu machen, zum anderen werden immer wieder Vorschläge skizziert, wie ein Bündel von Aspekten in schüleraktivierenden Arrangements oder in längeren Phasen der selbstständigen Beschäftigung bearbeitet werden können. Produktionsorientierte Schreibaufgaben und Anregungen für eine – z. B. projektartige – Weiterarbeit ergänzen die Materialien.

Jeder einzelne Baustein des Modells ist in sich abgeschlossen und kann unabhängig von den anderen bearbeitet werden. Aufgrund der thematischen Nähe bieten sich häufig aber auch Querverbindungen zwischen den Themenfeldern an, auf die an den entsprechenden Stellen hingewiesen wird.

Die Bausteine beginnen jeweils mit einem einführenden Text, der den thematischen Horizont beschreibt. Dann werden Vorschläge für die konkrete Arbeit dargestellt. Am Ende wird jeweils ein Weg aufgezeigt, wie eine zeitlich eng begrenzte Auseinandersetzung mit dem Baustein möglich ist.

Baustein 1 widmet sich der Frage nach dem menschheitsgeschichtlichen Ursprung der Sprache. Hier wird ein Bogen geschlagen von religiösen Erklärungen des Sprachursprungs bis zu aktuellen Erkenntnissen aus der Paläontologie. Schwerpunkt ist dabei die Sprachursprungsdiskussion im 18. Jahrhundert, als ausgehend von der französischen Aufklärung die Frage nach dem Sprachursprung als Fundamentalfrage des Menschseins einen besonderen Stellenwert erhielt, der sich im aktuellen Interesse am Sprachursprung spiegelt. Zentraler Text dieses Bausteins ist ein längerer Auszug aus Herders „Abhandlung über den Ursprung der Sprache", die 1771 von der Akademie der Wissenschaften zu Berlin preisgekrönt wurde.

Baustein 2 führt die Arbeit aus Baustein 1 fort, indem der Spracherwerb[1] des Kindes, also die Frage nach der Ontogenese der Sprache thematisiert wird. Diese Fragestellung prägt seit den 1950er-Jahren die linguistische Diskussion und führt heute ganz unterschiedliche Wissensdisziplinen zusammen. Beginnend mit der Skinner-Chomsky-Kontroverse wird diese Debatte bis zu den Schlussfolgerungen aus aktuellen Erkenntnissen zu Sprachgenen und zur neurophysiologischen Verankerung der Sprache verfolgt.

Baustein 3 wendet sich dann der Moderne zu, in der die Sprache skeptisch betrachtet wurde. Schwerpunkt ist hier die Zeit um 1900, als Sprachdenker wie Nietzsche, Mauthner und Kraus in je unterschiedlicher Weise Sprache in Frage stellten. Im Mittelpunkt des Bausteins steht der berühmte Chandos-Brief Hugo von Hofmannsthals, der als Kulminationspunkt der Sprachkrise gilt, aber auch schon den Weg aus dieser Krise andeutet. Am Schluss des Bausteins wird mit der Zeit nach 1945 eine zweite historische Phase beleuchtet, in der Sprache – diesmal aus ganz anderen, moralisch geprägten Gründen – problematisch wurde.

Baustein 4 schließlich widmet sich dem Phänomen des Sprachwandels und der damit eng verbundenen Sprachkritik. Hier wird das Hauptaugenmerk auf gegenwärtige Entwicklungen gelegt. Historische Aspekte des Sprachwandels werden beispielhaft einbezogen, um die Erscheinungsformen und Ursachen der Sprachveränderung zu beleuchten. Anschließend werden einige Bereiche untersucht, in denen sich aktuell Sprachwandelprozesse vollziehen: von Anglizismen über die Sprache der neuen Medien bis hin zu Wörtern wie „schwul" oder „Opfer", deren Bedeutung sich zur Zeit in unterschiedlicher Weise wandelt.

Danksagung

Ich danke Heinrich Friedrich für seine gründliche Lektüre des Manuskriptes dieses Heftes, die spannenden Diskussionen über Sprachursprung, Sprachskepsis und Sprachwandel und seine vielschichtigen Anmerkungen vor allem zur gesellschaftlichen Dimension des Phänomens Sprache.

Frank Schneider, im Frühjahr 2009

---

[1] Vgl. zur Begrifflichkeit die Ausführungen in Bausteintext 2, insbesondere Fußnote 2, Seite 90.

Die thematischen Bausteine des Unterrichtsmodells

Baustein 1
Das Herder-Thema: Die Frage nach dem Ursprung der Sprache

Einführung

Die Frage nach dem Ursprung der Sprache beschäftigte die Menschen in allen Epochen der Menschheitsgeschichte und es ist verlockend, aus dem Blickwinkel des 21. Jahrhunderts die Theorien früherer Zeiten mit dem Hinweis auf neue wissenschaftliche Erkenntnisse abzutun, die die Positionen vergangener Jahrhunderte als vermeintlich überholt erscheinen lassen. Doch eine solche Hochnäsigkeit gegenüber dem Denken der Vergangenheit erweist sich bei genauerer Betrachtung als vorschnell. Zum einen sind die aktuellen Erkenntnisse zum phylogenetischen, also menschheitsgeschichtlichen Ursprung der Sprache keineswegs so umfassend und präzise, dass diese Frage auch nur als einigermaßen gelöst betrachtet werden könnte. Zum anderen leuchtete man gerade im 18. und beginnenden 19. Jahrhundert das Sprachursprungsproblem überhaupt erst in einer Weise aus, die die Dimensionen des Problems verstehbar machte und die heute unverändert aktuell ist.

Dass die Frage nach dem Ursprung der Sprache die Menschen von jeher beschäftigte, zeigt sich schon daran, dass nahezu alle Religionen Erklärungen für die Entstehung der Sprache anbieten. Für die Christen konnte das Ursprungsproblem mit dem Hinweis auf die adamitische Namensgebung (1. Mose 2, 19–20) als gelöst erscheinen, die dem Menschen von vornherein eine Benennungsfähigkeit zuschreibt. Diese Sprachursprungstheorie wurde danach von verschiedenen Denkern von Dante bis Hobbes mit Leben gefüllt.[1] Als jedoch im 18. Jahrhundert die Vorstellung einer übernatürlichen Ordnung der Welt mehr und mehr hinterfragt wurde und die Idee einer vom Menschen gemachten Geschichte entstand, konnte man sich nicht mehr mit einer Erklärung zufriedengeben, die Sprache als göttliches Geschenk axiomatisch setzt, ohne sich um eine wirkliche Herleitung dieser Position zu bemühen. Die daraufhin entstehenden Theorien von einem menschlichen Ursprung der Sprache waren jedoch nicht nur ein Angriff auf christliche Grundüberzeugungen, sie besaßen auch politische Sprengkraft. Denn wenn schon die Sprache nicht gottgegeben war, warum sollte man dies von der ständischen Gesellschaftsordnung annehmen? Für die Aufklärung war die Sprachursprungsfrage somit zum einen eine Fundamentalfrage zur Bestimmung der menschlichen Position im Kosmos, zum anderen kann sie durchaus als ein Mosaikstein auf dem Weg zur französischen Revolution gelten.

In Frankreich nahm die Diskussion auch als Erstes Fahrt auf: Die französischen Aufklärer

---

[1] Vgl. Jürgen Trabant: Semiotik des Ursprungs. In: J.T.: Traditionen Humboldts. Frankfurt a.M.: Suhrkamp 1990, S. 29.

Condillac und Rousseau[1] brachten das Problem des Sprachursprungs mit Fragen des Menschseins und der Stellung des Menschen in der Natur und in der Gesellschaft in Verbindung. Condillac entwickelte eine Sprachursprungstheorie, die von natürlichen, gleichsam tierischen Lauten ausgeht, um die menschliche Sprache konsequent ohne übernatürlichen Eingriff aus den biologischen Wurzeln des Menschen herzuleiten. Rousseau lenkte den Blick unter anderem darauf, dass Sprache Gesellschaft voraussetzt, Gesellschaft aber auch Sprache. Eine Erklärung der Sprachentstehung müsse also in einem Zirkel ohne Ausweg enden. Der Franzose Maupertuis importierte schließlich, als von Friedrich II. berufener Präsident der Berliner Akademie der Wissenschaften, die Diskussion nach Deutschland, indem er 1756 in der Akademie seine Vorstellung einer menschengemachten Sprache vortragen ließ. Dieser Vortrag reizte zu Widerspruch: Noch im Jahr 1756 trat Johann Peter Süßmilch gegen Maupertuis auf und entwickelte in zwei Akademievorträgen die These eines göttlichen Sprachursprungs. Dass in der Akademie die Theorie eines göttlichen Sprachursprungs recht überzeugend vorgetragen wurde, konnte die aufklärerische Institution jedoch nicht als abschließenden Beitrag in ihrem Hause akzeptieren. Für das Jahr 1770 wurde das Problem als Preisfrage ausgeschrieben, und zwar ganz im aufklärerischen Geist, denn man fragte nach einer Theorie einer *menschlichen* Spracherfindung. Die Preisfrage bildete gleichsam den Kulminationspunkt der Diskussion jener Zeit. Sie sollte Klarheit in eine Debatte bringen, die durch Condillac, Rousseau und Süßmilch grundlegend verschiedene Positionen hervorgebracht hatte. Den Preis unter 31 Einsendungen erhielt Herders „Abhandlung über den Ursprung der Sprache". Mit dieser Schrift fand Herder seinen speziellen Zugang zum Thema Sprache, nämlich den anthropologischen, der das Sprachwesen Mensch ergründen will.

In seiner Abhandlung bezieht sich Herder mehrfach explizit auf die französische Aufklärung. Schon mit seinen ersten Worten schließt sich Herder scheinbar Condillac an, denn er beginnt provokant mit dem Satz: „Schon als Tier hat der Mensch Sprache." Dann aber arbeitet Herder ausführlich den Unterschied zwischen diesen „Tönen der Natur" und der spezifisch menschlichen Sprache heraus. Seine auch für die Anthropologie des 20. Jahrhunderts (Arnold Gehlen) entscheidende Leistung ist dabei, die Sprache aus der Instinktfreiheit des Menschen zu begründen, den Menschen also einerseits organisch in die Logik der Natur eingebunden zu sehen, aus dieser Stellung aber andererseits die spezifische Sonderposition des Menschen abzuleiten. Nur weil der Mensch in seiner Weltwahrnehmung nicht von Instinkten geleitet wird, kann er – so Herder – aus dem Strom der Empfindungen einzelne Merkmale absondern und sie als Kennzeichen eines Tieres oder Gegenstandes wahrnehmen und nutzen. Diese Merkmale sind für Herder nicht nur Keime der Worte, sondern als innere Merkwörter unabhängig von ihrer Artikulation bereits Sprache. Die Fähigkeit, solche Merkmale reflektiert zu erkennen, nennt Herder eine aus der Instinktfreiheit resultierende „Besonnenheit", die gleichsam automatisch Sprache erzeugt.

In Herders Theorie der Sprachentstehung scheint auch der Fragehorizont auf, der das Sprachursprungsproblem kennzeichnet, denn er will insbesondere ergründen, wie eine zeichenhaft geordnete geistige Wirklichkeit entsteht. Condillac versteht die Sprachursprungsfrage noch eindeutig als historischen Vorgang, er versucht, in seinem Denkmodell den geschichtlichen Prozess der Sprachentstehung zu klären. Herder hingegen weist den Weg, die Sprachursprungsfrage vor allem als philosophische und zeitlose Fragestellung zu interpretieren, indem er den Akt der geistigen Merkmalsbildung ins Zentrum stellt, die eben nicht nur bei einem ersten spracherfindenden Menschen stattfindet, sondern jeden sprachlichen Zugang zur Welt ausmacht. Aufgrund dieses philosophischen Kerns beschreibt Herder die Sprachentstehung auch als einen monologischen Akt eines einzelnen Menschen. Nicht die für die französischen Aufklärer noch zentrale Kommunikation mit anderen ist für ihn das Wesentliche, sondern die Bildung einer innerlichen Repräsentation der äußeren Welt.

---

[1] Die Sonderstellung des aus Genf stammenden Jean-Jacques Rousseau in der Aufklärung, zu der er diverse Gegenpositionen formulierte (insb. zur Gesellschaftsfähigkeit des Menschen) und die er durch Kritik vorantrieb, soll hier nicht diskutiert werden, da sie für die Sprachursprungsfrage nur eine geringe Bedeutung hat.

Baustein 1: Das Herder-Thema: Die Frage nach dem Ursprung der Sprache

Wilhelm von Humboldt wendete schließlich fünfzig Jahre nach Herder die Frage vollständig, indem er auf eine philosophiegeschichtlich zentrale Unterscheidung Kants zurückgriff. Kant hatte bezüglich der Erkenntnis zwischen zeitlichem Beginnen und transzendentalem Entspringen differenziert.[1] Humboldt übertrug diese Unterscheidung in seiner ersten sprachtheoretischen Rede vor der Berliner Akademie 1820 auf die Sprache und machte deutlich, dass das Wesensproblem der Sprachentstehung, also die Konstitution von Sinn, bei jedem alltäglichen Sprechen wiederkehrt, weil die Synthese zwischen Begriff und Laut in jedem Sprechen das Wunder der Sprachentstehung wiederholt. Diese transzendentale Wendung der Frage wurde erst von Humboldt in aller Klarheit vorgenommen, ihren Ursprung hat sie aber bei Herder.

Durch die beschriebene Diskussion von der französischen Aufklärung bis zu Humboldt war die Sprachursprungsfrage in ihrer Reichweite gründlich beleuchtet, beantwortet war sie damit nicht.

So prägte die Frage nach dem historischen Ursprung der Sprache weiterhin die Diskussion, alle Theorien dazu konnten sich jedoch nicht auf historische Fakten stützen, so dass 1866 die damals maßgebliche Pariser „Société de linguistique" per Statut verbot, weiter mit Sprachursprungstheorien konfrontiert zu werden.

Im 20. und 21. Jahrhundert erlebt die – meist historisch verstandene – Frage jedoch eine neue Blüte, weil Erkenntnisse unterschiedlicher wissenschaftlicher Disziplinen (Linguistik, Kognitionspsychologie, Evolutionsbiologie, Genetik, Paläoanthropologie) viele neue Einsichten in die Frühgeschichte des Menschen ermöglichen.[2] Es spricht einiges dafür, dass gerade die Sprache uns Menschen jenen Überlebensvorteil sicherte, der die Gattung Mensch in der Erdgeschichte über schwierige Phasen rettete. Der Zeitpunkt ihres Ursprungs scheint recht genau terminierbar zu sein: Vor ca. 100 000 Jahren dürfte die Sprache entstanden sein. Der amerikanische Linguist Derek Bickerton geht von einer „Art sprachlichen Urknall" aus: „Danach entwickelte sich die Sprachfähigkeit als eine Mutation in kurzer Zeit und relativ spät (vor nicht mehr als 100 000 Jahren) und stand danach als komplettes Bioprogramm für alle Menschen und Sprachen der Welt zur Verfügung."[3] Inwiefern die für die Sprache notwendigen Mutationen je einzeln einen Evolutionsvorteil brachten, ist noch nicht geklärt. Einige Evolutionslinguisten sind der Meinung, das Bild von der Sprachentstehung als Urknall sei daher irreführend, denn sie vermuten, Sprache beruhe auf einer Verbindung verschiedener Module, die zuvor anders genutzt oder stillgelegt ohne besondere Funktion genetisch weitergegeben und vom Homo sapiens dann zur Sprache „zusammengesetzt" wurden. Wie man die Theorien auch akzentuiert, gemeinsam haben sie, dass sie eine stufenweise Entstehung der Sprache im Sinne einer Schritt-für-Schritt-Erzeugung der komplexen Sprache für eine dem Phänomen nicht angemessene Erklärung halten. Und das verbindet heutige Sprachforschung mit Herder und Humboldt. Humboldt wies darauf hin, dass Sprache ihrer Natur nach immer vollständig ist: „Es kann auch die Sprache nicht anders, als auf einmal entstehen, oder um es genauer auszudrücken, sie muss in jedem Augenblick ihres Daseins dasjenige besitzen, was sie zu einem Ganzen macht."[4] Schon das erste Wort liefert ja eine begriffliche Strukturierung der Welt und ist in diesem Sinne eine vollständige Sprache. Und so sagt auch Herder über das „erste Merkmal der Besinnung": „Mit ihm ist die menschliche Sprache erfunden!" (**Arbeitsblatt 14**, Seite 63, Z. 485f.)

Was die Verstandeshandlung zu leisten hat, die das erste Wort hervorbringt, wissen wir seit Herder und Humboldt, welche Umstände vorhanden sein mussten, um Sprache zu einem evolutionären Vorteil machen zu können, zeigt sich mehr und mehr in der heutigen Wissen-

---

[1] Vgl. Jürgen Trabant: Semiotik des Ursprungs. In: J. T.: Traditionen Humboldts. Frankfurt a. M.: Suhrkamp 1990.
[2] Vgl. Bernhard Victori: Die Debatte um die Ursprache. In: Spektrum der Wissenschaft. Dossier. 2/2007. S. 16ff.
[3] Wolfgang Steinig: Als die Wörter tanzen lernten. Ursprung und Gegenwart von Sprache. München: Spektrum. 2007, S. 23.
[4] Wilhelm von Humboldt. Über das vergleichende Sprachstudium. In: W. v. H.: Werke. Hg. von Albert Leitzmann. Band IV. Berlin: Behr's 1905, S. 3.

schaft, wie genau die Spracherfindung jedoch verlief, ist weiterhin nur in Umrissen bekannt.

1.1 Sprache und Sprachursprungsfrage

Ein Unterrichtsvorhaben über die Sprachursprungsfrage, das nicht nur aktuelle Erkenntnisse zum Gegenstand macht, sondern sich auch der Geschichte der Sprachursprungsdiskussion widmet, setzt sich dem Vorwurf aus, eine Frage historisch betrachten zu wollen, die vor dem Hintergrund gegenwärtiger Wissenschaft deutlich fundierter beantwortet werden könnte. Doch dieser Vorwurf ist unbegründet: Nicht allein die in der Einleitung beschriebene Tatsache, dass manche Erkenntnisse der vergangenen Jahrhunderte unverändert aktuell sind, kann die Kritik entkräften, darüber hinaus geht es bei der historischen Untersuchung nicht ausschließlich um *Antworten* auf die Sprachursprungsfrage, sondern immer auch um die *Art und Weise der Auseinandersetzung*, die Charakteristika wissenschaftlicher Auseinandersetzungen – zumindest in Ansätzen – verdeutlichen kann. Oberstufenschülerinnen und -schüler des 21. Jahrhunderts können nämlich …

- in der historischen Perspektive am Beispiel der Sprachursprungsfrage erkennen, in welch entscheidender Weise theoretische und wissenschaftliche Diskussionen davon abhängen, wie die Diskussionsfrage verstanden wird.
- Grundzüge eines theoretischen Diskurses kennenlernen und so erfahren, welche Argumentationsmuster genutzt werden, um gegnerische Positionen zu entkräften, und mit welchen Erklärungsmustern eigene Theorien untermauert werden, wenn empirische Belege kaum vorhanden sind. Dies ist an einer Diskussion aus dem 18. Jahrhundert weitaus leichter nachzuvollziehen als in komplexen Argumentationen heute, die – anders als viele Schülerinnen und Schüler meinen – oft auch Plausibilitätsbetrachtungen anstellen müssen, weil die empirische Basis unzureichend ist.
- die Zeitbedingtheit theoretischen Nachdenkens erfahren. An den Fragen und an der Art, wie sie diskutiert werden, lässt sich im 18. Jahrhundert wie heute ablesen, in welcher Weise Denkmuster einer Zeit bestimmte Probleme zur Diskussion stellen und gewisse Lösungsmuster bevorzugen.

Nicht alle Texte, die in diesem Baustein angeboten werden, müssen behandelt werden, um diese Ziele zu erreichen. Es sollte aber in jedem Fall eine Kontrastierung verschiedener Herangehensweisen an das Sprachursprungsproblem angestrebt werden. Ein Vorschlag für eine reduzierte Auseinandersetzung mit dieser Fragestellung findet sich am Ende dieses Textes. Im ersten Teil des Bausteins soll ein Zugang zum Phänomen Sprache gefunden, die Sprachursprungsfrage strukturiert, ihre historische Sprengkraft erfasst und eigene Positionen zu ihrer Beantwortung entwickelt werden.

Um die Schülerinnen und Schüler an das Thema Sprache heranzuführen, eignen sich besonders gut Gedichte und Bilder, die sich um die Frage drehen, was die Sprache dem Menschen bedeutet (**Arbeitsblatt 1**, Seite 44). Hier geht es um einen persönlichen Zugang, an den sich nach einem Austausch in Partnergruppen im Unterrichtsgespräch ein Gedankenaustausch anschließt, in dem vor allem die Frage diskutiert werden kann, warum sich der Mensch so für seine Sprache und deren Entstehung interessiert. Denkbare Ergebnisse solch einer Diskussion könnten sein:

- Sprache ist für den Menschen weitaus mehr als ein Kommunikationsmittel (Locke), sie ist vielmehr der spezifisch menschliche Weltzugang, also seine Art, Wirklichkeit geistig zu erfassen und zu strukturieren (Wittgenstein, Böttcher).
- Sprache ist das Mittel, mit dem der Mensch sich aus der Gebundenheit der Gegenwart

Baustein 1: Das Herder-Thema: Die Frage nach dem Ursprung der Sprache

lösen und so über Abwesendes nachdenken kann, zugleich vermag er erst mit der Sprache über sich zu reflektieren (Fried, Eco).
- Sprache ist ein historisches, gesellschaftlich gewachsenes Produkt, das uns selbstverständlich erscheint, aber auf geheimnisvolle Weise eine von Sprache zu Sprache unterschiedliche Weltinterpretation anbietet (Kraus).
- Jedes Wort ist nur als Teil eines Ganzen bedeutungsvoll, in einer Sprache gibt es also nichts Einzelnes (Wygotski).[1]

An dieser Stelle ist schon eine Querverbindung mit Baustein 2, nämlich zum Gedanken Wilhelm von Humboldts möglich, demzufolge eine Sprache die Weltansicht einer Sprachgemeinschaft enthält (vgl. **Arbeitsblatt 48**, Seite 122).

Mit den **Arbeitsblättern 2 und 3**, Seiten 45 und 46, kann eine kulturgeschichtliche Verortung der Sprachursprungsfrage erfolgen und ihre historische Sprengkraft ein erstes Mal erkannt werden.

Der berühmte Logos-Anfang des Johannes-Evangeliums bietet, auch durch die Spiegelung in „Faust I" und bei Morgenstern, die Möglichkeit, die Fundamentalbedeutung der Sprache zu erfassen, wobei der Logos-Begriff mit „Wort" nur unzureichend übersetzt ist.

■ *Formulieren Sie für jeden der drei Texte, was hier unter „Wort" verstanden und welche Macht ihm zugeschrieben wird. Welche dieser Auffassungen teilen Sie am ehesten? (Arbeitsblatt 2)*

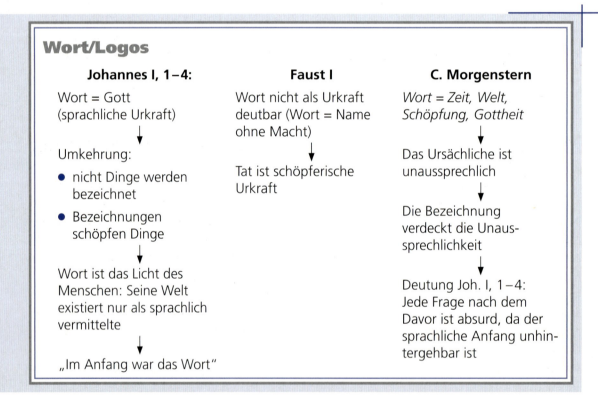

Mit **Arbeitsblatt 3**, Seite 46, insbesondere mit dem Text Jürgen Trabants, kann erarbeitet werden, worin die Sprengkraft der Sprachursprungsfrage besteht. Nur als Seitenbemerkung ist im Textauszug erkennbar, dass die sprachtheoretische Neuerung des 18. Jahrhunderts vor allem darin besteht, sich von der aristotelischen Sprachauffassung zu emanzipieren. Nach

---

[1] Auf der Grundlage dieser Ergebnisse kann einer Reduktion des Sprachbegriffes vorgebeugt werden: Viele der Äußerungen sind nur sinnvoll, wenn man Sprache nicht auf nur gesprochene, artikulierte Worte und Sätze reduziert, sondern die Fähigkeit, geistig mit Zeichen zu operieren, die auch auf Abwesendes verweisen können, als sprachlich ansieht.

dieser auch heute gängigen Theorie bildet der Geist Vorstellungen der Dinge, die als Abbilder bei allen Menschen gleich sind. Um sie anderen Menschen mitzuteilen, werden diesen Abbildern Wörter zugeordnet. Die Zeichen selbst seien willkürlich (arbiträr) und deshalb von Sprache zu Sprache verschieden. Sprache dient demnach nur der Kommunikation sprachlosen Denkens.[1] Dass Sprache jedoch nicht vorgefundene Strukturen abbildet, sondern diese Strukturen erst erzeugt, indem sie z. B. höchst individuelle Einzelpflanzen aufgrund einer nur vagen Ähnlichkeit als „Bäume" zusammenfasst, war eine Einsicht, die sich erst im 18. und beginnenden 19. Jahrhundert durchzusetzen begann.

Da menschliche Sprachen eine solche Strukturierung in unterschiedlicher Weise vornehmen, erscheint es naheliegend, Sprache als menschengemacht zu betrachten. Und diese Annahme ist die eigentliche Provokation der Sprachursprungsfrage: Wenn schon eine so eng mit dem menschlichen Dasein verbundene Fähigkeit wie die Sprache nicht göttlichen Ursprungs ist, wie verhält es sich dann mit sekundären Erscheinungen wie z. B. der ständischen Gesellschaftsordnung? Die Sprachursprungsfrage rüttelte also an Grundfesten und enthielt auf diese Weise revolutionäres Potenzial.

Auf der Grundlage der historischen Betrachtung der Sprachursprungsfrage sollte frühzeitig in der Unterrichtsreihe der Versuch unternommen werden, eigene Theorien zum Sprachursprung zu entwickeln (**Arbeitsblatt 4**, Seite 47). Solche Hypothesen können anschließend den Blick dafür schärfen, worin die Spezifik anderer Ansätze besteht. Die Aufgabe lässt sich weitgehend im beschriebenen **Placemat-Verfahren** bewältigen. Die letzte Frage des Blattes – nach den theoriebestätigenden Erkenntnissen – kann im Unterricht unter dem Blickwinkel diskutiert werden, was sich überhaupt empirisch nachweisen ließe, um so die Vorstellung zu hinterfragen, die Ungelöstheit der Frage sei lediglich ein Empiriedefizit. Die **Arbeitsblätter** 5 und 6, Seiten 48 und 49, dienen als Strukturierungshilfen, die für die eigenen Hypothesen erstmals genutzt und später immer wieder herangezogen werden, um Positionen zum Sprachursprung einzuordnen.

1.2 Positionen in der Sprachursprungsdiskussion vor Herder

Als Übergang zu konkreten Sprachursprungstheorien unterschiedlicher Jahrhunderte bietet sich das Zuordnungspuzzle auf **Arbeitsblatt 7**, Seite 50, an, das einerseits schon auf die Kontextbedingungen von Positionen hindeutet, andererseits aber auch Neugierde darauf wecken kann, wie die jeweiligen Positionen begründet wurden.[2]

In diesem zweiten Teil des Bausteins wird es anschließend darum gehen, die Sprachursprungsdiskussion vor Herder kennenzulernen, insbesondere die Positionen der französischen Aufklärung.

Inwieweit hierzu zunächst eine Kontextuierung durch eine Auseinandersetzung mit dem Grundgedanken der Aufklärung erforderlich ist, hängt von den Lernvoraussetzungen der Lerngruppe ab. Der Text von Peter-André Alt (**Arbeitsblatt 8**, Seite 51) kann eine Kurzeinführung bieten, um die folgenden Theorien in die Strömungen der Epoche einordnen zu können.

> ■ *Ordnen Sie die Frage nach dem Ursprung der Sprache aufgrund des Textes in die Aufklärung ein: Warum wurde wohl nach dem Sprachursprung gefragt, welche Antwortmöglichkeiten lässt ein aufklärerischer Geist zu?*

---

[1] Vgl. Jürgen Trabant: Artikulationen. Frankfurt a. M.: Suhrkamp 1998, S.157 ff.
[2] Lösung: N1 – I4 – A6/N2 – I6 – A3/N3 – I1 – A2/N4 – I2 – A4/N5 – I3 -A1/N6 – I5 – A5

Baustein 1: Das Herder-Thema: Die Frage nach dem Ursprung der Sprache

Die Sprachursprungsfrage in der Aufklärung	In der Aufklärung denkbare Antworten
• **Vernunfterklärung** gesucht (statt „Gottesgeschenk") • Zeichen der **Wissenschaftsorientierung** • Zeichen der **Säkularisierung**	• Frühaufklärerischer **Rationalismus:** Nachweis der göttlichen Ordnung der Sprache → Sprache von Gott gegeben • menschliche Erfindung aufgrund von Wahrnehmungen **(Empirismus, Sensualismus)** • menschliche Erfindung als gedanklicher Prozess, der Ratio und Empirie verbindet **(Kritizismus)**

Die im Folgenden betrachteten Sprachursprungstheorien lassen sich hierbei so einordnen: Condillac vertritt eine sensualistische Position, Süßmilch nutzt rationalistische Argumente, um 1756 eine aufklärungsferne Position zu begründen, Rousseaus Hinweis auf die unlösbaren Probleme des Sprachursprungs sind ebenfalls dem Rationalismus verpflichtet. Herders „Abhandlung" schließlich ist im Grenzbereich zwischen Empirismus und Kritizismus anzusiedeln.

Die Auseinandersetzung mit Condillac, Rousseau und Süßmilch (**Arbeitsblätter 9, 10 und 11**) kann bei Zeitnot durch Referate erfolgen. Intensiver wird die Auseinandersetzung, wenn drei Gruppen je eine Position fundiert erschließen und die Ergebnisse dann in der Klasse oder in Mischgruppen (Gruppenpuzzle, vgl. **Zusatzmaterial 15**, Seite 273) vorgestellt werden.

Arbeitsblatt 9, Seite 53, enthält einen Ausschnitt jenes Teils von Condillacs *Essai*, der die Sprachursprungstheorie des Geistlichen vorstellt. Condillac beginnt mit einer theologischen Absicherung, derzufolge er die christliche Theorie der gottgegebenen Sprache akzeptiere, dann aber entwickelt er seine eigentliche Position, die die Sonderstellung des Menschen in der Natur relativiert, indem er eine kontinuierliche Entwicklung der Sprache aus biologischen, durchaus tierhaften Wurzeln herleitet.

■ *Condillac stand als Geistlicher und Gelehrter zwischen religiöser Tradition und aufklärerischem Denken. Stellen Sie gegenüber, wo Condillac eher als Geistlicher und wo er eher als aufklärerischer Gelehrter argumentiert.*

■ *Stellen Sie die Stufen der Sprachentwicklung nach Condillac grafisch dar.*

■ *Wo erscheint Ihnen die Argumentation schlüssig, was erscheint Ihnen problematisch? Schreiben Sie ein Peer-Review zu dem Text, in dem Sie die Schlüssigkeit der Argumentation beurteilen.*

■ *In einer Verlagsinformation über Condillacs Schrift heißt es: „[W]arum ist das Werk eines braven Abbé so gefährlich?" (http://koenigshausen-neumann. gebhardt-riegel.de) Worin sehen Sie das Bedrohungspotenzial der Schrift?*

Condillac (1746): Geistlicher und Aufklärer

- argumentiert als **Geistlicher**, Sprache sei ein Gottesgeschenk an die ersten Menschen
- entwickelt als **Aufklärer** in einem Gedankenexperiment seine tatsächliche Sprachursprungstheorie:
  - Sprache entsteht stufenweise aus den biologischen Wurzeln des Menschen
  - keine übernatürlichen Eingriffe

Stufen der Sprachentstehung nach Condillac:

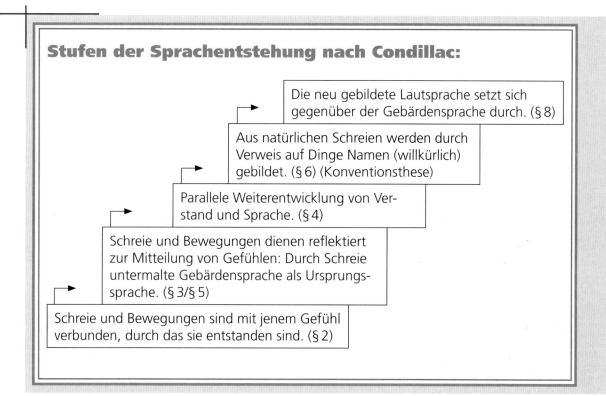

Die neu gebildete Lautsprache setzt sich gegenüber der Gebärdensprache durch. (§ 8)

Aus natürlichen Schreien werden durch Verweis auf Dinge Namen (willkürlich) gebildet. (§ 6) (Konventionsthese)

Parallele Weiterentwicklung von Verstand und Sprache. (§ 4)

Schreie und Bewegungen dienen reflektiert zur Mitteilung von Gefühlen: Durch Schreie untermalte Gebärdensprache als Ursprungssprache. (§ 3/§ 5)

Schreie und Bewegungen sind mit jenem Gefühl verbunden, durch das sie entstanden sind. (§ 2)

Mögliche Kritik an Condillac (Peer-Review):

Entscheidende Übergänge der Sprachentstehung werden verschleiert/nicht erklärt:

- unklar: reflektierte Nutzung von Lauten („Gewöhnung")
- ungelöst: Problem der gegenseitigen Abhängigkeit von Verstand und Sprache („parallele Weiterentwicklung")
- unbeachtet: Voraussetzung von Sprache (Begrifflichkeit) für Konvention

Bedrohungspotenzial der Condillac-Thesen: Menschengemachte Sprache impliziert menschengemachte Gesellschaftsverhältnisse ⟶ revolutionäres Potenzial

Baustein 1: Das Herder-Thema: Die Frage nach dem Ursprung der Sprache

Mit **Arbeitsblatt 10**, Seite 55, kann als zweite zentrale Position der französischen Aufklärung Rousseaus Beschreibung jener paradoxen Zirkel untersucht werden, die in einer Sprachursprungstheorie zu durchbrechen seien. Rousseau gibt vor, mit Condillac einverstanden zu sein, weil ihm dessen Gedankenexperiment, das dem Menschen in Freiheit so viel zutraut, offenbar sympathisch ist, dann aber führt er aus, dass Condillac die wesentlichen Schwierigkeiten der Sprachursprungsfrage ungelöst gelassen hat.

- *Von Rousseau werden Zirkel ausgemacht, die von Sprachursprungstheorien durchbrochen werden müssen. Beschreiben Sie diese Zirkel. Welche Prämissen fließen hier ein?*

- *Trotz der beschriebenen vermeintlich unüberwindbaren Zirkel beginnt Rousseau, eine Ursprungstheorie zu skizzieren. Widerspricht er sich damit selbst?*

Der Ansatz Johann Peter Süßmilchs (**Arbeitsblatt 11**, Seite 56) nimmt in der Sprachursprungsdiskussion der Aufklärung eines Sonderstellung ein, da er dem Zeitgeist widersprechend einen göttlichen Ursprung der Sprache postuliert. Die Art und Weise, in der Süßmilch argumentiert, weist ihn jedoch als aufklärerisch geprägten Menschen aus, denn er leitet den göttlichen Sprachursprung in einer streng rationalen Induktion her.

- *Stellen Sie Süßmilchs Argumentation grafisch dar.*

- *Der abgedruckte Auszug entstammt der Einleitung der Schrift Süßmilchs. Was genau müsste er nach Ihrer Auffassung in der eigentlichen Schrift nun beweisen?*

- *Vermeintlich ist Süßmilchs Text in der Aufklärung ein Rückschritt im Denken. Die Art seiner Argumentation verrät aber den aufklärerischen Geist. Inwiefern?*

- *„Wenn sich eine Frage überhaupt stellen lässt, so kann sie auch beantwortet werden." (Tractatus logico-philosophicus, 6.5) Stützt dieser Satz von Ludwig Wittgenstein Süßmilchs Position oder hinterfragt er sie?*

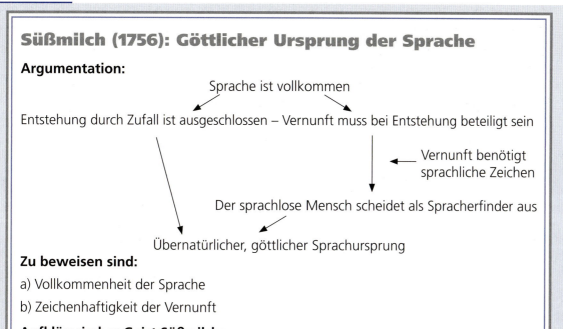

Mit den Positionen Condillacs, Rousseaus und Süßmilchs scheinen die möglichen Antworten auf die Sprachursprungsfrage abgesteckt: Die Sprache kann stufenweise aus tierischen Vorformen entstanden sein, sie kann dem Menschen von Gott geschenkt sein oder die Frage ist prinzipiell nicht beantwortbar. Der Berliner Akademie der Wissenschaften schien jedoch offenbar keine dieser Lösungen restlos überzeugend, sodass sie das Thema zu einer akademischen Preisfrage machte.

1.3 Die akademische Preisfrage und Herders Preisschrift

Herders Sprachursprungsabhandlung kommt in der Geschichte des Sprachdenkens eine besondere Stellung zu, sie markiert – so Jürgen Trabant – den „entscheidenden Schritt zu einer autonomen wissenschaftlichen Thematisierung der Sprache"[1], da sie der Beschäftigung mit der Sprache einen philosophischen Eigenwert zumisst, sie also nicht mehr nur in größeren Zusammenhängen z. B. der Erkenntnistheorie thematisiert.

Herders Sprachursprungstheorie erreichte schon frühzeitig nicht zuletzt deshalb eine so große Popularität, weil sie von einer herausragenden Institution der Aufklärung unter 31 Einsendungen als Preisschrift ausgewählt wurde. Sie stellt insofern offenbar eine Position vor, die in ganz besonderer Weise die Zeitgenossen zu überzeugen wusste. Einer Auseinandersetzung mit Herders Preisschrift sollte daher eine Beschäftigung mit dem institutionellen Rahmen vorgeschaltet werden, der die Preisfrage hervorbrachte (**Arbeitsblatt 12**, Seite 57). Verbunden mit der vorherigen Auseinandersetzung mit Condillac, Rousseau und Süßmilch kann auf diese Weise zum Beispiel deutlich werden, wie schon die Preisfrage selbst die Ant-

---

[1] Jürgen Trabant: Europäisches Sprachdenken. Von Platon bis Wittgenstein. München: Beck 2006, S. 217

Baustein 1: Das Herder-Thema: Die Frage nach dem Ursprung der Sprache

wort zu steuern versuchte. Der Text zur Akademie der Wissenschaften könnte anhand von zwei Leitfragen in dem nachfolgenden Tafelbild ausgewertet werden:

- *Die Akademie der Wissenschaften galt im 18. Jahrhundert als Institution der Aufklärung. Begründen Sie dies aufgrund des Textes möglichst vielschichtig.*
- *Erörtern Sie, was gegen die Preisfrage von 1770 eingewandt werden kann.*

Akademie der Wissenschaften als aufklärerische Institution:

- Ziel: Förderung der wissenschaftlichen Forschung
- Preisfragen als Impuls für wissenschaftliche Diskussionen
- Fragestellungen richten sich auf menschliche (= natürliche) Erklärungen, übernatürliche Erklärungen werden offenbar abgelehnt
- französische Sprache als äußeres Zeichen der Verbindung zur franz. Aufklärung

Kritik an der Preisfrage zum Sprachursprung:

- Die Frage ist suggestiv, weil sie die Antwortrichtung vorgibt.
- Die Frage setzt einen sprachlosen Menschen voraus.

Wenn zuvor bereits die Sprachursprungstheorien Condillacs, Rousseaus und Süßmilchs ebenso besprochen wurden wie der institutionelle Rahmen, kann die Lektüre des Auszugs aus Herders „Abhandlung über den Ursprung der Sprache" (**Arbeitsblatt 14**, Seite 59) als Hausaufgabe gestellt werden. Wird auf eine umfassende Kontextuierung der Herder-Abhandlung verzichtet, kann ggf. auch die noch weiter gekürzte Fassung des Herder-Textes (**Arbeitsblatt 14a**, Seite 66) genutzt werden.

Bei Lerngruppen, die wenig Leseerfahrung mit längeren Sachtexten haben, empfiehlt sich eine Vorbereitung der Lektüre durch das **Arbeitsblatt 13**, Seite 58, das bereits ein Argumentationsgerüst der „Abhandlung" präsentiert (Lösung: E – D – G – B – A – F – C). Durch den Einsatz dieses Arbeitsblattes wird einerseits die erforderliche Analyseleistung reduziert, andererseits jedoch auch die Gefahr gemindert, dass unerfahrene Leserinnen und Leser an dem längeren und durchaus sperrigen Herder-Text scheitern.

Für alle Lerngruppen dürfte es wichtig sein, den Leseauftrag mit Hinweisen zum Umgang mit (längeren) Sachtexten zu verbinden (vgl. **Zusatzmaterial 2**, Seite 253, evtl. auch **Zusatzmaterial 3**, Seite 254).

Die Aufgaben zum Herder-Text (**Arbeitsblätter 15–19**, Seiten 69 bis 74) können von der Lerngruppe anschließend in einer längeren Arbeitsphase selbstständig bearbeitet werden.[1] Sie lassen sich jedoch auch unabhängig voneinander im Unterricht besprechen. Auch eine arbeitsteilige Erarbeitung in Gruppen bietet sich an, wobei eine Leistungsdifferenzierung möglich ist. Einige denkbare Ergebnisse werden im Folgenden dargestellt.[2]

---

[1] Wurde mit der Kurzfassung des Herder-Textes (Arbeitsblatt 14a) gearbeitet, so können die Aufgaben auf Arbeitsblatt 16 nicht bearbeitet werden, ebenso wenig wie die dritte Aufgabe auf Arbeitsblatt 17. Die im Folgenden skizzierten Lösungsvorschläge beziehen sich auf die längere Fassung (Arbeitsblatt 14).

[2] Bei beiden hier abgedruckten Varianten handelt es sich um deutlich gekürzte Fassungen der „Abhandlung" Herders, die sich auf die zentralen Gedanken zum Sprachursprung konzentrieren. Im zweiten Teil seiner Abhandlung widmet sich Herder z. B. auch der Sprachverschiedenheit und der Entwicklung der Sprache. Dieser zweite Teil kann ggf. durch ein Referat in die Unterrichtsreihe einbezogen werden.

Herders „Abhandlung über den Ursprung der Sprache": Schwerpunkt Inhalt

In einer ersten Phase der Beschäftigung mit Herders Sprachursprungsschrift sollten die Kerngedanken der vorgelegten Sprachursprungstheorie im Mittelpunkt stehen (**Arbeitsblatt 15, Seite 69**). Zu klären ist dabei zunächst, wie Herder den Menschen in einem Sphärenmodell einerseits in eine Stufenfolge der Natur einbindet, ihm aber andererseits eine Sonderstellung als einziges instinktloses Lebewesen zuweist. Während das Tier in eine instinktgeprägte Verbindung mit der Realität hineingeboren wird und eine „Sprache" besitzt, die diesem „Horizont seiner vitalen Interessen" (H.D. Irmscher[1]) angemessen ist, hat der Mensch keine solchen Instinkte. Er ist, wie Herder im platonischen Sinne ausführt[2], ein Mängelwesen. Zugleich erweist sich dieser Mangel aber als großer Vorteil, als eine Ungebundenheit nämlich, die Sprache als typisch menschlichen Weltzugang erst ermöglicht.

Herders Begriff der „Besonnenheit" meint im Kern jene Freiheit, die den Menschen nicht instinktgebunden auf seine Umwelt reagieren lässt, sondern ihm die Möglichkeit gibt, sich auf sich selbst zu besinnen. Mit dem distanzierten Blick auf sich und seinen eigenen Wahrnehmungsakt gewinnt der Mensch die Fähigkeit, das Wahrgenommene für eine innere Merkwortbildung zu nutzen. Er kann nun nämlich ein Merkmal als Kenn-Zeichen eines Dinges reflektieren, also nicht mehr nur z. B. ein Tier wahrnehmen, sondern eines der Tiermerkmale als Zeichen für dieses Tier nutzen. Und dieses gedankliche Zeichen ist für Herder schon Wort. Das ist der radikal neue Gedanke bei Herder[3]: Sprache ist nicht mehr, wie seit Aristoteles angenommen wurde, an das gesprochene Wort gebunden, sondern das gedankliche Konzept allein ist für Herder bereits sprachlicher Natur. Mit dem „Merkwort der Seele" ist für Herder die wesentliche Leistung der Sprache ermöglicht, mit den Gegenständen der Realität geistig auch dann umzugehen, wenn sie nicht gegenwärtig sind, sie also geistig aufzuheben und ohne ihre Präsenz verfügbar zu machen. Diese wesentliche Sprachleistung ist für Herder unabhängig vom Sprechen und unabhängig von einem Gegenüber im Dialog, sie basiert auf einem rein geistigen monologischen Akt.

Aus diesem Grunde ist in Herders Ausführungen die Bildung einzelner Wörter, vornehmlich Nomen, der Hauptgegenstand der Sprachursprungstheorie, denn sie stellen für Herder den Kern des Wirklichkeitsbezugs dar. Elemente wie die Grammatik sind für ihn nur sekundär, sie sei zu Beginn der Sprache durch Gebärden ersetzbar, heißt es später in der Abhandlung.[4]

Auch die Weiterentwicklung der Sprache von den ursprünglichen Merkwörtern (das Blökende) zu artikulierten und aktuellen Bezeichnungen (Schaf) wird im zweiten Teil der Abhandlung thematisiert, ist für Herder aber nicht Teil seiner Hauptargumentation. Für ihn ist wesentlich zu zeigen, dass er nicht einen sprachlosen Menschen die Sprache erfinden lässt, sondern Menschsein und Sprachlichkeit identisch sind. Dies will er mit seiner ausführlichen Beschreibung der inneren Merkwortbildung belegen.

In seinen Erläuterungen zu dieser Merkwortbildung weist Herder dem Ohr als „mittlerem Sinn" des Menschen eine besondere Stellung zu: Die Dinge werden, wenn sie tönen, über diese Töne erfasst, wie das Schaf über sein Blöken. Nichttönende Dinge werden nach Herder in Form einer Synästhesie mit einem Ton verbunden, sodass das Ohr immer das Merkmal für das innere Merkwort liefern kann. Ob Herder damit wirklich die Erfindung der Sprache im Sinne der Akademie erklärt hat, darf bezweifelt werden[5], die für Herder wesentliche Funktion der Sprache ist damit jedoch vollständig beschrieben.

---

[1] Hans Dietrich Irmscher: Nachwort. Zu: Johann Gottfried Herder: Abhandlung über den Ursprung der Sprache. Stuttgart: Reclam 2001, S. 156
[2] Vgl. ebd., S. 149.
[3] Vgl. Jürgen Trabant: Europäisches Sprachdenken. Von Platon bis Wittgenstein. München: Beck 2006, S. 221.
[4] Vgl. Johann Gottfried Herder: Werke in zehn Bänden. Bd. 1: Frühe Schriften 1764–1772. Hg. von Ulrich Gaier. Frankfurt a. M.: Deutscher Klassiker Verlag 1985, S. 764f.
[5] Vgl. Hans Dietrich Irmscher: Nachwort. Zu: Johann Gottfried Herder: Abhandlung über den Ursprung der Sprache. Stuttgart: Reclam 2001, S. 163.

2. Ordnen Sie diesen Themen Zeilenangaben sowie zentrale Grundgedanken zu, indem Sie die Tabelle vergrößert in Ihr Heft übertragen und ausfüllen:

Herders Preisschrift: Aufbau und Kerngedanken
(Mögliche Lösung, als Folie entwickelbar)

Thematischer Schwerpunkt	Textstelle		Zentrale Grundgedanken
	von Z.	bis Z.	
Die Sprache, die Tier und Mensch verbindet	1	86	Die körperliche Empfindung produziert gleichsam tierische Laute (z. B. Interjektionen). → Sprache der Empfindung als Gemeinsamkeit mit Tier ≠ spezifisch menschliche Sprache
Die Sphäre der Tiere und der Mensch	191	452	Sphäre: Kreis, der durch Instinkte beherrscht wird Kleine Sphäre der Tiere → wenig Sprache nötig (Instinktsprache) Mensch: Sphäre der Unendlichkeit → keine Instinktsprache möglich[1]
Besonnenheit schafft Sprache	453	541	Instinktlosigkeit ermöglicht dem Menschen: – Merkmal abzusondern, – diese Absonderung bewusst wahrzunehmen, – das abgesonderte Merkmal als Zeichen zu nutzen. → Kontextungebundene, symbolhafte Sprache (= spezifisch menschliche Sprache) ist erfunden.
Das Ohr als Sprachmeister	614	627	Die Laute der Tiere und der Dinge bilden die Wurzeln für die Spracherfindung der Menschen.
Die Bezeichnung für nicht-tönende Dinge	628	662	Als sensorium commune verbindet der Mensch auch mit nicht-tönenden Gegenständen Laute.

---

[1] Herder will die Fähigkeiten des Menschen gegenüber dem Tier zwar nicht als einfache Zusätze sehen, verwischt dies aber durch die wiederholte Verwendung von Komparativen wie „weitere Aussicht" oder „mehrere Helle" (vgl. Irmscher, ebd., S. 152).

3. Flussdiagramm: Stellen Sie die argumentative Struktur des Textes in einem Flussdiagramm dar.

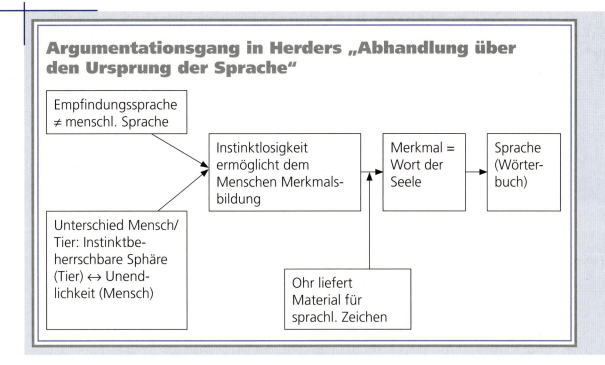

5. Wie erklären Sie sich, dass in Herders Theorie die Kommunikation kaum eine Rolle spielt?

Herder: Sprachursprung als monologischer Akt

Zentrum der Sprache für Herder: Innere Merkwortbildung
Merkwörter: ermöglichen geistige Verfügung über Elemente der Welt (auch bei deren Abwesenheit)
Kommunikation: sekundäre Funktion von Sprache

6. Welche Aspekte, die Ihnen für eine Erklärung des Sprachursprungs wichtig erscheinen, werden von Herder nicht angesprochen? Sehen Sie Gründe?

Nicht erklärt werden z. B. folgende Aspekte:

- Wie einigen sich Menschen auf Merkwörter?
- Wie werden Abstrakta benannt?
- Wie entsteht Grammatik?
- Wie verändert sich Sprache weg von den Merkwörtern?[1]

Als Grund für das Vernachlässigen dieser Aspekte kann vor allem gelten, dass sie Herder nicht für wesentlich hält, um den Menschen als Sprachwesen zu bestimmen.

---

[1] Zu den letzten beiden Fragen gibt es Andeutungen im nicht abgedruckten Teil.

7. Klären Sie den für Herder zentralen Begriff der „Besonnenheit", indem Sie
   a) alle Aussagen Herders zum Begriff „Besonnenheit" – z. B. in einer Mindmap – sammeln,
   b) das Wortfeld „Besonnenheit" beschreiben und die Begriffe gegeneinander abgrenzen,
   c) eine Definition des Begriffes formulieren.

Mögliche Definition „Besonnenheit": Der Begriff „Besonnenheit" bezeichnet den Geisteszustand des Bei-Sinnen-Seins, also die menschliche Fähigkeit, aufgrund seiner Instinktfreiheit zum einen einzelne Merkmale des sinnlich Wahrgenommenen (Mensch, Tier, Gegenstand) abgesondert von der Gesamterscheinung zu erkennen und sich zum anderen dieser abgesonderten Wahrnehmung bewusst zu werden. Dies ist Herder zufolge die Voraussetzung zu sprachlicher Bezeichnung.[1]

Herders „Abhandlung über den Ursprung der Sprache": Schwerpunkt Abgrenzung von anderen Positionen

Herder setzt sich in seiner Sprachursprungsabhandlung mit vielen anderen Autoren auseinander, vor allem mit Condillac, Rousseau und Süßmilch. Die Art und Weise, in der das geschieht, verdient besondere Beachtung (**Arbeitsblatt 16**, Seite 70), weil Herder zum einen aus dieser Auseinandersetzung seinen argumentativen Schwung gewinnt und zum anderen hier Diskussionsmuster deutlich werden, die viele theoretische Auseinandersetzungen prägen. Die Vermutung, Herder schärfe seine eigenen Gedanken in der Auseinandersetzung mit anderen Theorien, scheint dabei nicht ganz zuzutreffen, denn dazu ist die Auseinandersetzung meist zu oberflächlich und polemisch. Vielmehr markiert Herder im Rückgriff auf andere Theorien die Punkte, die ihm nicht schlüssig erscheinen, um gerade an solchen Punkten mit seinen eigenen Überlegungen anzusetzen. Die sukzessive Herleitung der Sprache aus tierischen Vorformen bei Condillac führt bei Herder dazu, gerade die Sonderstellung des Menschen als instinktfreies Wesen zu betonen und daraus die Sprachlichkeit abzuleiten. Süßmilchs Versuch, einen göttlichen Ursprung rational zu begründen, entkräftet Herder nicht substanziell, müht sich aber, die Unnötigkeit eines solchen göttlichen Eingriffs schlüssig zu machen, um damit auch einen Ausweg aus Rousseaus Zirkel zu finden, denen er mit dem Begriff der Besonnenheit entkommen zu sein meint.

---

[1] Ganz offenbar ist Besonnenheit für Herder ein Synonym für Reflexion, diesen Begriff nennt er in Klammern. Durch die neue Bezeichnung wollte er offenbar die Spezifik seines Ansatzes betonen, die das Besinnen auf ein Merkmal ins Zentrum stellt.

1. *Stellen Sie Herders Sicht auf die Sprachursprungsfrage den Positionen Süßmilchs und Condillacs unter Leitaspekten gegenüber (einige sind vorgegeben, ergänzen Sie sinnvolle Aspekte):*

Gegenüberstellung der Sprachursprungstheorien Condillacs, Süßmilchs und Herders

(Mögliche Lösung, z. B. als Folie entwickelbar)

	Condillac	Süßmilch	Herder
Grundposition	Spracherfindung aus tierischen Vorformen	Sprache durch Gott geschenkt (Unterricht)	Spracherfindung durch Sprachwesen Mensch
Stellung des Menschen gegenüber dem Tier	Mensch und Tier als Stufenunterschiede in der natürlichen Ordnung	nicht thematisiert (implizit: Sonderstellung des Menschen vor Gott)	Mensch durch Instinktfreiheit in Sonderstellung
Funktion der Sprache im Moment der Erfindung	kommunikative Funktion	nicht thematisiert	Geistige Merkmalsbildung
Urform der Sprache	Gebärdensprache, begleitet von emotionalen Lauten	durch Gott sofort vollständige Sprache vermittelt	menschliche Sprache sofort vollständig
Einordnung in aufklärerische Strömungen	Sensualismus (Sprache wird kontinuierlich und wahrnehmungsgestützt aus tierischen Vorformen hergeleitet)	Rationalismus (Ordnung der Sprache zwingt aufgrund logischer Schlüsse zur Annahme eines göttlichen Sprachursprungs)	Grenzbereich Empirismus/Kritizismus (Sprache entsteht aus Verbindung von rationalen Voraussetzungen (Besonnenheit) und Empirie (Ohr als Lehrmeister))
Argumentatives Vorgehen	Stufenprinzip der Entwicklung wird beschrieben (Gedankenexperiment mit Plausibilitätsbetrachtungen)	Schluss ex negativo	in Abgrenzung von Condillac und Süßmilch Entwicklung des Sphärenmodells („Logik" der Natur als Leitfaden der Argumentation)

Baustein 1: Das Herder-Thema: Die Frage nach dem Ursprung der Sprache

2. Herder gewann seine Positionen auch in Auseinandersetzung mit anderen Denkern. Stellen Sie seine Auseinandersetzung mit Condillac und Süßmilch in Tabellen dar:

Herders Auseinandersetzung mit Condillac
(mit Folie entwickelbar)

Condillacs Darstellung	Herders Einwand	Stichhaltigkeit der Kritik Herders (mögliche Einschätzung)
Basis des Gedankenexperiments: 2 Kinder ohne Kenntnis irgendeines Zeichens	Annahme sprachloser Menschen sei unnatürlich	Ohne den Übergang sprachloser Wesen zur Sprache kommt keine Sprachursprungstheorie aus, die nicht die Sprachlichkeit an den Anfang der Erklärung setzt (wie Herder).
geht von Kontakt der Kinder vor der Sprachentstehung aus	stellt Möglichkeit des Kontaktes ohne Zeichen in Frage (wie Rousseau)	Eine historisch orientierte Sprachursprungstheorie muss ganz offenbar eine Gemeinschaft vor der Sprachentstehung voraussetzen (wie im Affenrudel).
erste Verbindung Bezeichnetes-Zeichen durch Gewöhnung	„Davon begreife ich nichts." – Vorwurf der Nichterklärung des zentralen Punktes	Die Sinnkonstitution klärt Condillac in der Tat nicht.
Konventionsthese (Verständigung über Zeichenbedeutung)	Konvention setzt Sprache (Begriffe) bereits voraus	Die Fragwürdigkeit der Konventionsthese benennt Herder treffend.

Herders Auseinandersetzung mit Süßmilch
(mit Folie entwickelbar)

Süßmilchs Darstellung	Herders Kommentar	Stichhaltigkeit der Kritik Herders (mögliche Einschätzung)
will beweisen, dass Sprache zum Vernunftgebrauch notwendig ist	geht von Identität von Vernunft und Sprache aus (Merkmalsbildung)	Herder kritisiert wortreich, ist sich jedoch weitgehend mit Süßmilch einig.
Schöpfer als Lehrmeister der Sprache	Zum Sprachunterricht müsste der Mensch schon Sprache mitbringen.	Süßmilchs „Lehrmeister"-Metapher bleibt hinter seinem Gedankengang zurück: Sprache als angeborenes Gottesgeschenk wäre die eigentliche Konsequenz seiner Position.
Süßmilch durchbricht Kreisel mit der Annahme göttlichen Einflusses.	„das Ding kreiselt immer fort"	Süßmilchs Argumentation kann offenbar den Kreisel mindestens ebenso gut zum Stehen bringen wie Herders Besonnenheitsthese.

Baustein 1: Das Herder-Thema: Die Frage nach dem Ursprung der Sprache

4. *Von wem stammen nach Ihrer Auffassung die folgenden Sätze?*

Zuordnung: Von Condillac stammen die Sätze (1) und (3), von Süßmilch (5) und (6), von Herder (2) und (4).

5. *Ordnen Sie die Positionen Condillacs, Süßmilchs und Herders in die heutigen Typen von Sprachursprungstheorien und in die Dimensionen der Fragestellung ein (siehe Arbeitsblätter 5 und 6). Welche Teile der Positionen sind in dieser Einordnung nicht erfasst?*

Einordnung der Positionen Condillacs, Süßmilchs und Herders

	Ebene der SU-Frage	Dimension der SU-Frage	Nach heutiger Typologie
Condillac	phylo-genetisch	zeitliche Genesis soll geklärt werden	Mischung aus Pfui-Pfui-Theorie und Am-Anfang-war-die-Geste-Theorie
Süßmilch	phylo-genetisch	weder zeitliche Genesis noch zeitlose Sinnkonstitution, sondern kausallogische Abstraktion	nicht einzuordnen
Herder	phylo-genetisch impliziert auch onto-genetisch	zeitlose Sinnkonstitution	Anklänge an Wau-Wau-Theorie, aber der Kern (innere Merkmalsbildung) ist nicht einzuordnen

Herders „Abhandlung über den Ursprung der Sprache": Schwerpunkt: Form/Argumentationsaufbau

Herders „Abhandlung" bedient sich eines im 18. Jahrhundert nicht unüblichen, heute aber seltsam anmutenden Stils, den man als „essayistisch" kennzeichnen könnte: Herder entwickelt eine stringente Argumentation, unterwirft seinen Text aber nicht allein der Schlüssigkeit der Argumente, sondern schweift ab, provoziert, polemisiert gegen seine Gegner, grenzt sich ab, spricht in Bildern, nutzt Mythologie und Geschichte als Bilderquellen, bindet all dies wieder in seine Argumentation ein, kommt zu pointiert vorgetragenen Thesen, deren argumentative Herleitung er in vielen Schleifen wiederholt, verfällt dabei oft in einen Parlando-Ton, der den Leser mitzunehmen sucht, bricht dies dann aber wieder zugunsten strenger Systematik ab, die ihm für die Überzeugungskraft seiner Schrift doch unabdingbar erscheint, und rühmt sich am Ende, in seinem zielgenau formulierten Wettbewerbsbeitrag die Preisfrage ignoriert zu haben. Diese spezielle Darstellungsform sollte auf verschiedenen Ebenen untersucht werden (**Arbeitsblatt 17**, Seite 72 – die nachfolgenden Lösungsvorschläge beziehen sich auf den längeren Auszug aus der Abhandlung (**Arbeitsblatt 14**, S. 59 ff.)).

2. *Prüfen Sie, inwieweit der Ihnen vorliegende Auszug aus Herders Preisschrift diesem Gliederungsmuster (nach L. von Werder) entspricht. Erstellen Sie ggf. eine davon abweichende Struktur.*

Baustein 1: Das Herder-Thema: Die Frage nach dem Ursprung der Sprache

Gliederungsstruktur des Herder-Textes
(Vorschlag für eine alternative Darstellung)

Einleitung: scheinbares Zugeständnis an gegnerische Position
Entkräftung der gegnerischen Position (Condillac, Rousseau)
Herleitung einer Frageperspektive

Hauptteil: Entwicklung einer eigenen Theorie (Sphäre – Besonnenheit – Sprache)
Abgrenzung der eigenen Theorie von einer Gegenposition (Süßmilch)
Fortführung der Theorie (Ohr als Lehrmeister)

Schluss: Verstärkung: Herausstellen des Wertes der eigenen Theorie gegenüber vorherigen Positionen

3. Prüfen Sie, welche dieser Strategien Herder [zur argumentativen Auseinandersetzung mit gegnerischen Positionen] verwendet, ergänzen Sie ggf. weitere Strategien. Unterscheiden Sie, wie Herder mit Condillac, Rousseau und Süßmilch jeweils umgeht.

Eine Lösung könnte so aussehen (präsentierbar z. B. als Folie):

Herders argumentative Auseinandersetzung mit

Condillac	Rousseau	Süßmilch
tendenziell unsachliche Auseinandersetzung:	tendenziell unsachliche Auseinandersetzung:	unscharfe Positionierung gegen Süßmilch:
• polemische, nicht substanziell argumentierende Widerlegung („davon begreife ich nichts")	• nur kurzes Eingehen auf Rousseaus Bedenken	• Süßmilch wird von Herder gelobt (er drang „durch die Oberfläche").
• Herder glaubt Argumentation vor allem durch Wiederholung entkräften zu können.	• keine Entkräftung (Herders Abhandlung soll offenbar insgesamt als Entkräftung verstanden werden)	• Herder unterstellt Süßmilch aber falsche Interpretation schlüssiger Gedanken (die Herders eigene Position stärken).
• Herder stellt indirekt in Frage, dass Schlussfolgerungen von Condillac überhaupt begründet vollzogen werden.	• ironisch-abwertende Kennzeichnung Rousseaus („Rousseauscher Schwung oder Sprung")	• Süßmilchs Position wird nur vergröbert wiedergegeben.
• abwertende Adjektive („hohle Erklärung")	• stellt Rousseaus Schlussfolgerungen in Frage	

4. Untersuchen Sie die Bilder, die Herder nutzt, um seine Theorie darzustellen. Aus welchen Bereichen stammen diese Bilder, wie sind sie konnotiert und welche Funktion haben sie in der Argumentation?

Funktion der Bilder für die Argumentation Herders

Gegnerische Position: Abwertung durch metaphorische Bezeichnungen:
- „unsicher[er] Ort" (Z. 170) der Position (Vorwurf: Voraussetzungsdefizite)
- „Hypothese", die „dem menschlichen Geist nur zum Nebel und zur Unehre ist" (Z. 689 ff.) (Vorwurf: Unklarheit, Abwertung des Menschen)

Eigene Position: Aufwertung durch Bilder:
- „festeste philosophische Wahrheit" (Z. 702 f.) (Gegensatz zu „unsicherer Ort")
- „Der menschliche [Sprachursprung] zeigt Gott im größten Lichte" (Z. 680 f.) (Gegensatz zu „Unehre")

Fazit: Gezielte Bildgegenüberstellungen zur Leserbeeinflussung.

Abgrenzung Mensch/Tier in der eigenen Theorie:
- Tier: negativ konnotierte Bildlichkeit:
  - „lebendiger Mechanismus" (Z. 278) (der Tiere)
  - einförmiges Geschäft (der Tiere) (vgl. Z. 256 f.)
  - „unfehlbare Maschine in den Händen der Natur" (Z. 395 f.)
- Mensch: positiv konnotierte Bildlichkeit (fast gottgleiche Stellung im Tierreich):
  - „weitere Aussicht" (Z. 382)
  - „mehrere Helle" (Z. 392)
  - „Sphäre der Bespiegelung" (Z. 394)
  - „Prometheus himmlischer Funke" (Z. 609 f.)
- Kontinuität der Erklärung wird bildlich gespiegelt: „Kette der lebendigen Wesen" (Z. 231), Diskontinuität Mensch-Tier metaphorisch verdeutlicht

Fazit: In einem vermeintlich kontinuierlichen Modell wird durch die Bildlichkeit die Sonderstellung des fast gottgleichen Menschen unterstrichen

---

5. *Untersuchen Sie die genutzte Sprache, die Argumentation und die Übergänge zu neuen Gedankengängen daraufhin, welche Adressaten Herder wohl in seiner Abhandlung ansprechen wollte.*

Herders „Abhandlung": Sprache, Argumentation, Übergänge, Adressaten

Sprache: oft parataktischer Satzbau bzw. wenig geschachtelte Hypotaxen, Bilderreichtum, Bildungsanspielungen (z. B. Mythologie), persönlicher Stil („Ich finde …")

Argumentation: viele Redundanzen, immer wieder neues Ansetzen des gleichen Gedankenganges

Übergänge: rhetorische Fragen, Leseransprachen („ich überlasse jedem die Probe") (Z. 232 f.) → dialogischer Stil

Vermutete Adressaten: zunächst Juroren, aber auch weiterer Leserkreis: gebildetes Publikum, das in ein unbekanntes Thema eingeführt werden muss und durch rhetorische Gestaltung zum Weiterlesen angehalten werden soll

---

Mit **Arbeitsblatt 18**, Seite 73, erhalten die Schülerinnen und Schüler ein Angebot von Formen der Zusammenfassung, um ihre bisherigen Erkenntnisse zu Herders Abhandlung zu bündeln.

Arbeitsblatt 19, Seite 74, soll eine horizontale und vertikale Verortung ermöglichen:

Baustein 1: Das Herder-Thema: Die Frage nach dem Ursprung der Sprache

Füllen Sie das nachfolgende Netz so weit aus, wie Sie es jetzt schon können. Ergänzen Sie im Laufe der Beschäftigung mit dem Sprachursprung. Ergänzen Sie weitere Felder und Pfeile, wenn es Ihnen nötig erscheint.

Horizontale und vertikale Vernetzung (mögliche Lösung)

Kerngedanken wichtiger Sprachursprungstheorien vor Herder

Condillac: Sprache entsteht kontinuierlich aus tierischen Vorformen: aus Lauten der Leidenschaft und Gebärden, entwickelt sich dann durch Konvention zur Zeichensprache.

Rousseau: SU-Theorie muss Zirkel auflösen: Gegenseitige Abhängigkeit von
a) Gesellschaft und Sprache
b) Denken und Sprache
c) Sprache und Konvention

Süßmilch: Aus den Rousseau'schen Zirkeln ergibt sich die Notwendigkeit eines göttlichen Sprachursprungs.

Zeitgeschichtliche Rahmenbedingungen

Aufklärung: Stellung des Menschen im Kosmos soll geklärt werden, übernatürliche Erklärungen werden abgelehnt.

Herders Abhandlung über den Ursprung der Sprache

Institutionelle Rahmenbedingungen

Akademie der Wissenschaften: Aufklärerische Institution, die durch Frage schon Antwortrichtung vorgibt

Anknüpfungen an Herder in späteren Jahrhunderten

Humboldt: radikalisiert Herders Frageperspektive, indem er historische Sprachursprungsfrage auf den Kern der Sinnkonstitution reduziert.

Bickerton (vgl. Arbeitsblatt 28): Sprache kann der Mensch bilden, weil er sich unabhängig machen kann von äußeren Reizen.

Anknüpfungen an und Widersprüche zu Herder in heutigen Theorien

Evolutionsbegründung: Evolutionsvorsprung durch Sprache im Sinne Herders

Sinnkonstitution: Herders Kerngedanke einer Sinnentstehung durch Merkmalsbildung spielt in aktuellen Theorien keine Rolle.

In der Auswertung dieser Grafik sollte vor allem den individuellen Ergänzungen der Schülerinnen und Schüler, wenn es solche gibt, besondere Aufmerksamkeit geschenkt werden.

1.4 Reaktionen auf Herders Sprachursprungsschrift

Herders Sprachursprungsschrift prägte die Diskussion seiner Zeit, sie wird aber auch im 20. und 21. Jahrhundert diskutiert. Mithilfe der **Arbeitsblätter 20 bis 24**, Seiten 75 bis 79, lässt sich ein Überblick über das Wirken von Herders Preisschrift erarbeiten.

Erich Heintels Text (**Arbeitsblatt 20**, Seite 75) kann dazu dienen, die besondere Stellung der Abhandlung in der Geschichte der Sprachursprungsfrage zu klären, weil er deutlich macht, dass Herders Fragehaltung die eigentliche Neuerung war.

Mit dem Auszug aus Goethes „Dichtung und Wahrheit" (**Arbeitsblatt 21**, Seite 76) lässt sich zum einen erfahren, welche Wertschätzung Herder zum Zeitpunkt der Verfassung der Schrift genossen hat. Zugleich kann der geforderte fiktive Dialog die Frage erörtern, inwieweit Herders Theorie nicht einfach eine Entfaltung des Gedankens des Menschen als Sprachwesen ist, sondern eine Naturkontinuität entwickelt, die mit der sprachlichen Zeichenkonstitution verwoben wird.

Die Kritik und die Würdigung Herders durch Hamann und Autoren des 20. Jahrhunderts (**Arbeitsblätter 22–24**) lassen sich in einem Gruppenpuzzle oder einer arbeitsteiligen Gruppenarbeit bearbeiten. Alle Schülerinnen und Schüler sollten zuvor aufgefordert werden, die Ergebnisse in Form einer Tabelle festzuhalten, die dann anschließend im Unterricht (z. B. per Folie) verglichen wird:

Würdigung/Kritik Herders

durch	Kerngedanken	Anmerkungen
Hamann	Da der Mensch ein Sprachwesen ist, sei jede Annahme eines sprachlosen Menschen unsinnig.[1]	Eine Frage im Sinne Hamanns wäre: Warum kann die Frage nach einer Spracherfindung des Menschen nur unsinnig sein?
Heintel/Apel	Heintel: Herders Besonnenheitsthese verlagere nur das Problem auf eine andere Unbekannte. Apel: Herder habe keine neuen Gedanken gehabt, aber eine neue Perspektive entwickelt.	Gegenüber Heintel ließe sich einwenden, dass Herder die Besonnenheit nicht setzt, sondern herleitet. Apel beschreibt präzise Herders Ansatz, den Menschen als Sprachwesen zu bestimmen.
Seebaß	Herder habe den kommunikativen, auf einem gemeinsamen Zeichenverständnis basierenden Charakter der Sprache nicht geklärt, zudem sei Merkmalsbildung nur möglich, wenn der Gegenstand schon begrifflich erfasst sei.	Herder hat offenbar bewusst auf kommunikative Aspekte verzichtet, weil für ihn die Merkmalsbildung zentral war. Sprache ist für Herder kein Mittel zur Erkenntnis eines Dings, sondern für das geistige Bewahren eines solchen Erkenntnisaktes. Der Begriff des „Denkens" ist bei Seebaß und Herder offenbar nicht deckungsgleich.

Mit **Arbeitsblatt 25**, Seite 80, kann eine überraschende Beziehung zwischen Herders Sprachursprungstheorie und der Gebärdensprache thematisiert werden. Herders Merkmalstheorie findet sich in der Gebärdensprache wieder, die ursprünglich darauf basiert, ein

---

[1] Herder rechtfertigte sich Hamann gegenüber später, indem er darauf hinwies, er sei ja gerade nicht von einem sprachlosen Menschen ausgegangen und habe somit durchaus Hamanns Position vertreten (vgl. Hamann, J. G.: Briefwechsel. Hg. von W. Ziesemer und A. Henkel. Bd. 3. Wiesbaden: Insel 1957, S. 10f.).

hervorstechendes Merkmal eines Gegenstandes zum Zeichen für diesen Gegenstand zu machen, sodass der symbolische Charakter der Sprache greifbar wird. Anders als bei Wörtern der gesprochenen Sprache zeigen diese Gebärden vielfach noch sehr deutlich ihren Merkmalscharakter. Allerdings sind es hier naturgemäß keine akustischen, sondern optische Merkmale, und sie dienen vermutlich auch nicht unbedingt als „innerliches Merkwort". Die Beschäftigung mit dem Arbeitsblatt sollte durch folgende Übung vorbereitet werden:

- *Finden Sie jeweils eine Gebärde für folgende Begriffe: Kamel, Vogel, Katze, Auto, Schule, Deutschland, Amerika, Angela Merkel.*

Schon bei der Vorstellung der Gebärden im Kurs sollte eine Parallele zu Herders Sprachursprungstheorie deutlich werden, indem thematisiert wird, welche Merkmale jeweils im Zentrum der Gebärde stehen. Dies kann vertieft werden, indem das Arbeitsblatt 25 als „Lösungsblatt" genauer untersucht wird[1]:

- *Versuchen Sie, eine Erklärung für die jeweilige Gebärde zu finden.*
- *Erörtern Sie die Frage, inwieweit die Gebärdensprache als Beispiel für Herders Sprachursprungstheorie dienen kann.*

Beispiele zur Gebärdensprache: Erklärungen der Gebärden:

Kamel: Höcker – Vogel: Flattern (1), Schnabel/Schnattern (2) – Katze: Schnurrhaare – Auto: Bewegen des Lenkrads – Schule: Schreiben – Deutschland: Pickelhaube
Angela Merkel: heruntergezogene Mundwinkel – Amerika: Andeutung eines Blockhauses

---

Gebärdensprache als Beispiel für Herders Sprachursprungstheorie:

Vom Menschen reflektierte Merkmale dienen als Zeichen (Gebärde)
Unterschiede: • Hier (natürlich): visuelle Zeichen / Herder: akustische Zeichen
• Gebärden dienen vermutlich nicht als „innerliche Merkwörter"

Anhand von **Arbeitsblatt 26**, Seite 81, kann untersucht werden, wie Wilhelm von Humboldt 50 Jahre nach der Preisschrift die Ansätze Herders radikalisiert, indem er deutlich macht, dass das Grundproblem der Sprachentstehung in der einfachen „Verstandeshandlung" der Erzeugung eines einfachen Wortes liegt. Für Humboldt ist die Synthese von Begriff und Laut der Prozess, der Sprache entstehen lässt, und dieser Zeugungsakt findet für ihn prinzipiell in jedem Sprechen statt. Wer also versteht, wie im Sprechen Laute Bedeutungen tragen können, der hat Humboldt zufolge das Wesentliche auch an der historischen Sprachursprungsfrage erklärt.
Diese Verstandeshandlung beschreibt Herder als geistige Merkmalsbildung. Dass Humboldt 1820 diese Frage gerade in der Akademie aufwirft, die Herder preisgekrönt hat, lässt vermuten, dass er mit Herders Erklärung nicht ganz zufrieden ist. Für Humboldt verändert sich in der Begriff-Laut-Synthese auch der Begriff selbst, wir schaffen also das Wort gewissermaßen stetig neu. Herders Merkwortbildung dürfte ihm daher ein zu statisches Verständnis des geistigen Prozesses enthalten und den eigentlichen dynamischen Akt der Begriff-Wort-Synthese zu wenig fokussiert haben. Zwar betont auch Herder im zweiten Teil seiner Abhandlung die

---

[1] Vgl. zu den Gebärden: Allgemeines Gebärdenlexikon www.sign-lang.uni-hamburg.de, sowie: www.taubenschlag.de (Gebärde für Angela Merkel).

Baustein 1: Das Herder-Thema: Die Frage nach dem Ursprung der Sprache

Wandlungsfähigkeit der Sprache („Je lebendiger eine Sprache […], desto veränderlicher."[1]), aber die Radikalität Humboldts, diese Veränderung in jedem Sprechen wirksam zu sehen, gibt es bei Herder noch nicht.

Dass Humboldt sich explizit gegen Herder wendet, wird auch daran deutlich, dass er die Sprache provokativ einen „intellectuellen" Instinkt nennt. Herders Vorstellung, eine „Erfindung" zu erklären, lehnt Humboldt damit ab, gerade weil er wie Herder von einer nicht hinterfragbaren Sprachlichkeit des Menschen ausgeht.[2]

Eine Auseinandersetzung mit dem Humboldt-Text kann vor allem noch einmal in aller Klarheit die Fragehaltung des 18. und beginnenden 19. Jahrhunderts verdeutlichen, bevor im Anschluss aktuelle Erkenntnisse im Mittelpunkt stehen.

- *Formulieren Sie Humboldts Position zum Sprachursprung in drei Thesen. Bestimmen Sie Ähnlichkeiten und Unterschiede zu Herders Auffassung.*

- *Vergleichen Sie Humboldts Position mit der Schlegels, der schon ca. 20 Jahre vorher äußerte: „Wir betrachten den Ursprung der Sprache überhaupt nicht als etwas in einem bestimmten Zeitpunkt zu Setzendes, sondern in dem Sinne wie die Sprache immer noch entsteht, so wie die Schöpfung der Welt sich jeden Tag erneuert." (Vorlesungen über Ästhetik I, Bd. I der kritischen Ausgabe der Vorlesungen. Hg. von E. Behler. Paderborn: Schöningh 1989 [1801/1802], S. 396)*

- *„Der Antworten bedürfte nicht mehr, wer das Fragen begriffe" (Hans Kudszus; Das Denken bei sich. Köln: Matto, S. 83). Trifft dieser Satz nach Ihrer Auffassung für Humboldts Text zu?*

Im Unterrichtsgespräch könnten folgende Ergebnisse herausgearbeitet werden:

Humboldts Äußerungen zum Sprachursprung: Thesen
- Die Sprache muss mit einem Male entstanden sein, weil schon ein erstes Wort eine begriffliche Strukturierung der Welt mit sich bringt (ein Wort X teilt die Welt in „X" und „nicht X" auf).
- Die Sprache muss gleichsam wie ein Instinkt im Menschen liegen.
- Die wahre Schwierigkeit der Spracherfindung ist keine Frage der historischen Umstände, sondern erfordert ein Verstehen der einfachen Verstandeshandlung beim Sprechen eines Wortes (Synthese Laut-Begriff).

Humboldt – Herder
- Grundposition ähnlich: Herder schaut auf geistige Merkmalsbildung, Humboldt auf einfache Verstandeshandlung.
- Beide betonen die Strukturierungsleistung der Sprache.
- Nur indirekt aus dem Text herleitbare Ergänzung: Herder sieht die Merkmalbildung eher statisch (einmalige Gedankenleistung), Humboldt eher dynamisch (in jedem Sprechen wiederholt sich die Sprachentstehung: Wortbedeutungen werden im Sprechen immer neu umrissen).
- Humboldt benennt das Frageverständnis viel deutlicher als Herder.
- Humboldts Rede von Sprache als Instinkt kann als Seitenhieb auf Herder verstanden werden, der ja die Sprache aus der Instinktfreiheit des Menschen herleiten wollte.

---

[1] Johann Gottfried Herder: Werke in zehn Bänden. Bd. 1: Frühe Schriften 1764–1772. Hg. von Ulrich Gaier. Frankfurt a. M.: Deutscher Klassiker Verlag 1985, S. 793.

[2] Hier ist ein Bezug zur aktuell vertretenen Sprachinstinkt-Vorstellung Steven Pinkers möglich (Arbeitsblatt 40, Seite 112).

Humboldt – Schlegel – Kudszus
Schlegels Position (die Humboldt evtl. kannte) ist offenbar mit Humboldts identisch:
→ Auch aktuelles Sprechen ist kein Abrufen fertiger Worte, sondern immer Wortneuschöpfung.

Kudszus' Äußerung trifft auf Humboldt nicht zu:
→ Die einfache Verstandeshandlung ist für ihn keine Antwort auf das Sprachursprungsproblem, sondern ein neuer Forschungsauftrag, den er philosophisch verstand.

An dieser Stelle bietet sich auch ein Vergleich mit Nietzsches Sprachvorstellung an (vgl. Baustein 3, **Arbeitsblatt 69**, Seite 178). Dieser macht deutlich, dass Sprache ihrem Wesen nach keine Wirklichkeitsabbildung sein kann, sondern eine wirklichkeitsstrukturierende Funktion besitzt.

1.5 Aktuelle Positionen zur Sprachursprungsfrage

Am Ende der Auseinandersetzung mit der Geschichte der Sprachursprungsdiskussion muss natürlich ein Ausblick in die heutige Forschung erfolgen, nicht zuletzt weil die Schülerinnen und Schüler vermuten werden, dort sei zu erfahren, wie der Sprachursprung denn tatsächlich verlaufen ist. Ob die heutigen Ergebnisse diesem Anspruch genügen, muss im Kurs diskutiert werden.
Anhand des SPIEGEL-Artikels aus dem Jahr 2002 (**Arbeitsblatt 27**, Seite 82 f.) kann deutlich werden, dass heutige Theorien vielfach den evolutionären Kontext zu ergründen suchen, in dem Sprache entstanden ist. Sie klären also, wozu Sprache genutzt werden konnte, um einen Evolutionsvorteil zu erzeugen. Daneben wird vor allem eine Abfolge von rudimentären „Sprachen" bis zur menschlichen Sprache diskutiert. Der Prozess der Merkmalsbildung (Herder), der einfachen Verstandeshandlung (Humboldt) der Spracherzeugung ist dabei in der Regel höchstens am Rande im Blick.
Ähnlich ist es mit der Position Bickertons (**Arbeitsblatt 28**, Seite 84), die ebenfalls zunächst das evolutionäre Feld klärt, dann jedoch reizvolle Ansatzpunkte für einen Vergleich mit Herder bietet. Insbesondere das am Schluss vorgetragene Kuh-Beispiel dürfte Herder begeistert haben, weil seine Sphärentheorie hier deutlich wieder zum Vorschein kommt. Bickerton sieht „innere Nachrichten", die sich „gegen das geschäftige Treiben im Hirn" durchsetzen müssen, Herder lässt den Menschen eine Welle im „Ozean von Empfindungen" anhalten. Anders als Ambrose und Corballis, die im SPIEGEL zitierten Autoren, hat Bickerton also auch die Sinnkonstitution im Blick, nicht nur die evolutionären Bedingungen der Sprachentstehung. Diese Herder-Renaissance in einem SPIEGEL-Interview aus Jahre 2002 dürfte für die Schülerinnen und Schüler ein interessantes Phänomen sein.

- *Ordnen Sie die vorgetragenen Erkenntnisse in die Dimensionen der Sprachursprungsfrage (Arbeitsblatt 5) und in die Typologie der Ursprungstheorien (Arbeitsblatt 6) ein.*

- *Erstellen Sie ein Thesenpapier zum SPIEGEL-Interview mit Bickerton.*

- *Lassen Sie Herder eine Zeitreise antreten: Wo erkennt er seine Gedanken wieder, wo formuliert Bickerton grundlegend anderes?*

Ein Thesenpapier, das auch die Einordnung (1. Aufgabe) enthält, könnte folgendermaßen aussehen:

Thesenpapier zum Interview mit dem Linguisten Derek Bickerton

Thema: *Was wissen wir heute über die historische Entstehung von Sprache?*

Zentrale Aussagen Bickertons:

1. Die Entwicklung der Sprache ist offenbar gebunden an das Leben der menschlichen Vorfahren in der Savanne:
   - Zum Schutz vor Feinden mussten die Vorfahren in Gruppen leben.
   - In der Gruppe erforderte die Futtersuche im großen Gelände Kommunikation.
2. Vor rund 100.000 Jahren gab es eine sprunghafte Entwicklung z. B. in der Werkzeugherstellung, die mit der Entstehung von Sprache, insbesondere der Syntax, zusammenhängen dürfte (Planung braucht syntaktisch gebaute Sätze, z. B. um Konditionalität und Kausalität auszudrücken).
3. Da beim Menschen anders als beim Tier nicht äußere Reize dominierend wahrgenommen werden, kann der Mensch „innere Nachrichten" erzeugen und äußern.
4. Die Erzeugung eines Satzes benötigt viele Neuronen (Gehirnwachstum), damit das Gehirn knapp 1 Sekunde lang die neuronale Stabilität herstellen kann, die das Sprechen eines Satzes benötigt.

Einordnung:

- Bickerton erklärt in diesem Interviewauszug seine Theorie des phylogenetischen Sprachursprungs.
- Die Thesen 1 und 2 widmen sich der zeitlichen Genesis der Sprache.
- Diese Thesen sehen den evolutionären Druck zur Spracherzeugung in der Notwendigkeit der Sprache zum Überleben in der Savanne (Gemeinschaftstheorie: Hau-Ruck-Theorie).
- Thesen 3 und 4 richten sich auf die physiologischen Grundlagen der Sinnkonstitution.
- Die Unterscheidung Mensch-Tier erinnert an Herder, sieht den wesentlichen Unterschied zwischen Mensch und Tier aber weniger im Instinkt als in der Neuronenanzahl.

Mit **Arbeitsblatt 29**, Seite 87, kann deutlich werden, dass es anatomische Gründe gibt, warum der Affe nicht sprechen kann (Kehlkopflage). Wolfgang Klein wäre demnach entgegenzuhalten, dass Affen schon anatomisch keine sprachlichen Laute formulieren können. Prinzipiell machen Hinweise auf sprachliche Fähigkeit beim Affen die Sprachursprungsfrage nicht überflüssig, gäbe es aber tatsächlich bei den Primaten Sprachfähigkeiten, die den menschlichen ähneln, so brächen viele Theorien auseinander, die gerade beim Unterschied Tier-Mensch ansetzen. Herders Sphärenmodell müsste seine wesentliche Stelle hinterfragen und evolutionsbiologische Ansätze könnten schwer erklären, worin der Evolutionsvorteil von Sprache besteht, wenn es hier keinen klar markierten Unterschied zu tierischen Kommunikationsformen gibt. Doch dies ist unnötig: Der Unterschied zwischen tierischen Sprachformen und der menschlichen Sprache ist nicht nur graduell, das zeigen die **Arbeitsblätter 30 und 31**, Seiten 88 und 89.

Für viele, vor allem naturwissenschaftlich interessierte Schülerinnen und Schüler sollte eine Sichtung der evolutionsbiologischen Sicht auf die Sprache mitsamt einer kritischen Bewertung ebenso interessant sein wie die Frage nach dem Wesensunterschied zwischen menschlicher und tierischer Sprache.

Zum Text von Kirschner (**Arbeitsblatt 30**, Seite 88) wären folgende Lösungen möglich:

> ■ *Stellen Sie die dargestellte Sprachentwicklung (mit Voraussetzungen, evolutionärem Nutzen etc.) in einem Flussdiagramm dar.*
>
> ■ *Welche Fragen lässt die dargestellte Theorie Ihres Erachtens offen?*

Baustein 1: Das Herder-Thema: Die Frage nach dem Ursprung der Sprache

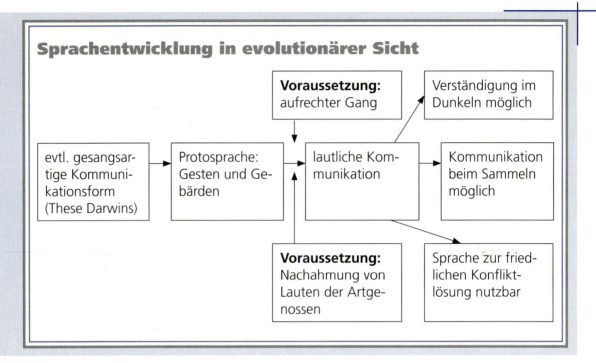

 In einer Diskussion könnte geklärt werden, inwieweit die Evolutionsbiologie noch Fragen offenlässt (z. B. nach dem evolutionären Vorteil aller einzelnen Evolutionssprünge, die zusammen die Sprache ermöglichten).
Die aktuelle Sicht der Evolutionslinguisten (**Arbeitsblatt 31**, Seite 89) kann das unterstützen (Ergebnisse im Unterrichtsgespräch vergleichbar):

■ *Stellen Sie gegenüber, welche Annahmen über Sprache und Sprachentstehung nach Auffassung der Evolinguisten überholt sind und was stattdessen angenommen werden sollte.*

 Nach **Auffassung der Evolinguisten** gelten folgende Vermutungen **nicht**:

- Gehörlose haben keine Sprache ↔ *Sprache ist nicht an Sprechen gebunden.*
- Sprache entsteht durch einen Urknall ↔ *vielmehr werden viele Module genetisch unabhängig voneinander erzeugt, die dann im Zusammenspiel die Sprache bilden.*
- Tiersprachen und Menschensprachen unterscheiden sich kaum ↔ *einzelne Dimensionen sind ähnlich, ein komplexes System wie bei Menschen findet sich bei keinem Tier, vor allem eine Grammatik gibt es bei Tiersprachen nicht.*
- Vorformen der Sprache müssen erforschbar sein ↔ *vielmehr werden sprachliche Fähigkeiten genetisch weitergegeben, ohne ausgebildet zu sein, diese „schlafenden" Gene werden dann erst in einem Komplex mit anderen Voraussetzungen zur Sprache zusammengesetzt.*

Beendet werden kann das Unterrichtsvorhaben dann mit einer Abschlussdiskussion, in der sich die Schülerinnen und Schüler im Horizont ihrer neuen Erkenntnisse positionieren sollen:

- Welche Denker haben Ihnen neue Sichten auf Sprachprobleme eröffnet? Welchen Stellenwert haben die Positionen des 18. und 19. Jahrhunderts aus Ihrer Sicht heute noch?
- Wäre es sinnvoll, heute durch eine Akademie wie 1770 wieder eine Preisfrage nach dem Sprachursprung zu formulieren?
- Inwieweit erkennen Sie in der Diskussion über den Ursprung der Sprache Charakteristika auch aktueller theoretischer (wissenschaftlicher?) Auseinandersetzungen wieder?
- Was war für Sie unerwartet? Was hat Ihr Bild von Sprache verändert?
- Auf welche Frage hätten Sie gern eine Antwort gehabt, aber nicht bekommen?

Das Gespräch in der Gesamtgruppe sollte vor allem in diskussionsscheuen Gruppen durch eine Einzelarbeit und einen Austausch mit einem Partner vorbereitet werden.

Vorschlag zur Reduktion: Ein Minimalkatalog für die Auseinandersetzung mit dem Herder-Thema des Sprachursprungs

Steht wenig Zeit zur Verfügung, so ist eine reduzierte Auseinandersetzung mit diesem Baustein möglich, die dennoch zentrale Einsichten ermöglicht. Herders Sprachursprungsabhandlung sollte dabei Zentraltext sein:

- Eine eigene Positionierung der Schülerinnen und Schüler sollte vorgenommen und eingeordnet werden (Arbeitsblätter 4–6).
- Die von Herder erwähnten Positionen Condillacs, Rousseaus und Süßmilchs können durch Referate bekannt gemacht werden, ebenso der Kontext der Preisschrift (Arbeitsblätter 9–12, ergänzt durch Recherchen der Referenten).
- Der kürzere Auszug aus Herders Sprachursprungsabhandlung (Arbeitsblatt 14a) muss von allen Schülerinnen und Schülern gelesen werden. Die Auseinandersetzung damit kann durch die Arbeitsblätter 15 und 17 (ohne Aufgabe 3) strukturiert werden.
- Z. B. mit Arbeitsblatt 30 (oder Arbeitsblatt 27) kann ein kurzer Ausblick auf aktuelle Positionen zum Sprachursprung gegeben werden.
- Abschließend sollte erörtert werden, welchen Stellenwert Herders Sprachursprungstheorie heute noch hat.

Sprache, Mensch und Welt: Gedichte, Zitate, Bilder

Erich Fried: Definition

Ein Hund
der stirbt
und der weiß
dass er stirbt
wie ein Hund

und der sagen kann
dass er weiß
dass er stirbt
wie ein Hund
ist ein Mensch

Aus: Erich Fried: Warngedichte. © 1979 Carl Hanser Veralg, München

Kunst ist das Geheimnis der Geburt des alten Wortes. Der Nachahmer ist informiert und weiß darum nicht, dass es ein Geheimnis gibt.
Karl Kraus

Die Sprache tastet wie die Liebe im Dunkel der Welt einem verlorenen Urbild nach.
Karl Kraus

Das Bewusstsein spiegelt sich im Wort wie die Sonne in einem Wassertropfen.
Lew Wygotski

Und glaube ich, die Sprache existiert bloß einfach so in der Welt, dann existiert vielleicht viel mehr die Welt bloß in der Sprache. Das macht die Sprache – die Macht der Sprache.
Bas Böttcher

Der Satz ist ein Bild der Wirklichkeit, so wie wir sie uns denken.
Ludwig Wittgenstein

**Helga M. Novak:
Meine Sprache**

ich erinnere mich
an unsere erste Begegnung
als deine Laute
an Hungerwintertagen
aus den Kehlen der Bäumefeller
   | quollen
vermischt mit Wodkadampf
habe ich dich eingesogen

ich erinnere mich
an deinen Klang
der nachts um zehn erscholl
als wir wie ausgespannte
   | Zugpferde
aus dem Fabriktor stießen

du bist uns gefolgt
in die Freiheit der Neonstadt
in die Freiheit der heißen
   | Straßenbahnen
in die dreidimensionale Buntheit
   | der Schaufenster

du hast den Wickelrock der Lügen
gesprengt mit einem Witz
aber unsere Seufzer Flüche Schreie
trugen deinen Mantel
und glitten im Zickzack an den
   | Häuserwänden hoch

und folgten mir
in die Freiheit eines Hinterhofs
bestirnt von einem Mandelbaum

Aus: Helga M. Novak, *Solange noch Liebesbriefe eintreffen*. Gesammelte Gedichte. Hrsg. von Rita Jorek, mit einem Nachwort von Eva Demski © Schöffling & Co. Verlagsbuchhandlung GmbH, Frankfurt am Main 1997, 1999, 2005

Die Sprache ist der große Kanal, durch den die Menschen einander ihre Entdeckungen, Folgerungen und Erkenntnisse vermitteln.
John Locke

Durch das Zeichen löst der Mensch sich los von der rohen Wahrnehmung, von der Erfahrung des hic et nunc, und abstrahiert.
Umberto Eco

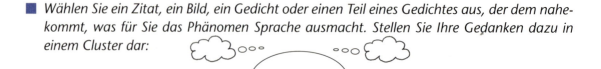

- *Wählen Sie ein Zitat, ein Bild, ein Gedicht oder einen Teil eines Gedichtes aus, der dem nahekommt, was für Sie das Phänomen Sprache ausmacht. Stellen Sie Ihre Gedanken dazu in einem Cluster dar:*

- *Tauschen Sie sich mit einem Partner/einer Partnerin aus. Nennen Sie später im Kurs einen Gedanken aus Ihrem Gespräch.*

Im Anfang war das Wort

Johannes-Evangelium (Joh 1, 1–4, Rev. Fassung der Lutherbibel, 1984)

1 Im Anfang war das Wort, und das Wort war bei Gott, und Gott war das Wort. 2 Dasselbe war im Anfang bei Gott. 3 Alle Dinge sind durch dasselbe gemacht, und ohne dasselbe ist nichts gemacht, was gemacht ist. 4 In ihm war das Leben, und das Leben war das Licht der Menschen.

Johann Wolfgang von Goethe: Faust I: Studierzimmer (V. 1224 ff.)

FAUST […] Geschrieben steht: „Im Anfang war das Wort!"
   Hier stock' ich schon! Wer hilft mir weiter fort?
   Ich kann das *Wort* so hoch unmöglich schätzen,
   Ich muss es anders übersetzen,
5 Wenn ich vom Geiste recht erleuchtet bin.
   Geschrieben steht: Im Anfang war der *Sinn*.
   Bedenke wohl die erste Zeile,
   Dass deine Feder sich nicht übereile!
   Ist es der *Sinn*, der alles wirkt und schafft?
10 Es sollte stehn: Im Anfang war die *Kraft*!
   Doch, auch indem ich dieses niederschreibe,
   Schon warnt mich was, dass ich dabei nicht bleibe.
   Mir hilft der Geist! Auf einmal seh' ich Rat
   Und schreibe getrost: Im Anfang war die *Tat*!

Aus: Hamburger Ausgabe (hrsg. von E. Trunz), Bd. III, München 1986, S. 44

> ἐν ἀρχῇ ἦν ὁ λόγος
>
> en arche en ho logos =
> Im Anfang war der Logos

Christian Morgenstern: „Im Anfang war-"

„Im Anfang war-", dies ist das tiefste Wort
aus Menschenmund, „im Anfang war das Wort."
Ja, v o r dem Wort „war" „nichts". Verstehst du mich?
Verstehst, dass „sein" auch nichts als nur ein Wort,
5 dass „Anfang" auch nichts weiter, nichts „an sich",
wie wir zu sagen lieben? – „Anfang" ist
ein Wort und „war" auch bloß ein Wort und „Wort"
auch bloß ein Wort. – Im Anfang war das Wort –
das heißt: Das Ewig-Unaussprechliche,
10 von dem kein Wort je gilt – „begann" als „Zeit",
„Welt", „Schöpfung", „Gottheit" – kurz, „begann" als „Wort".

Im Anfang war – dies ist das Schlüsselwort
der „Wirklichkeit", „im Anfang war das Wort".

Aus: Christian Morgenstern: Gedichte in einem Band. Hg. von Reinhardt Habel. Frankfurt a. M. und Leipzig: Insel 2003, S. 823 f.

■ Formulieren Sie für jeden der drei Texte, was hier unter „Wort" verstanden und welche Macht ihm zugeschrieben wird. Welche dieser Auffassungen teilen Sie am ehesten?

■ „Im Anfang war das Wort." – Macht dieser Satz für Sie nur eine Aussage über den Weltanfang oder trifft er auch heutige Lebenswirklichkeit?

Sprachursprung: Antworten der Religionen und Traditionsbruch im 18. Jahrhundert

1. Mose 2 (Genesis), 19–20 (Rev. Fassung der Lutherbibel 1984)

19 Und Gott der Herr machte aus Erde alle die Tiere auf dem Felde und alle die Vögel unter dem Himmel und brachte sie zu dem Menschen, dass er sähe, wie er sie nennte; denn wie der Mensch jedes Tier nennen würde, so sollte es heißen. 20 Und der Mensch gab einem jeden Vieh und Vogel unter dem Himmel und Tier auf dem Felde seinen Namen.

Wolf Schneider: Von Gott oder vom Schaf? (1976)

Die einfachste Antwort auf die Frage nach dem Ursprung der Wörter ist die: Die Sprache wurde an einem Samstag des Jahres 3761 v. Chr. von Gott in Adam hineingelegt. Der Tag ergibt sich aus der Schöpfungsgeschichte, das Jahr aus den Ahnenreihen des Alten Testaments (noch Friedrich dem Großen galt es als das verbürgte Alter des Universums); und dass Adam sogleich sprechen konnte, noch vor Erschaffung Evas übrigens, steht klar in 1. Mose 2, 19/20 [...].

In allen Religionen ist die Sprache so entstanden. Im altbabylonischen Gilgamesch-Epos (VII,17): „Es schenkte dir der Gott ein weites Herz, zuverlässige Rede." Im Koran: „Darauf lehrte Allah Adam die Namen von allem, was existierte" (Sure 2,32). Im Schöpfungsmythos der Quiché von Guatemala danken die vier ersten Menschen den Göttern: „Wir sprechen, denken, gehen. Vorzüglich scheint uns alles." Oft geht im Mythos die Sprache mit dem Feuer einher: „Der ganze Berg Sinai aber rauchte, darum dass der Herr auf den Berg herabfuhr mit Feuer", um Moses die Gebote zu verkünden (2. Mose 19, 18). „Die Stimme des Herrn sprüht Feuerflammen" (Psalm 29,7). „Rauch stieg auf in seiner Nase und verzehrendes Feuer aus seinem Munde" (2. Samuel 22,9). Novalis nannte den Menschen „die sprechende Flamme".

C.G. Jung erinnert daran, dass wir noch heute von „feurigen", „zündenden", „flammenden" Reden sprechen, während umgekehrt das Feuer wie ein Mund tätig zu werden scheint, wenn es „frisst" und „verzehrt"; wahrscheinlich drücke sich darin die Urempfindung des Menschen aus, dass die Sprache und die Gewalt über das Feuer seine beiden größten Triumphe über das Tier gewesen sind.

Aus: Wolf Schneider: Wörter machen Leute. © 1986 Piper Verlag GmbH, München

Jürgen Trabant: [Auseinandersetzung mit der Tradition im 18. Jahrhundert] (1998)

Diese berühmten Geschichten des 18. Jahrhunderts zeigen in aller Deutlichkeit, worum es geht bei der Frage nach dem Ursprung der Sprache. Es geht neben der Diskussion der primären Funktion der Sprache (Weltaneignung, Kognition, Kommunikation, Gesellschaftlichkeit) vor allem um die Stellung des Menschen in der Welt, um die Stellung des Menschen zwischen Gott und den Tieren, um die Stellung des Menschen in der Schöpfung. Diese fundamentale anthropologische Problemstellung musste notwendigerweise zu einer Auseinandersetzung mit den drei mächtigsten Diskurstraditionen des 18. Jahrhunderts führen, die gleichsam das Monopol auf diese Fragen hatten, d.h. mit der Tradition der Bibel, mit der Descartes'schen Tradition und – was die Sprachauffassung angeht – mit der aristotelischen Tradition. Die Form der Erzählung war dabei natürlich außerordentlich geeignet, Gefährliches und Riskantes zu sagen, sich insbesondere von der Bibel zu distanzieren. Dabei sind die Distanzierungen von der Bibel insgesamt vielleicht gar nicht so erheblich, gravierender sind die Distanzierungen von Descartes und von Aristoteles. Aber in einer von der Theologie beherrschten Welt war es schon mutig genug, überhaupt die Frage zu stellen, ob es denn so war, wie es die Heilige Schrift sagt.

Aus: Jürgen Trabant, Artikulationen, Historische Anthropologie der Sprache.
© Suhrkamp Verlag, Frankfurt am Main 1998

■ Stellen Sie Ähnlichkeiten und Unterschiede der in den Texten referierten religiösen Spracherklärungen gegenüber. Recherchieren Sie die Auffassungen anderer Religionen.

■ Erörtern Sie, von wem wohl eine Infragestellung der religiösen Sprachursprungsvorstellung im 18. Jahrhundert in welchem Sinne als bedrohlich wahrgenommen werden konnte.

Wie ist die Sprache entstanden? – Was wissen wir, was vermuten wir?

Die Frage nach dem Ursprung der Sprache beschäftigt die Menschen seit Tausenden von Jahren. Der griechische Geschichtsschreiber Herodot berichtet von Pharao Psammetich I., der im siebten vorchristlichen Jahrhundert zwei Neugeborene von einem Ziegenhirten aufziehen ließ, der nicht mit ihnen sprechen durfte. Auf diese Weise wollte er wissen, welche Sprache Kinder sprechen, wenn man alle prägenden Einflüsse von außen fernhält. Die Kinder sprachen im Wesentlichen gar nicht, gaben nur die Silbe „Bek" von sich, vielleicht eine Nachahmung des Ziegenmeckerns. Psammetich zog jedoch andere Schlüsse: Da „Bekos" im Phrygischen „Brot" bedeutete, musste das Phrygische die Ursprache sein (vgl. Martin Kuckenburg: Die Entstehung von Sprache und Schrift. Köln: DuMont 1989, S. 7).

Im 18. Jahrhundert, dem Jahrhundert der Aufklärung, wurde die Sprachursprungsfrage dann besonders bedeutsam, weil die Sprache die besondere Stellung des Menschen in der Welt begründete und man sich nicht damit zufrieden geben wollte, sie einfach als göttliches Geschenk zu betrachten. Der naturgemäß spekulative Charakter der Theorien führte dazu, dass die Pariser Société Linguistique 1866 sogar per Statut verbot, weiter mit nicht überprüfbaren Theorien vom Ursprung der Sprache konfrontiert zu werden. Im 20. und 21. Jahrhundert widmeten sich unterschiedliche Wissenschaften der Ursprungsfrage. Zentrale Positionen vom 18. bis zum 21. Jahrhundert werden Sie kennenlernen.

Zu Beginn aber sollen Sie sich zunächst mit Mitschülerinnen und Mitschülern darüber austauschen, was Sie über den Sprachursprung wissen und wie Sie selbst sich den Ursprung der Sprache vorstellen.

■ *Arbeiten Sie in Gruppen zu 3 bis 4 Personen zusammen (**Placemat-Verfahren**).*

■ *Fertigen Sie auf einem DIN-A3-Blatt folgende Grafik an:*

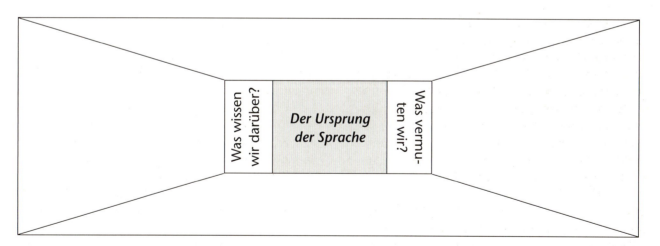

■ *1. Runde: Jedes Gruppenmitglied schreibt in das vor ihm liegende Feld, was es über den Sprachursprung weiß und welche Vermutungen es über die Sprachentstehung hat.*

■ *2. Runde: Das Blatt wird um 90° gedreht. Nun liest jeder die Ausführungen seines Gruppenpartners und schreibt Anmerkungen dazu. Anschließend wird wieder um 90° gedreht usw. Das Verfahren läuft weiter, bis kein Diskussionsbedarf mehr erkennbar ist.*

■ *Sichten Sie die in der Wissenschaft diskutierten Positionen zum Sprachursprung (vgl. Arbeitsblatt 6) und ordnen Sie Ihre Theorien ein. Wählen Sie eine Ihrer Theorien aus, die Sie im Kurs vorstellen wollen.*

■ *Welche empirischen Erkenntnisse aus der Wissenschaft könnten Ihre Theorie bestätigen oder widerlegen?*

Ebenen und Dimensionen der Sprachursprungsfrage

Ebenen der Sprachursprungsfrage

Phylogenetischer Sprachursprung (auch: Glottogonie)

Die Frage nach der Phylogenese der Sprache richtet sich auf die Sprachentstehung in der Menschheitsgeschichte.

Ontogenetischer Sprachursprung

Die Frage nach der Ontogenese der Sprache richtet sich auf die Sprachentstehung im Individuum, also den Spracherwerb des Kindes.

Aktualgenetischer Sprachursprung

Die Frage nach der Aktualgenese der Sprache richtet sich auf die Sprachentstehung im jedesmaligen Sprechen.

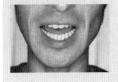

Dimensionen der Sprachursprungsfrage

Zeitliche Genesis des Sprachursprungs

In dieser Dimension wird versucht, die Entstehung der Sprache kausal aus bestimmten historischen Bedingungen abzuleiten. Man will also den historischen Moment der Sprachentstehung ausleuchten.

Zeitlose Sinnkonstitution im Sprachursprung

In dieser Dimension geht es nicht um einen historischen Moment, sondern um den geistigen Prozess, der bei der Sprachentstehung sinnvolle Zeichen entstehen lässt. Man will also die geistige Synthese eines Begriffes mit einem Zeichen verstehen.

Am Anfang war das Boing –
Theorien zum Ursprung der Sprache:
Versuch einer Systematisierung

Die Liste mehr oder weniger plausibler Theorien über den Ursprung der Sprache ist lang und die Einträge darin frei kombinierbar. Alle zeichnen sich dadurch aus, dass sie weder zu beweisen noch zu widerlegen sind. Zumindest haben sich dafür anschauliche Namen eingebürgert. Eine kleine Auswahl:

Mama-Theorie	Sprache begann mit den einfachsten Silben für die wichtigsten Dinge des Lebens.
Wau-Wau- oder Boing!-Theorie	Der Frühmensch ahmte zunächst Laute seiner Umgebung nach („Kuckuck", „Uhu", „peng", „klirr").
Pfui-Pfui-Theorie	Am Anfang der Sprache standen emotionale Lautäußerungen bei Schmerz, Lust oder Ekel („würg", „Ihh!", „Aua!").
Hau-Ruck-Theorie	Laute dienten anfangs dazu, die Gruppe bei gemeinschaftlichen Arbeiten zu synchronisieren, etwa, wenn ein großes Beutetier weggeschleift werden musste.
Am-Anfang-war-die-Geste-Theorie	Gestische Signale wurden von bestimmten Lauten begleitet, die irgendwann ein Eigenleben begannen.
La-La-Theorie	Wörter stammen aus spielerischen Lautäußerungen zwischen Mutter und Kind oder Verliebten.

Unter den Wissenschaftlern weniger populär sind die **Eureka-Theorie**, nach der ein bestimmter, besonders findiger Frühmensch als erster Gegenstände mit Namen belegte, sowie die über Jahrhunderte populäre **Schöpfer-Theorie**, derzufolge Gott dem Menschen eine Ursprache gab, die er dann anlässlich des Turmbaus zu Babel zu ihrer heutigen Vielfalt verwirrte. Weitgehend einig sind sich die Fachleute darin, dass die Sprachen der Erde tatsächlich einen gemeinsamen Ursprung haben. Vermutlich liegt er in unmittelbarer zeitlicher Nähe des sogenannten „Flaschenhalses" in der Entwicklung des Menschen vor 100 000 Jahren. Damals verschwand der archaische *Homo sapiens* in weiten Teilen der Welt, nur ein kleines Grüppchen überlebte und begründete die heutige Vielfalt biologisch sehr nahe verwandter Völker. Einer plausiblen, aber ebenso unbelegbaren Theorie zufolge könnte es gerade die Sprache gewesen sein, die diesen Überlebenden den entscheidenden Vorteil verlieh.

Aus: Georg Rüschemeyer: Das große Palavern. In: Frankfurter Allgemeine Sonntagszeitung, 30.5.2004, Nr. 22 © F.A.Z. GmbH, Frankfurt am Main

Sprachtheoretiker und ihre Positionen: Ein Zuordnungspuzzle

■ *Nachfolgend finden Sie die Namen von sechs Sprachtheoretikern und Sprachforschern, zu jeder Person eine Information und eine Äußerung. Versuchen Sie eine Zuordnung:*

N1 Condillac (1746)	I1 Der Autor formuliert seine Auffassung in einer Schrift für die aufklärerische Akademie der Wissenschaften in Berlin.	A1 „Die Urahnen des Homo sapiens […] waren in der Lage, spontane Bewegungen der Hände und des Gesichtes zu machen. Das hätte ihnen mindestens als Plattform für die Entwicklung der Sprache dienen können."
N2 Süßmilch (1756)	I2 Der Autor bemüht sich, deutlich zu machen, dass die Sprachursprungsfrage nicht nach einem historischen Ereignis fragt.	A2 „Ich bilde mir ein, das *Können* der Erfindung menschlicher Sprache sei mit dem, was ich gesagt, von *Innen* aus der *menschlichen Seele*, von *Außen* aus der *Organisation* des Menschen […] bewiesen."
N3 Herder (1770)	I3 Der Autor ist Psychiater.	A3 „so werden wir gezwungen, den ersten Ursprung derselben, außer dem Menschen und in einem höhern und verständigern Wesen zu suchen."
N4 Humboldt (1820)	I4 Der Autor ist ein führender Vertreter der Aufklärung, zugleich aber Priester.	A4 „Die wahre [Schwierigkeit] der Spracherfindung liegt […] in der unergründlichen Tiefe der einfachen Verstandeshandlung, die überhaupt zum Verstehen und Hervorbringen der Sprache auch in einem einzigen ihrer Elemente gehört."
N5 Corballis (2002)	I5 Der Autor untersuchte Einwanderersprachen auf Hawaii. Das war der Anstoß für eine Beschäftigung mit der Sprachursprungsfrage.	A5 Wenn die frühen Sammler und Jäger „auf ihren Streifzügen etwas gefunden hatten und dann zurückkamen: Wie sollten sie den anderen sagen, wohin sie gehen sollten? Dazu gab es nur einen Weg: Sie mussten irgendeine Form der symbolischen Kommunikation finden."
N6 Bickerton (2002)	I6 Der Autor versucht in zwei Akademiereden, die Vorstellung eines menschlichen Sprachursprungs zu widerlegen.	A6 „Ich nehme aber an, einige Zeit nach der Sintflut verliefen zwei Kinder verschiedenen Geschlechtes sich in der Wüste, bevor sie noch den Gebrauch irgendeines Zeichens kannten."

Peter-André Alt: Aufklärung

Als gesamteuropäisches Phänomen stellt die Aufklärung trotz bestimmter übergreifender Ziele und Gedankenmotive keine einheitliche Epoche dar; sie zerfällt vielmehr in unterschiedliche Phasen, in denen heterogene Tendenzen vorherrschen, die eine möglichst differenzierte Periodisierung ratsam erscheinen lassen. Zu unterscheiden wären drei Hauptströmungen, die in einem gewissen zeitlichen Folgeverhältnis zueinander stehen:

- der **Rationalismus** als bestimmendes philosophisches System der ersten Phase zwischen 1680 und 1740,
- der **Empirismus** bzw. der (in Deutschland teilweise noch rationalistisch fundierte) **Sensualismus** der zweiten Phase zwischen 1740 und 1780,
- der zwischen 1780 und 1795 hervortretende **Kritizismus**, der sich vor allem mit der Transzendentalphilosophie Kants verbindet [...].

Das Zentrum des **frühaufklärerischen Rationalismus** bildet der Gedanke, dass die von Gott geschaffene Natur als Vernunftnatur und logisch gegründete Ordnung aufzufassen sei, die der Mensch mit den Mitteln des Verstandes, gestützt auf ein regelgeleitetes wissenschaftliches Verfahren systematisch zu erschließen vermöge. Die Durchsetzung eines neuen Wissensbegriffs soll es dem denkenden Individuum erlauben, mithilfe der Ratio die Geheimnisse der Natur zu durchdringen [...].

Die **zweite Phase der Aufklärung** steht unter dem Einfluss heterogener Faktoren und lässt sich nicht mehr einem einzigen Leitbegriff unterordnen. Durchgängig zeigt sich spätestens in der Mitte des 18. Jahrhunderts eine gewisse Distanz zum logozentrischen, allein auf die Möglichkeiten des Vernunfturteils gegründeten, rein verstandesorientierten Lehrsystem des Rationalismus. An seine Stelle tritt eine neue Philosophie der menschlichen Erfahrung [...]. Ebenso wie der frühaufklärerische Rationalismus lässt sich das erfahrungswissenschaftliche Denken vom Primat der Vernunft leiten, jedoch möchte es eine veränderte methodische Basis für die systematische Erforschung von Mensch und Natur schaffen [...]. [Der britische Empirismus gibt] dem Bereich der Empirie Vorrang vor einem allein theoretisch fundierten Vernunftdenken [...]. Der Sensualismus betrachtet das Feld der Wahrnehmungen, denen sich der Mensch überantworten kann, als einen der Vernunft korrespondierenden, durchaus rational analysierbaren Bereich [...].

Die dritte, **abschließende Phase der Aufklärung** hat ihr intellektuelles Zentrum fraglos in der Philosophie Kants, dessen Hauptwerk, die *Kritik der reinen Vernunft* (1781), sowohl die rationalistische Metaphysik der Frühaufklärung als auch den Empirismus der mittleren Strömung in einer neuen methodischen Synthese aufhebt. [...] Die entscheidende Konsequenz von Kants Theorie des Urteils liegt darin, dass die Erkenntnis der Wirklichkeit transzendental, das bedeutet: im Hinblick auf die Bedingungen der theoretischen Möglichkeit dieser Erkenntnis, bestimmt wird. Der Mensch ist das, was er denkt; er wird zum Souverän der Wirklichkeit, insofern er sich im Akt des Denkens – des Urteils – seine Realität erst schafft. [...]

Drei Phasen sind mithin zu unterscheiden, die die Aufklärung als gesamteuropäisches Epochenphänomen bestimmen [...]. Jenseits der Gegensätze, die diese Perioden beherrschen, lassen sich durchaus Gemeinsamkeiten entdecken, die das intellektuelle Profil der Aufklärung übergreifend prägen [...]:

1. Aufklärung scheint beherrscht durch eine grundsätzliche **Ermächtigung der Vernunft**. [...] Die Arbeit des menschlichen Verstandes bildet den bevorzugten Gegenstand aufklärerischer Erkenntnis und zugleich das maßgebliche methodische Fundament, von dem diese ausgeht. [...]
2. Aufklärung versteht sich als **Erziehung des Menschen**, als Anleitung zum Gebrauch seiner Verstandeskräfte [...].
3. Aufklärung erscheint als das **Zeitalter des Wissens und der Wissenschaften**, der Neuformulierung szientifischer Methoden und Denkansätze. Nie zuvor wurden die drängenden Fragen der Naturerkenntnis mit vergleichbarer Energie angegangen, nie zuvor mit ähnlichem Selbstbewusstsein theoretische Probleme diskutiert und wissenschaftliche Hypothesen erprobt. [...] An die Stelle des noch im 17. Jahrhundert gültigen Vorbehalts, dass der Mensch die Geheimnisse der Schöpfung letzthin nicht erschließen könne, weil allein Gott absolutes Wissen über sie besitze, tritt im Zeitalter der

Aufklärung ein bis dahin unbekanntes Wahrheitspostulat wissenschaftlicher Verfahrensweisen. [...] Schaltstelle dieses konzeptionellen Veränderungsprozesses ist der Rationalismus, der davon ausgeht, dass die Natur von Gott nach Prinzipien der Vernunft geschaffen wurde, mithin auch durch eine auf Vernunftsregeln gegründete Wissenschaft vollständig zu erschließen ist. [...]

4. Aufklärung bedeutet stets auch **Säkularisierung** und schließt eine fortschreitende Verweltlichung im Zeichen der Verdrängung kirchlicher Autoritäten ein.

Aus: Peter André Alt: Aufklärung. Lehrbuch Germanistik. 2. Auflage. S. 7ff. © 2001 J. B. Metzlersche Verlagsbuchhandlung und Carl Ernst Poeschel Verlag GmbH in Stuttgart

- *Erstellen Sie ein Glossar der wichtigsten Begriffe dieses Artikels zur Aufklärung. Erläutern Sie darin die Begriffe mit eigenen Worten. Wenn die Begriffe im Text nicht erläutert sind, recherchieren Sie weitere Informationen.*

  Glossar: Liste von Spezialbegriffen mit Erklärungen

- *Übertragen Sie die im Text genannte Phasierung auf einen Zeitstrahl. Ergänzen Sie durch eine Recherche zugehörige Namen und Definitionen der zentralen Begriffe jeder Phase.*

- *Ordnen Sie die Frage nach dem Ursprung der Sprache aufgrund des Textes in die Aufklärung ein: Warum wurde wohl nach dem Sprachursprung gefragt, welche Antwortmöglichkeiten lässt ein aufklärerischer Geist zu?*

Französische Aufklärung: Condillacs Sprachursprungstheorie

Etienne Bonnot de Condillac (1714 – 1780) wurde 1740 in den Priesterstand aufgenommen, widmete sich aber nur seinen philosophischen Studien und lebte als Privatgelehrter. Er gilt als der wichtigste Erkenntnistheoretiker der französischen Aufklärung. 1749 wurde er auswärtiges Mitglied der Akademie der Wissenschaften in Berlin. In seiner Sprachursprungsabhandlung bezieht sich Herder ausführlich auf Condillacs Sprachursprungstheorie aus dessen „Essai: Versuch über den Ursprung der menschlichen Erkenntnis" (1746).

Etienne Bonnot de Condillac: Versuch über den Ursprung der menschlichen Erkenntnis (1746)

Ein Werk, das alles, was den menschlichen Verstand betrifft, auf ein einziges Prinzip zurückführt[1]

Zweiter Teil, 1. Abschnitt: Vom Ursprung und der Entwicklung der Sprache

Adam und Eva verdankten den Gebrauch ihrer Seelentätigkeiten nicht der Erfahrung, denn sowie Gott sie geschaffen hatte, waren sie durch seinen außergewöhnlichen Beistand in der Lage, zu denken und einander ihre Gedanken mitzuteilen. Ich nehme aber an, einige Zeit nach der Sintflut verliefen zwei Kinder verschiedenen Geschlechtes sich in der Wüste, bevor sie noch den Gebrauch irgendeines Zeichens kannten. Zu dieser Annahme fühle ich mich durch den geschilderten Umstand berechtigt. Wer will denn wissen, ob nicht sogar ein Volk seinen Ursprung einem solchen Ereignis verdankt? Man erlaube mir also diese Annahme zu machen, wobei dann zu fragen wäre, wie dieses entstehende Volk zu seiner Sprache kam.

Die Gebärdensprache und die artikulierte Lautsprache in ihrem Ursprung betrachtet

§ 1. Solange die Kinder, von denen ich gerade sprach, getrennt lebten, beschränkten sich die von ihnen genutzten Seelentätigkeiten auf die Wahrnehmung und das Bewusstsein, das nicht aussetzt, solange man wach ist […]. Eines Tages erinnerte das Gefühl des Hungers diese Kinder an einen Baum voller Früchte, den sie am Vortag gesehen hatten. Am Tag darauf war der Baum vergessen und das gleiche Gefühl erinnerte sie an einen anderen Gegenstand. Auf diese Weise hatten sie den Gebrauch ihrer Einbildungskraft überhaupt nicht in der Gewalt, er war nur die Auswirkung der Umstände, in welchen sie sich befanden.

§ 2. Als die Kinder zusammenlebten, hatten sie dann Gelegenheit, diese ersten Verstandestätigkeiten zu nutzen, weil ihr Umgang miteinander sie die Lautäußerungen einer jeden Leidenschaft mit den Wahrnehmungen, deren natürliche Zeichen sie waren, zu verbinden lehrte. Für gewöhnlich begleiteten sie diese mit irgendeiner Bewegung, einer Geste oder einer Handlung, deren Ausdruck noch deutlicher war. Wer zum Beispiel darunter litt, dass ihm ein Gegenstand fehlte, den seine Bedürfnisse einforderten, begnügte sich nicht damit, Schreie auszustoßen. Er unternahm Anstrengungen, um diesen Gegenstand zu erlangen, er bewegte seinen Kopf, seine Arme und alle Teile seines Körpers. Der andere der beiden war von diesem Anblick gerührt und heftete seine Augen auf den gleichen Gegenstand; und er fühlte in seiner Seele Empfindungen, die er sich noch nicht erklären konnte, denn er litt darunter, diesen Bedauernswerten leiden zu sehen. Von diesem Augenblick an fühlte er sich bewogen, ihm zu helfen und er versuchte, diesem Gefühl nachzukommen, soweit es in seiner Macht stand. Auf diese Weise baten diese Menschen, geleitet von ihrem bloßen Instinkt, einander um Hilfe und halfen sich gegenseitig. Ich sage durch den bloßen Instinkt, denn die Reflexion konnte daran keinen Anteil haben […].

§ 3. Jedoch konnten sich dieselben Umstände nicht häufig wiederholen, ohne sich die beiden schließlich daran gewöhnt hätten, mit den Lautäußerungen der Leidenschaften und den verschiedenen Körperbewe-

---
[1] Der Untertitel ist eine Anlehnung an den von Condillac bewunderten Newton, der die Gravitation als zentrale Kraft der physischen Welt ausgemacht hatte.

gungen die Wahrnehmungen zu verknüpfen, die sich darin so deutlich ausdrückten. Je mehr sie sich diesen Zeichen vertraut machten, um so mehr waren sie in der Lage, sie sich willentlich ins Gedächtnis zu rufen. Ihr Gedächtnis begann einige Übung darin zu gewinnen; sie konnten selbst über ihre Einbildungskraft verfügen und sie gelangten unmerklich dahin, das mit Überlegung zu tun, was sie vorher nur aus Instinkt getan hatten. Zuerst gewöhnten sich alle beide daran, anhand der Zeichen die Gefühle zu erkennen, die der andere im jeweiligen Augenblick empfand; dann bedienten sie sich ihrer, um einander die Gefühle mitzuteilen, die sie empfunden hatten. Wer zum Beispiel einen Ort sah, wo er erschreckt worden war, ahmte die Schreie und Bewegungen nach, welche die Anzeichen des Schreckens waren, um den anderen zu warnen, dass er sich nicht der Gefahr aussetze, in der er sich selber befunden hatte.

§ 4. Die Verwendung solcher Zeichen erweiterte nach und nach den Verstandesgebrauch, der seinerseits durch häufige Übung zur Vervollkommnung der Zeichen beitrug und ihre Benutzung geläufiger machte. Unsere Erfahrung beweist, dass diese beiden Dinge sich gegenseitig unterstützen. […]

§ 5. Dieser Umstand erhellt, wie die Lautäußerungen der Leidenschaft zu der Erweiterung des Verstandesgebrauches beitrugen, indem sie nämlich auf natürliche Weise die Gebärdensprache hervorbrachten; eine Sprache, die der geringen Intelligenz des Paares entsprechend wahrscheinlich nur aus Grimassen und heftigen Bewegungen bestand.

§ 6. Nachdem es diesen Menschen zur Gewohnheit geworden war, einige Vorstellungen mit frei gesetzten Zeichen zu verbinden, dienten ihnen die natürlichen Schreie als Modell für eine neue Sprache. Sie artikulierten neue Laute, und indem sie diese mehrfach wiederholten und sie mit einer Geste begleiteten, welche auf die Gegenstände hinwies, auf die sie aufmerksam machen wollten, gewöhnten sie sich daran, den Dingen Namen zu geben. […]

§ 7. […] Die damals so selbstverständliche Gebärdensprache stellte ein großes Hindernis dar, das es zu überwinden galt. Wie konnte diese Sprache zugunsten einer anderen aufgegeben werden, deren Vorzüge noch nicht abzusehen waren und deren Beschwerlichkeit sich so deutlich bemerkbar machte?

§ 8. In dem Maße, wie die artikulierte Lautsprache an Wörtern zunahm, eignete sie sich auch mehr dazu, frühzeitig das Sprechorgan zu formen und ihm seine ursprüngliche Beweglichkeit zu erhalten. Die Lautsprache schien damit ebenso bequem zu sein wie die Gebärdensprache. Man bediente sich der einen wie der anderen gleichermaßen und schließlich wurde die Verwendung der artikulierten Laute so einfach, dass sie überwog. […]

Übersetzt und herausgegeben von Angelika Oppenheim. Würzburg: Königshausen und Neumann 2006, S. 173 ff.

- ■ *Condillac stand als Geistlicher und Gelehrter zwischen religiöser Tradition und aufklärerischem Denken. Stellen Sie gegenüber, wo Condillac eher als Geistlicher und wo er eher als aufklärerischer Gelehrter argumentiert.*

- ■ *Stellen Sie die Stufen der Sprachentwicklung nach Condillac grafisch dar.*

- ■ *Wo erscheint Ihnen die Argumentation schlüssig, was erscheint Ihnen problematisch? Schreiben Sie ein **Peer-Review** zu dem Text, in dem Sie die Schlüssigkeit der Argumentation beurteilen.*

- ■ *In einer Verlagsinformation über Condillacs Schrift heißt es: „[W]arum ist das Werk eines braven Abbé so gefährlich?" (http://koenigshausen-neumann.gebhardt-riegel.de). Worin sehen Sie das Bedrohungspotenzial der Schrift?*

> **Peer-Review**
> Im wissenschaftlich-akademischen Bereich ist es üblich, dass Artikel vor ihrer Veröffentlichung in einer wissenschaftlichen Zeitschrift durch Experten des Gebiets (Peers = Gleichrangige) beurteilt werden. Das Gutachten hebt Stärken und Mängel der Argumentation hervor und beurteilt die Gültigkeit der Prämissen, auf denen die Argumentation fußt. Es schließt mit einer Empfehlung zum Abdruck oder Nichtabdruck ab.

Die Schwierigkeiten der Zirkel: Jean-Jacques Rousseau

Das Verdienst des französisch-schweizerischen Philosophen Jean-Jacques Rousseaus (1712–1778) in der Sprachursprungsdiskussion besteht darin, unter vermeintlichem Rückgriff auf Condillac die Probleme darzulegen, die eine Sprachursprungstheorie zu überwinden hat.

**Jean-Jacques Rousseau:
Über den Ursprung der Ungleichheit unter den Menschen (1755) (Auszug)**

Man gestatte mir, einen Augenblick die Hindernisse für die Entstehung der Sprache zu betrachten. Ich könnte mich dabei beruhigen, die Untersuchungen, die der Abbé von Condillac über diesen Gegenstand angestellt hat, zu zitieren und zu wiederholen. Diese bestätigen alle vollkommen meine Überzeugung und haben mir vielleicht den ersten Gedanken dazu eingegeben. Aber die Art, in der dieser Philosoph die Schwierigkeiten behebt, die er sich selbst über die Herkunft der eingeführten Zeichen macht, zeigt, dass er vorausgesetzt hat, was ich in Frage stelle, nämlich, dass schon eine Art Gesellschaft zwischen den Erfindern der Sprache bestanden hat. […] Ich würde gern, wie viele andere, sagen, die Sprachen seien im häuslichen Umgang der Väter, Mütter und Kinder entstanden, aber abgesehen davon, dass dies nicht die Einwände widerlegt, würde ich den Fehler derer begehen, die beim Nachdenken über den Naturzustand die im Gesellschaftszustand erworbenen Begriffe auf jenen übertragen […].
Angenommen, wir hätten diese erste Schwierigkeit überwunden, wir durchschreiten einen Augenblick den ungeheuren Zwischenraum, der sich zwischen dem reinen Naturzustand und dem Bedürfnis nach Sprachen befinden muss, und untersuchen, unter Voraussetzung ihrer Notwendigkeit, wie sie Fuß fassen konnten. Eine neue Schwierigkeit, schlimmer noch als die vorige, tut sich auf. Wenn die Menschen die Worte nötig hatten, um denken zu können, so haben sie das Denken noch nötiger gehabt, um die Kunst des Sprechens zu erfinden. […]

Die erste Sprache des Menschen, die allgemeinste, kraftvollste und die einzige, die er nötig hatte, bevor er eine Versammlung überreden musste, ist der Schrei der Natur. […] [Die Menschen] drückten nun die sichtbaren und beweglichen Gegenstände durch Gesten und die für das Gehör wirksamen durch Lautnachahmungen aus. Jedoch da die Geste kaum mehr als die gegenwärtigen und leicht zu beschreibenden Objekte und die sichtbaren Handlungen anzeigt und nicht in jedem Fall zu gebrauchen ist, weil Dunkelheit oder Verdeckung durch einen dazwischengestellten Körper sie unwirksam machen, […] verfiel man bald darauf, sie durch Artikulationen der Stimme zu ersetzen […]. Diese Ersetzung, die bloß durch Übereinkunft aller zustande gebracht werden kann, ist […] [schwer] zu begreifen, insofern diese einmütige Zusammenstimmung verursacht sein muss. Es scheinen bereits Worte nötig gewesen zu sein, um sich überhaupt über den Gebrauch des Worts verständigen zu können. […]
Ich halte nach diesen ersten Schritten inne und bitte meine Richter, hier ihre Lektüre abzubrechen […]. Mich selbst erschrecken die sich häufenden Schwierigkeiten, und ich bin von der fast bewiesenen Unmöglichkeit überzeugt, dass die Sprachen durch rein menschliche Mittel hätten entstehen und sich durchsetzen können. Ich überlasse dem, der will, die Diskussion dieses schwierigen Problems, was der Gesellschaft notwendiger gewesen ist: eine Gesellschaft vor Einführung der Sprache oder die Einführung der Sprache vor der Vereinigung zu einer Gesellschaft.

Aus: Jean-Jacques Rousseau: Schriften zur Kulturkritik. Übersetzt und herausgegeben von Kurt Weigand. Hamburg: Meiner, 4. Auflage 1983, S. 143 ff.

- *Von Rousseau werden Zirkel ausgemacht, die von Sprachursprungstheorien durchbrochen werden müssen. Beschreiben Sie diese Zirkel. Welche Prämissen gehen hier ein?*

- *Trotz der beschriebenen vermeintlich unüberwindbaren Zirkel beginnt Rousseau zunächst, eine Ursprungstheorie zu skizzieren. Widerspricht er sich damit selbst?*

Süßmilch: Die These vom göttlichen Ursprung der Sprache

Johann Peter Süßmilch (1707–1767) ist heute durch zwei Dinge bekannt: zum einen als einer der Begründer der Bevölkerungsstatistik und zum anderen als derjenige, gegen dessen Vorstellung eines göttlichen Sprachursprungs Herder in seiner Sprachursprungsabhandlung polemisierte. Am 7. und 14. Oktober 1756 versuchte Süßmilch in einer zweiteiligen Rede vor der Akademie der Wissenschaften, deren Mitglied er seit 1745 war, den göttlichen Ursprung der Sprache zu beweisen und damit den französischen Aufklärer Maupertuis zu widerlegen, der am 13.5.1756 eine an Condillac orientierte Theorie in der Akademie vortragen ließ. 1766 erschien Süßmilchs Schrift im Druck.

**Johann Peter Süßmilch:
Versuch eines Beweises, daß die erste Sprache ihren Ursprung nicht vom Menschen, sondern allein vom Schöpfer erhalten habe (e 1756, v 1766) (Auszug)**

Wo aber bey einer Sache und zwar bey einer aus vielen Theilen zusammengesetzten Sache, bey einer Uhr, Gebäude und andern Dingen, Vollkommenheit, Uebereinstimmung des Mannigfaltigen mit seinem Zweck, Ordnung, Schönheit und Regeln angetroffen werden, dieselbe kan nicht durch einen ohngefehren und blinden Zufall entstanden seyn und es setzt ihre Entstehung Vernunft und Klugheit zum voraus. So ist aber die Sprache und so sind alle Sprachen beschaffen, wir mögen nehmen und prüfen welche wir wollen. Auch die Sprachen der uncultivirtesten Völker haben ihre Regeln der Vollkommenheit und Ordnung. Und also folgt nothwendig, daß ihre Erfindung und Bildung ein Werk der Vernunft und einer klugen Wahl seyn müsse. Hat nun aber die Vernunft daran nothwendig Antheil haben, und alles nach Gründen und Regeln bestimmen sollen, so haben sich die ersten Erfinder der Sprache nothwendig im vollkommenen Gebrauch der Vernunft bereits müssen befunden haben, sie haben müssen reflectiren, abstrahiren und ratiociniren können. Dieses aber kann der Mensch nicht ohne den Gebrauch der Zeichen, der Sprache oder der Schrift, folglich hat auch der Mensch nichts zur Bildung des künstlichsten Meisterstücks des menschlichen Verstandes beytragen können; oder man müßte es für möglich halten, und auch die Möglichkeit gründlich darthun, daß ein kindischer Verstand das vollkommenste, ordentlichste und künstlichste Gebäude aufführen könnte, welches wohl kein Mensch zugeben wird.

Ist es also unmöglich, daß weder der Zufall noch der Mensch selbst der Urheber und Schöpfer der Sprache hat seyn können, so werden wir gezwungen, den ersten Ursprung derselben, außer dem Menschen und in einem höhern und verständigern Wesen zu suchen. Es bleibt keine Ausflucht übrig und wir müssen zum Preise Gottes bekennen, daß unser Schöpfer auch der Lehrmeister der Sprache gewesen und daß er uns derselben Gebrauch und Fertigkeit gleich im Anfang durch ein Wunderwerk mitgetheilt habe.

Nachdruck: Köln: ehmen. 1998. S. 16f.; aus philologischen Gründen in ursprünglicher Rechtschreibung

- Stellen Sie Süßmilchs Argumentation grafisch dar.
- Der abgedruckte Auszug entstammt der Einleitung der Schrift Süßmilchs. Was genau müsste er nach Ihrer Auffassung in der eigentlichen Schrift nun beweisen?
- Vermeintlich ist Süßmilchs Text in der Aufklärung ein Rückschritt im Denken. Die Art seiner Argumentation verrät aber den aufklärerischen Geist. Inwiefern?
- „Wenn sich eine Frage überhaupt stellen lässt, so kann sie auch beantwortet werden." (Tractatus logico-philosophicus, 6.5) Stützt dieser Satz von Ludwig Wittgenstein Süßmilchs Position oder hinterfragt er sie?

Die Königliche Akademie der Wissenschaften und die Sprachursprungsfrage

Am 11. Juli 1700 rief Kurfürst Friedrich III. von Brandenburg die „Sozietät der Wissenschaften" in Berlin ins Leben[1], deren erster Präsident einen Tag später ernannt wurde: Es war Gottfried Wilhelm Leibniz, der durch sein vielfältiges wissenschaftliches Werk – Leibniz galt als Universalgelehrter – in seiner Person auch den Anspruch der Akademie verkörperte, die Forschung in ganz unterschiedlichen Wissensbereichen voranzubringen. Schon die Gründung der Sozietät hatte Leibniz vorangetrieben, der nach dem Vorbild der Académie des sciences in Frankreich und der Royal Society in England eine deutsche Institution schaffen wollte, die nicht die Lehre, sondern die methodisch betriebene Forschung ins Zentrum ihrer wissenschaftlichen Arbeit stellen sollte. Am 19. März 1700 beschloss der Kurfürst, „eine Académie des Sciences und ein Observatorium in Berlin zu etablieren"[2]. Wissenschaftler aus nahezu allen Disziplinen wurden Mitglied in der Akademie.

Nach dem Tod Leibniz' im Jahr 1716 deutete sich zunächst ein Niedergang der Akademie an, mit der Krönung Friedrichs II. zum König in Preußen im Jahre 1740 begann aber ein neuer Aufschwung. Friedrich war vor allem bemüht, die Akademie an Frankreich und die französische Aufklärung anzubinden.

1744 wurde die Sozietät der Wissenschaften mit der „Société Littéraire de Berlin" zur „Königlichen Akademie der Wissenschaften" vereinigt. Bei der Vereinigung wurde beschlossen, jährlich Preisaufgaben zu stellen, die sich als wichtige Impulse des wissenschaftlichen Lebens erweisen sollten, denn die Akademie war bestrebt, gerade solche Fragen zu wählen, die aktuell in der Wissenschaft diskutiert wurden. Im Jahre 1757 (für das Jahr 1759) wurde erstmals ein sprachphilosophisches Thema gestellt, wie alle Preisfragen auf Friedrichs Geheiß auf Französisch: „L'influence reciproque des opinions des peuples sur le langage, et du langage sur les opinions"[3]. Der Preisträger, der Orientalist Johann David Michaelis, regte in seiner Schrift eine Preisfrage zum Ursprung der Sprache an, die im Jahre 1769 schließlich tatsächlich gestellt wurde. Das Interesse für diese Frage ging auch auf den vormaligen französischen Präsidenten der Akademie Maupertuis zurück, der 1756 einen Aufsatz verlesen ließ, der sich mit dem Sprachursprung beschäftigte: „Sur les moyens dont les hommes se sont servis pour se communiquer leurs idées"[4]. Maupertuis' Theorie eines Sprachursprungs aus tierischen Lauten und Konvention widersprach 1756 Johann Peter Süßmilch, der am 7. und 14.10.1756 den göttlichen Ursprung der Sprache in einer zweiteiligen Rede zu beweisen suchte. Neu entfacht auch durch die Drucklegung der Süßmilch-Schrift im Jahr 1766 resultierte aus dieser Kontroverse die 1769 für 1770 gestellte Preisfrage:

„En supposant les hommes abandonnés à leurs facultés naturelles, sont-ils en état d'inventer le langage? Et par quels moyens parviendront-ils d'eux-mêmes à cette invention? On demanderoit une hypothèse qui expliquât la chose clairement, et qui satisfît à toutes les difficultés"[5]. Unter den 31 Antwortschriften befand sich auch Herders „Abhandlung über den Ursprung der Sprache". Sie wurde am 6. Juni 1771 preisgekrönt und 1772 im Auftrag der Akademie veröffentlicht.

Originalbeitrag

---

[1] Vgl. zur Akademiegeschichte: Adolf Harnack: Geschichte der Königlich Preußischen Akademie der Wissenschaften zu Berlin. Berlin. 1900. (Nachdruck: Hildesh./New York: Olms, 1970); Eduard Winter: Registres der Berliner Akademie der Wissenschaften 1746–1766. Berlin 1957. Zur Sprachursprungsdiskussion: Allan Dickson Megill: The Enlightenment Debate on the Origin of Language. Diss. New York 1974; Cordula Neis: Anthropologie im Sprachdenken des 18. Jahrhunderts. Die Berliner Preisfrage nach dem Ursprung der Sprache. Berlin/New York: de Gruyter 2003.

[2] Zitiert nach Harnack (ebd., Bd. I/1, S. 80).

[3] Winter 1957, S. 233. „Der gegenseitige Einfluss der Meinungen des Volkes auf die Sprache und der Sprache auf die Meinungen."

[4] Winter 1957, S. 223. „Über die Mittel, derer sich die Menschen bedient haben, um über ihre Vorstellungen zu sprechen."

[5] Harnack 1900, II,1, S. 307. „Haben die Menschen, ihren Naturfähigkeiten überlassen, sich Sprache erfinden können? Und mit welchen Mitteln wären sie zu dieser Erfindung gelangt? Man bittet um eine Hypothese, die die Sache klar erklärt und die alle Schwierigkeiten löst."

■ Die Akademie der Wissenschaften galt im 18. Jahrhundert als Institution der Aufklärung. Begründen Sie dies aufgrund des Textes möglichst vielschichtig.

■ Erörtern Sie, was gegen die Preisfrage für 1770 eingewandt werden kann.

Johann Gottfried Herder: Abhandlung über den Ursprung der Sprache – Vorübung

■ *Bringen Sie die unten stehenden Argumentationsschritte in eine sinnvolle Reihenfolge und tragen Sie sie dann in die linke Spalte ein.*

■ *Füllen Sie vor der Lektüre die zweite Spalte aus und während der Lektüre die dritte und vierte.*

Argumentationsschritte in Herders „Abhandlung über den Ursprung der Sprache"	*Vor der Lektüre ausfüllen:* Stellen Sie eine Vermutung an, wie Herder dies erläutert.	*Während der Lektüre ausfüllen:* Tatsächliche Ausgestaltung bei Herder	Seite/ Zeilen

A) Wörter erfinden heißt Merkmale von Dingen reflektiert (also nicht instinktgeleitet) wahrnehmen.

B) Nur aufgrund seiner Instinktlosigkeit kann der Mensch Sprache erfinden.

C) Auch nichttönende Dinge erzeugen sinnliche Eindrücke und können so Töne für eine Bezeichnung liefern.

D) In der Natur sind Tiersprachen dem Wirkungskreis der Tiere angepasst.

E) Schon als Tier hat der Mensch Sprache – sie ist jedoch nicht die spezifisch menschliche Sprache.

F) Die Merkmale der Dinge nimmt der Mensch vor allem über das Ohr wahr.

G) Die menschliche Sprache dagegen ist Ersatz für fehlenden Instinkte.

Johann Gottfried Herder: Abhandlung über den Ursprung der Sprache (e 1770, v 1772) (Auszüge) (Langfassung)

1769 stellte die Berliner Akademie der Wissenschaften die Frage, ob und ggf. wie der Mensch allein aus seinen Naturfähigkeiten Sprache erfinden konnte. Der junge J. G. Herder (1744–1803) gewann den Preis mit seiner Abhandlung, die viele Zeitgenossen und Nachfahren überzeugt hat, aber auch scharfe Kritik hervorrief.

I. Teil

Haben die Menschen, ihren Naturfähigkeiten überlassen, sich selbst Sprache erfinden können?

Erster Abschnitt

Schon als Tier hat der Mensch Sprache. Alle heftigen und die heftigsten unter den heftigen, die schmerzhaften Empfindungen seines Körpers, alle starke Leidenschaften seiner Seele äußern sich unmittelbar in Geschrei, in Töne, in wilde, unartikulierte Laute. Ein leidendes Tier sowohl als der Held Philoktet[1], wenn es der Schmerz anfället, wird wimmern! wird ächzen! und wäre es gleich verlassen, auf einer wüsten Insel, ohne Anblick, Spur und Hoffnung eines hülfreichen Nebengeschöpfes – Es ist, als obs freier atmete, indem es dem brennenden, geängstigten Hauche Luft giebt: es ist, als obs einen Teil seines Schmerzes verseufzte und aus dem leeren Luftraum wenigstens neue Kräfte zum Verschmerzen in sich zöge, indem es die tauben Winde mit Ächzen füllet. So wenig hat uns die Natur, als abgesonderte Steinfelsen, als egoistische Monaden[2] geschaffen! Selbst die feinsten Saiten des tierischen Gefühls (ich muß mich dieses Gleichnisses bedienen, weil ich für die Mechanik fühlender Körper kein besseres weiß!) – selbst die Saiten, deren Klang und Anstrengung gar nicht von Willkür und langsamen Bedacht herrühret, ja deren Natur noch von aller forschenden Vernunft nicht hat erforscht werden können, selbst die sind in ihrem ganzen Spiele, auch ohne das Bewußtsein fremder Sympathie, zu einer Äußerung auf andre Geschöpfe gerichtet. Die geschlagne Saite tut ihre Naturpflicht: – sie klingt! sie ruft einer gleichfühlenden Echo: selbst wenn keine da ist, selbst wenn sie nicht hoffet und wartet, daß ihr eine antworte. […]

Diese Seufzer, diese Töne sind Sprache. Es giebt also eine Sprache der Empfindung, die unmittelbares Naturgesetz ist.

Daß der Mensch sie ursprünglich mit den Tieren gemein habe, bezeugen jetzt freilich mehr gewisse Reste, als volle Ausbrüche; allein auch diese Reste sind unwidersprechlich. – Unsre künstliche Sprache mag die Sprache der Natur so verdränget, unsre bürgerliche Lebensart und gesellschaftliche Artigkeit mag die Flut und das Meer der Leidenschaften so gedämmet, ausgetrocknet und abgeleitet haben, als man will; der heftigste Augenblick der Empfindung, wo? und wie selten er sich finde? nimmt noch immer sein Recht wieder und tönt in seiner mütterlichen Sprache unmittelbar durch Akzente. […]

Nun sind freilich *diese Töne sehr einfach*; und wenn sie artikuliert und als Interjektionen aufs Papier hinbuchstabiert werden: so haben die entgegengesetztesten Empfindungen fast Einen Ausdruck. Das matte Ach! ist sowohl Laut der zerschmelzenden Liebe, als der sinkenden Verzweiflung; das feurige O! sowohl Ausbruch der plötzlichen Freude, als der auffahrenden Wut; der steigenden Bewunderung, als des zuwallenden Bejammerns; allein sind denn diese Laute da, um als Interjektionen aufs Papier gemalt zu werden? […]

Ich kann hier noch nicht von der geringsten *menschlichen* Bildung der Sprache reden: sondern nur rohe Materialien betrachten – Noch existiert für mich kein Wort: sondern nur Töne zum Wort einer Empfindung […].

Wollen wir also diese unmittelbaren Laute der Empfindung Sprache nennen; so finde ich ihren Ursprung allerdings sehr natürlich. Er ist nicht bloß nicht übermenschlich: sondern offenbar tierisch: *das Naturgesetz einer empfindsamen Maschine.*

Aber ich kann nicht meine Verwunderung bergen, daß Philosophen, das ist, Leute, die deutliche Begriffe suchen, je haben auf den Gedanken kommen können, aus diesem Geschrei der Empfindungen den Ursprung menschlicher Sprache zu erklären: *denn ist diese nicht offenbar ganz etwas anders?* Alle Tiere, bis auf den stummen Fisch, tönen ihre Empfindung; deswegen aber hat doch kein Tier, selbst nicht das vollkommenste, den geringsten, eigentlichen Anfang zu einer menschlichen Sprache. Man bilde und verfeinere und organisiere dies Geschrei, wie man wolle;

---

[1] Philoktetes (griechische Mythologie) wurde von einer Schlange in den Fuß gebissen, die eitrige Wunde heilte nicht.
[2] Anspielung auf Leibniz' Monadenbegriff. Monade: letzte in sich geschlossene Ureinheit

wenn kein Verstand dazu kommt, diesen Ton mit Absicht zu brauchen; so sehe ich nicht, wie nach dem vorigen Naturgesetz je menschliche, willkürliche Sprache werde? Kinder sprechen Schälle der Empfindung, wie die Tiere; ist aber die Sprache, die sie von Menschen lernen, nicht ganz eine andre Sprache?

Der Abt *Condillac* ist in dieser Anzahl. Entweder er hat das ganze Ding Sprache schon vor der ersten Seite seines Buchs erfunden vorausgesetzt: oder ich finde auf jeder Seite Dinge, die sich gar nicht in der Ordnung einer bildenden Sprache zutragen konnten. Er setzt zum Grunde seiner Hypothese „zwei Kinder, in eine Wüste, ehe sie den Gebrauch irgend eines Zeichens kennen". Warum er nun dies alles setze: „zwei Kinder", die also umkommen oder Tier werden müssen, „in eine Wüste", wo sich die Schwürigkeit ihres Unterhalts und ihrer Erfindung noch vermehret, „vor dem Gebrauch jedes natürlichen Zeichens, und gar vor aller Känntnis desselben", ohne welche doch kein Säugling nach wenigen Wochen seiner Geburt ist – warum, sage ich, in einer Hypothese, die dem Naturgange menschlicher Känntnis nachspüren soll, solche unnatürliche, sich widersprechende Data zum Grunde gelegt werden müssen, mag ihr Verfasser wissen; daß aber auf sie keine Erklärung des Ursprungs der Sprache gebauet sei, getraue ich mich zu erweisen. Seine beiden Kinder kommen ohne Känntnis jedes Zeichens zusammen, und – siehe da! im ersten Augenblicke „sind sie schon im gegenseitigen Kommerz[1]." Und doch bloß durch dies gegenseitige Kommerz lernen sie erst, „mit dem Geschrei der Empfindungen die Gedanken zu verbinden, deren natürliche Zeichen jene sind". Natürliche Zeichen der Empfindung durch das Kommerz lernen? Lernen, was für Gedanken damit zu verbinden sind? Und doch gleich im ersten Augenblicke der Zusammenkunft, noch vor der Känntnis dessen, was das dummste Tier kennet, Kommerz haben? Lernen können, was mit gewissen Zeichen für Gedanken zu verknüpfen sind? – davon begreife ich nichts. „Durch das Wiederkommen ähnlicher Umstände gewöhnen sie sich, mit den Schällen der Empfindungen und den verschiednen Zeichen des Körpers Gedanken zu verbinden. Schon bekommt ihr Gedächtnis Übung. Schon können sie über ihre Einbildung walten und schon – sind sie so weit, das mit Reflexion zu tun, was sie vorher bloß durch Instinkt taten" (und doch, wie wir eben gesehen, vor ihrem Kommerz nicht zu tun wüßten). – Davon begreife ich nichts. [...] „um zu begreifen, wie die Menschen unter sich über den Sinn der ersten Worte eins geworden, die sie brauchen wollten, ist genug, wenn man bemerkt, daß sie sie in Umständen aussprachen, wo jeder verbunden war, sie mit den nemlichen Ideen zu verbinden usw." Kurz es entstanden Worte, weil Worte da waren, ehe sie da waren – mich dünkt, es lohnt nicht, den Faden unsres Erklärers weiter zu verfolgen, da er doch – an nichts geknüpft ist.

Condillac, weiß man, gab durch seine hohle Erklärung von Entstehung der Sprache Gelegenheit, daß *Rousseau* in unserm Jahrhundert die Frage nach seiner Art in Schwung brachte, das ist bezweifelte. Gegen *Condillacs* Erklärung Zweifel zu finden, war eben kein *Rousseau* nötig; nur aber deswegen sogleich alle menschliche Möglichkeit der Spracherfindung zu leugnen – dazu gehörte freilich etwas *Rousseauscher* Schwung oder Sprung, wie mans nennen will. Weil *Condillac* die Sache schlecht erklärt hatte; ob sie also auch gar nicht erklärt werden könne? Weil aus Schällen der Empfindung nimmermehr eine menschliche Sprache wird, folgt daraus, daß sie nirgend anderswoher hat werden können?

Daß es nur würklich dieser verdeckte Trugschluß sei, der *Rousseau* verführt, zeigt offenbar sein eigner Plan: „wie, wenn doch allenfalls Sprache hätte menschlich entstehen sollen, wie sie hätte entstehen müssen?" Er fängt, wie sein Vorgänger, mit dem Geschrei der Natur an, aus dem die menschliche Sprache werde. Ich sehe nie, wie sie daraus geworden wäre, und wundre mich, daß der Scharfsinn eines *Rousseau* sie einen Augenblick daraus habe können werden lassen?

Maupertuis kleine Schrift ist mir nicht bei Händen; wenn ich aber dem Auszuge eines Mannes [Süßmilch] trauen darf, dessen nicht kleinstes Verdienst Treue und Genauigkeit war, so hat auch er den Ursprung der Sprache nicht gnug von diesen tierischen Lauten abgesondert, und gehet also mit den vorigen auf einer Straße. [...]

Da nun die meisten Verfechter der menschlichen Sprachwerdung aus einem so unsichern Ort stritten, den andre, z. E. *Süßmilch*, mit so vielem Grunde bekämpften: So hat die *Akademie* diese Frage, die also noch ganz unbeantwortet ist und über die sich selbst einige ihrer gewesnen Mitglieder in Meinungen geteilt, einmal außer Streit wollen gesetzt sehen.

Und da dies große Thema so viel Aussichten in die Psychologie und Naturordnung des menschlichen Geschlechts, in die Philosophie der Sprachen und aller Känntnisse, die mit Sprache erfunden werden, verspricht – Wer wollte sich nicht daran versuchen? Und da die Menschen für uns die einzigen Sprachgeschöpfe sind, die wir kennen, und sich eben durch Sprache von allen Tieren unterscheiden: wo finge der Weg der Untersuchung sicherer an, als bei Erfahrungen über den Unterschied der Tiere und Menschen? – *Condillac* und *Rousseau* mußten über den Sprachursprung irren, weil sie sich über diesen Unterschied so bekannt und verschieden irrten: da jener die Tiere zu Menschen, und dieser die Menschen zu Tieren machte. Ich muß also etwas weit ausholen.

---

[1] Kommerz, hier: Umgang

Daß der Mensch den Tieren an Stärke und Sicherheit des Instinkts weit nachstehe, ja daß er das, was wir bei so vielen Tiergattungen angeborne Kunstfähigkeiten und Kunsttriebe nennen, gar nicht habe, ist gesichert; nur so wie die Erklärung dieser Kunsttriebe bisher den meisten und noch zuletzt einem gründlichen Philosophen [Reimarus] Deutschlands mißglücket ist, so hat auch die wahre Ursach von der Entbehrung dieser Kunsttriebe in der menschlichen Natur noch nicht ins Licht gesetzt werden können. Mich dünkt, man hat einen Hauptgesichtspunkt verfehlt, aus dem man, wo nicht vollständige Erklärungen, so wenigstens Bemerkungen in der Natur der Tiere machen kann, die, wie ich für einen andern Ort hoffe, die menschliche Seelenlehre sehr aufklären können. Dieser Gesichtspunkt ist *die Sphäre der Tiere*.

Jedes Tier hat seinen Kreis, in den es von der Geburt an gehört, gleich eintritt, in dem es lebenslang bleibt und stirbt: nun ist es aber sonderbar, *daß je schärfer die Sinne der Tiere und je wunderbarer ihre Kunstwerke sind, desto kleiner ist ihr Kreis: desto einartiger ist ihr Kunstwerk*. Ich habe diesem Verhältnisse nachgespüret und ich finde überall eine wunderbare beobachtete *umgekehrte Proportion zwischen der mindern Extension ihrer Bewegungen, Elemente, Nahrung, Erhaltung, Paarung, Erziehung, Gesellschaft* und ihren *Trieben und Künsten*. Die Biene in ihrem Korbe bauet mit der Weisheit, die *Egeria*[1] ihrem *Numa* nicht lehren konnte; aber außer diesen Zellen und außer ihrem Bestimmungsgeschäft in diesen Zellen ist sie auch nichts. Die Spinne webet mit der Kunst der Minerve; aber alle ihre Kunst ist auch in diesen engen Spinnraum verwebet; das ist ihre Welt! Wie wundersam ist das Insekt, und wie enge der Kreis seiner Würkung!

Gegenteils. *Je vielfacher die Verrichtungen und Bestimmung der Tiere; je zerstreuter ihre Aufmerksamkeit auf mehrere Gegenstände, je unstäter ihre Lebensart, kurz je größer und vielfältiger ihre Sphäre ist; desto mehr sehen wir ihre Sinnlichkeit sich verteilen und schwächen*. Ich kann es mir hier nicht in Sinn nehmen, dies große Verhältnis, was die Kette der lebendigen Wesen durchläuft, mit Beispielen zu sichern; ich überlasse jedem die Probe, oder verweise auf eine andre Gelegenheit und schließe fort:

Nach aller Wahrscheinlichkeit und Analogie lassen sich also *alle Kunsttriebe und Kunstfähigkeiten aus den Vorstellungskräften der Tiere erklären*, ohne daß man blinde Determinationen annehmen darf. (Wie auch noch selbst Reimarus angenommen, und die alle Philosophie verwüsten.) Wenn unendlich feine Sinne in einen kleinen Kreis, auf ein Einerlei eingeschlossen werden und die ganze andre Welt für sie nichts ist: wie müssen sie durchdringen! Wenn Vorstellungskräfte in einen kleinen Kreis eingeschlossen, und mit einer analogen Sinnlichkeit begabt sind, was müssen sie würken! Und wenn endlich Sinne und Vorstellungen auf Einen Punkt gerichtet sind, was kann anders als Instinkt daraus werden? Aus ihnen also erkläret sich die Empfindsamkeit, die Fähigkeiten und Triebe der Tiere nach ihren Arten und Stufen.

Und ich darf also den Satz annehmen: *die Empfindsamkeiten, Fähigkeiten und Kunsttriebe der Tiere nehmen an Stärke und Intensität zu, im umgekehrten Verhältnisse der Größe und Mannichfaltigkeit ihres Würkungskreises*. Nun aber –

Der Mensch hat keine so einförmige und enge Sphäre, wo nur Eine Arbeit auf ihn warte: – eine Welt von Geschäften und Bestimmungen liegt um ihn –

Seine Sinne und Organisation sind nicht auf Eins geschärft: er hat Sinne für alles und natürlich also für jedes Einzelne schwächere und stumpfere Sinne -

Seine Seelenkräfte sind über die Welt verbreitet; keine Richtung seiner Vorstellungen auf ein Eins: mithin *kein Kunsttrieb, keine Kunstfertigkeit* – und, das eine gehört hier näher her, *keine Tiersprache*.

Was ist doch das, was wir außer der vorherangeführten Lautbarkeit der empfindenden Maschine, bei einigen Gattungen *Tiersprache* nennen, anders, als ein Resultat der Anmerkungen, die ich zusammen gereihet? *ein dunkles sinnliches Einverständnis einer Tiergattung unter einander über ihre Bestimmung, im Kreise ihrer Wirkung*.

Je kleiner also die Sphäre der Tiere ist: desto weniger haben sie Sprache nötig. Je schärfer ihre Sinne, je mehr ihre Vorstellungen auf Eins gerichtet, je ziehender ihre Triebe sind; desto zusammengezogner ist das Einverständnis ihrer etwanigen Schälle, Zeichen, Äußerungen. – Es ist lebendiger Mechanismus, herrschender Instinkt, der da spricht und vernimmt. Wie wenig darf er sprechen, daß er vernommen werde! Tiere von dem engsten Bezirke sind also sogar gehörlos; sie sind für ihre Welt ganz Gefühl, oder Geruch, und Gesicht: ganz einförmiges Bild, einförmiger Zug, einförmiges Geschäfte; sie haben also wenig oder keine Sprache.

Je größer aber der Kreis der Tiere: je unterschiedner ihre Sinne – doch was soll ich wiederholen? *mit dem Menschen ändert sich die Szene ganz*. Was soll für seinen Würkungskreis, auch selbst im dürftigsten Zustande die Sprache des redendsten, am vielfachsten tönenden Tiers? Was soll für seine zerstreuten Begierden, für seine geteilte Aufmerksamkeit, für seine stumpfer witternden Sinne auch selbst die dunkle Sprache aller Tiere? Sie ist für ihn weder reich noch deutlich: weder hinreichend an Gegenständen noch für seine Organe – also durchaus nicht *seine Sprache:* denn was heißt, wenn wir nicht mit Worten spielen wollen, die *eigentümliche Sprache eines Geschöpfs*, als die seiner Sphäre von Bedürfnissen und Arbeiten, der Organisation sei-

---

[1] Egeria: römische Wassernymphe; der zweite König Roms, Numa Pompilius der Sabiner, liebte Egeria, die ihn der Sage nach in Fragen der Staatskunst belehrte.

ner Sinne, der Richtung seiner Vorstellungen und der Stärke seiner Begierden angemessen ist – Und welche Tiersprache ist so für den Menschen?

Jedoch es bedarf auch die Frage nicht. *Welche Sprache, (außer der vorigen mechanischen), hat der Mensch so instinktmäßig als jede Tiergattung die ihrige in und nach ihrer Sphäre?* – die Antwort ist kurz: keine! Und eben diese kurze Antwort entscheidet.

Bei jedem Tier ist, wie wir gesehen, seine Sprache eine Äußerung so starker sinnlicher Vorstellungen, daß diese zu Trieben werden: mithin ist Sprache, so wie Sinne und Vorstellungen und Triebe angeboren und dem Tier unmittelbar natürlich. Die Biene sumset, wie sie sauget; der Vogel singt, wie er nistet – aber *wie spricht der Mensch von Natur? Gar nicht!*, so wie er wenig oder nichts durch völligen Instinkt, als Tier tut. Ich nehme bei einem neugebornen Kinde das Geschrei seiner empfindsamen Maschine aus; sonst *ists stumm*; es äußert weder Vorstellungen noch Triebe durch Töne, wie doch jedes Tier in seiner Art; bloß unter Tiere gestellet, ists also das verwaisetste Kind der Natur. Nackt und bloß, schwach und dürftig, schüchtern und unbewaffnet: und was die Summe seines Elendes ausmacht, aller Leiterinnen des Lebens beraubt. – Mit einer so zerstreuten geschwächten Sinnlichkeit, mit so unbestimmten, schlafenden Fähigkeiten, mit so geteilten und ermatteten Trieben geboren, offenbar auf tausend Bedürfnisse verwiesen, zu einem großen Kreise bestimmt – und doch so verwaiset und verlassen, daß es selbst nicht mit einer Sprache begabt ist, seine Mängel zu äußern – Nein! ein solcher Widerspruch ist nicht die Haushaltung der Natur. Es müssen statt der Instinkte andre verborgne Kräfte in ihm schlafen! *stummgeboren*; aber –

Zweiter Abschnitt

Doch ich tue keinen Sprung. Ich gebe dem Menschen nicht gleich plötzlich neue Kräfte, *keine sprachschaffende Fähigkeit* wie eine willkürliche Qualitas occulta[1]. Ich suche nur in den vorherbemerkten Lücken und Mängeln weiter.

Lücken und Mängel können doch nicht der Charakter seiner Gattung sein: oder die Natur war gegen ihn die härteste Stiefmutter, da sie gegen jedes Insekt die liebreichste Mutter war. Jedem Insekt gab sie, was und wie viel es brauchte: Sinne zu Vorstellungen, und Vorstellungen in Triebe gediegen; Organe zur Sprache, so viel es bedorfte, und Organe, diese Sprache zu verstehen. Bei dem Menschen ist alles in dem größten Mißverhältnis – Sinne und Bedürfnisse, Kräfte und Kreis der Würksamkeit, der auf ihn wartet, seine Organe und seine Sprache – Es muß uns also *ein gewisses Mittelglied fehlen, die so abstehende Glieder der Verhältnis zu berechnen.* [...]

Ja fänden wir *eben in diesem Charakter die Ursache jener Mängel; und eben in der Mitte dieser Mängel* in der Höhle jener großen Entbehrung von Kunsttrieben den *Keim zum Ersatze:* so wäre diese Einstimmung ein genetischer Beweis, daß hier *die wahre Richtung der Menschheit* liege und daß die Menschengattung über den Tieren nicht an *Stufen* des Mehr oder Weniger stehe, sondern an *Art*.

Und fänden wir in diesem neugefundnen Charakter der Menschheit sogar *den notwendigen genetischen Grund zu Entstehung einer Sprache für diese neue Art Geschöpfe*, wie wir in den Instinkten der Tiere den unmittelbaren Grund zur Sprache für jede Gattung fanden; so sind wir ganz am Ziele. In dem Falle würde die *Sprache dem Menschen so wesentlich, als – er ein Mensch ist*. Man sieht, ich entwickle aus keinen willkürlichen oder gesellschaftlichen Kräften, sondern aus der allgemeinen tierischen Ökonomie.

Und nun folgt, daß wenn der Mensch *Sinne* hat, die für einen kleinen Fleck der Erde, für die Arbeit und den Genuß einer Weltspanne den Sinnen des Tiers, das in dieser Spanne lebt, *nachstehen an Schärfe:* so bekommen sie eben dadurch *Vorzug der Freiheit*. Eben weil sie nicht für einen Punkt sind, so sind sie allgemeine Sinne der Welt.

Wenn der Mensch *Vorstellungskräfte* hat, die nicht auf den Bau einer Honigzelle und eines Spinngewebes bezirkt sind, und also auch den *Kunstfähigkeiten der Tiere in diesem Kreise nachstehen*, so bekommen sie eben damit *weitere Aussicht*. Er hat kein einziges Werk, bei dem er also auch unverbesserlich handle; aber er hat freien Raum, sich an vielem zu üben, mithin sich immer zu verbessern. Jeder Gedanke ist nicht ein unmittelbares Werk der Natur, aber eben damit kanns sein eigen Werk werden.

Wenn also hiermit der *Instinkt* wegfallen muß, der bloß aus der Organisation der Sinne und dem Bezirk der Vorstellungen folgte und keine blinde Determination war: so bekommt eben hiemit der Mensch *mehrere Helle*. Da er auf keinen Punkt blind fällt und blind liegen bleibt: so wird er freistehend, kann sich eine Sphäre der Bespiegelung suchen, kann sich in sich bespiegeln. Nicht mehr eine unfehlbare Maschine in den Händen der Natur, wird er sich selbst Zweck und Ziel der Bearbeitung.

Man nenne diese ganze Disposition seiner Kräfte, wie man wolle, Verstand, Vernunft, Besinnung usw. Wenn man diese Namen nicht für abgesonderte Kräfte oder für bloße Stufenerhöhungen der Tierkräfte annimmt: so gilts mir gleich. Es ist die *ganze Einrichtung aller menschlichen Kräfte; die ganze Haushaltung seiner sinnlichen und erkennenden, seiner erkennenden*

---

[1] Qualitas occulta: verborgene Eigenschaft oder Kraft, ursprünglich von den Scholastikern zur Erklärung unverständlicher Sachverhalte angenommen

und wollenden Natur; oder vielmehr – Es ist *die Einzige positive Kraft des Denkens*, die mit einer gewissen *Organisation des Körpers* verbunden bei den Menschen so *Vernunft* heißt, wie sie bei den Tieren *Kunstfähigkeit* wird; die bei ihm *Freiheit* heißt, und bei den Tieren *Instinkt* wird. Der Unterschied ist nicht in *Stufen* oder *Zugabe* von *Kräften*, sondern in einer *ganz verschiedenartigen Richtung* und *Auswickelung aller Kräfte*. [...] Man hat sich die Vernunft des Menschen als eine neue, ganz abgetrennte Kraft in die Seele hinein gedacht, die dem Menschen als eine Zugabe vor allen Tieren zu eigen geworden, und die also auch, wie die vierte Stufe einer Leiter nach den drei untersten, allein betrachtet werden müsse; und das ist freilich, es mögen es so große Philosophen sagen, als da wollen, philosophischer Unsinn. [...] Konnte ein Mensch je eine einzige Handlung tun, bei der er völlig wie ein Tier dachte: so ist er auch durchaus kein Mensch mehr, gar keiner menschlichen Handlung mehr fähig. War er einen einzigen Augenblick ohne Vernunft: so sähe ich nicht, wie er je in seinem Leben mit Vernunft denken könne: oder seine ganze Seele, die ganze Haushaltung seiner Natur ward geändert.

Nach richtigern Begriffen ist die *Vernunftmäßigkeit* des Menschen, der Charakter seiner Gattung, etwas anders, nemlich *die gänzliche Bestimmung seiner denkenden Kraft im Verhältnis seiner Sinnlichkeit und Triebe*. [...] Dies Geschöpf ist der Mensch und diese ganze Disposition seiner Natur wollen wir, um den Verwirrungen mit eignen Vernunftkräften usw. zu entkommen, „*Besonnenheit*" nennen. Es folgt also nach eben diesen Verbindungsregeln, da alle die Wörter Sinnlichkeit und Instinkt, Phantasie und Vernunft, doch nur Bestimmungen einer einzigen Kraft sind, wo Entgegensetzungen einander aufheben, daß – Wenn der Mensch *kein instinktmäßiges Tier sein sollte*, er vermöge der freierwürkenden positiven Kraft seiner Seele *ein besonnenes Geschöpf sein mußte*. – Wenn ich die Kette dieser Schlüsse noch einige Schritte weiter ziehe, so bekomme ich damit vor künftigen Einwendungen einen den Weg sehr kürzenden Vorsprung.

Ist nemlich die Vernunft keine abgeteilte, einzelnwürkende Kraft, sondern eine seiner Gattung eigne Richtung aller Kräfte, *so muß der Mensch sie im ersten Zustande haben, da er Mensch ist*. Im ersten Gedanken des Kindes muß sich diese Besonnenheit zeigen, wie bei dem Insekt, daß es Insekt war. – [...]

Der Mensch in den Zustand von Besonnenheit gesetzt, der ihm eigen ist, und diese Besonnenheit (Reflexion) zum erstenmal frei würkend, hat Sprache erfunden. Denn was ist Reflexion? Was ist Sprache?

Diese Besonnenheit ist ihm charakteristisch eigen, und seiner Gattung wesentlich: so auch Sprache und eigne Erfindung der Sprache.

Erfindung der Sprache ist ihm also so natürlich, als er ein Mensch ist! Lasset uns nur beide Begriffe entwickeln! Reflexion und Sprache –

Der Mensch beweiset Reflexion, wenn die Kraft seiner Seele so frei würket, daß sie in dem ganzen Ozean von Empfindungen, der sie durch alle Sinnen durchrauschet, Eine Welle, wenn ich so sagen darf, absondern, sie anhalten, die Aufmerksamkeit auf sie richten, und sich bewußt sein kann, daß sie aufmerke. Er beweiset Reflexion, wenn er aus dem ganzen schwebenden Traum der Bilder, die seine Sinne vorbeistreichen, sich in ein Moment des Wachens sammlen, auf Einem Bilde freiwillig verweilen, es in helle ruhigere Obacht nehmen, und sich Merkmale absondern kann, daß dies der Gegenstand und kein andrer sei. Er beweiset also Reflexion, wenn er nicht bloß alle Eigenschaften lebhaft oder klar erkennen; sondern eine oder mehrere als unterscheidende Eigenschaften bei sich *anerkennen* kann: der erste Aktus dieser Anerkenntnis giebt deutlichen Begriff; es ist das erste Urteil der Seele – und –

Wodurch geschahe die Anerkennung? Durch ein Merkmal, was er absondern mußte, und was, als Merkmal der Besinnung, deutlich in ihn fiel. Wohlan! lasset uns ihm das εὕρηκα¹ zurufen! Dies *Erste Merkmal der Besinnung war Wort der Seele! Mit ihm ist die menschliche Sprache erfunden!*

Lasset jenes Lamm² als Bild sein Auge vorbeigehn: ihm wie keinem andern Tiere. Nicht wie dem hungrigen, witternden Wolfe! nicht wie dem blutleckenden Löwen – die wittern und schmecken schon im Geiste! die Sinnlichkeit hat sie überwältigt! der Instinkt wirft sie darüber her! – Nicht wie dem brünstigen Schafmanne, der es nur als den Gegenstand seines Genusses fühlt, den also wieder die Sinnlichkeit überwältigt und der Instinkt darüber herwirft; nicht wie jedem andern Tier, dem das Schaf gleichgültig ist, das es also klar dunkel vorbeistreichen läßt, weil ihn sein Instinkt auf etwas anders wendet – Nicht so dem Menschen! so bald er in das Bedürfnis kommt, das Schaf kennen zu lernen: so störet ihn kein Instinkt: so reißt ihn kein Sinn auf dasselbe zu nahe hin, oder davon ab: es steht da, ganz wie es sich seinen Sinnen äußert. Weiß, sanft, wollicht – seine besonnen sich übende Seele sucht ein Merkmal, – *das Schaf blöcket!* sie hat Merkmal gefunden. Der innere Sinn würket. Dies Blöcken, das ihr am stärksten Eindruck macht, das sich von allen andern Eigenschaften des Beschauens und Betastens losriß, hervorsprang, am tiefsten eindrang, bleibt ihr. Das Schaf kommt wieder. Weiß, sanft, wollicht – sie sieht, tastet, besinnt sich, sucht Merkmal – es blöckt, und nun erkennet sies wieder!

---

1 Heureka (griech.): „Ich habe es gefunden!" Dies soll Archimedes bei der Entdeckung des nach ihm benannten Archimedischen Prinzips gerufen haben.
2 Das Lamm-Beispiel stammt ursprünglich aus Platons „Kratylos" (423c).

„Ha! du bist das Blöckende!" fühlt sie innerlich, sie hat es menschlich erkannt, da sies deutlich, das ist mit einem Merkmal erkennet und nennet. Dunkler? So wäre es ihr gar nicht wahrgenommen, weil keine Sinnlichkeit, kein Instinkt zum Schafe ihr den Mangel des Deutlichen durch ein lebhafteres Klare ersetzte. Deutlich unmittelbar, ohne Merkmal? So kann kein sinnliches Geschöpf außer sich empfinden: da es immer andre Gefühle unterdrücken, gleichsam vernichten, und immer den Unterschied von zween durch ein drittes erkennen muß. *Mit einem Merkmal* also? Und was war das anders als ein *innerliches Merkwort*? Der *Schall* des Blöckens, von einer menschlichen Seele, als Kennzeichen des Schafs, wahrgenommen, ward, kraft dieser Besinnung, *Name* des Schafs, und wenn ihn nie seine Zunge zu stammeln versucht hätte. Er erkannte das Schaf am Blöken; es war *gefaßtes Zeichen*, bei *welchem sich die Seele an eine Idee deutlich besann* – Was ist das anders als Wort? Und was ist die *ganze menschliche Sprache* als eine *Sammlung solcher Worte*? Käme er also auch nie in den Fall, einem andern Geschöpf diese Idee zu geben, und also dies Merkmal der Besinnung ihm mit den Lippen vorblöcken zu wollen oder zu können, seine Seele hat gleichsam in ihrem Inwendigen geblöckt, da sie diesen Schall zum Erinnerungszeichen wählte, und wiedergeblöckt, da sie ihn daran erkannte – die Sprache ist erfunden! eben so natürlich und dem Menschen notwendig erfunden, als der Mensch ein Mensch war. [...]

Nichts wird diesen Ursprung deutlicher entwickeln, als die Einwürfe der Gegner. Der gründlichste, der ausführlichste Verteidiger des göttlichen Ursprunges der Sprache wird eben, weil er durch die Oberfläche drang, die nur die andern berühren, fast ein Verteidiger des wahren menschlichen Ursprunges. Er ist unmittelbar am Rande des Beweises stehen geblieben; und sein Haupteinwurf, bloß etwas richtiger erkläret, wird Einwurf gegen ihn selbst und Beweis von seinem Gegenteile, der Menschenmöglichkeit der Sprache. Er will bewiesen haben, „daß der Gebrauch der Sprache zum Gebrauch der Vernunft notwendig sei!" Hätte er das: so wüßte ich nicht, was anders damit bewiesen wäre, als daß, da der Gebrauch der Vernunft dem Menschen natürlich sei, der Gebrauch der Sprache es eben so sein müßte! Zum Unglück aber hat er seinen Satz nicht bewiesen. Er hat bloß mit vieler Mühe dargetan, daß so viel feine, verflochtne Handlungen, als Aufmerksamkeit, Reflexion, Abstraktion usw. *nicht füglich*[1] ohne Zeichen geschehen können, auf die sich die Seele stütze; allein dies *nicht füglich, nicht leicht, nicht wahrscheinlich*, erschöpfet noch nichts. So wie wir mit wenigen Abstraktionskräften nur wenige Abstraktion ohne sinnliche Zeichen denken können: so können andre Wesen mehr darohne[2] denken; wenigstens folgt daraus noch gar nicht, daß *an sich selbst* keine Abstraktion ohne sinnliches Zeichen möglich sei. Ich habe erwiesen, daß der Gebrauch der Vernunft nicht etwa bloß füglich, sondern daß nicht der mindeste Gebrauch der Vernunft, nicht die einfachste, deutliche Anerkennung, nicht das simpelste Urteil einer menschlichen Besonnenheit ohne Merkmal möglich sei: denn der Unterschied von zween läßt sich nur immer durch ein drittes erkennen. Eben dies dritte, dies Merkmal, wird mithin inneres Merkwort; also folgt die Sprache aus dem ersten Aktus der Vernunft ganz natürlich. – [...]

Ich habe *Süßmilchs* Schlußart einen ewigen Kreisel genannt: denn ich kann ihn ja eben sowohl gegen ihn, als er gegen mich drehen: und das Ding kreiselt immer fort. Ohne Sprache hat der Mensch keine Vernunft, und ohne Vernunft keine Sprache. Ohne Sprache und Vernunft ist er keines göttlichen Unterrichts fähig: und ohne göttlichen Unterricht hat er doch keine Vernunft und Sprache – wo kommen wir da je hin? Wie kann der Mensch durch göttlichen Unterricht Sprache lernen, wenn er keine Vernunft hat? Und er hat ja nicht den mindesten Gebrauch der Vernunft ohne Sprache. Er soll also Sprache haben, ehe er sie hat und haben kann? Oder vernünftig werden können ohne den mindesten eignen Gebrauch der Vernunft? Um der ersten Silbe im göttlichen Unterricht fähig zu sein, mußte er ja, wie Hr. Süßmilch selbst zugiebt, ein Mensch sein, das ist, deutlich denken können, und bei dem ersten deutlichen Gedanken war schon Sprache in seiner Seele da; sie war also aus eignen Mitteln und nicht durch göttlichen Unterricht erfunden. [...]

Man sieht, wenn man einmal den Punkt der genauen Genese verfehlt, so ist das Feld des Irrtums zu beiden Seiten unermeßlich groß! da ist die Sprache bald so übermenschlich, daß sie Gott erfinden muß, bald so unmenschlich, daß jedes Tier sie erfinden könnte, wenn es sich die Mühe nähme. Das Ziel der Wahrheit ist nur ein Punkt! auf den hingestellet, sehen wir aber auf alle Seiten: warum kein Tier Sprache erfinden kann? kein Gott Sprache erfinden darf? und der Mensch, als Mensch, Sprache erfinden kann und muß? [...]

Dritter Abschnitt

Der Brennpunkt ist ausgemacht, auf welchem Prometheus[3] himmlischer Funke in der menschlichen Seele zündet – Beim ersten Merkmal ward Sprache; aber welches waren die ersten Merkmale zu Elementen der Sprache?

---

[1] Anspielung auf Süßmilchs Plausibilitätsargumentation
[2] darohne: dartun ohne
[3] Prometheus: Titan in der griech. Mythologie, der nach Hesiods Darstellung das Menschengeschlecht aus Ton schuf; den Gestalten hauchte dann Athene Leben ein.

I. Töne

[...] Nun lasset dem Menschen alle Sinne frei; er sehe und taste und fühle zugleich alle Wesen, die in sein Ohr reden – Himmel! Welch ein Lehrsaal der Ideen und der Sprache! Führet keinen Merkur und Apollo, als Opernmaschinen von den Wolken herunter – Die ganze, vieltönige göttliche Natur ist Sprachlehrerin und Muse! Da führet sie alle Geschöpfe bei ihm vorbei: jedes trägt seinen Namen auf der Zunge, und nennet sich, diesem verhüllten sichtbaren Gotte! als Vasall und Diener. Es liefert ihm sein Merkwort ins Buch seiner Herrschaft [...] der Mensch erfand sich selbst Sprache! – aus Tönen lebender Natur! – zu Merkmalen seines herrschenden Verstandes! – und das ist, was ich beweise. [...]
Wie aus Tönen, zu Merkmalen vom Verstande geprägt, Worte wurden, war sehr begreiflich; aber *nicht alle Gegenstände tönen*, woher nun für diese Merkworte, bei denen die Seele sie nenne? woher dem Menschen die Kunst, was nicht Schall ist, in Schall zu verwandeln? Was hat die Farbe, die Rundheit mit dem Namen gemein, der aus ihr so entstehe, wie der Name Blöken aus dem Schafe? – Die Verteidiger des übernatürlichen Ursprungs wissen hier gleich Rat: „willkürlich! Wer kanns begreifen und im Verstande Gottes nachsuchen, warum grün grün und nicht blau heißt? Ohne Zweifel hats ihm so beliebt!" und damit ist der Faden abgeschnitten! [...] Also zur Sache. Wie hat der Mensch, seinen Kräften überlassen, sich auch

II. eine Sprache, wo ihm kein Ton vortönte,

erfinden können? Wie hängt Gesicht und Gehör, Farbe und Wort, Duft und Ton zusammen?
Nicht unter sich in den Gegenständen; aber was sind denn diese Eigenschaften in den Gegenständen? Sie sind bloß sinnliche Empfindungen in uns, und als solche fließen sie nicht alle in eins? Wir sind Ein denkendes sensorium commune[1], nur von verschiednen Seiten berührt – Da liegt die Erklärung.
Allen Sinnen liegt Gefühl zum Grunde, und dies gibt den verschiedenartigsten Sensationen schon ein so inniges, starkes, unaussprechliches Band, daß aus dieser Verbindung die sonderbarsten Erscheinungen entstehen. [...] Die meisten sichtbaren Dinge bewegen sich; viele tönen in der Bewegung: wo nicht, so liegen sie dem Auge in seinem ersten Zustande gleichsam näher, unmittelbar auf ihm und lassen sich also fühlen. Das Gefühl liegt dem Gehör so nahe: seine Bezeichnungen z.E. hart, rauh, weich, wolligt, sammet, haarigt, starr, glatt, schlicht, borstig usw. die doch alle nur Oberflächen betreffen, und nicht einmal tief einwürken, tönen alle, als ob mans fühlte [...].
Ich bilde mir ein, das *Können* der Erfindung menschlicher Sprache sei mit dem, was ich gesagt, von *Innen* aus der *menschlichen Seele*, von *Außen* aus der *Organisation* des Menschen und aus der *Analogie* aller *Sprachen* und *Völker, teils* in den *Bestandteilen* aller *Rede,* teils im *ganzen großen Fortgange* der Sprache mit der *Vernunft* so bewiesen, daß wer dem Menschen nicht Vernunft abspricht, oder was eben so viel ist, wer nur weiß, was Vernunft ist: wer sich ferner je um die Elemente der Sprache *philosophisch* bekümmert; wer dazu die Beschaffenheit und Geschichte der Sprachen auf dem Erdboden mit dem Auge des Beobachters in Rücksicht genommen; der kann nicht Einen Augenblick zweifeln, wenn ich auch weiter kein Wort mehr hinzusetze. [...]

2. Teil [...]

Der höhere Ursprung ist, so fromm er scheine, durchaus ungöttlich: Bei jedem Schritte verkleinert er Gott durch die niedrigsten, unvollkommensten Anthropomorphien[2]. Der menschliche zeigt Gott im größesten Lichte: *sein Werk, eine menschliche Seele, durch sich selbst, eine Sprache schaffend und fortschaffend, weil sie sein Werk, eine menschliche Seele ist. Sie* bauet sich diesen *Sinn der Vernunft* als eine Schöpferin, als ein Bild seines Wesens. Der Ursprung der Sprache wird also nur auf eine würdige Art göttlich, so fern er menschlich ist. [...]
Wie würde er [der Verfasser dieser Abhandlung] sich freuen, wenn er mit dieser Abhandlung eine Hypothese verdränge, die, von allen Seiten betrachtet, dem menschlichen Geist nur zum Nebel und zur Unehre ist, und es zu lange dazu gewesen! Er hat eben deswegen das Gebot der Akademie übertreten und *keine Hypothese geliefert*: denn was wär's, wenn eine Hypothese die andre auf- oder gleich wäge? und wie pflegt man, was die Form einer Hypothese hat, zu betrachten, als wie philosophischen Roman, *Rousseaus, Condillacs* und andrer? Er befließ sich lieber, *feste Data aus der menschlichen Seele, der menschlichen Organisation, dem Bau aller alten und wilden Sprachen* und *der ganzen Haushaltung des menschlichen Geschlechts* zu *sammlen*, und seinen Satz so zu *beweisen*, wie die festeste *philosophische Wahrheit* bewiesen werden kann. Er glaubt also mit seinem Ungehorsam den Willen der Akademie eher erreicht zu haben, als er sich sonst erreichen ließ –

Aus: Johann Gottfried Herder: Werke in zehn Bänden. Bd. 1: Frühe Schriften 1764–1772. Hg. von Ulrich Gaier. Frankfurt a.M.: Deutscher Klassiker Verlag 1985, S. 695ff. – Interpunktion zum Teil verändert, ansonsten aus philologischen Gründen in ursprünglicher Rechtschreibung

---

[1] sensorium commune: Totalorgan sinnlicher Empfänglichkeit
[2] Anthropomorphie: Vermenschlichung

Johann Gottfried Herder: Abhandlung über den Ursprung der Sprache (e 1770, v 1772) (Auszüge) (Kurzfassung)

1769 stellte die Berliner Akademie der Wissenschaften die Frage, ob und ggf. wie der Mensch allein aus seinen Naturfähigkeiten Sprache erfinden konnte. Der junge J. G. Herder (1744–1803) gewann den Preis mit seiner Abhandlung, die viele Zeitgenossen und Nachfahren überzeugt hat, aber auch scharfe Kritik hervorrief.

I. Teil

Haben die Menschen, ihren Naturfähigkeiten überlassen, sich selbst Sprache erfinden können?

Erster Abschnitt

Schon als Tier hat der Mensch Sprache. Alle heftigen und die heftigsten unter den heftigen, die schmerzhaften Empfindungen seines Körpers, alle starke Leidenschaften seiner Seele äußern sich unmittelbar in Geschrei, in Töne, in wilde, unartikulierte Laute. […] Wollen wir also diese unmittelbaren Laute der Empfindung Sprache nennen; so finde ich ihren Ursprung allerdings sehr natürlich. Er ist nicht bloß nicht übermenschlich: sondern offenbar tierisch: *das Naturgesetz einer empfindsamen Maschine.* Aber ich kann nicht meine Verwunderung bergen, daß Philosophen, das ist, Leute, die deutliche Begriffe suchen, je haben auf den Gedanken kommen können, aus diesem Geschrei der Empfindungen den Ursprung menschlicher Sprache zu erklären: denn ist diese nicht offenbar ganz etwas anders? […] [D]a die Menschen für uns die einzigen Sprachgeschöpfe sind, die wir kennen, und sich eben durch Sprache von allen Tieren unterscheiden: wo finge der Weg der Untersuchung sicherer an, als bei Erfahrungen über den Unterschied der Tiere und Menschen? – […] *Daß der Mensch den Tieren an Stärke und Sicherheit des Instinkts weit nachstehe, ja daß er das, was wir bei so vielen Tiergattungen angeborne Kunstfähigkeiten und Kunsttriebe nennen, gar nicht habe,* ist gesichert; nur so wie die Erklärung dieser Kunsttriebe bisher den meisten und noch zuletzt einem gründlichen Philosophen [Reimarus] Deutschlands mißglücket ist, so hat auch die wahre Ursach von der Entbehrung dieser Kunsttriebe in der menschlichen Natur noch nicht ins Licht gesetzt werden können. Mich dünkt, man hat einen Hauptgesichtspunkt verfehlt, aus dem man, wo nicht vollständige Erklärungen, so wenigstens Bemerkungen in der Natur der Tiere machen kann, die, wie ich für einen andern Ort hoffe, die menschliche Seelenlehre sehr aufklären können. Dieser Gesichtspunkt ist *die Sphäre der Tiere.*

Jedes Tier hat seinen Kreis, in den es von der Geburt an gehört, gleich eintritt, in dem es lebenslang bleibet, und stirbt: nun ist es aber sonderbar, *daß je schärfer die Sinne der Tiere, und je wunderbarer ihre Kunstwerke sind, desto kleiner ist ihr Kreis: desto einartiger ist ihr Kunstwerk. […] Je vielfacher die Verrichtungen und Bestimmung der Tiere; je zerstreuter ihre Aufmerksamkeit auf mehrere Gegenstände, je unstäter ihre Lebensart, kurz je größer und vielfältiger ihre Sphäre ist; desto mehr sehen wir ihre Sinnlichkeit sich verteilen und schwächen.* […] –
Der Mensch hat keine so einförmige und enge Sphäre, wo nur Eine Arbeit auf ihn warte: – eine Welt von Geschäften und Bestimmungen liegt um ihn – Seine Sinne und Organisation sind nicht auf Eins geschärft: er hat Sinne für alles und natürlich also für jedes Einzelne schwächere und stumpfere Sinne - Seine Seelenkräfte sind über die Welt verbreitet; keine Richtung seiner Vorstellungen auf ein Eins: mithin *kein Kunsttrieb, keine Kunstfertigkeit* – und, das eine gehört hier näher her, *keine Tiersprache.* […]
Je kleiner also die Sphäre der Tiere ist: desto weniger haben sie Sprache nötig. Je schärfer ihre Sinne, je mehr ihre Vorstellungen auf Eins gerichtet, je ziehender ihre Triebe sind; desto zusammengezogner ist das Einverständnis ihrer etwanigen Schälle, Zeichen, Äußerungen. – Es ist lebendiger Mechanismus, herrschender Instinkt, der da spricht und vernimmt. Wie wenig darf er sprechen, daß er vernommen werde! […]
Je größer aber der Kreis der Tiere: je unterschiedner ihre Sinne – doch was soll ich wiederholen? *mit dem Menschen ändert sich die Szene ganz.* […] Welche Sprache, (außer der vorigen mechanischen), *hat der Mensch so instinktmäßig als jede Tiergattung die ihrige in und nach ihrer Sphäre?* – die Antwort ist kurz: keine! Und eben diese kurze Antwort entscheidet.
Bei jedem Tier ist, wie wir gesehen, seine Sprache eine Äußerung so starker sinnlicher Vorstellungen, daß diese zu Trieben werden: mithin ist Sprache, so wie Sinne, und Vorstellungen und Triebe *angeboren* und dem Tier *unmittelbar natürlich.* Die Biene sumset,

wie sie sauget; der Vogel singt, wie er nistet – aber *wie spricht der Mensch von Natur? Gar nicht!*, so wie er wenig oder nichts durch völligen Instinkt, als Tier tut. Ich nehme bei einem neugebornen Kinde das Geschrei seiner empfindsamen Maschine aus; sonst *ists stumm;* [...]

Zweiter Abschnitt

Doch ich tue keinen Sprung. Ich gebe dem Menschen nicht gleich plötzlich neue Kräfte, *keine sprachschaffende Fähigkeit* wie eine willkürliche Qualitas occulta[1]. Ich suche nur in den vorherbemerkten Lücken und Mängeln weiter.

[...] Ja fänden wir *eben in diesem Charakter die Ursache jener Mängel; und eben in der Mitte dieser Mängel* in der Höhle jener großen Entbehrung von Kunsttrieben den *Keim zum Ersatze:* so wäre diese Einstimmung ein genetischer Beweis, daß hier *die wahre Richtung der Menschheit* liege und daß die Menschengattung über den Tieren nicht an *Stufen* des Mehr oder Weniger stehe, sondern an *Art.*[...] Und nun folgt, daß wenn der Mensch *Sinne* hat, die für einen kleinen Fleck der Erde, für die Arbeit und den Genuß einer Weltspanne den Sinnen des Tiers, das in dieser Spanne lebt, *nachstehen an Schärfe:* so bekommen sie eben dadurch *Vorzug der Freiheit*. Eben weil sie nicht für einen Punkt sind, so sind sie allgemeinere Sinne der Welt. Wenn der Mensch *Vorstellungskräfte* hat, die nicht auf den Bau einer Honigzelle und eines Spinngewebes bezirkt sind, und also auch den *Kunstfähigkeiten der Tiere in diesem Kreise nachstehen*, so bekommen sie eben damit *weitere Aussicht*. Er hat kein einziges Werk, bei dem er also auch unverbesserlich handle; aber er hat freien Raum, sich an vielem zu üben, mithin sich immer zu verbessern. [...] Dies[e] [...] ganze Disposition seiner Natur wollen wir, um den Verwirrungen mit eignen Vernunftkräften usw. zu entkommen, „Besonnenheit" nennen. [...]

Der Mensch in den Zustand von Besonnenheit gesetzt, der ihm eigen ist, und diese Besonnenheit (Reflexion) zum erstenmal frei würkend, hat Sprache erfunden. Denn was ist Reflexion? Was ist Sprache? Diese Besonnenheit ist ihm charakteristisch eigen, und seiner Gattung wesentlich: so auch Sprache und eigne Erfindung der Sprache. Erfindung der Sprache ist ihm also so natürlich, als er ein Mensch ist! Lasset uns nur beide Begriffe entwickeln! Reflexion und Sprache –

Der Mensch beweiset Reflexion, wenn die Kraft seiner Seele so frei würket, daß sie in dem ganzen Ozean von Empfindungen, der sie durch alle Sinne durchrauschet, Eine Welle, wenn ich so sagen darf, absondern, sie anhalten, die Aufmerksamkeit auf sie richten, und sich bewußt sein kann, daß sie aufmerke. Er beweiset Reflexion, wenn er aus dem ganzen schwebenden Traum der Bilder, die seine Sinne vorbeistreichen, sich in ein Moment des Wachens sammlen, auf Einem Bilde freiwillig verweilen, es in helle ruhigere Obacht nehmen, und sich Merkmale absondern kann, daß dies der Gegenstand und kein andrer sei. Er beweiset also Reflexion, wenn er nicht bloß alle Eigenschaften lebhaft oder klar erkennen; sondern eine oder mehrere als unterscheidende Eigenschaften bei sich *anerkennen* kann: der erste Aktus dieser Anerkenntnis giebt deutlichen Begriff; es ist das erste Urteil der Seele – und -

Wodurch geschahe die Anerkennung? Durch ein Merkmal, was er absondern mußte, und was, als Merkmal der Besinnung, deutlich in ihn fiel. Wohlan! lasset uns ihm das εὕρηκα[2] zurufen! Dies *Erste Merkmal der Besinnung war Wort der Seele! Mit ihm ist die menschliche Sprache erfunden!*

Lasset jenes Lamm[3] als Bild sein Auge vorbeigehn: ihm wie keinem andern Tiere. Nicht wie dem hungrigen, witternden Wolfe! nicht wie dem blutleckenden Löwen – die wittern und schmecken schon im Geiste! die Sinnlichkeit hat sie überwältigt! der Instinkt wirft sie darüber her! – Nicht wie dem brünstigen Schafmanne, der es nur als den Gegenstand seines Genusses fühlt, den also wieder die Sinnlichkeit überwältigt und der Instinkt darüber herwirft; nicht wie jedem andern Tier, dem das Schaf gleichgültig ist, das es also klar dunkel vorbeistreichen läßt, weil ihn sein Instinkt auf etwas anders wendet – Nicht so dem Menschen! so bald er in das Bedürfnis kommt, das Schaf kennen zu lernen: so störet ihn kein Instinkt: so reißt ihn kein Sinn auf dasselbe zu nahe hin, oder davon ab: es steht da, ganz wie es sich seinen Sinnen äußert. Weiß, sanft, wollicht – seine besonnen sich übende Seele sucht ein Merkmal, – *das Schaf blöcket!* sie hat Merkmal gefunden. Der innere Sinn würket. Dies Blöcken, das ihr am stärksten Eindruck macht, das sich von allen andern Eigenschaften des Beschauens und Betastens losriß, hervorsprang, am tiefsten eindrang, bleibt ihr. Das Schaf kommt wieder. Weiß, sanft, wollicht – sie sieht, tastet, besinnt sich, sucht Merkmal – es blöckt, und nun erkennet sies wieder! „Ha! du bist das Blöckende!" fühlt sie innerlich, sie hat es menschlich erkannt, da sies deutlich, das ist mit einem Merkmal erkennet und nennet. Dunkler? So wäre es ihr gar nicht wahrgenommen, weil keine Sinnlichkeit, kein Instinkt zum Schafe ihr den Man-

---

[1] Qualitas occulta: verborgene Eigenschaft oder Kraft, ursprünglich von den Scholastikern zur Erklärung unverständlicher Sachverhalte angenommen

[2] Heureka (grch.): „Ich habe es gefunden!" Dies soll Archimedes bei der Entdeckung des nach ihm benannten Archimedischen Prinzips gerufen haben.

[3] Das Lamm-Beispiel stammt ursprünglich aus Platons „Kratylos" (423c).

gel des Deutlichen durch ein lebhafteres Klare ersetzte. Deutlich unmittelbar, ohne Merkmal? So kann kein sinnliches Geschöpf außer sich empfinden: da es immer andre Gefühle unterdrücken, gleichsam vernichten, und immer den Unterschied von zween durch ein drittes erkennen muß. *Mit einem Merkmal* also? Und was war das anders als ein *innerliches Merkwort*? Der *Schall* des Blöckens, von einer menschlichen Seele, als Kennzeichen des Schafs, wahrgenommen, ward, kraft dieser Besinnung, *Name* des Schafs, und wenn ihn nie seine Zunge zu stammeln versucht hätte. Er erkannte das Schaf am Blöcken; es war *gefaßtes Zeichen*, bei *welchem sich die Seele an eine Idee deutlich besann* – Was ist das anders als Wort? Und was ist die *ganze menschliche Sprache* als eine *Sammlung solcher Worte*? Käme er also auch nie in den Fall, einem andern Geschöpf diese Idee zu geben, und also dies Merkmal der Besinnung ihm mit den Lippen vorblöcken zu wollen, oder zu können, seine Seele hat gleichsam in ihrem Inwendigen geblöckt, da sie diesen Schall zum Erinnerungszeichen wählte, und wiedergeblöckt, da sie ihn daran erkannte – die Sprache ist erfunden! eben so natürlich und dem Menschen notwendig erfunden, als der Mensch ein Mensch war. [...]

Dritter Abschnitt

I. Töne

[...] Die ganze, vieltönige göttliche Natur ist Sprachlehrerin und Muse! Da führt sie alle Geschöpfe bei ihm vorbei: jedes trägt seinen Namen auf der Zunge, und nennet sich [...]. [D]er Mensch erfand sich selbst Sprache! – aus Tönen lebender Natur! – zu Merkmalen seines herrschenden Verstandes! – und das ist, was ich beweise. [...]
Wie hat der Mensch, seinen Kräften überlassen, sich auch

II. eine Sprache, wo ihm kein Ton vortönte,

erfinden können? [...] Wir sind Ein denkendes sensorium commune[1], nur von verschiednen Seiten berührt – Da liegt die Erklärung. Allen Sinnen liegt Gefühl zum Grunde, und dies gibt den verschiedenartigsten Sensationen schon ein so inniges, starkes, unaussprechliches Band, daß aus dieser Verbindung die sonderbarsten Erscheinungen entstehen. [...] Die meisten sichtbaren Dinge bewegen sich; viele tönen in der Bewegung: wo nicht, so liegen sie dem Auge in seinem ersten Zustande gleichsam näher, unmittelbar auf ihm und lassen sich also fühlen. Das Gefühl liegt dem Gehör so nahe: seine Bezeichnungen z.E. hart, rauh, weich, wolligt, sammet, haarigt, starr, glatt, schlicht, borstig usw. die doch alle nur Oberflächen betreffen, und nicht einmal tief einwürken, tönen alle, als ob mans fühlte [...].

Aus: J. G. Herder: Werke in zehn Bänden. Bd. 1: Frühe Schriften 1764–1772. Hg. von Ulrich Gaier. Frankfurt a.M.: Deutscher Klassiker Verlag 1985, S. 695ff. – Interpunktion z. T. verändert, ansonsten aus philologischen Gründen in ursprünglicher Rechtschreibung

---

[1] sensorium commune: Totalorgan sinnlicher Empfänglichkeit.

Herder: Abhandlung über den Ursprung der Sprache (Schwerpunkt: Inhalt) – Aufgaben

1. *Nehmen Sie nach der Lektüre zunächst spontan Stellung zur Schlüssigkeit der Argumentation Herders: Was leuchtet Ihnen ein, wo ergeben sich für Sie Fragen?*

2. *Der hier abgedruckte Auszug aus Herders „Abhandlung über den Ursprung der Sprache" beschäftigt sich mit verschiedenen thematischen Schwerpunkten. Einige wichtige sind in der folgenden Tabelle genannt.*
   Ordnen Sie diesen Themen Zeilenangaben sowie zentrale Grundgedanken zu, indem Sie die Tabelle vergrößert in Ihr Heft übertragen und ausfüllen:

Thematischer Schwerpunkt	Textstelle:		Zentrale Grundgedanken
	von Z.	bis Z.	
Die Sprache, die Tier und Mensch verbindet			
Die Sphäre der Tiere und der Mensch			
Besonnenheit schafft Sprache			
Das Ohr als Sprachmeister			
Die Bezeichnung für nicht-tönende Dinge			

3. *Flussdiagramm: Stellen Sie die argumentative Struktur des Textes in einem Flussdiagramm dar. Beispiel für ein Flussdiagramm:*

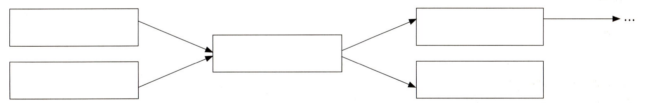

4. *Vertiefen Sie die bisherigen Überlegungen durch ein Zitatenetz. Vergleichen Sie mit einem Mitschüler/einer Mitschülerin!*

   Zitatenetz: Visualisierung der Struktur eines Textes anhand zentraler Zitate (verbunden durch Folgerungspfeile und andere Strukturierungszeichen)

5. *Wie erklären Sie sich, dass in Herders Theorie die Kommunikation kaum eine Rolle spielt?*

6. *Welche Aspekte, die Ihnen für eine Erklärung des Sprachursprungs wichtig erscheinen, werden von Herder nicht angesprochen? Sehen Sie Gründe?*

7. *Klären Sie den für Herder zentralen Begriff der „Besonnenheit", indem Sie*
   a) *alle Aussagen Herders zum Begriff „Besonnenheit" – z. B. in einer Mindmap – sammeln,*
   b) *das Wortfeld „Besonnenheit" beschreiben und die Begriffe gegeneinander abgrenzen,*
   c) *eine Definition des Begriffes formulieren.*

   Wortfeld: Gruppe sinnverwandter Wörter (z.B. Wortfeld *gehen:* laufen, rennen, traben, ...). In der Abgrenzung der Wörter können diese präzisiert werden.

Herder: Abhandlung über den Ursprung der Sprache
(Schwerpunkt: Abgrenzung von anderen Positionen) – **Aufgaben**

1. Stellen Sie Herders Sicht auf die Sprachursprungsfrage den Positionen Süßmilchs und Condillacs unter Leitaspekten gegenüber (einige sind vorgegeben, ergänzen Sie sinnvolle Aspekte):

	Condillac	Süßmilch	Herder
Grundposition			
Stellung des Menschen gegenüber dem Tier			
Funktion der Sprache im Moment der Erfindung			
Argumentatives Vorgehen			

2. Herder gewann seine Positionen auch in Auseinandersetzung mit anderen Denkern. Stellen Sie seine Auseinandersetzung mit Condillac und Süßmilch in Tabellen dar:

Condillacs Darstellung	Herders Kommentar	Stichhaltigkeit der Kritik Herders

Süßmilchs Darstellung	Herders Kommentar	Stichhaltigkeit der Kritik Herders

3. Herder macht seinen „Konkurrenten" diverse Vorwürfe bezüglich ihrer Argumentation. Prüfen Sie, inwieweit Herders eigene Argumentation diesen Vorwürfen standhält.

4. Von wem stammen nach Ihrer Auffassung die folgenden Sätze? Begründen Sie:

Dieser Satz ist meiner Meinung nach von:	Condillac	Süßmilch	Herder	Begründung
1) Es gab also eine Epoche, während derer sich die Menschen in einer Sprache unterhielten, die ein Gemisch von Wörtern und Bewegungen war.				
2) Hier sei es genug die Sprache als den wirklichen Unterscheidungscharakter unsrer Gattung von außen zu bemerken, wie es die Vernunft von innen ist.				
3) Schon bevor man die algebraischen Zeichen erfunden hatte, war der Verstandesgebrauch ausreichend, um zu deren Erfindung zu führen.				
4) Die Natur gibt keine Kräfte umsonst.				
5) Die Sprache ist das Mittel zum Gebrauch der Vernunft zu gelangen, ohne Sprache aber ist keine Vernunft.				
6) Im vierten Abschnitt werden des Herrn Rousseau Gedanken von der Erfindung der Sprache, deren Möglichkeit er den Menschen abspricht, gegen die Einwendungen des Herrn Moses Mendelsohn gerettet.				

5. Ordnen Sie die Positionen Condillacs, Süßmilchs und Herders in die heutigen Typen von Sprachursprungstheorien und in die Dimensionen der Fragestellung ein (siehe Arbeitsblätter 5 und 6). Welche Teile der Positionen sind in dieser Einordnung nicht erfasst?

Herder: Abhandlung über den Ursprung der Sprache
(Schwerpunkt: Form/Argumentationsaufbau) – Aufgaben

1. Herder nennt seine Schrift „**Abhandlung**". Prüfen Sie mithilfe der Brockhaus-Erläuterung, ob Sie in Herders Text eher eine wissenschaftliche oder eher eine essayistische Abhandlung sehen.

> **Essay:** Abhandlung, die einen Gegenstand auf besondere Weise erörtert: Der E. unterscheidet sich einerseits durch Stilbewusstsein und subjektive Formulierung von der objektiven, wiss. Abhandlung (der Übergang zu dieser ist jedoch fließend), andererseits durch breitere Anlage und gedankl. Anspruch vom journalist. Feuilleton. […] Dem E. haftet etwas Fragmentarisches, Bewegliches, Momenthaftes, Gesprächshaftes, manchmal auch Spielerisches an. Er stellt, meist ohne objektivierende Distanz, in unmittelbarer, freier, intuitiver Weise Querverbindungen her; dabei verzichtet der Essayist bewusst auf ein Denken im Rahmen von festgelegten Systemen.
>
> Brockhaus Enzyklopädie, Band 6, 19. Auflage, F.A. Brockhaus GmbH, Mannheim 1988

2. Ein argumentativer Text, der überzeugen will, hat oft folgende **Struktur**:

Text- und Gliederungsstruktur einer „Überzeugung"		
Einleitung einführende Gedanken [z. B.]: • Hintergründe • historische Ableitung • Anekdote • Grundthesen Überleitung	**Hauptteil** • Argumente des Gegners • Eigene Gegenargumente Überleitung	**Schluss** grundsätzliche Verstärkung der eigenen Position

Aus: Lutz von Werder: Lehrbuch des wissenschaftlichen Schreibens. Berlin: Schibri 1993, S. 213

Prüfen Sie, inwieweit der Ihnen vorliegende Auszug aus Herders Preisschrift diesem Gliederungsmuster entspricht. Erstellen Sie ggf. eine davon abweichende Struktur.

3. Art der argumentativen **Auseinandersetzung mit gegnerischen Positionen**:

Tendenziell sachliche Auseinandersetzung	Tendenziell unsachliche Auseinandersetzung
• Infragestellung von Prämissen • Hinterfragen von zugrunde liegenden Definitionen • Infragestellung von Kausalitäten • Infragestellung der Bedeutsamkeit der Ausführungen für das zu klärende Problem • These von Widersprüchlichkeiten in der Argumentation • Konfrontation der Argumentation mit dagegen sprechenden Fakten …	• abwertende Adjektive zur Kennzeichnung des gegnerischen Standpunktes • indirekte Infragestellung z. B. durch die Wahl der Verben („glaubt, gezeigt zu haben") • ironisierende Wiederholung der Äußerungen des Gegners • verfälschende Wiedergabe der Äußerungen des Gegners (z. B. unzulässige Generalisierung) • Hinweis auf (angebliche) weltanschauliche Hintergründe der gegnerischen Position …

Prüfen Sie, welche dieser Strategien Herder verwendet, ergänzen Sie ggf. weitere Strategien. Unterscheiden Sie, wie Herder mit Condillac, Rousseau und Süßmilch jeweils umgeht.

4. Untersuchen Sie die **Bilder**, die Herder nutzt, um seine Theorie darzustellen. Aus welchen Bereichen stammen diese Bilder, wie sind sie konnotiert* und welche Funktion haben sie in der Argumentation? (*Konnotation (lat. con- mit notatio Bezeichnung): Nebensinn eines Wortes, z. B. positive oder negative Bedeutungszuschreibung)

5. Untersuchen Sie Herders **Sprache**, die Argumentation und die Übergänge zu neuen Gedankengängen daraufhin, welche Adressaten Herder in seiner Abhandlung ansprechen wollte.

Herder: Abhandlung über den Ursprung der Sprache
(Zusammenfassung) – Aufgaben

■ *Reflektieren Sie, welche der bearbeiteten Aufgaben Ihnen in welcher Weise geholfen oder nicht geholfen hat, die Abhandlung von Herder genauer zu verstehen. Notieren Sie Schlussfolgerungen für den künftigen Umgang mit langen Sachtexten: Welche Arbeitsschritte können hilfreich sein?*

Wählen Sie zwei der folgenden fünf Vorschläge für eine Bündelung Ihrer Ergebnisse aus:

- Formulieren Sie aufgrund Ihrer Ergebnisse ein **Abstract** zu Herders „Abhandlung über den Ursprung der Sprache".
- Suchen Sie (z. B. über die Bildfunktion von Google) vier bis sechs **Fotos**, anhand derer man den Gedankengang der Abhandlung erläutern könnte (Alternative: Fertigen Sie selbst Skizzen als Fotoersatz an).
- Sie sollen in einer Jugendzeitschrift über die Sprachursprungsdiskussion des 18. Jahrhunderts schreiben (max. 1 Seite, Times 12-Punkt-Schrift). Die Schwerpunkte können Sie selbst setzen. Gewinnen Sie dem Thema die Aspekte ab, die Ihnen für Jugendliche interessant erscheinen, und schreiben Sie den **Artikel** (Alternative: Begründen Sie, warum es sich nicht lohnt, sich mit dieser Diskussion auseinanderzusetzen).
- Herder hat mit seiner Abhandlung den ausgeschriebenen Preis der Akademie gewonnen. Fertigen Sie eine **Begründung der Jury** an.
- Schreiben Sie einen **Wikipedia-Beitrag** zu „Sprachursprungstheorien" oder „Sprachursprungsdiskussion". Informieren Sie sich auf der Wikipedia-Seite über die Anforderungen an solch einen Artikel.

> **Abstract**
> Ein Abstract ist eine kurze Zusammenfassung (ca. ¼ Seite) eines längeren wissenschaftlichen Artikels, der diesem zur Orientierung vorangestellt wird. Ein Abstract fasst in knapper Sprache (oft: Nominalstil) zusammen:
> - Thema/Gegenstand des Artikels
> - Fragestellung/ggf. Intention
> - Ergebnisse/Thesen des Artikels

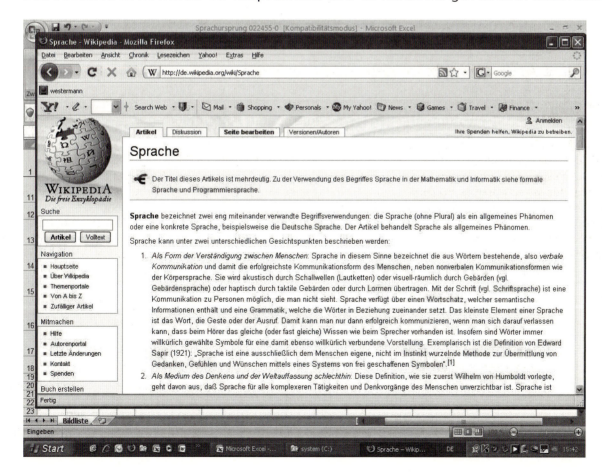

Horizontale und vertikale Vernetzung: Die Sprachursprungsfrage und Herder

■ *Füllen Sie das nachfolgende Netz so weit aus, wie Sie es jetzt schon können. Ergänzen Sie im Laufe der Beschäftigung mit dem Sprachursprung. Fügen Sie weitere Felder und Pfeile hinzu, wenn es Ihnen nötig erscheint.*

Kerngedanken wichtiger Sprachursprungstheorien vor Herder

Zeitgeschichtliche Rahmenbedingungen

Herders Abhandlung über den Ursprung der Sprache

Institutionelle Rahmenbedingungen

Anknüpfungen an Herder in späteren Jahrhunderten

Anknüpfungen an und Widersprüche zu Herder in heutigen Theorien

Würdigung der „Abhandlung": Zeitlicher und zeitloser Ursprung

Erich Heintel: Herder und die Sprache (1960)

Die *Sprache* ist Herder in stärkerem und umfänglicherem Maße zum Gegenstand der Reflexion geworden, als es jemals vor ihm bei einem Denker unserer abendländischen Tradition der Fall gewesen ist. Sein ganzes Bild vom Menschen, seine Lehren von der Stellung dieses Wesens in der Schöpfung überhaupt, in Geschichte und Gemeinschaft sowie Gott gegenüber im Besonderen, sind von seiner Auffassung der Sprache her wesentlich mitbestimmt. Sprache ist für ihn ebenso Voraussetzung der „Humanität" im Sinne der natürlichen geschöpflichen Bestimmtheit des Tieres Mensch, wie das wichtigste Mittel („Vehiculum") für die Erfüllung der Bestimmtheit dieses Geschöpfes der „Tradition und der Bildung" in seiner Geschichte, und zwar von der Selbstfindung und der Selbstverwirklichung des Einzelindividuums über alle Gemeinschaften, besonders auch über diejenige des Volkes, hin, bis zu „Humanitas" als dem hohen Ziel der Menschheit überhaupt. [...]

Die Beschäftigung mit dem Sprachproblem reicht bei Herder von seinen ersten schriftstellerischen Versuchen bis zu seinem Tode über alle vier Jahrzehnte seines reichen Schaffens. [...] Trotzdem lässt sich nicht übersehen, dass Herder gerade in den grundsätzlichen Zusammenhängen zu keiner eindeutigen und endgültigen Lehrmeinung gelangt ist, eine Tatsache, die sich ebenso von den Schwierigkeiten der Sache, wie aus der schon erwähnten Eigenart des Schriftstellers Herder verstehen lässt, dem eben die für derartige Fundamentalfragen philosophischer Art notwendige methodische und systematische Zucht weitgehend abging. [...]

Trotzdem ist Herders *Ursprungsschrift* jedenfalls gerade dann als besonders bedeutsam zu bewerten, wenn wir sie nicht nur auf ihre einzelwissenschaftliche Anregungen, sondern auf ihre philosophischen Motive hin betrachten. Mit Recht betont K. Ulmer, dass diese Abhandlung „in der Geschichte dieser Frage eine entscheidende Stellung einnimmt, weil in ihr alle Dimensionen der Frage verbunden und in einer Weise zusammengefasst sind, dass darin sowohl die geschichtlich vorangegangenen Möglichkeiten in einer bestimmten Weise mit eingegangen sind, als auch die nachfolgenden Fragestellungen sich darin vorgezeichnet finden". Jedenfalls beinhaltet die Frage nach dem Ursprung bei Herder auch diejenige nach dem „zeitlosen Sprachursprung", seine Schrift ist damit, über die genetische Problematik im speziellen Sinn hinaus, „auf die prinzipiellen Wesensgrundlagen und Wesensgehalte der Sprache hin orientiert", wenn wir auch eine klare Trennung der Problemebenen nur zu häufig vermissen.

Aus: Erich Heintel: Einleitung zu Johann Gottfried Herder: Sprachphilosophische Schriften. Hamburg: Meiner, 3. Auflage 1975. S. XV ff.

■ *Man könnte die Auffassung vertreten, Herders Sprachursprungsschrift sei überholt, weil im 18. Jahrhundert vieles noch unbekannt war, was man heute aus der Frühgeschichte der Menschheit weiß. Begründen Sie mit Heintel eine Gegenposition zu dieser Auffassung.*

■ *Stellen Sie Ihre Begründung einem Partner/einer Partnerin vor. Reichern Sie diese mit Beispielen aus dem Herder-Text an. Bauen Sie dabei ein bis zwei Fehler ein, die der Zuhörer/die Zuhörerin finden muss.*

■ *Wie schätzen Sie selbst die Aktualität der Abhandlung ein?*

Johann Wolfgang von Goethe: Herder und die müßige Frage nach dem Sprachursprung

Im Herbst des Jahres 1770 lernten sich Goethe und Herder in Straßburg kennen. Goethe war 21 Jahre alt und bewunderte Herder, der damals 26 Jahre alt war. In Straßburg vollendete Herder seine „Abhandlung über den Ursprung der Sprache", die dann auch zum Thema zwischen ihm und Goethe wurde.

Johann Wolfgang von Goethe: Dichtung und Wahrheit (1811) (Auszug)

Denn das bedeutendste Ereignis, was die wichtigsten Folgen für mich haben sollte, war die Bekanntschaft und die daran sich knüpfende nähere Verbindung mit Herder. Er hatte den Prinzen von Holstein-Eutin, der sich in traurigen Gemütszuständen befand, auf Reisen begleitet und war mit ihm bis Straßburg gekommen. Unsere Sozietät[1], sobald sie seine Gegenwart vernahm, trug ein großes Verlangen sich ihm zu nähern, und mir begegnete dies Glück zuerst ganz unvermutet und zufällig. […]
Wir hatten nicht lange auf diese Weise zusammengelebt, als er mir vertraute, dass er sich um den Preis, welcher auf die beste Schrift über den Ursprung der Sprachen von Berlin ausgesetzt war, mit zu bewerben gedenke. Seine Arbeit war schon ihrer Vollendung nahe, und wie er eine sehr reinliche Hand schrieb, so konnte er mir bald ein lesbares Manuskript heftweise mitteilen. Ich hatte über solche Gegenstände niemals nachgedacht, ich war noch zu sehr in der Mitte der Dinge befangen, als dass ich hätte an Anfang und Ende denken sollen. Auch schien mir die Frage einigermaßen müßig: denn wenn Gott den Menschen als Menschen erschaffen hatte, so war ihm ja so gut die Sprache als der aufrechte Gang anerschaffen; so gut er gleich merken musste, dass er gehen und greifen könne, so gut musste er auch gewahr werden, dass er mit der Kehle zu singen, und diese Töne durch Zunge, Gaumen und Lippen noch auf verschiedene Weise zu modifizieren vermöge. War der Mensch göttlichen Ursprungs, so war es ja auch die Sprache selbst, und war der Mensch, in dem Umkreis der Natur betrachtet, ein natürliches Wesen, so war die Sprache gleichfalls natürlich. Diese beiden Dinge konnte ich wie Seel' und Leib niemals auseinanderbringen. Süßmilch, bei einem kruden Realismus doch etwas fantastisch gesinnt, hatte sich für den göttlichen Ursprung entschieden, das heißt, dass Gott den Schulmeister bei den ersten Menschen gespielt habe. Herders Abhandlung ging darauf hinaus, zu zeigen, wie der Mensch als Mensch wohl aus eignen Kräften zu einer Sprache gelangen könne und müsse. Ich las die Abhandlung mit großem Vergnügen und zu meiner besondern Kräftigung; allein ich stand nicht hoch genug, weder im Wissen noch im Denken, um ein Urteil darüber zu begründen. Ich bezeigte dem Verfasser daher meinen Beifall, indem ich nur wenige Bemerkungen, die aus meiner Sinnesweise herflossen, hinzufügte. Eins aber wurde wie das andre aufgenommen; man wurde gescholten und getadelt, man mochte nun bedingt oder unbedingt zustimmen. Der dicke Chirurgus [gemeint ist Daniel Pegelow] hatte weniger Geduld als ich; er lehnte die Mitteilung dieser Preisschrift humoristisch ab, und versicherte, dass er gar nicht eingerichtet sei, über so abstrakte Materien zu denken. Er drang vielmehr aufs L'hombre[2], welches wir gewöhnlich abends zusammen spielten.

Hamburger Ausgabe (hrsg. von Erich Trunz), Band 9. Zweiter Teil, 10. Buch. München 1986, S. 402ff.

---

[1] Sozietät: Gesellschaft
[2] L'hombre (auch: Lomber): Kartenspiel für drei bis fünf Personen

---

■ *Entwerfen Sie einen fiktiven Dialog zwischen Goethe und Herder, in dem Goethe in aller Vorsicht seine Bedenken gegen die Sprachursprungsfrage vorträgt und Herder rechtfertigt, warum er sich mit dieser Frage beschäftigt.*

Spott des Lehrers: Johann Georg Hamann kritisiert Herders „Abhandlung"

Johann Georg Hamann (1730–1788) war neben Immanuel Kant der wichtigste Lehrer für Herder in seiner Königsberger Studienzeit. Nach dem Erscheinen der Preisschrift veröffentlichte Hamann mehrere Schriften, die sich gegen Herder wandten. Hamann, der den Menschen als Sprachwesen versteht, richtet seine Kritik jedoch eher dagegen, überhaupt eine Preisfrage zu stellen, die einen sprachlosen Menschen voraussetzt. Herders Fehler sieht Hamann darin, sich auf eine solche Frage eingelassen zu haben.

Johann Georg Hamann: Recension der Herderschen Preisschrift über den Ursprung der Sprache (Königsbergsche Gelehrte und politische Zeitungen, 26. Stück, 30.3.1772)

Der Verf. hat das Verdienst gehabt mit seinem „Ungehorsam" den Preis der Akademie zu erreichen. Die „Schadloßhaltung" dieses Misverhältnisses besteht darin, daß Herr Herder, anstatt eine Hypothese zu liefern, mit seiner Abhandlung eine Hypothese zu verdrängen sucht [...]. Was heißt ein göttlicher Ursprung der Sprache? „Du kannst die Sprache aus der menschlichen Natur nicht erklären, folglich ist sie göttlich." – Der Unsinn in diesem Schlusse ist weder versteckt noch fein – Herr Herder sagt: „ich kann sie aus der menschlichen Natur, und aus ihr vollständig erklären." Wer hat mehr gesagt? Der erste versteckt sich hinter einer Decke und ruft hervor: „Hier ist Gott!" Der letzte stellt sich sichtbar auf dem Schauplatz, handelt – „Sehet! Ich bin ein Mensch." Wir finden wirklich in des Herrn Herders Schreibart viel Action im theatralischen Verstande; wenn aber die Eigenheit und wahre Richtung der Menschheit in der „Besonnenheit" bestehen soll: So haben wir Blätter und Stellen in dieser Preisschrift gefunden, wo die Besonnenheit in einem so unmerklichen Grade bey dem Verfasser gewirkt haben muß, daß das ecce homo![1] eher zum „Merkmal" und „Mittheilungswort" des unbesonnenen oder zu menschlichen Kunstrichters dienen möchte. [...].

Aus: Josef Simon (Hg.): J.G.H.: Schriften zur Sprache. Frankfurt a. M.: Suhrkamp 1967, S. 129.; aus philologischen Gründen in ursprünglicher Rechtschreibung

Beylage zum 37. Stück der Königsbergschen gelehrten und politischen Zeitung: Abfertigung der im sechs und zwanzigsten Stück enthaltenen Recension (1772)

[...] welche Hülfsmittel können uns wohl zu statten kommen, uns nur auch zu einem Begriff von dem Ursprung einer Erscheinung zu verhelfen, wenn solcher Ursprung dem gewöhnlichen Kraislauf der Natur gar nicht gleichförmig ist? Und wie wird es möglich seyn, auf die rechte Spur einer solchen Untersuchung zu gerathen? [...]
Mithin ist die sinnreiche Hypothese, welche den Ursprung der Sprache menschlicher Erfindung unterschiebt, im Grunde ein loser Einfall einiger Newtonianer dießeits des Wassers, die alle [...] zum poßierlichen Affengeschlechte gehören, und neuerlich mit dem Grundsatze des Widerspruchs alle Besonnenheit scheinen beynahe verleugnet zu haben. Erfindung und Vernunft setzen ja schon eine Sprache zum voraus, und lassen sich eben so wenig ohne die letztere denken, wie die Rechenkunst ohne Zahlen – . [...]

Aus: ebd, S. 132 ff.

---

[1] Ecce homo: „Seht, welch ein Mensch", nach Joh. 19,5; Ausruf des Pilatus, als er den dornengekrönten Jesus dem Volke zeigte

---

■ Hamanns Rezension ist geprägt von Polemik und Ironie. Versuchen Sie eine Entpolemisierung, indem Sie die zentralen Vorwürfe des Textes in einem sachlichen Text wiedergeben.

■ Hamann wendet sich gegen die von der Akademie formulierte Preisfrage. Wie müsste eine Preisfrage lauten, die Hamann akzeptieren könnte?

Die „Abhandlung" in der Kritik: Aporie[1] der Frage und Originalität der Antwort

Erich Heintel: Herder und die Sprache (1960)

[Hamann legt] den Finger auf den wunden Punkt in Herders gegensätzlichen Argumentierungen, wenn er zweifelt, ob es diesem „Apologisten des menschlichen Sprachursprungs je ein Ernst gewesen, sein Thema zu beweisen oder auch nur zu berühren". Diese strenge Kritik richtet sich nicht gegen die [...] „Entlastungstheorie" der Sprache, derzufolge diese dem „nicht festgestellten Tier" Mensch in seiner natürlichen Schutzlosigkeit lebensnotwendig sei – sondern gegen die „Erklärung" einer Unbekannten („Sprache") aus einer anderen Unbekannten („Besonnenheit"). So lange hier nicht eine wissenschaftlich relevante Vermittlung der Grundbegriffe (Sprache, Besonnenheit – Reflexion – Verstand – Geist) erfolgt, ist es gleich, welches Wort man an den Anfang stellt: mit „verborgenen Kräften, willkürlichen Namen und gesellschaftlichen Losungswörtern oder Lieblingsideen" ist auch nicht mehr erklärt, als wenn ich von „göttlicher Genesis" rede. So kann man nicht „dem runden Zirkel und dem ewigen Kreisel" entgegentreten, den Herder in seiner Bekämpfung Süßmilchs zwar polemisch richtig gegen den Gegner „gedreht", nicht aber wirklich „angehalten" hat.

Aus: Erich Heintel: Einleitung zu Johann Gottfried Herder: Sprachphilosophische Schriften. Hamburg: Meiner, 3. Auflage 1975, S. XLVI f.

Friedmar Apel: Sprachordnung und Weltordnung (1988) (Auszug)

Obwohl Herder in dieser Schrift [der Abhandlung „Über den Ursprung der Sprache"] so originell nicht war, wie er selber und die Akademie offenbar glaubten, obwohl fast alle wichtigen Gedanken vor Herder schon gedacht wurden, verschaffte erst Herders elegante und brisante Verknüpfung von sprach- und erkenntnistheoretischen mit soziohistorischen, anthropologischen und geschichtsphilosophischen Motiven diesen Gedanken eine allgemeine Beachtung. Sie ließen sich offensichtlich auch aus ihrer Bindung an die eben noch aufklärerische Suche nach Gesetzmäßigkeiten und die aufklärerische Entwicklungsidee herauslösen. [...]

„Schon als Thier, hat der Mensch Sprache." Bereits mit diesem ersten Satz seiner Abhandlung umgeht Herder die Fragestellung der Akademie, die ja danach gefragt hatte, wie der Mensch sich habe Sprache erfinden können, er umgeht gleichzeitig die konventionelle Frage nach dem Ursprung und erspart sich schließlich die Konfrontation mit dem Zirkel von Sprache und Vernunft, an der sich alle Sprachursprungstheorie vor Herder abgearbeitet hatte, und den gerade noch Süßmilch als logisch sauberen Beweis für den göttlichen Ursprung der Sprache angesehen hatte. Herder entgeht diesem Problem, oder verlagert es mindestens, indem er den Menschen von vornherein als Sprachgeschöpf bestimmt, sodass nun nur noch zu zeigen bleibt, wie Sprache mit Notwendigkeit hat im Menschen entstehen *müssen*. [...]

Bei Herder lässt sich ausgezeichnet beobachten, wie neue Erklärungsversuche nicht notwendig aus neuen Tatsachen entstehen, sondern aus einer neuen Perspektive, einem Wechsel des Denkstils, der selbst historische Ursachen hat.

Friedmar Apel: Sprachordnung und Weltordnung im Zusammenhang mit Sprachursprungstheorien und Übersetzungskonzeptionen seit Hamann und Herder. In: Joachim Gessinger und Wolfert von Rahden (Hg.): Theorien vom Ursprung der Sprache. Band 2. Berlin/New York: de Gruyter 1988, S. 35 ff.

■ *Arbeiten Sie die Kerngedanken der Texte von Heintel und Apel heraus und begründen oder widerlegen Sie die Positionen von Heintel und Apel unter Rückgriff auf Ihre Kenntnisse zu Herder.*

---

[1] Aporie: (griech. a „nicht" poros „Weg, Brücke") die Unmöglichkeit, zur Auflösung eines Problems zu gelangen, weil in der Sache selbst ein unlösbares Problem enthalten ist

Die „Abhandlung" in der Kritik: Intersubjektivität und Konvention

Gottfried Seebaß: Die Herder'sche Ursprungstheorie (1981)

An einer Stelle in den „Ideen" [= Herders Werk „Ideen zur Philosophie der Geschichte der Menschheit", 1784/1785] gibt Herder selbst den entscheidenden Hinweis: bei willkürlichen Zeichen, heißt es, könne man nie genau wissen, ob ein anderer die gleiche Vorstellung mit ihm verbindet wie man selbst. In der Tat ist dies der für Herder kritischste Punkt. Er hat nirgendwo eine Erklärung dafür geliefert, wie sich zwei sprachschöpferische Individuen auf ein gemeinsames Zeichenverständnis einigen können. Was die Probleme des Sprachursprungs betrifft, so hat er sich die Möglichkeit hierzu durch seine pauschale und argumentationslose Abweisung der Konventionstheorie praktisch selbst genommen. Und auch an der anderen dafür entscheidenden Stelle, der Frage des Spracherlernens, hat er, wie seine Kritik am göttlichen Sprachunterricht und sein Zurückschrecken vor den Konsequenzen einer rein individuellen Ausbildung von Sprache zeigt, die entscheidenden Probleme übersprungen. Spätestens bei den arbiträren Zeichen wird das Problem der sprachlichen Intersubjektivität unabweisbar. Wenn wir also die Intersubjektivität für den Sprachbegriff konstitutiv sein lassen, können wir schon jetzt feststellen, dass Herders Ableitung der Sprache aus dem „besonnenen" (merkmalsbildenden) Wesen des Menschen misslungen ist. [...]

Aber noch mehr. Wir müssen uns rückblickend fragen, worin denn eigentlich jene anfängliche Plausibilität seiner These bestand? Offenbar im *nicht* willkürlichen Charakter der Zeichenbeziehung und in der Tatsache, dass Merkmal und Zeichen zusammenfielen. Aber was heißt das? Fragen wir einmal anders herum: was ist der ‚Begriff', dessen Bildung nicht ohne Zeichen möglich sein sollte? Wenn es das Gesamtphänomen (das Schaf) ist, das durch ein Teilmerkmal (das Blöken) bezeichnet wird, so ist nicht einzusehen, warum für dessen begriffliche Abgrenzung die zeichenhafte Verwendung des Merkmals nötig ist. Im Gegenteil, das Blöken kann *als* Teilmerkmal des Schafes erst aufgefasst werden, wenn man dieses schon kennt. Wenn Herders Theorie hier also überhaupt etwas über den Zusammenhang von Sprache und Denken beweist, dann eher das Gegenteil von dem, was sie beweisen wollte. [...] Die anfängliche Plausibilität der Herderschen Gleichsetzung von Wort und Merkmal erweist sich bei näherem Zusehen als Schein, der nur dadurch entstehen konnte, dass der in ihr enthaltene totale Kollaps der Zeichenbeziehung nicht realisiert wurde. Herders These ist demnach in jeder Beziehung unbegründet.

Aus: Gottfried Seebaß: Das Problem von Sprache und Denken. © Suhrkamp Verlag, Frankfurt am Main 1981

■ *Arbeiten Sie die Kerngedanken des Textes heraus und erörtern Sie die Fundiertheit der These von Seebaß unter Rückgriff auf Herders Text.*

Gebärdensprache: Ein Beispiel für Herders Sprachursprungstheorie?

- Versuchen Sie, eine Erklärung für die jeweilige Gebärde zu finden.
- Erörtern Sie die Frage, inwieweit die Gebärdensprache als Beispiel für Herders Sprachursprungstheorie dienen kann.

Wilhelm von Humboldt: Die Wendung der Sprachursprungsfrage

Wilhelm von Humboldt (1767–1835), der vor allem als Bildungsreformer bekannt ist und die Ideen des Gymnasiums und der universitären Forschung und Lehre entscheidend prägte, widmete sich nach seiner Entlassung aus dem Staatsdienst dem Sprachstudium. 1820 hielt er seine erste sprachtheoretische Rede in der Berliner Akademie der Wissenschaften, und ohne den Namen Herder zu nennen, war offenkundig, dass er sich auf dessen Abhandlung bezog.

Wilhelm von Humboldt: Über das vergleichende Sprachstudium in Beziehung auf die verschiedenen Epochen der Sprachentwicklung (1820) (Auszug)

Die Sprache muss zwar, meiner vollesten Ueberzeugung nach, als unmittelbar in den Menschen gelegt angesehen werden; denn als Werk seines Verstandes in der Klarheit des Bewusstseyns ist sie durchaus unerklärbar. Es hilft nicht, zu ihrer Erfindung Jahrtausende und abermals Jahrtausende einzuräumen. Die Sprache liesse sich nicht erfinden, wenn nicht ihr Typus schon in dem menschlichen Verstande vorhanden wäre. Damit der Mensch nur ein einziges Wort wahrhaft, nicht als blossen sinnlichen Anstoss, sondern als articulirten, einen Begriff bezeichnenden Laut verstehe, muss schon die Sprache ganz, und im Zusammenhang in ihm liegen. Es giebt nichts Einzelnes in der Sprache, jedes ihrer Elemente kündigt sich nur als Theil eines Ganzen an. So natürlich die Annahme allmähliger Ausbildung der Sprachen ist, so konnte die Erfindung nur mit Einem Schlage geschehen. Der Mensch ist nur Mensch durch Sprache; um aber die Sprache zu erfinden, müsste er schon Mensch seyn. So wie man wähnt, dass dies allmählich und stufenweise, gleichsam umzechig, geschehen, durch einen Theil mehr erfundner Sprache der Mensch mehr Mensch werden, und durch diese Steigerung wieder mehr Sprache erfinden könne, verkennt man die Untrennbarkeit des menschlichen Bewusstseyns, und der menschlichen Sprache, und die Natur der Verstandeshandlung, welche zum Begreifen eines einzigen Wortes erfordert wird, aber hernach hinreicht, die ganze Sprache zu fassen. Darum aber darf man sich die Sprache nicht als etwas fertig Gegebenes denken, da sonst ebensowenig zu begreifen wäre, wie der Mensch die gegebene verstehen, und sich ihrer bedienen könnte. Sie geht nothwendig aus ihm selbst hervor, und gewiss auch nur nach und nach, aber so, dass ihr Organismus nicht zwar, als eine todte Masse, im Dunkel der Seele liegt, aber als Gesetz die Functionen der Denkkraft bedingt, und mithin das erste Wort schon die ganze Sprache antönt und voraussetzt. Wenn sich daher dasjenige, wovon es eigentlich nichts Gleiches im ganzen Gebiete des Denkbaren giebt, mit etwas andrem vergleichen lässt, so kann man an den Naturinstinct der Thiere erinnern, und die Sprache einen intellectuellen der Vernunft nennen. [...] Die wahre [Schwierigkeit] der Spracherfindung liegt nicht sowohl in der Aneinanderreihung und Unterordnung einer Menge sich auf einander beziehender Verhältnisse, als vielmehr in der unergründlichen Tiefe der einfachen Verstandeshandlung, die überhaupt zum Verstehen und Hervorbringen der Sprache auch in einem einzigen ihrer Elemente gehört. Ist dies gegeben, so folgt alles Uebrige von selbst [...].

In: Albert Leitzmann (Hg.): Wilhelm von Humboldt, Werke. Vierter Band. Berlin: Behr 1905 (Nachdruck: Berlin: de Gruyter 1968, S. 14 ff.); aus philologischen Gründen orthografisch unverändert

- *Formulieren Sie Humboldts Position zum Sprachursprung in drei Thesen. Bestimmen Sie Ähnlichkeiten und Unterschiede zu Herders Auffassung.*

- *Vergleichen Sie Humboldts Position mit der Schlegels, der schon ca. 20 Jahre vorher äußerte: „Wir betrachten den Ursprung der Sprache überhaupt nicht als etwas in einem bestimmten Zeitpunkt zu Setzendes, sondern in dem Sinne wie die Sprache immer noch entsteht, so wie die Schöpfung der Welt sich jeden Tag erneuert."[1]*

- *„Der Antworten bedürfte nicht mehr, wer das Fragen begriffe" (Hans Kudszus: Das Denken bei sich. Köln: Matto, S. 83). Trifft dieser Satz nach Ihrer Auffassung für Humboldts Text zu?*

[1] Vorlesungen über Ästhetik I, Bd. I der kritischen Ausgabe der Vorlesungen. Hg. von E. Behler. Paderborn: Schöningh 1989 [1801/1802], S. 396

Heutige Erkenntnisse zum Sprachursprung

Gerald Traufetter: Stimmen aus der Steinzeit

SPIEGEL 43/2002

„Sprache ist das entscheidende Instrument des Bewusstseins", sagt die Leipziger Sprachforscherin Angela Friederici. Zugleich sei sie das wichtigste Werkzeug der Intelligenz. Sie erst mache den Menschen zum Menschen.

Ohne Worte wäre nie die Fülle von Ideen entstanden, geschweige denn aus dem Kopf in die Welt gelangt. Sprache wurde zur Trägerrakete für den rasanten Aufstieg des Menschen zum beherrschenden Wesen des Planeten. „Zwischen der Erfindung von Pfeil und Bogen und der Internationalen Raumstation vergingen nur 12 000 Jahre", sagt der US-Anthropologie-Professor Stanley Ambrose von der University of Illinois.

Kein Wunder, dass den Menschen von jeher die Frage umtreibt, wie er zur Sprache kam. Für die Bibel ist die Antwort eindeutig: „Im Anfang war das Wort, und das Wort war bei Gott, und Gott war das Wort", steht im Johannes-Evangelium. Einst habe der Herr den Menschen sogar „einerlei Zunge und Sprache" in den Mund gelegt, heißt es bei Mose. Erst als den Menschen der Größenwahn packte und er anfing, den Turm zu Babel zu bauen, zürnte Gott und hat kurzerhand aller Länder Sprache „verwirrt".

Im Geiste der Aufklärung machten sich die noch jungen Wissenschaften auf, nach der Initialzündung des menschlichen Sprachtalents zu suchen. Doch angesichts der Genialität dieses Könnens sahen sie sich schon bald einem Dilemma gegenüber, das der deutsche Gelehrte Wilhelm von Humboldt 1820 in die Worte kleidete: „Der Mensch ist nur Mensch durch Sprache; um aber Sprache zu erfinden, müsste er schon Mensch sein."

Die Spekulationen über den Ursprung der Sprache überschlugen sich, bis die einflussreiche „Société de Linguistique de Paris" 1866 den Sprachforschern per Statut untersagte, über den Anfang der menschlichen Sprache zu fabulieren. Viele Jahrzehnte hielt die freiwillige Enthaltsamkeit.

Denn lange herrschte eklatanter Beweisnotstand. Weder Tonband noch Kamera liefen, als ein Menschenahn mit seinen Lippen das erste Wort formte. Nicht einmal versteinerte graue Zellen gibt es – und sie würden ihr Geheimnis ohnehin nicht offenbaren.

Doch inzwischen stoßen die modernen Naturwissenschaften auf immer mehr Puzzleteile, die Aufschluss geben über die ersten Stimmen aus der Steinzeit:

- Paläoanthropologen rekonstruieren aus Knochenfunden menschlicher Vorfahren die Evolution des Sprachapparates.
- Hirnforscher beginnen dank bildgebender Verfahren zu begreifen, wie Sprache im Gebrabbel der Nervenzellen entsteht.
- Informatiker lassen kommunikationsunfähige Roboter ihre eigene Sprache entwickeln.
- Molekularbiologen melden Erfolge bei der Erforschung der genetischen Grundlagen von Sprache und haben sich dieses Jahr erstmals getraut, das Alter der Sprachfähigkeit auf höchstens 200 000 Jahre einzugrenzen. [...]

[Vor rund 1,8 Millionen Jahren] trat der Homo erectus auf die erdgeschichtliche Bühne, der auch über neue geistige Fähigkeiten verfügte: So benutzte er die ersten Faustkeile – immerhin ein Hinweis auf seine Fähigkeit, abstrakt zu denken, ohne die keine Sprache vorstellbar ist. Paläoanthropologen gehen deshalb davon aus, dass der menschliche Urahn von diesem Zeitpunkt an Wörter zu entwickeln begann.

Dieser linguistische Prozess scheint sich hingezogen zu haben. Die Hirnleistung der Hominiden, und damit wohl auch die Sprachbegabung, muss Hunderttausende von Jahren ziemlich beschränkt gewesen sein. Über eine Million Jahre, so lässt sich aus den kulturellen Überbleibseln der Urmenschen schließen, klopfte er stumpfsinnig auf Steinen herum.

Dann erschien, vor rund 150 000 Jahren, der moderne Homo sapiens. Mit raffiniertem Gerät ausgestattet, begann er sich vor mehr als 50 000 Jahren von Afrika kommend auszubreiten. Er bastelte aufwendige Werkzeuge aus Holz und Knochen. Außerdem bemalte er Höhlen wie die im südfranzösischen Lascaux mit Jagdszenen. Die Künstler aus dem Paläolitikum müssen dafür symbolisch gedacht haben und in der „Kathedrale der Steinzeit", wie die Grotte unter Forschern auch genannt wird, regen Gedankenaustausch gepflegt haben.

War es die Sprache, der der Mensch seinen Siegeszug über den Planeten verdankt? Erst diese geistige Fähigkeit, so vermuten viele Forscher, ermöglichte es ihm, kompliziertere Werkzeuge und Waffen zu bauen, mit denen wiederum er Konkurrenten aus dem Feld schlug – etwa die Neandertaler: „Wir haben sie buchstäblich zu Tode gequatscht", glaubt der neuseeländische Psychiater Michael Corballis.

Vielleicht war es aber auch genau umgekehrt. Der amerikanische Anthropologe Stanley Ambrose glaubt: Erst kam die Kunstfertigkeit der Finger, dann erst die der Zunge.

Nach seiner neuen Theorie, die er in der Fachzeitschrift „Science" publizierte, war es gerade das handwerkliche Geschick der menschlichen Urahnen, das „als Wegbereiter für die Evolution der Sprache" diente.

Als wichtigen Hinweis wertet Ambrose ein Ergebnis der Hirnforschung: So wird Sprache von einem Hirnbereich gesteuert, der gleich neben dem Areal für die Feinmotorik der Hand liegt. Aus diesem soll ein Teil des neuronalen Sprachapparates hervorgegangen sein.

Ein weiteres Argument: Der Bau von Speeren und Äxten erforderte besondere intellektuelle Fähigkeiten, die sich gravierend vom stupiden Steineklopfen der frühen Urmenschen unterschieden. Die prähistorischen Handwerksmeister mussten, stets ein Bild vom fertigen Instrument im Kopf, planerisch und vorausschauend vorgehen, bevor sie loslegten. Diese geistige Flexibilität, so Ambrose, sei die entscheidende Voraussetzung für die Entwicklung einer komplexen Sprache.

In einem anderen Sinne geht auch sein Forscherkollege Michael Corballis aus Auckland davon aus, dass Fingerfertigkeit die entscheidende Voraussetzung für die Entwicklung von Sprache gewesen sei. Seine These lautet: Am Anfang war die Gebärde.

„Die Urahnen des Homo sapiens hätten sich zwar schwerlich am Telefon unterhalten können, dafür jedoch waren sie in der Lage, spontane Bewegungen der Hände und des Gesichtes zu machen", schreibt der Forscher in seinem soeben erschienenen Buch „Von der Hand in den Mund – Der Ursprung unserer Sprache": „Das hätte ihnen mindestens als Plattform für die Entwicklung der Sprache dienen können."

Die meisten Sprachforscher halten es für unwahrscheinlich, dass es den einen, entscheidenden Auslöser für die Quasselei gab. Vielmehr gehen sie von vielen kleinen Schritten aus, die eine immer komplexere Sprache begünstigten. [...]

SPIEGEL 43/2002 (gek. Auszug)

- ■ *Darstellungstransfer: Übertragen Sie die zentralen Aussagen des Artikels auf ein Informationsplakat (siehe unten).*
- ■ *Erörtern Sie, welche Überzeugungskraft Sie den vorgetragenen Positionen zusprechen: Was leuchtet Ihnen ein, wo sehen Sie neue Erkenntnisse kritisch?*
- ■ *Erörtern Sie, worin Sie wesentliche Fortschritte gegenüber den Theorien des 18. und 19. Jahrhunderts sehen.*

Informationsplakat
Ein Informationsplakat enthält die wichtigsten Informationen zu einem Thema in übersichtlicher Darstellung.

Inhaltliche Struktur:
- Geben Sie dem Plakat einen Titel, nutzen Sie weitere Überschriften für die einzelnen Teile.
- Beschränkung auf Kernaussagen
- Stichworte statt Sätze
- Nominalstil erwünscht
- Eigene Formulierung statt Zitat
- Bild, Grafik und Text kombinieren

Layout:
- Rand lassen
- Groß schreiben (lesbar aus 5–6 m)
- Einsatz weniger Farben
- Strukturierungshilfen nutzen (Spiegelstriche, ...)

Der Linguist Derek Bickerton über die Entstehung der Sprache

Der Linguist Derek Bickerton über die Entstehung der Sprache durch den Überlebenskampf in der Savanne, die Gedanken von Kühen und die Bedeutung der Grammatik für die Intelligenz

BICKERTON: [...] Worin unterschied sich die Umwelt unserer Vorfahren von derjenigen heutiger Affen? Irgendetwas in dieser Umwelt muss die Entwicklung der Sprache vorangetrieben haben. Irgendeinen Faktor X muss es gegeben haben, der symbolische Kommunikation zu einem entscheidenden Vorteil im Überlebenskampf machte.

SPIEGEL: Und was war Ihrer Meinung nach dieser rätselhafte Faktor X?

BICKERTON: Ich glaube, dass es die veränderte Ökologie war, die den Ausschlag gab. Heutige Menschenaffen leben allesamt im Wald. Unsere Vorfahren hingegen lebten in tropischen Steppen, in offenem Grasland, in dem es allenfalls entlang den Flüssen ein paar Galeriewälder gab.

SPIEGEL: Aber im Wald lässt sich doch ebenso gut plaudern wie auf der Wiese?

BICKERTON: Zwei Dinge müssen sich damals für den Urmenschen grundlegend verändert haben. Zunächst einmal war die Nahrung auf einer viel größeren Fläche verstreut. Ein Affe im Wald kann sich von Früchten und Nüssen ernähren und vielleicht dann und wann noch einen kleineren Affen jagen. In der Savanne hingegen ist Futter nur weit verstreut zu finden, und zudem variiert das Nahrungsangebot erheblich mit der Jahreszeit. Der zweite, vielleicht noch wichtigere Unterschied sind die Feinde: Vor knapp zwei Millionen Jahren, als der Homo erectus lebte, gab es acht verschiedene Gattungen von Raubtieren – große wolfartige Bestien, mächtige Säbelzahntiger und eine Fülle weiterer wilder Tiere –, die inzwischen allesamt ausgestorben sind. Das Leben in der Savanne muss also extrem gefährlich gewesen sein.

SPIEGEL: Aber noch mal: Wozu da Sprache? Schimpfwörter werden die Räuber kaum in die Flucht geschlagen haben.

BICKERTON: Ich stelle mir das so vor: Um Raubtiere zu verscheuchen, brauchte es Gruppen von sicher 30 oder 40 Individuen. Um aber Futter zu finden, wird es nötig gewesen sein, diese aufzuteilen in Trupps von vielleicht acht oder zehn. Nur, wenn die auf ihren Streifzügen etwas gefunden hatten und dann zurückkamen: Wie sollten sie den anderen sagen, wohin sie gehen sollten? Dazu gab es nur einen Weg: Sie mussten irgendeine Form der symbolischen Kommunikation finden.

SPIEGEL: Der Mensch fand also zur Sprache wie die Biene zum Schwänzeltanz?

Derek Bickerton untersuchte mehrere Jahre lang die wundersame Sprache von Einwanderern in Hawaii. Während sich die aus vielen Herkunftsländern stammenden Eltern nur mühsam mit einem kruden Pidgin-Dialekt untereinander verständigen konnten, haben deren Kinder eine neue gemeinsame Sprache aus dem babylonischen Sprachgewirr geschaffen. Für den 76-jährigen Linguisten von der University of Hawaii waren die Feldstudien der Anstoß, nach dem Ursprung der Sprache zu forschen. Für seine viel beachtete Theorie zur Sprachentstehung greift der renommierte Buchautor auch auf die Erkenntnisse der modernen Hirnforschung zurück.

BICKERTON: Ja, ganz genau. Das ist doch hochinteressant: Die einzigen Wesen im Tierreich, die ein System symbolischer Kommunikation entwickelt haben, sind die Bienen. Und die sind, genau wie es unsere Vorfahren gewesen sein müssen, weiträumige Sammler von Futter. [...]

SPIEGEL: Ein Tanz wäre auch für den Menschen eine nette Alternative zum Stammeln von Wörtern gewesen ...

BICKERTON: ... aber Laute waren wahrscheinlich schon sehr früh überlegen, zum Beispiel, weil es möglich war, Geräusche zu imitieren. Stellen Sie sich vor, ein Urmensch findet einen Mammutkadaver und kehrt zu den Seinen zurück. Dann könnte er „Öööchchch" gesagt haben und so gemacht haben ... *(deutet Stoßzähne an).*

SPIEGEL: Aha, das erste Wort der Menschheit lautete also „Öööchchch" und bedeutete „Mammut"?

BICKERTON: Warum nicht? Jedenfalls hieß es sicher nicht „hallo" oder „tschüs", wie man es annehmen müsste, wenn die Fortentwicklung der sozialen Intelligenz die Triebfeder der Sprachentwicklung gewesen wäre.

SPIEGEL: Warum aber dauerte es noch zwei Millionen Jahre vom „Öööchchch" bis zum ersten echten Satz?

BICKERTON: Ja, das ist verblüffend – zumal es erstaunlich wenig bedarf, um eine Sprache mit Syntax zu erzeugen. Das Wesentliche, was man benötigt, ist eine sogenannte Argumentstruktur. Um einen Satz zu bilden, muss man wissen, wer der Handelnde ist, wem die Handlung widerfährt, was das Ziel der Handlung ist und so weiter. Es gibt acht oder zehn thematische Rollen – über die genaue Zahl streiten sich die Linguisten –, die ein Begriff innerhalb eines Satzes spielen kann. Diese Argumentstruktur muss das Hirn begreifen.

SPIEGEL: Wurde der Mensch, als er den Schritt zu dieser Grundstruktur getan hatte, plötzlich intelligenter?

BICKERTON: Mir behagt der Begriff „Intelligenz" nicht. Was soll das sein? Es gibt viele Arten von Intelligenz.

SPIEGEL: Also fragen wir so: Half die Grammatik dem Menschen, bessere Werkzeuge oder Geräte zu bauen?

BICKERTON: Die Antwort darauf lautet eindeutig: Ja. Es ist ja eine von vielen Paläoanthropologen beharrlich ignorierte Tatsache, dass sich die Werkzeuge des Menschen zweieinhalb Millionen Jahre lang praktisch überhaupt nicht verändert haben. Nehmen Sie den Faustkeil – ein wunderschönes, zweifellos nützliches Gerät: Es wurde, ohne jegliche Modifikation eine Million Jahre lang benutzt. Stellen Sie sich vor, General Motors präsentiert ein neues Auto und erklärt dazu: „Dieser Wagen ist so perfekt, dass ihn noch Ihre Urururenkel in einer Million Jahren fahren werden." Für uns klänge das absurd. Ich gehe sogar so weit zu sagen: Wer so denkt, denkt nicht menschlich. Er ist noch sehr weit davon entfernt, menschlich zu sein.

SPIEGEL: Und all das änderte sich mit der Grammatik; die Syntax machte den Menschen erst zum Menschen?

BICKERTON: Davon gehe ich aus. Sicher ist: Vor rund 100 000 Jahren hat sich ein abrupter Wandel vollzogen. Plötzlich beginnt der Mensch, raffinierte Werkzeuge zu bauen, Schmuck herzustellen, Handel zu treiben – all das zu tun, was wir heute Kultur nennen. Was kann der Auslöser gewesen sein? Die Syntax! Denn wenn Sie etwas planen, irgendetwas auch nur halbwegs Kompliziertes, dann brauchen Sie „Wenns" und „Weils", das heißt, Sie brauchen verschachtelte Sätze. Ohne diese verharren Sie im Hier und Jetzt.

SPIEGEL: Das heißt, vor kaum 100 000 Jahren erlernte der Mensch überhaupt erst das Denken?

BICKERTON: So würde ich es nicht gerade formulieren. Aber jedenfalls lernte er, kompliziertere Gedankengänge zu denken. Nehmen Sie zum Beispiel den Widerhaken, sei es für Harpunen oder für Pfeile. Der Widerhaken war eine wesentliche Fortentwicklung des alten Speers. Aber dazu musste irgendjemand begreifen, dass Speere zwar ins Fleisch der Opfer eindringen, aber nicht dort stecken bleiben; dass ein getroffenes Tier sich nur zu schütteln braucht, um einen Speer wieder loszuwerden; dass, wenn der Speer stecken bliebe, das Opfer mehr bluten würde und Kraft verlöre. Wahrscheinlich hat sich der Erfinder des Widerhakens, jenes prähistorische Genie, dann kleine Samen angesehen, die mit winzigen Häkchen an der Haut oder an den Kleidern klebten. Und dann hat er überlegt: „Was wäre, wenn ich meinen Speer auch mit solchen Haken versehen würde?" – Glauben Sie mir: Da steckt eine Menge Grammatik in der Entwicklung des Widerhakens. Da geht nicht einfach irgendeine Lampe im Hirn an und – plopp – ist die Idee da.

SPIEGEL: Wenn nicht der Widerhaken, dann aber die Grammatik, die war irgendwann plötzlich – plopp – da?

BICKERTON: Ganz plötzlich passierte das natürlich auch nicht, aber es geschah innerhalb verhältnismäßig kurzer Zeit. Den Ausschlag gab dabei die wachsende Zahl überflüssiger Neuronen – ein Gedanke, der übrigens nicht von mir, sondern von meinem Kollegen, dem Hirnforscher Bill Calvin, stammt.

SPIEGEL: Wie sollen wir uns das vorstellen?

BICKERTON: Nun, das Hirn ist ein sehr unruhiger Ort. Da arbeiten Millionen von Neuronen gleichzeitig an den unterschiedlichsten und oft gegensätzlichen Dingen. Und welche setzen sich am Ende durch? Diejenigen, die uns daran erinnern, dass wir seit einem Jahr keinen Brief mehr an Tante Edith geschickt haben? Oder diejenigen, die sich einfach hinlegen wollen und ausruhen? Es sind die, die am lautesten schreien. Und am intensivsten ist ein Signal dann, wenn es von vielen Neuronen gleichzeitig ausgesandt wird. Deshalb versucht nun also jedes Neuron, seine Nachbarn davon zu überzeugen, sein Lied mitzusingen. Und gleichzeitig versucht es, die anderen daran zu hindern, ihr Lied zu singen. Das Ganze gleicht einem unentwegten, heftigen Kampf im Hirn.

SPIEGEL: Und was sagt das nun über die Grammatik aus?

BICKERTON: Dieser Kampf führt uns zum wesentlichen Unterschied zwischen Tier und Mensch: Stellen Sie sich irgendein Tier vor, sagen wir eine Kuh. Bei ihr überwiegt stets der Einfluss äußerer Reize, auf die sie nur reagiert. Eine Kuh denkt nicht: „Gott, was war das für ein hübscher Bulle, den ich letzte Woche gesehen habe." Sie döst vielmehr friedlich vor sich hin. Dann spürt sie, wie eine Fliege auf ihrem Fell landet – und sie wird ihren Schwanz bewegen, um diese Fliege loszuwerden. Das und nichts anderes ist „Leben" für eine Kuh. Wenn in ihrem Hirn so etwas wie ein Gedanke von innen nach außen zu dringen versucht, dann werden die anderen Neuronen das sofort unterbinden: „Hey, sei ruhig. Das hat nichts mit dem wirklichen Leben zu tun. Das stört uns bei unserer Arbeit."

SPIEGEL: Und beim Menschen ist das anders?

BICKERTON: Ganz genau. Damit innere Nachrichten durch den allgemeinen Lärm der Neuronen dringen können, müssen sie sich gegen das geschäftige Treiben im Hirn durchsetzen können, und sie müssen über lange Zeit hin – eine knappe Sekunde lang dauert es, einen Satz zu bilden, und das ist für das Gehirn eine sehr lange Zeit – stabil sein. Schon die kleinste

Abweichung kann verheerend sein. Denken Sie nur an den Unterschied zwischen „Kaninchensuppen" und „Kaninchen spucken" – eine winzige Lautdifferenz, aber ein völlig anderer Sinn. Um das zu schaffen – zuverlässige und durchsetzungsfähige innere Signale bilden zu können –, bedurfte es einer sehr großen Zahl dafür verfügbarer Neuronen. Deshalb musste erst das Gehirn wachsen, bis der Mensch den ersten Satz formulieren konnte. [...]

SPIEGEL 43/2002 (Auszug)

- Ordnen Sie die vorgetragenen Erkenntnisse in die Dimensionen der Sprachursprungsfrage (Arbeitsblatt 5) und in die Typologie der Ursprungstheorien (Arbeitsblatt 6) ein.
- Erstellen Sie ein Thesenpapier zum SPIEGEL-Interview mit Bickerton.
- Lassen Sie Herder eine Zeitreise antreten: Wo erkennt er seine Gedanken wieder, wo formuliert Bickerton grundlegend anderes?

Thesenpapier
Ein Thesenpapier enthält die zentralen Aussagen eines Referates oder eines Textes, die prägnant mit eigenen Worten (evtl. gestützt durch treffende Zitate) wiedergegeben werden.
Neben den Thesen enthält das Papier:
- Thema/Gegenstand/Fragestellung/ggf. Intention des Referates/des Textes,
- Hinweise zur Einordnung der Position,
- Wiedergabe von zentralen Fakten/Daten,
- Quellenangaben zu Texten/Daten.

Warum spricht der Affe nicht?

> „Die Theorie, dass Affen sprechen, wäre überzeugender,
> wenn sie von einem Affen formuliert worden wäre."
> Wolfgang Klein, Direktor am Max-Planck-Institut für Psycholinguistik, Nijmegen (NL) [GEO 2/1989]

Eine mechanistische Teilantwort auf diese Frage liefert die Biologie, denn sowohl der Stimmapparat als auch die Hirnareale, die für sprachliche Leistungen verantwortlich gemacht werden, haben sich im Laufe der Menschwerdung stark verändert.

Beim erwachsenen Menschen liegt der Kehlkopf mitsamt den Stimmbändern deutlich tiefer als beim Schimpansen. Das bringt eine Vergrößerung des Resonanzraums und damit eine größere Vielfalt möglicher Laute mit sich. Diese Absenkung des Kehlkopfes vollzieht sich auch beim Individuum: Während der Kehlkopf bei Babys noch sehr weit oben sitzt, senkt er sich im Laufe der Kindheit mehr und mehr ab. Bei Jungen kommt es während der Pubertät noch mal zu einem Abwärtsschub, der sich als Stimmbruch äußert.

Allerdings verliert der Mensch damit auch die Fähigkeit, die er als Baby ebenso besitzt wie viele Tiere: gleichzeitig zu schlucken und zu atmen. Möglicherweise musste der Mensch sich so die Fähigkeit zu sprechen mit dem Risiko erkaufen, an einem Happen im falschen Hals zu ersticken – nach wie vor eine häufige Todesursache.

Auch im Gehirn tat sich einiges im Laufe der Menschwerdung: Insbesondere der hinter der Stirn gelegene Frontallappen des Großhirns wuchs überproportional an. In seinem vordersten Teil, dem Präfrontalkortex, vermuten Hirnforscher die Schaltzentrale des Bewusstseins, die unter anderem für die Planung sprachlicher Äußerungen zuständig ist. Auch die weiter hinten gelegenen klassischen Sprachareale, nach ihren Entdeckern Broca- und Wernicke-Areale genannt, haben sich beim Menschen im Vergleich zu anderen Primaten besonders stark entwickelt.

Aus: Georg Rüschemeyer: Das große Palavern. In: Frankfurter Allgemeine Sonntagszeitung, 30.5.2004, Nr. 22 © F.A.Z. GmbH, Frankfurt am Main

- Der Text räumt ein, nur eine mechanistische Teilantwort auf die Frage nach einer Affensprache zu geben. Wie verstehen Sie das? Wie könnte man demnach Wolfgang Klein (siehe Zitat) antworten?

- Erörtern Sie die Frage, ob Theorien zu den Sprachfähigkeiten bei Affen Ihnen bekannte Sprachursprungstheorien bestätigen oder in Frage stellen.

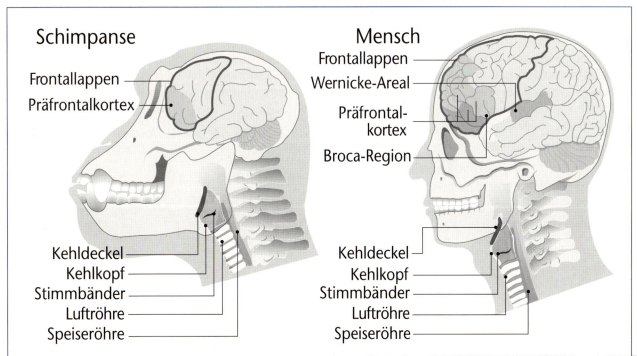

Die evolutionsbiologische Sicht auf Sprache

[…] Nachdem Charles Darwin im Jahre 1859 neues Licht auf den Ursprung der Artenvielfalt geworfen hatte, wurde seine Evolutionstheorie auch auf den Menschen und dessen Sprache angewendet. Laut Darwins Regeln musste jedes Phänomen der Natur, so komplex es auch sein mochte, im Laufe der Evolution in einem kontinuierlichen Wandel aus bereits existierenden Formen hervorgegangen sein – also auch die Sprachfähigkeit des Menschen.

Für den Evolutionsforscher Tecumseh Fitch von der schottischen Universität St. Andrews setzt sich unsere Sprachfertigkeit „aus vielen physiologischen und kognitiven Besonderheiten zusammen, die zu ganz verschiedenen Zeiten und dank unterschiedlicher selektiver Kräfte im Laufe der Evolution entstanden sind". Darunter fällt für Fitch auch die Fertigkeit des Menschen, Lautäußerungen von Artgenossen bewusst nachahmen zu können. Biologen kennen diese Fähigkeit zwar von Singvögeln und Walen, nicht aber von Affen. Das heißt, unsere Vorfahren erlernten das stimmliche Imitieren erst, nachdem sich die Entwicklungslinien von Schimpanse und Mensch vor rund sechs Millionen Jahren getrennt hatten. Aber welche Laute waren es, die zuerst nachgeahmt wurden? Womöglich ging, wie schon Charles Darwin vermutet hat, der menschlichen Sprache eine primitive gesangsartige Kommunikationsform voraus. Solche „Urgesänge" dienten vielleicht dazu, Partner zu werben oder die sozialen Bindungen innerhalb der Urmenschengruppe zu festigen. […]

Doch stand am Anfang tatsächlich eine Lautsprache? Evolutionsbiologen gehen heute davon aus, dass die Kommunikation mit Gesten und Gebärden der lautlichen voranging. Denn Schimpansen, deren kommunikative Fähigkeiten wahrscheinlich denen des gemeinsamen Vorfahren von Mensch und Affe entsprechen, setzen Rufe meist nur unwillkürlich als Ausdruck von Emotionen ein. Das kann ein erregtes Schreien sein, wenn das Tier eine Futterquelle entdeckt, oder ein ängstliches Kreischen angesichts eines Rangkampfes mit einem Artgenossen. Mit Sprache – der Verwendung konventioneller Symbole – haben diese angeborenen, an konkrete Anlässe gebundenen Rufe aber nur wenig zu tun.

Umso flexibler setzen die großen Menschenaffen ihre Arme und Hände für die Kommunikation ein. Sie verfügen über ein reiches Repertoire an Gesten, deren Bedeutungsinhalte sie erlernen müssen und später je nach Situation variieren können. Es ist also wahrscheinlich, dass Urmenschen wie *Homo erectus* aus der willkürlichen Gestik der äffischen Vorfahren eine erste simple Gebärdensprache entwickelten. […] Dass unsere Vorfahren schließlich von der gestischen zur lautlichen Kommunikation übergegangen sind, hatte offensichtliche Vorteile: So erleichterte die Lautsprache die Verständigung im Dunkel der Nacht. Außerdem waren die Hände nicht mehr zwingend für die Kommunikation vonnöten und konnten stattdessen zum Beispiel zum Beerensammeln verwendet werden.

Und noch eine unabdingbare Voraussetzung, um sprechen zu können, besaß *Homo erectus* seit Langem: den aufrechten Gang. Nur dieser erlaubt eine Entkoppelung des Atemrhythmus vom Schreiten. […] Mit dem Übergang zum Savannenleben hatten die Vorfahren des *Homo erectus* zudem eine weitere Eigenart entwickelt, die für die Herausbildung der Sprache unabdingbar war: den Trend zum Zusammenleben in großen Gruppen. […] Doch ein Zusammenleben in größeren Gruppen bringt zwangsläufig mehr Konflikte mit sich. Die kosten Zeit und können blutig ausgehen. Um sich friedlich einigen zu können, bedurfte es einer Verständigung, die Nuancen bei der Beschreibung von Gefühlen und Sachverhalten zuließ. Hominiden mit solchen kommunikativen Fähigkeiten hatten somit einen Überlebensvorteil […]

Aus: Sebastian Kirschner: Wie kam das Wort zum Menschen. In: GEO Wissen 40 (2007), S. 87 ff.

- *Stellen Sie die dargestellte Sprachentwicklung (mit Voraussetzungen, evolutionärem Nutzen etc.) in einem Flussdiagramm dar.*
- *Welche Fragen lässt die dargestellte Theorie Ihres Erachtens offen?*

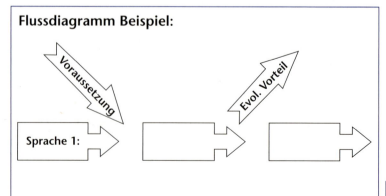

Evolingo: Eine neue Phase der Sprachursprungsforschung

Um Worte ist Marc Hauser nicht verlegen. Schon gar nicht, wenn es um die Evolution der menschlichen Sprache geht. „Eine neue Phase der Erkenntnis" sieht der Forscher der Harvard University heranreifen und hat mit seinen Kollegen David Barner und Tim O'Donnell gleich eine neue Disziplin gegründet: „Evolingo". Der Name soll die Verbindung von Evolutions- und Sprachforschung (Linguistik) verdeutlichen. Für überzeugte Biologen wie Hauser ist klar, „dass unsere Sprache im Tierreich verwurzelt sein muss – nur anders als wir dachten". Kernpunkt der neuen Theorie: Sprache erwuchs nicht schrittweise aus dem Kommunikationssystem der Tiere, sondern indem verschiedene Fähigkeiten unserer tierischen Verwandten in einzigartiger Weise modulartig kombiniert wurden. „Was aus unserem Mund herauskommt", sagt Hauser, „ist nur die offenkundige Seite von Sprache." Sprache ist nicht zwingend ans Sprechen gebunden: Gehörlose reden mit Gebärden. Viel wichtiger sind die im Gehirn verborgenen neuronalen und geistigen Mechanismen, die Wort- und Satzbildung ermöglichen.

„Wir müssen Kommunikation und deren interne Grundlagen strikt trennen", sagt Hauser. „Die einzelnen neurobiologischen Mechanismen sind wahrscheinlich schon vor langer Zeit in unterschiedlichen Tiergruppen entstanden." Freilich für andere Zwecke, beispielsweise um in der Welt zu navigieren oder um Mengen in Einheiten zu packen. So haben die Harvard-Leute in Verhaltensexperimenten entdeckt, dass Rhesusaffen einen „Mengensinn" haben und Singular von Plural unterscheiden können. Die frühen Menschen griffen auf das Prinzip zurück und integrierten es in die Grammatik. „Erst seine komplexe Sprache", meint Marc Hauser, „macht den Menschen zum Menschen." […] Die entscheidenden Fragen lauten heute: Welche Algorithmen im Gehirn des Homo sapiens haben den wundersamen kommunikativen Kosmos eröffnet? Welche Gene sind daran beteiligt? Kommunizierten die Vormenschen in einer „Proto-Sprache"? Reichen die Wurzeln unserer menschlichsten Gabe wirklich bis ins Tierreich zurück? […] Bislang haben die Wissenschaftler kein anderes Lebewesen gefunden, das eine begrenzte Zahl von Lauten zu Silben und symbolhaften Worten zusammenfügt, mit diesen Symbolen nach Lust und Laune Dinge und Ereignisse benennt und die Worte sinnvoll zu Sätzen kombiniert. Gerade die Grammatik – Regeln zur Anwendung sprachlicher Einheiten – gilt als Königsdisziplin der Spezies Mensch. So gesehen unterscheiden sich die Kommunikationssysteme von Affen und Delfinen, Vögeln und Hunden fundamental von der Sprache des Homo sapiens. […] Deshalb konzentrieren sich Evolingo-Begründer Hauser und seine Mitstreiter nicht mehr nur auf die Lautsysteme der Tiere, sondern auf sämtliche Prinzipien, die den Sprachmechanismen des Menschen ähneln. Die Evolution hat sich überall im großen Baukasten der kognitiven Module des Tierreichs bedient, als sie den frühen Menschen zur Sprache verhalf, meint Hauser. […] Vögel und Wale beispielsweise kombinieren – ähnlich wie Menschen – aus einzelnen Lauten komplex-filigrane Melodien, haben also eine Art Syntax. Sie können die Lieder ihrer Artgenossen imitieren, genau wie der Mensch. Einschränkung: Vögel und Wale scheinen ihre akustischen Ergüsse niemals mit willkürlich zugeordneten, symbolhaften Bedeutungen zu belegen, über Semantik verfügen sie nicht. Affen hingegen, die stammesgeschichtlich näher mit uns verwandt sind als Vögel, vermitteln zumindest ansatzweise mit ihren Lauten eine Bedeutung. Allerdings ist ihr Repertoire beschränkt, und sie imitieren einander nicht. […] Fähigkeiten, die sich heute nur bei entfernt verwandten Tieren wie Vögeln, Walen oder Elefanten zeigen, könnten im genetischen Material von Affen und frühen Menschen erhalten geblieben sein, postulieren die Evolingo-Begründer. […] „Verschiedene stillgelegte oder zuvor anderweitig genutzte Module wurden bei der Evolution unserer Vorfahren für grammatische Regeln umfunktioniert und zum einzigartigen Produkt Sprache verknüpft", ist Hauser überzeugt. Sprache ist demnach die Synthese geistiger, linguistischer, sinnlicher, motorischer und anatomischer Fähigkeiten. […]

Klaus Wilhelm: Vom Tierlaut zum Menschenwort. In: Bild der Wissenschaft 5/2008

■ Stellen Sie gegenüber, welche Annahmen über Sprache und Sprachentstehung nach Auffassung der Evolinguisten überholt sind und was stattdessen angenommen werden sollte.

Baustein 2

Spracherwerb des Kindes

Einführung

Die Frage nach der Ontogenese der Sprache, also dem Spracherwerb des Kindes, ist eng verwoben mit der Frage nach der Phylogenese, der Sprachentstehung in der Gattung Mensch. So geht der Linguist Derek Bickerton davon aus, dass ein Kind die Evolution der Sprache nachvollzieht, indem es mit Ein-Wort-Äußerungen beginnt und später grammatisch korrekte Sätze bildet.[1] Der Weg des Kindes zur Sprache steht dabei aber – anders als bei der Phylogenese – im Spannungsverhältnis zwischen dem kreativen Vermögen des Kindes und der bereits bestehenden Sprache, die das Kind gewissermaßen nachschöpft und neuschöpft.[2]

In den Mittelpunkt der bis heute intensiv geführten Diskussion über den Spracherwerb des Kindes ist die Frage gerückt, ob ein Kind angeborene Sprachstrukturen besitzt und inwieweit diese allein die Entstehung von Sprache erklären können. Die auf den ersten Blick überraschende Annahme, der Mensch erlerne die Sprache nicht voraussetzungslos, sondern besitze bei der Geburt eine Art Blaupause der Sprache, wurde von dem amerikanischen Linguisten Noam Chomsky schon 1957 formuliert und später immer weiterentwickelt. Ging Chomsky zunächst von eher allgemeinen Kenntnissen aus, die das Kind als Spracherwerbsmechanismus (LAD: Language Acquisition Device) vor aller Erfahrung von Sprache mitbringen müsse, so präzisierte er seine nativistische Position später im Prinzipien- und Parametermodell durch restriktivere Annahmen über eine angeborene Universalgrammatik. Das Kind hat demnach ein vorsprachliches „Wissen" über Regeln (Prinzipien) einer jeden Grammatik. Zudem gibt es in der Universalgrammatik offene Parameter, also Optionen innerhalb des Prinzips, die vom Kind einzelsprachlich gefüllt werden, wenn es mit seiner Sprachgemeinschaft in Kontakt kommt.[3] Ein bekanntes Beispiel für einen Parameter der Universalgrammatik ist der sogenannte Pro-drop-Parameter. Der Pro-drop-Parameter beschreibt die Möglichkeit bzw. Unmöglichkeit, in einer Sprache die Subjektposition lexikalisch unbesetzt zu lassen. Die Möglichkeit existiert z. B. im Spanischen oder Italienischen, wo das Subjekt nicht explizit genannt, sondern auch allein durch die Verb-Endung vermittelt werden kann, während es eine solche Option im Englischen oder Deutschen nicht gibt. Das Kind akzeptiert nach Chomskys Auffassung zunächst aufgrund der Universalgrammatik beide Varianten. Erst im Kontakt mit

---

[1] In: DER SPIEGEL 43/2002 – 21. Oktober 2002.

[2] Dies ist ein Grund für die vielfältige Begrifflichkeit in der Forschungsliteratur: *Spracherwerb*, *Sprachentstehung* oder *Sprachentwicklung im Kinde* werden meist synonym verwendet, akzentuieren aber den Weg zur Sprache in jeweils anderer Weise, nämlich mit einer Betonung des Kontaktes zur bestehenden Sprache (Spracherwerb), der Phasierung des Prozesses (Sprachentwicklung) oder der Ursprünglichkeit der kreativen Leistung des Kindes (Sprachentstehung). Auch in diesem Baustein werden die Begriffe weitgehend synonym verwendet. Mit dem Bausteintitel soll insofern nicht einer bestimmten Akzentuierung der Vorzug gegeben werden, sondern lediglich der am meisten verbreitete Terminus als Titel genutzt werden. Dies geschieht in dem Bewusstsein, dass der Begriff des Spracherwerbs weit mehr umfasst, als in diesem Baustein geklärt werden kann. Es wird vor allem um die grundlegenden Theorien zum Spracherwerb gehen, nur am Rande dagegen um solche Aspekte wie den Erwerb spezieller sprachlicher Kompetenzen, die Bedeutung der Sprache für die Identitätsentwicklung oder die Rolle einer in spezifischer Weise geprägten Inputsprache (sozialer Kontext des Spracherwerbs).

[3] Vgl. hierzu und zum Folgenden Gisela Klann-Delius: Spracherwerb. Stuttgart/Weimar: Metzler. 1999. S. 50 ff.; und Gisbert Fanselow und Sascha W. Felix: Sprachtheorie. Eine Einführung in die generative Grammatik. Tübingen und Basel: Francke 1987, Bd. I, S. 138 ff.

einer Sprache entscheidet sich, wie der Parameter gefüllt wird, dessen Füllung dann diverse andere grammatische Festlegungen mit sich bringt. Die Grammatik entsteht demnach aus einem Zusammenspiel zwischen universalgrammatischen Prinzipien und empirischer Spracherfahrung.

Geschärft hat Chomsky seine Position in Auseinandersetzung mit der behavioristischen Spracherwerbstheorie Skinners. Skinner vertrat in den 1950er-Jahren eine Position, die für viele auch heute noch plausibel klingt. Demnach entsteht die Sprache im Wesentlichen dadurch, dass spontane Lautäußerungen des Kindes positiv verstärkt werden und das Kind auf diese Weise motiviert wird, Laute gezielt einzusetzen. Das Kind ahme zudem Sätze von Erwachsenen nach und generalisiere die Spracherfahrung, sodass auch neue Äußerungen möglich seien.[1]

Diese Theorie klingt einleuchtend und scheint sich mit vielem zu decken, was man täglich beobachten kann. Chomsky führt jedoch fünf Argumente gegen diese Lerntheorie an[2]:

1. Kinder lernten Sprache offenbar auch dann und auch vollständig, wenn es seitens der Erwachsenen keine Bestärkung gebe.
2. Die Kinder lernten eine so komplexe Fähigkeit wie die Sprache in erstaunlich kurzer Zeit, die für ein vollständiges Neulernen nicht ausreichend sei.
3. Die Kreativität der Sprache, also die Fähigkeit des Kindes, unendlich viele neue Äußerungen zu generieren, sei nicht durch den Lernprozess erklärbar.
4. Auch fehlerhafter Input, z. B. fehlerhafte Sätze der Eltern, führe nicht dazu, diese Fehler nachzuahmen, sondern das Kind ignoriere sie aufgrund vorhandener „Kenntnisse".
5. Die Sprachentwicklung gelinge weitgehend unabhängig von der Intelligenz des Kindes in stets ähnlicher Weise, was nicht zu einer Lerntheorie passe.

All diese Phänomene legen nach Chomskys Auffassung nahe, von einer angeborenen Sprachstruktur auszugehen.

Chomskys Theorie wurde in den 1990er-Jahren von Steven Pinker weiterentwickelt, der radikalisierend von einem „Sprachinstinkt" gesprochen hat, der dem Menschen gegeben sei wie dem Elefanten sein Rüssel (vgl. **Arbeitsblatt 40**, Seite 112). Anders als Chomsky stellt Pinker die Sprache als biologische Grundausstattung des Menschen dann auch in eine darwinistische Perspektive und betrachtet sie als Produkt einer natürlichen Selektion.[3] Bestätigt sieht sich Pinker durch Hinweise auf eine genetische Verankerung der Sprache. Eine englische Familie fand bei Linguisten große Aufmerksamkeit, weil sich bei ihr eine grammatische Sprachstörung zeigte, die ganz offenbar genetisch weitergegeben wird (vgl. **Arbeitsblatt 41**, Seite 114).

Während das eigentliche Lernen in den nativistischen Positionen Chomskys und Pinkers eine untergeordnete Rolle spielt, hat unter anderem Gisela Szagun als Gegenmodell eine epigenetische Position entwickelt, die zwar angeborene genetische Sprachstrukturen nicht leugnet, aber nicht davon ausgeht, dass diese die Sprachentwicklung bereits determinieren. Vielmehr entwickeln Kinder Sprache nach Szaguns Auffassung unter Nutzung genetischer Strukturen durch ein Lernen am angebotenen Sprachmaterial, das sie gewissermaßen statistisch auswerten und aus dem sie sprachliche Strukturen konstruieren.[4]

Vielfältige empirische Ergebnisse der letzten Jahre scheinen vordergründig vor allem die nativistische Position zu bestätigen, lassen aber auch Zweifel an der Vermutung angeborener Sprachstrukturen zu. Die Tatsache, dass bei der Erforschung künstlicher Intelligenz Roboter befähigt werden konnten, fragmentarische Sprechformen zu entwickeln, stellt die These von der Unmöglichkeit des voraussetzungslosen Erlernens von Sprache zumindest in Frage (vgl. **Arbeitsblatt 42**, Seite 115). Auch das Grammatikgen FOXP2, das angeregt durch den Gen-

---

[1] Vgl. B.F. Skinner: Verbal Behavior. New York: ACC 1957.
[2] Vgl. Chomskys Rezension zu Skinners, „Verbal Behavior" (Language 35, 1959).
[3] Vgl. Jürgen Trabant: Artikulationen. Frankfurt a. M.: Suhrkamp 1998, S. 169f.
[4] Vgl. Gisela Szagun: Sprachentwicklung beim Kind. Weinheim/Basel: Beltz. 2006. S. 273ff.

defekt der englischen Familie entdeckt wurde, ist offenbar nicht so eindeutig als typisch menschliches Sprachgen zu kennzeichnen, wie ursprünglich angenommen (vgl. **Arbeitsblatt 41**, Seite 114).

Wenn also auch unterdessen kaum mehr bezweifelt werden kann, dass das menschliche Gehirn mit angeborenen Sprachstrukturen zur Welt kommt, so ist doch noch nicht vollständig geklärt, worin diese Strukturen genau bestehen und welchen Anteil echtes Lernen oder konstruktivistische Prozesse an der Sprachentwicklung haben. Nach wie vor existieren also fundamental verschiedene Positionen zum Spracherwerb, die jeweils empirische Befunde für ihre Auffassung vorbringen können. Auffällig ist aber, dass die Diskussion nicht nur in Expertenkreisen Aufmerksamkeit findet, sondern selbst in Tageszeitungen dargestellt wird. Die Frage, wieso kleine Kinder in der Lage sind, etwas so Hochkomplexes wie Sprache zu entwickeln, ist offenbar unverändert ein Thema, in dem sich der Mensch als faszinierendes Wesen erkennt.

2.1 Sprache erlernen oder Angeborenes entfalten? Behavioristische, nativistische und epigenetische Positionen zum Spracherwerb

Die historische Genese der Diskussion über den kindlichen Spracherwerb und die kontroversen aktuellen Positionen zu dieser Frage machen das Thema zu einem besonders geeigneten Gegenstand, um auch im Deutschunterricht Denkweisen einer empirisch orientierten Wissenschaft und des damit verbundenen wissenschaftlichen Diskurses zu verdeutlichen – und das an einem Gegenstand, der für Jugendliche häufig von großem Interesse ist, weil eigene Erfahrungen eingebracht werden können und viele Schülerinnen und Schüler auch bereits Theorien zum Phänomen der Sprachentstehung entwickelt haben, möglicherweise auch in anderen Unterrichtsfächern (z. B. Erziehungswissenschaften, Biologie).

In einer ersten Phase kann die Skinner-Chomsky-Kontroverse im Mittelpunkt stehen, die zwei polar gegenüberstehende Grundpositionen zum Spracherwerb markiert, zum einen die Vorstellung, Sprache lasse sich wie anderes Verhalten durch einen voraussetzungslosen Lernprozess erklären (Skinner), und zum anderen die Position einer angeborenen sprachlichen Grundstruktur (Chomsky).

Um eine persönliche Auseinandersetzung der Schülerinnen und Schüler mit dem Thema in Gang zu bringen, sollten zu Beginn die Vorstellungen abgerufen werden, die die Lerngruppe aufgrund alltäglicher Erfahrungen zum kindlichen Spracherwerb bereits entwickelt hat oder nun entwickeln kann. Mithilfe des **Arbeitsblattes 32**, Seite 104, wird diese Theorieentwicklung angeregt, indem erklärungsbedürftige Phänomene anhand von Leitfragen zusammengetragen werden, die dann in einer theoretischen Positionierung aufgegriffen werden müssen. Denkbar sind hier z. B. Hinweise auf den relativ kurzen Zeitraum, in dem Sprache entsteht, auf die weitgehende Unabhängigkeit des Spracherwerbs von der Intelligenz, auf typische Fehler wie die Generalisierung („gehte" statt „ging") oder auf die zunehmende Differenzierung semantischer Felder (z. B. von *Wauwau* für alle Felltiere zu differenzierten Bezeichnungen).

Das Arbeitsblatt kann in Einzelarbeit angegangen werden, anschließend sollte in kleinen Gruppen unter Rückgriff auf **Arbeitsblatt 33**, Seite 105, eine Synthese der vorgetragenen Theorien versucht werden. Eine Gegenüberstellung der Gruppentheorien im Unterricht kann dann zum einen dazu führen, empirische Beobachtungen zu nutzen, um Theorien zu be- oder widerlegen, zum anderen wird die Diskussion eine Sensibilität dafür schaffen, welche Kenntnisse über den Spracherwerb noch fehlen, um überhaupt eine fundierte Theorie entwickeln zu können. Die Aufgabe des Lehrers bzw. der Lehrerin liegt dabei darin, vorschnelle

Einigkeit wieder zu hinterfragen, um so ein Bedürfnis nach wissenschaftlich begründeten Theorien zu erzeugen. Insbesondere die Vorstellung, Spracherwerb sei reines Lernen, sollte auf der Basis der Beobachtungen zumindest zweifelhaft erscheinen.

Mithilfe von **Arbeitsblatt 34**, Seite 106, lässt sich eine Übersicht über bestehende Spracherwerbstheorien gewinnen, die dann im Folgenden durch Texte zu den unterschiedlichen Positionen – vielleicht auch nur exemplarisch – konkretisiert werden. Auf das Arbeitsblatt kann vor allem dann verzichtet werden, wenn die im Baustein abgedruckten Originaltexte vollständig eingesetzt werden. In diesem Fall lässt sich Arbeitsblatt 34 gegebenenfalls als Bündelung am Ende der Reihe einbringen.

Als Einstieg in die Auseinandersetzung mit der wissenschaftlichen Untersuchung der Ortogenese kann die Diskussion über eine „kritische Phase" des Spracherwerbs dienen (**Arbeitsblatt 35**, Seite 107), die sich nicht nur auf Evidenz, sondern auf Beobachtungen zu speziellen Sprachsituationen stützt.

- *Haben Sie z. B. beim Fremdspracherwerb Erfahrungen gemacht, die die Theorie einer kritischen Phase für den Spracherwerb unterstützen?*

- *Diskutieren Sie, inwieweit die Theorien zur kritischen Phase des Spracherwerbs Konsequenzen für den schulischen Fremdsprachenunterricht haben sollten.*

Ein unsystematisches Zusammentragen eigener Erfahrungen zum sprachlichen Lernen ist in dieser frühen Phase der Unterrichtsreihe durchaus wünschenswert (z. B. Schwierigkeit des Fremdspracherwerbs bei älteren Menschen; Muttersprachlichkeit in zwei Sprachen bei bilingual aufwachsenden Kindern, …). In einer Diskussion über Konsequenzen für den Fremdsprachenunterricht könnte die Position vertreten werden, dass die Theorie kritischer Phasen dafür spreche, möglichst früh (deutlich vor der Pubertät) möglichst viele Sprachen zu erlernen. Als Gegenargument ließe sich anführen, dass die Theorien sich nur auf primären Spracherwerb beziehen. Die Frage, inwieweit sekundärer Spracherwerb in Form von punktuellem Unterricht ähnlichen Mustern folgt, ist damit nicht geklärt. Hinweise hierauf gibt jedoch **Arbeitsblatt 47**, Seite 120 f.

Als erstes Zentrum des ersten Blocks dient die Skinner-Chomsky-Kontroverse. Zwar fand Skinners behavioristische Spracherwerbstheorie (**Arbeitsblatt 36**, Seite 108) im Laufe der wissenschaftlichen Auseinandersetzung wenige Anhänger, sie sollte jedoch nicht nur als historisch wichtige Station der Diskussion berücksichtigt werden, sondern auch weil seine Position eine Nähe zu den Vorstellungen mancher Schülerinnen und Schüler haben dürfte, da es allzu naheliegend ist, Spracherwerb als feedbackgesteuerten Lernprozess zu deuten. Nach Skinners Vorstellungen äußert ein Kind aufgrund eines Stimulus ungesteuert Laute. Als Stimulus können z. B. Gegenstände, Tiere oder auch Sätze von Menschen dienen. Auf die daraufhin geäußerten Laute erfährt ein Kind durch die soziale Umwelt eine Verstärkung, z. B. in Form einer Antwort. Aus diesem Prozess zwischen Stimulus, Response und Verstärkung entsteht nach Skinners Auffassung bei dem Kind „sprachliches Verhalten".

- *Stellen Sie Parallelen und Unterschiede zwischen Skinners Theorie des Spracherwerbs und seinen Taubenexperimenten zusammen.*

- *Nehmen Sie Bezug auf Ihre eigenen Beobachtungen zum Spracherwerb. Welche Ihrer Beobachtungen werden von Skinners Theorie erfasst, welche sprechen gegen den behavioristischen Ansatz?*

- *„Man merkt dem Text an, dass Skinner bewusst war, mit seiner Theorie absolut nichts zu erklären." – Teilen Sie diese Position?*

Ergebnis der Auseinandersetzung mit Skinners Theorie könnten folgende Tafelbilder sein:

Skinners behavioristische Spracherwerbstheorie

Spracherwerb als Ergebnis von Lernen durch Verstärkung:

spontane Lautäußerung aufgrund eines Stimulus (Gegenstand, Tier, Sätze)   Lautäußerung bei ähnlichen Stimuli

↓   ↑

Verstärkung durch die soziale Umwelt ➡ Lautäußerung wird häufiger gezeigt

Skinner: Ähnlichkeiten/Unterschiede von Spracherwerb und Taubendressur

Auffassung Skinners (Ähnlichkeit):   Spracherwerb = Konditionierung von Verhalten
Kritik an Skinner (Unterschied):   Sprachlichkeit ≠ Erwerb von Sprachmustern
                             Sprachlichkeit = Fähigkeit zu unzähligen sprachlichen Handlungen

Fazit: Die Komplexität der Sprache lässt Vorstellungen von einer „Dressur" ungeeignet erscheinen.

Von Skinner nicht erklärte Phänomene, z. B.:

- Ausdifferenzierung von Sprache (z. B. „Wau-Wau" für alle Felltiere – differenzierte Bezeichnung durch ältere Kinder)
- weitgehende Intelligenzunabhängigkeit des Spracherwerbs

Anhand von Chomskys Kritik (**Arbeitsblatt 37**, Seite 109) werden im Unterricht schon zuvor entwickelte kritische Anmerkungen zu Skinner pointiert und vertieft. Chomskys Kritik lässt sich in fünf Thesen formulieren (siehe Einführungstext, Seite 91).[1]

Zweiter Schwerpunkt in diesem ersten Block des Bausteins sollte die Kontroverse zwischen der nativistischen und der epigenetischen Position sein. Wenn alle Schülerinnen und Schüler bereits die Chomsky-Rezension zu Skinner kennen, ist es möglich, die nativistische und die epigenetische Position zum Spracherwerb anhand der **Arbeitsblätter 38 und 39**, Seiten 110 und 111, in Form eines Doppelkreisarrangements erarbeiten zu lassen (Erläuterung: Z. 16, Seite 274). Dazu sollten die Schülerinnen und Schüler ein Din-A4-Blatt mit zwei Spalten zu den zwei Positionen erstellen, wobei sie eine Spalte zunächst in Einzelarbeit anhand ihres Arbeitsblattes ausfüllen und die zweite Spalte dann in der Doppelkreisarbeit anhand der Ausführungen des Partners/der Partnerin ergänzen.

---

[1] Zur Einordnung der Stellung Chomskys in der Geisteswissenschaft kann vielleicht der Hinweis dienlich sein, dass Chomsky zu den zehn meistzitierten geisteswissenschaftlichen Autoren der Welt gehört (neben Marx, Freud, Shakespeare und anderen) und der Einzige darunter ist, der noch lebt (vgl. Pinker, Steven: Der Sprachinstinkt. München: Knaur 1998, S. 27). Sein Stellenwert begründet sich jedoch nur zum Teil aus seiner sprachwissenschaftlichen Bedeutung, große Bekanntheit hat Chomsky in den USA vor allem als Kritiker der Globalisierung und des Wirtschaftsliberalismus gewonnen.

Das Ergebnis könnte dann folgendes Aussehen haben:

Nativistischer Erklärungsansatz des Spracherwerbs (Chomsky)

Hauptthese: Der Spracherwerb basiert auf einer angeborenen Universalgrammatik, die ein Grundgerüst aller Sprachgrammatiken enthält.

Argumente dafür:
- Die sprachliche Kreativität lässt astronomisch viele Sätze zu, deren Erzeugung und Verständnis ohne angeborene Struktur nicht erklärbar wäre.
- Hochkomplexe Sprache entsteht unabhängig von Stimuli bei allen normal begabten Menschen.
- Mit Sprache reagiert der Mensch auf ganz unterschiedliche Situationen, was gegen eine Konditionierung spricht.

Warum *Grammatik* als angeborenes Muster?
Chomsky hält offenbar vor allem die Grammatik für angeboren, weil diese Logik der Sprache besonders komplex ist. Grammatik ist für Chomsky ein Regelapparat (vor allem Kombinationsregeln in der Syntax).

Aufgabe der Sprachwissenschaft wäre demnach, sprachliche Universalien zu beschreiben!

Epigenetischer Erklärungsansatz des Spracherwerbs (Szagun)

Hauptthese: Spracherwerb resultiert aus dem Aufbau sprachlicher Strukturen aufgrund des Umweltangebots (konstruktivistisches Lernen):

Sprachlicher Input → (Entdeckung von Regelhaftigkeiten) → Verallgemeinerung

Wiss. Tradition: Konstruktivismus Piagets

Epigenetische Position als Gegenposition zum Nativismus:

Behauptungen des **Nativismus**:
a) Unlernbarkeit der Grammatik aufgrund unzureichenden Inputs
b) Kinder erhalten kein Feedback

Epigenetische Gegenposition

zu a)
- Das Kind entwickelt aus dem sprachlichen Input Verallgemeinerungen.
- Das Kind bildet selbstständig komplexere Satzmuster aus einfachen.
- Das Kind analysiert den Sprachinput statistisch und entwickelt eigene Sprachmuster aufgrund von Wahrscheinlichkeitsüberlegungen.

zu b)
- Reformulierungen und Erweiterungen geben dem Kind ein nutzbares Feedback.

2.2 Empirische Befunde zum Spracherwerb: Sprachinstinkt, Sprachgene und sprechende Roboter

Nachdem im ersten Teil dieses Bausteins die theoretischen Grundpositionen geklärt wurden, soll in der zweiten Phase der Blick auch auf empirische Befunde gerichtet werden, um auf dieser Basis zu einer Bewertung unterschiedlicher Auffassungen zum Spracherwerb zu gelangen. Dabei können die Schülerinnen und Schüler auch Grundmuster einer wissenschaftlichen Auseinandersetzung über Fragen aus dem Grenzbereich zwischen Natur- und Geisteswissenschaft erkennen.

Pinkers Vorstellung eines menschlichen Sprachinstinkts in Analogie zum Elefantenrüssel (**Arbeitsblatt 40**, Seite 112f.) bietet sich für den Einstieg als Grundlagentext in besonderer Weise an. Zum einen steht er klar in der Tradition der nativistischen Position Chomskys und fasst seine Position in unterhaltsamer Weise in das Bild des Rüssels, der dem Elefanten ebenso als Organ

Baustein 2: Spracherwerb des Kindes

gegeben sei wie dem Menschen seine Sprache. Zugleich ergänzt Pinker Chomskys Universalgrammatikvorstellung um eine evolutionsselektive Dimension, dergemäß die Sprache wie andere Organe durch einen Selektionsprozess evolutionär erklärt wird. Dadurch ist das Spracherwerbsproblem vollständig in der Biologie angekommen, was vor allem erklärt, wieso Hinweise auf genetische Verankerungen der Sprache in der Diskussion eine so große Rolle spielen.

Die Aufgaben zum Pinker-Text sollten von den Schülerinnen und Schülern zunächst allein bearbeitet werden, die Lösungen dann mit einem Partner verglichen und anschließend im Kurs zusammengetragen werden.

- *Pinker behauptet, alle fiktiven Argumente der „Elefanten-Biologen" seien in ähnlicher Weise von menschlichen Wissenschaftlern für das Phänomen Sprache formuliert worden. Entschlüsseln Sie den Text, indem Sie zu jedem „Elefanten-Argument" die tatsächlich geäußerte Behauptung über die Sprache nennen.*

- *Pinker meint, mit seiner Theorie „die öffentliche Meinung […] umzukehren". Diskutieren Sie, inwiefern in seinen Thesen eine Umkehrung der öffentlichen Meinung zur Sprachentstehung gesehen werden kann.*

- *Wie könnten empirische Belege für Pinkers Theorie aussehen?*

Die Ergebnisse könnten mittels Folie gebündelt werden:

Argument der „Elefanten-Biologen" zum Rüssel	Entsprechendes Argument der Linguisten zur Sprache
Evolutionsbiologen **Schule 1**: 90 % der DNS entsprechen denen des Schliefers	Der genetische Unterschied zwischen Mensch und Affe sei gering.
Der Rüssel sei nicht so komplex wie angenommen.	Die menschliche Sprache sei nicht so komplex, dass ihr eine evolutionäre Sonderstellung zukomme.
Der Rüssel ≈ Nasenlöcher des Schliefers	Menschliche ≈ tierische Sprache
Durch Dressur ⇒ Schliefer können zwar keine Gegenstände aufheben, aber Zahnstocher mit der Zunge vor sich herschieben.	Affen könne man sprachlichen Zeichengebrauch beibringen, der dem menschlichen ähnele.
Schule 2: Rüssel ist durch einzigartige Mutation plötzlich entstanden und völlig singulär in der Welt.	Sprache sei durch eine plötzliche Genmutation entstanden und zeichne den Menschen unter allen Tieren aus.
Rüssel ist als Nebenprodukt zum Kopf entstanden.	Es habe verschiedene Genmutationen gegeben, die in ihrer Kombination zufällig als Nebenprodukt Sprache ermöglichten.
Der Rüssel ist zu weit mehr fähig, als der Urelefant wirklich gebraucht hat.	Der Urmensch habe die (genetischen) Voraussetzungen zu komplexer Sprache besessen, die er aber gar nicht benötigte.
Pinkers „Lösung": Sprache ist trotz ihrer Einzigartigkeit ein „normales" biologisches Organ (wie der Rüssel) und kann daher wie der Rüssel auch durch evolutionäre Selektionsprozesse entstanden sein. Sie hat sich, wie andere Organe auch, allmählich entwickelt, erscheint uns lediglich deshalb als „Sprung", weil die Spezies, die Vorformen der Sprache besaßen, ausgestorben sind.	

Die Umkehrung der öffentlichen Meinung besteht darin, Sprache nicht mehr als erlernte soziale Fähigkeit zu verstehen, sondern als Teil der biologischen Grundausstattung des Menschen. Ganz so neu ist die Vorstellung zwar nicht, denn die Grundidee wurde von Chomsky schon in den 1950er-Jahren formuliert, aber Pinker radikalisiert sie noch einmal und rückt sie vollständig unter eine biologische Perspektive.

Eine Diskussion über theoriebestätigende empirische Belege könnte folgende Aspekte ansprechen:

- Es könnten paläontologische Hinweise auf Lebewesen gefunden werden, die Übergangsformen von Sprache besessen haben müssen.
- Die genetische Verankerung des Sprachinstinkts könnte belegt werden, wenn Gendefekte festgestellt werden, die zu Sprachfehlern führen.
- Es könnten Kinder gefunden werden, die gesund sind, aber kein „Sprachorgan" besitzen, so wie auch Elefanten ohne Rüssel geboren werden können.

Im Anschluss an den Pinker-Text sollte mithilfe der empirischen Daten und der kritischen Texte (**Arbeitsblätter 41 und 42**, Seiten 114 und 115) eine Erörterung darüber erfolgen, inwieweit die Forschungslage Pinkers (und Chomskys) Position eher unterstützt oder eher infrage stellt. Denkbar ist zur Erarbeitung eine modifizierte Form des Gruppenpuzzles, bei dem die Arbeitsblätter 41 und 42 jeweils von einem Schülerpaar bearbeitet werden und anschließend in Vierergruppen (zwei Paare) die beiden Teilergebnisse zusammengetragen werden.
Zur Kontrolle: Folgende Ergebnisse wären möglich:

■ *FOXP2 – das spezifische Sprachgen des Menschen? Stellen Sie zusammen, was für und was gegen diese These spricht.*

Für ein spezifisches Sprachgen FOXP2 spricht:

- der genetisch bedingte Sprachdefekt der englischen Familie (Gopnik-Fall)
- Die typisch menschliche Form des FOXP2-Gens hat evolutionsgeschichtlich offenbar einen entscheidenden Vorteil gebracht: die Sprache?

Dagegen spricht:

- Das FOXP2-Gen scheint vor allem die Feinmotorik des Sprechapparats zu beeinträchtigen (also nicht die Sprache selbst).
- FOXP2 kommt bei fast allen Tieren vor.

■ *Die in den beiden Texten vorgebrachten Einwände gegen Pinkers Sprachinstinkt-These liegen auf unterschiedlichen Ebenen: Grenzen Sie die Einwände voneinander ab.*

■ *Entwerfen Sie eine fiktive Antwort Pinkers auf diese Texte.*

■ *Zusatzaufgabe: Untersuchen Sie die Frage, ob Skinner die Roboter-Versuche als Bestätigung seiner behavioristischen Theorie verstehen könnte.*

Trabants Kritik: Pinkers Thesen zur Sprachuniversalität beziehen sich nicht auf das Zentrum der Sprache: das Erlernen von Wörtern. Pinker gehe von universell gleichen Konzepten (Begriffen) aus, die von den Sprachen nur unterschiedlich bezeichnet werden (für Trabant eine überflüssige Generalisierung des Konzeptes)

Illingers Einwand: Dass Computer Sprache lernen können, lasse Zweifel an einer angeborenen menschlichen Sprachstruktur aufkommen.

Mögliche Antworten Pinkers:
Zu Trabant: Die Komplexität von Sprache besteht in ihrer Grammatik, nicht in den Wörtern. Die Angeborenheit der Grammatik ist daher die zentrale Annahme.
Zu Illinger: Warum sollte nicht der Mensch nur aufgrund einer angeborenen Universalgrammatik Sprache lernen können, hochkomplexe Computer dagegen auch ohne angeborene Strukturen? Ein Computer ist weitaus fähiger zu Kombinationen als ein Kleinkind und wird sicherlich mit sprachlichem Input „gefüttert", der anders als beim Kind gezielt ausgewählt ist.

Skinner könnte die Computer als Bestätigung sehen, weil sie Sprache voraussetzungslos lernen können, allerdings ist der Computer einer komplexen, nur auf das Lernen ausgerichteten Situation ausgesetzt, die für das Kind gerade nicht so besteht.

Im Unterricht kann sich daran ein offenes Kursgespräch anschließen, in dem die Schülerinnen und Schüler erläutern, wie sie die Position angeborener Sprachstrukturen auf der Basis des empirischen Materials beurteilen. Wünschenswert wäre hier eine differenzierte Position, die zwar angeborene Sprachstrukturen für wahrscheinlich hält, aber im Detail noch viele offene Fragen sieht und auch die Grenzen einer abschließenden Beurteilung beim augenblicklichen Forschungsstand im Auge hat.

Gerade auf der Basis der empirischen Befunde dürfte bei Schülerinnen und Schülern die Vorstellung entstehen, fundierte Erkenntnisse zum Spracherwerb der Kinder seien von der Neurobiologie zu erwarten. Mit **Arbeitsblatt 43**, Seite 116, kann verdeutlicht werden, wie durchaus bescheiden zur Zeit noch die Kenntnisse über die Sprachentstehung und Sprachverarbeitung im Gehirn sind. Linguistische Untersuchungen zur Sprachentstehung sind daher keineswegs überholt, sondern liefern zur Zeit sehr evidente Erklärungen für die Mechanismen des Spracherwerbs. Und auch wenn die Neurobiologie weiter fortschreitet, dürfte nur eine Kooperation zwischen Sprachforschern und Neurowissenschaftlern die Erkenntnisse über die Entstehung von Sprache erweitern.

- *Welche Informationen über die Produktion und das Verständnis von Sprache im Gehirn entnehmen Sie dem Text? [...]*

- *„Vor dem Hintergrund aktueller neurobiologischer Forschungen sind die Auffassungen von Sprachwissenschaftlern überflüssig, da man das Wunder der Sprache neurobiologisch verstehen kann." – Teilen Sie diese Auffassung?*

- *Gibt es Positionen zur Sprachentstehung im Kind, die sich durch die neurobiologische Forschung bestätigt sehen könnten?*

Anders als noch vor einigen Jahrzehnten vermutet, spricht heute einiges dafür, dass die Sprache nicht allein in abgrenzbaren Zentren produziert und verstanden wird, sondern viele Gehirnregionen an Sprachprozessen beteiligt sind und im Falle einer Hirnschädigung auch sprachliche Funktionen von anderen Arealen übernommen werden können. Der im Text beschriebene Umgang des Gehirns mit fehlerhaften Sätzen verdeutlicht, wie Sprache im Gehirn in vernetzten Regionen verarbeitet wird.

Die Auffassung, die Neurobiologie habe das Rätsel der Sprachentstehung gelöst, lässt sich nach der Lektüre des Artikels nicht aufrechterhalten. Auch zukünftig ist damit zu rechnen, dass nicht die Neurobiologen allein die Sprachentstehung erklären können, sondern hierzu eine Kooperation von Hirnforschern und Linguisten notwendig sein wird. Denn die Plausibilitätsbetrachtungen, die aus der Sprachforschung gewonnen wurden, dürften unverändert wichtig werden, um die in ihrer Komplexität wohl kaum ganz verstehbaren neurobiologischen Prozesse zu beleuchten.

Die heute diskutierten Positionen zum Spracherwerb des Kindes können sich nur sehr bedingt auf neurobiologische Forschungsergebnisse berufen: Der nativistische Ansatz dürfte eine Bestätigung eigener Annahmen darin sehen, dass die Grammatik beim Sprachverstehen so frühzeitig wahrgenommen wird und somit in der Tat eine Art Leitfunktion hat, die die fundamentale Rolle rechtfertigt, die der Grammatik im Nativismus zugesprochen wird. Die Angeborenheit von Grammatik selbst ist damit nicht nachgewiesen. Epigenetische Positionen dürften vor allem Interesse daran haben, dass das Gehirn falsche Sätze mit Sinn füllen will. Nach epigenetischer Auffassung sind Kinder in der Lage, auch aus basalem Sprachinput selbst deutlich komplexere Strukturen zu konstruieren. Die beschriebene Eigenaktivität des Gehirns, das Sprache nicht einfach entschlüsselt, sondern sich um eine eigene Konstruktion der Semantik bemüht, könnte diese These stützen.

Als Pointierung und Sicherung der Ergebnisse der Auseinandersetzung mit dem Thema „Spracherwerb des Kindes" bietet sich eine **Podiumsdiskussion** an, in der die vertretenen Spracherwerbstheorien gegeneinander abgewogen werden.

Der Kurs soll dabei in fünf Gruppen Rollen vorbereiten:

- Behaviorist
- Chomsky-Schüler
- Pinker-Schüler
- Szagun-Schüler
- Moderator

Zu Beginn muss der gesamte Kurs darüber informiert werden, welche Rollen vertreten sind. Die Zuweisung auf die Gruppen sollte per Los erfolgen, um die Schülerinnen und Schüler dazu zu bringen, sich auch in ihnen fremde Theorien einzudenken. Für die Vorbereitung der Podiumsdiskussion mithilfe der Rollenkarten (vgl. **Arbeitsblatt 45**, Seite 118) sollte eine Schulstunde zur Verfügung gestellt werden, die durch eine häusliche, wiederholende Lektüre der entsprechenden Theorietexte vorbereitet werden muss. Damit die Diskussion sich nicht in einer reinen Reproduktion erschöpft, wird mit dem Text „Linguistischer Urknall" (**Arbeitsblatt 44**, Seite 117) ein empirischer Befund geliefert, den die Podiumsvertreter aus ihrer Sicht interpretieren und kontrovers diskutieren sollen.

Jede Gruppe wählt dann ein Gruppenmitglied aus, das die erarbeitete Position in der Podiumsdiskussion vertritt. Die Zuschauer erhalten als Beobachtungsauftrag die folgende Tabelle (Tafelanschrieb):

	Behaviorist	Chomsky-Schüler	Szagun-Schüler	Pinker-Schüler
Position (als These formuliert):				
Argumente für diese Position:				
Kritik der anderen an dieser Position:				
Ggf. Entkräftung der Kritik:				

Je nach Diskussionsverlauf wird die Tabelle sicherlich nicht vollständig ausgefüllt, sie kann dann im Unterrichtsgespräch ergänzt und in einer komprimierten Form visualisiert werden, je nach Ablauf der Plenumsdiskussion z. B. in folgender Form:

	Behaviorist	**Chomsky-Schüler**	**Szagun-Schüler**	**Pinker-Schüler**
Position:	Sprache wird durch einen feedbackgesteuerten Lernprozess erworben.	Sprache ist in seinem Kerngerüst als Universalgrammatik angeboren.	Sprachliches Verhalten entsteht aus einer Interaktion von genetischen und Umwelt-Faktoren, bei der Lernen eine große Rolle spielt.	Sprache ist dem Menschen als ein Instinkt angeboren, ihre Herkunft folgt evolutionären Regeln.
Argumente aus dem Text für diese Position:	Unterdessen ist es gelungen, Computern sprachliche Strukturen (Präteritumformen) durch einen feedbackgesteuerten Lernprozess beizubringen. Den Computern ist offenbar keine Universalgrammatik angeboren.	Die Kinder in Nicaragua konnten ihre Sprache nicht von den Hörenden lernen, sie müssen sie also selbst entwickelt haben. Dies lässt sich durch angeborene Strukturen erklären.	An Experimenten mit acht Monate alten Säuglingen konnte man zeigen, dass sprachliche Strukturen von Kleinstkindern im Input identifiziert werden. Kinder lernen also, indem sie die vorgefundene Sprache untersuchen.	Die Natürlichkeit, mit der die Kinder in Nicaragua die Sprache entwickelt haben, zeigt, dass die angeborene Sprache instinkthaft aus dem Menschen hervorgeht, sobald er mit anderen Menschen zusammen ist.
Mögliche Einwände gegen die Position:	Das Computerexperiment beschränkt sich auf Grammatik-Drill. Sprache bedeutet jedoch sinnhafte Zeichennutzung in sozialen Kontexten.	Der Text zeigt, dass die Kinder eben nicht sprachlos begannen, sondern bereits auf Zeichen zurückgreifen konnten. Zudem suggeriert die Argumentation, als Sprache könne nur jene Form gelten, die an äußere Zeichen gebunden ist.	Auch in einem universalgrammatischen Modell wäre zu erklären, dass Kinder Sprachmaterial „prüfen", nämlich daraufhin, wie die offenen Parameter der Universalgrammatik zu füllen sind.	Siehe Chomsky: Da die Kinder bereits sprachliche Fähigkeiten mitbringen, handelt es sich nicht um eine wirkliche Neuerfindung der Sprache, sondern um die Entwicklung einer neuen Sprache aus verschiedenen Individualsprachen.

Abschließen sollte die Rückblicksdiskussion mit einem Gespräch über die persönlichen Positionen der Kursteilnehmer:

- *Welche der vorgetragenen Argumente haben Sie selbst besonders überzeugt?*
- *Wie ist Ihre eigene Position zum Spracherwerb des Kindes am Ende dieser Reihe?*
- *Welche Rolle spielt nach Ihrer Auffassung die gesellschaftlich überlieferte Sprache bei der Ontogenese der Sprache?*
- *Welche Einsichten in den wissenschaftlichen Diskurs unserer Zeit haben Sie gewonnen?*

Zur letzten Frage wären z. B. folgende Ergebnisse denkbar:

- Identische empirische Daten werden von Wissenschaftlern unterschiedlich gedeutet, sodass unterschiedliche Theorien durch sie begründet werden.
- Die Sicherheit der empirischen Daten ist oft fragwürdig, weil die empirischen Erkenntnisse der einen Forschergruppe von der anderen Gruppe durch ebenfalls empirische Erkenntnisse vermeintlich widerlegt werden.
- Insgesamt lässt eine unzureichende Basis empirischer Erkenntnisse viel Spielraum für unterschiedliche Positionen.
- Zuweilen ist festzustellen, dass nur vordergründig über das gleiche Phänomen diskutiert wird (Sprache), tatsächlich konzentrieren sich manche Theorien auf den Erwerb von Worten (Skinner), während andere die Grammatik in den Mittelpunkt stellen (Chomsky). Wissenschaftliche Kontroversen beruhen insofern zu einem Teil auch auf begrifflichen Unschärfen.
- Ein Echo in der Öffentlichkeit erhalten wissenschaftliche Positionen vor allem auch dann, wenn es gelingt, sie anschaulich zu präsentieren (Pinker).

2.3 Leben in zwei Sprachen: Mehrsprachigkeit als Weltgewinn und Weltverlust

Eine in der globalisierten Welt nicht seltene Besonderheit des Spracherwerbs ist das zweisprachige Aufwachsen, sei es, dass Kinder von Eltern gleich zweisprachig sozialisiert werden, sei es, dass durch eine Migrationsgeschichte Kinder auf selbstverständliche Weise in zwei Sprachen zu Hause – oder auch nicht zu Hause – sind.

Mit **Arbeitsblatt 46**, Seite 119, kann gut an die Spracherwerbstheorien angeschlossen werden.

■ *Im Text werden einige Phänomene und Beispiele von zweisprachig aufwachsenden Kindern genannt. Notieren Sie diese und versuchen Sie eine Erklärung der Phänomene auf der Basis Ihrer bisherigen Kenntnisse zum Spracherwerb.*

Phänomen des zweisprachigen Aufwachsens	Erklärungsversuch
a) Bei Spracherwerb Rückgriff auf Wortmaterial beider Sprachen	a) In allen Erklärungsmodellen als sprachliche Nutzung des von der Umwelt angebotenen Materials deutbar
b) „Mischsätze" bei 2- bis 3-Wort-Sätzen	b) s. o.
c) „Mischgrammatik" für beide Sprachen	c) Mit Chomsky ließe sich dies als Beleg dafür sehen, dass die Füllung der Parameter der UG noch nicht abgeschlossen ist. Epigenetische Erklärung: Gemischter Sprachinput führt zunächst zu einer falschen Verallgemeinerung.
d) Mit ca. 4 Jahren Systemtrennung der Sprachen	d) Chomsky: Parallele Füllungen der Parameter der UG sind abgeschlossen. Epigenetischer Ansatz: Erforschende Konstruktion hat zu abgegrenzten Sprachsystemen geführt.
e) Protest des Kindes, wenn Eltern die Sprache „wechseln"	e) Individuell erreichter Sprachstand (Trennung der Sprachen) soll nicht in Frage gestellt werden.

Mit **Arbeitsblatt 47**, Seite 120f., lässt sich eine offene Diskussion darüber anregen, ob die Schülerinnen und Schüler für ihre eigenen Kinder einen frühen Fremdspracherwerb wünschen. Die Tendenz vieler Bundesländer, mit dem Englischunterricht schon in der 1. Klasse zu beginnen, sollte hier einbezogen werden.

Arbeitsblatt 48, Seite 122, erlaubt eine sprachphilosophische Fundierung des Mehrsprachigkeitsphänomens. Wilhelm von Humboldt formuliert in diesem Text seine bekannte Auffassung, derzufolge Sprachnationen einen individuellen Zugriff auf die Wirklichkeit haben, der sich in der Sprache manifestiert. Verschiedene Sprachen sind demnach nicht einfach „Übersetzungen", sondern sie stellen eine je unterschiedliche sprachliche Sicht auf die Welt dar.

Nach Humboldts Auffassung zeigt sich die Weltansicht einer Sprache im Wortschatz insbesondere in zwei Erscheinungen:

1) In differierenden Aufteilungen des semantischen Feldes (z. B. Unterscheidung zwischen neuf ((fabrik-)neu) und nouveau (neu für mich) im Französischen, nicht aber im Deutschen; ähnlich sky/heaven im Englischen – daher ist Gagarins Satz nicht sinnvoll ins Englische übersetzbar)

2) In anderen Analogien/Merkmalsbetonungen: Vor allem bei der Bezeichnung neuer Erscheinungen manifestieren sich in den Sprachen unterschiedliche Sichten auf die Dinge, indem andere Analogien hergestellt werden bzw. andere Aspekte in den Blick gerückt sind (z. B. dt. Glüh*birne*, frz. ampoule (ampoule auch: *Blase*), dt. Geld *abheben*, frz. retirer de l'argent; retirer: *zurückziehen*).[1]

Auch harmlose Formulierungen wie „Die Sonne geht auf/unter" zeigen eine Weltansicht, hier nämlich die alte geozentrische Auffassung, die Sonne drehe sich um die Erde. Die Franzosen haben eine eher personifizierte Vorstellung unseres Fixsterns: „Le soleil se couche/se lève" („legt sich schlafen", „steht auf").

Ein wirklich „objektiver" sprachlicher Blick auf die Welt ist demnach nicht möglich, die intime Kenntnis mehrerer Sprachen erlaubt aber insofern eine „Objektivierung", als hier die Relativität des Blickes einer jeden Sprache stets im Bewusstsein ist. Mehrsprachigkeit ist damit auch als Erkenntniserweiterung zu betrachten.

- *Formulieren Sie mit eigenen Worten die „Weltansichtthese" Humboldts und erläutern Sie diese an folgenden Beispielen, suchen Sie weitere Beispiele.*

- *Versuchen Sie anhand der Beispiele eine Systematisierung: Worin unterscheiden sich die Weltansichten von Sprachen?*

- *Worin unterscheidet sich Ihrer Auffassung nach ein einsprachig und ein mehrsprachig aufgewachsenes Kind, wenn man der Weltansichtthese folgt?*

---

[1] Vgl. z. B. auch *Fledermaus* (ahd. *fledarmus*: Flattermaus), frz. *chauve-souris* (kahlköpfige Maus), oder *Arbeitnehmer* (der ja eigentlich Arbeit gibt, vgl. auch: Baustein 4, Seite 214). In anderen Sprachen wird deutlicher, dass der „Arbeitnehmer" nicht die Arbeit nimmt, sondern Gehalt oder Beschäftigung: frz. *le salarié* (salaire: Gehalt), engl. *employee* (to employ: beschäftigen). Interessant ist auch, dass der Engländer sein Geld *earns* (eigentlich: *erntet*; von der Wurzel aengl. ern ~ mhd. ernen = ernten), der Deutsche dagegen *verdient* es, während der Franzose es gewinnt (*gagner*).

> ## Humboldts Weltansichtthese
>
> **In jeder Sprache spiegelt sich eine spezielle Sicht auf die Wirklichkeit.**
>
> Manifestationen der Weltansicht:
>
> **Unterschiedliche Aufgliederung der Begriffe** (des semantischen Feldes):
> Himmel – engl. sky/heaven (Differenzierung im Englischen)
> frz. bois – dt. Holz/Wald (Differenzierung im Deutschen)
>
> **Unterschiedliche Analogiebildung/Merkmalsbetonung:**
> Lampenschirm – engl. lampshade – frz. abat-jour
>
> Mehrsprachigkeit erlaubt es, die Weltansicht der einzelnen Sprache zu relativieren.

Mit **Arbeitsblatt 49**, Seite 123, kann schließlich der Blick dafür geöffnet werden, dass Zweisprachigkeit für viele Menschen in Deutschland alltägliche und nicht nur positive Realität ist. Dabei präsentieren die beiden Gedichte sehr unterschiedliche Sichten auf die deutsche Sprache. Das lyrische Ich kann in beiden Texten wohl mit dem jeweiligen Autor identifiziert werden. Pazarkaya bezeichnet die deutsche Sprache als seine „zweite heimat", während Monroy sich sowohl im Deutschen als auch in seiner Muttersprache heimatlos fühlt. Beide Autoren sprechen in ihren Texten von Ausgrenzung, Hass, Zwang. Pazarkaya sieht aber jene, die erniedrigen, als die eigentlich von der Sprache Ausgeschlossenen (3. Strophe), während Monroy sich selbst als ausgegrenzt erlebt. Ein Grund für diese unterschiedliche Interpretation könnte darin liegen, dass Pazarkaya das Deutsche als bedeutsame intellektuelle Bereicherung versteht (2. Strophe) und sich durch die Verbundenheit mit einem durch Literaten und Philosophen geprägten Deutschland gerüstet fühlt für ein Ignorieren real erlebten hasserfüllten Geschreis. Monroy dagegen kann oder will solch eine Trennung offenbar nicht vornehmen. Inwieweit beide Gedichte unterschiedliche Phasen der Integration spiegeln – Pazarkaya ist bei Verfassen des Gedichtes seit 31 Jahren in Deutschland, Monroy erst fünf –, kann diskutiert werden. Hier wie in der gesamten Auseinandersetzung mit Mehrsprachigkeit dürfte die Einschätzung zweisprachig aufgewachsener Schülerinnen und Schüler besonders interessant sein.

Vorschlag zur Reduktion: Ein Minimalkatalog für die Auseinandersetzung mit dem Spracherwerb

Stehen nur wenige Stunden für die Auseinandersetzung mit dem Thema dieses Bausteins zur Verfügung, empfiehlt sich eine Reduktion auf folgende Aspekte:

- eigene Erfahrungen zum Spracherwerb (als kurzes Unterrichtsgespräch)
- Grundpositionen zum Spracherwerb (Arbeitsblatt 34) und Einordnung der eigenen Position
- nativistische Grundposition in der Variante von Pinker (Arbeitsblatt 40) (je nach Zeitrahmen evtl. vorbereitet durch die Texte von Chomsky und Szagun, Arbeitsblätter 38 und 39).
- empirische Befunde zum Spracherwerb (Arbeitsblätter 41 und 42)
- offene Abschlussdiskussion.

Was weiß ich über meinen Spracherwerb?
Was habe ich bei Kindern beobachtet?

■ *Versuchen Sie, im Gespräch mit Verwandten zu klären, wie Ihr eigener Spracherwerb verlaufen ist. Ergänzen Sie durch Beobachtungen an Kindern:*

- Wie sahen erste Lautäußerungen aus? Was waren Ihre ersten Worte? Welche ersten Worte hören Sie in Ihrem Umfeld bei Kindern?

- In welchem Zeitraum spielt sich die Sprachentwicklung von ersten Wörtern zu einer „entwickelten" Sprache ab?

Eigene Erfahrungen mit dem kindlichen Spracherwerb

- Beobachten Sie die Bezeichnungen für Tiere: Wie differenziert sich die Sprache hier?

- Inwieweit ist nach Ihrer Einschätzung die Geschwindigkeit des Sprachlernens von allgemeinen kognitiven Fähigkeiten (Intelligenz) abhängig?

- Sind typische sprachliche Fehler in der Sprachentwicklung zu beobachten?

- Welche Zusammenhänge sehen Sie zwischen dem sprachlichen Input, den ein Kind erfährt, und dem Output? Spricht das Kind z.B. nur Sätze, die es von den Eltern hört?

■ *Vergleichen Sie Ihre Beobachtungen mit den „Stufen des Spracherwerbs" (Arbeitsblatt 33) und versuchen Sie daraufhin eine Theorieentwicklung:*

Theorieentwicklung:

- Welche Annahmen über den Spracherwerb des Kindes scheinen Ihnen aufgrund der Beobachtungen plausibel?

- Welche Fragen sind für Sie noch völlig offen?

Stufen des Spracherwerbs

Kinder lernen das Sprechen unterschiedlich schnell. Im Durchschnitt mit **zwei Monaten** lassen Babys ein „örre" oder „kraa" ertönen; die Laute in dieser ersten Lallphase entstehen durch zufällige Muskelbewegungen im Mund, Hals und Kehlkopf.

Ab dem **sechsten Monat** beginnt die zweite Lallphase mit Silbenketten („dadada, gaga, jaja"). Diese Monologe ähneln in Rhythmus und Tonfall bereits der Muttersprache.

Im Alter von etwa **neun Monaten** kann das Baby die Mundbewegungen bewusst steuern, sodass es eine einzige Doppelsilbe formt, zum Beispiel „Mama". Loben die Eltern das Kind dafür, begreift es allmählich, sinnvolle Wörter von sinnlosen Lautketten zu unterscheiden.

Ab etwa dem **zwölften Monat** folgen die ersten sogenannten Protowörter (z. B. „wauwau"). Zu Beginn werden sie nur kontextbezogen verwendet – nur ein ganz bestimmter Ball ist „Balla" –, in einer späteren Phase kann jeder Mann „Papa" sein.

Ab **anderthalb Jahren** kommt es zu einer regelrechten Wortschatzexplosion. Bald darauf bildet das Kind die ersten Zwei-Wort-Sätze, zeitgleich beginnt das erste Fragealter („Tür auf?"). Die Kinder werden geschickter darin, Verben zu beugen und Plural zu bilden, die Sätze werden länger.

Mit etwa **drei Jahren** setzt das zweite Fragealter („warum?", „wie?") ein.

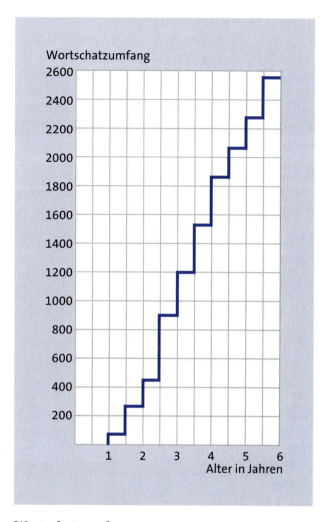

Wortschatzumfang

Die Grafik zeigt den durchschnittlichen Wortschatzumfang von zehn Kindern im Alter zwischen ein und sechs Jahren (nach M.E. Smith, 1926).

Aus: David Crystal: Die Cambridge Enzyklopädie der Sprache. Frankfurt a.M.: Zweitausendeins. 1993. S. 232

Häufige Fehlerarten bei Zwei- bis Dreijährigen

Übergeneralisierung: z. B. *Hund* für andere (alle) Tiere, *Mond* für andere runde Dinge
Überspezifizierung: z. B. *Hund* nur für den Hund der Familie, *Schuh* nur für den Schuh des Kindes

Nach: David Crystal: Die Cambridge Enzyklopädie der Sprache. Frankfurt a.M.: Zweitausendeins 1993, S. 244

Mit etwa **vier Jahren** beherrschen die meisten Kinder die grammatikalischen Grundlagen, parallel wächst der Wortschatz stetig. [...]

Mit **sechs Jahren** kann das Kind reimen und Wörter in Silben zerlegen – wichtige Fähigkeiten für das Erlernen von Lesen und Schreiben. Die wesentlichen Grundsteine sind damit gelegt.

In: GEO Wissen 40/2007, S. 40

■ *Wie kommt ein Kind zur Sprache? Entwickeln Sie aufgrund der beschriebenen Phänomene eine Theorie. Machen Sie dabei deutlich, welche Fragen noch offen bleiben.*

Grundpositionen zum Spracherwerb

Behavioristisches Erklärungsmodell
B.F. Skinner sieht den Spracherwerb in seinem behavioristischen Modell als typischen Lernprozess. In Analogie zu tierischen Verhaltensweisen, die im Experiment nachgewiesen werden konnten, wird auch der Spracherwerb durch Verstärkungsmechanismen erklärt. Demnach werden spontane Äußerungen des Kindes oder Nachahmungen durch ein entsprechendes Feedback verstärkt, sodass das Kind lernt, die Äußerungen gezielt zu benutzen. Die Anwendung erlernter Worte auf neu beobachtete Dinge erklärt Skinner mit dem Begriff der Generalisierung.

Nativistisches Erklärungsmodell
Die Differenz zwischen einem doch beschränkten sprachlichen Input und einer vom Kinde daraus entwickelten hochkomplexen Sprache brachte ab den 1950er-Jahren vor allem Noam Chomsky dazu, von angeborenen Sprachstrukturen auszugehen. Seine These eines Spracherwerbsmechanismus („Language Acquisition Device": LAD) präzisiert er später in der Vorstellung einer angeborenen „Universalgrammatik", die bestimmte Grundregeln („Prinzipien") aller existierenden Grammatiken enthält. In dieser Universalgrammatik gibt es „Parameter", die das Kind dann im Kontakt mit seiner Muttersprache füllt, wodurch es die spezifische Grammatik seiner Sprache erwirbt.

Kognitivistisches Erklärungsmodell
Jean Piaget sieht den Spracherwerb im Kontext intellektueller Reifung. Für Piaget ist die Sprache weder allein durch eine Präformation im Genom, also eine genetische Sprachbasis, noch ausschließlich durch Interaktion mit der Umwelt erklärlich. Spracherwerb ist seiner Auffassung nach vielmehr ein aktiver Konstruktionsprozess der Erkenntnisstrukturen des Kindes und folgt somit einer kognitiven Entwicklung. So nehme der Begriffsaufbau seinen Ausgangspunkt in der Sensomotorik, das Kind entwickelte dann „Vorbegriffe" und sei mit der Entstehung des Klassenbegriffs fähig, ein begriffliches Denken zu gestalten, das nicht mehr an die Anschauung und die eigene Perspektive gebunden ist. Das egozentrische Sprechen entwickele sich dabei zum sozialisierten Sprechen.

Interaktionistisches Erklärungsmodell
Ein Charakteristikum der interaktionistischen Erklärungsmodelle, die in der Tradition von Lew Wygotski stehen, ist die These, dass kindliche Entwicklungsprozesse durch den Austausch mit der sozialen Umwelt vermittelt werden. Indem sich die Betreuungsperson stets auf einem dem kindlichen Entwicklungsstand angepassten, aber etwas höherem Niveau verhalte, würden die Kinder in die Lage versetzt, sich auf diese nächste Zone zuzubewegen. Die Begriffsbildung verläuft nach Wygotski in drei Stufen: Von den „synkretischen" Bildungen, die verschiedene Gegenstände aufgrund zufälliger Ähnlichkeiten (z.B. der Form) gleich benennen, über die Komplexbildungen (Alltagsbegriffe) zur Stufe der vorwissenschaftlichen Begriffe (z.B. Abstraktionen).

Quellen insb.:
Gisela Klann-Delius: Spracherwerb. Stuttgart, Weimar: Metzler 1999
David Crystal: Die Cambridge Enzyklopädie der Sprache. Frankfurt a.M.: Zweitausendeins 1993
Stephan Merten: Fremdsprachenerwerb als Element interkultureller Bildung. Frankfurt a.M.: Lang 1995

- ■ *Stellen Sie in der Gruppe Ihre eigenen Theorien zum Spracherwerb gegenseitig vor und versuchen Sie eine Einordnung: Zeigen Ihre Theorien eine besondere Nähe oder eine besondere Distanz zu einer der obigen Grundpositionen?*

- ■ *Stellen Sie im Kurs die Theorie aus Ihrer Gruppe vor, die am weitesten von der obigen Grundposition entfernt ist.*

Können nur Kinder primäre Sprache erwerben?

Der amerikanische Forscher Eric H. Lenneberg vertrat 1967 die Theorie einer sensiblen Phase für den Spracherwerb. Danach können Menschen eine Sprache nicht mehr wie ein Muttersprachler erlernen, wenn sie nicht bis ungefähr zu ihrer Pubertät in Kontakt mit der Sprache gekommen sind. Heute wird diese Theorie wieder relativiert.

Eric H. Lenneberg: [Die kritische Phase für den Spracherwerb] (1967)

Primäre Sprache kann nicht auf allen Altersstufen mit gleicher Leichtigkeit erworben werden. Zur selben Zeit, zu der die zerebrale Lateralisation[1] sich fest ausprägt (um die Pubertät), pflegen die Symptome erworbener Aphasie[2] innerhalb von etwa drei bis sechs Monaten nach ihrem Beginn irreversibel[3] zu werden. Nach der Pubertät verschlechtert sich mit fortschreitendem Alter die Prognose für eine vollständige Genesung sehr schnell. Die Grenze für den Erwerb primärer Sprache um die Pubertät zeigt sich auch bei den geistig Zurückgebliebenen, die bis zu ihrer Pubertät häufig langsame und bescheidene Fortschritte im Erwerb der Sprache machen können; um die Pubertät aber verfestigt sich der Stand ihres Sprech- und Sprachvermögens. [...]

Wir können daher von einer kritischen Periode für den Spracherwerb sprechen. Ihr Beginn ist durch einen mangelnden Grad der Reifung begrenzt. Ihr Ende scheint mit einem Verlust der Anpassungsfähigkeit und der Fähigkeit zu Neubildungen im Gehirn [...] zusammenzuhängen.

Aus: Erich H. Lenneberg: Biologische Grundlagen der Sprache © Suhrkamp Verlag, Frankfurt am Main 1972 (Original 1967)

[1] zerebrale Lateralisation: Zuordnung von Gehirnfunktionen auf die Gehirnhälften
[2] Aphasie: Verlust des Sprechvermögens (z. B. durch Unfall)
[3] irreversibel: unumkehrbar

Gisela Szagun: [Allmähliche Abschwächung statt abruptem Ende einer kritischen Phase] (2006)

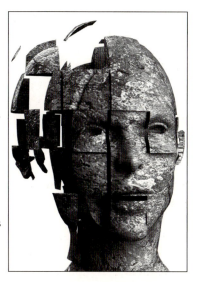

Vieles deutet darauf hin, dass es eine sensible Phase für den Erwerb von Sprache, insbesondere von Grammatik, beim Menschen gibt. Das ist einmal die Schnelligkeit, mit der das Verhalten bei typischer Sprachentwicklung gelernt wird, sowie die Einschränkungen und Schwierigkeiten beim Erwerb, wenn das Verhalten in der späten Kindheit erworben wird. Allerdings ist es wohl nicht ratsam, eine zu enge zeitliche Eingrenzung oder ein abruptes Ende der Sensibilität für den Erwerb von Sprache anzunehmen, wie das in Konzeptionen der „kritischen Phase" getan wird. Vermutlich gilt auch für die sensible Phase des Spracherwerbs im Menschen, was bei anderen Spezies in Bezug auf sensible Phasen für ein Verhalten beobachtet wurde: bei Deprivation[4] oder suboptimalen Stimuli[5] verlängert sich die Zeitspanne der erhöhten Sensibilität für das Verhalten, und die Art der Erfahrung mit den suboptimalen Stimuli beeinflusst das Lernen. [...] Wenn auch vieles für eine graduelle Abnahme der Sensibilität für Sprache mit zunehmendem Alter spricht, so wird diese entscheidend von der Art der Erfahrung mit Sprache beeinflusst. Die sensible Phase für den Spracherwerb ist alters- und erfahrungsabhängig. [...] Obwohl in der Wissenschaft von einer sensiblen Phase für Sprache gesprochen wird, existiert bisher keine neurobiologische Evidenz für diese.

Aus: Gisela Szagun: Sprachentwicklung beim Kind. © 2006 Beltz Taschenbuch in der Verlagsgruppe Beltz, Weinheim & Basel

[4] Deprivation: Entzug von etwas Erwünschtem (hier: Mangel an (sprachlicher) Erfahrung)
[5] suboptimale Stimuli: unzulängliche Impulse der Umwelt

- *Haben Sie z. B. beim Fremdspracherwerb Erfahrungen gemacht, die die Theorie einer kritischen Phase für den Spracherwerb unterstützen?*
- *Diskutieren Sie, inwieweit die Theorien zur kritischen Phase des Spracherwerbs Konsequenzen für den schulischen Fremdsprachenunterricht haben sollten.*

B. F. Skinners behavioristische Position: Sprachlernen durch Verstärkung

Skinners Taubendressur

Eine Taube soll lernen, auf einen schwarzen Kreis auf einer Karte zu picken. Sie lernt dies Schritt für Schritt. Blickt sie zufällig auf die Karte, bekommt sie ein Futterkorn. Auf jeden weiteren zufälligen Blick folgt die
5 Belohnung, bis der Blick zur Karte „beherrscht" wird. Dann erhält sie nur noch Futter, wenn sie nach dem Blick zufällig einen Schritt auf die Karte zu macht usw.

Vgl. K. Joerger: Einführung in die Lernpsychologie. Freiburg i. Br.: Herder 1976, S. 26 ff.

B. F. Skinner: [Kindlicher Spracherwerb aus der Sicht des Behaviorismus] (1957)

Ein Kind erwirbt sprachliches Verhalten dadurch, dass es auf eine relativ spontane Lautäußerung eine selektive Verstärkung einer Sprachgemeinschaft erfährt.
[...] Es ist schwierig, wenn nicht gar unmöglich, Sti-5 muli[1] aufzudecken, die im jungen Kind spezifische sprachliche Reaktionen hervorrufen.
Es gibt keinen Stimulus, der ein Kind dazu bringt, *b* oder *a* oder *e* zu sagen, so wie man Speichelfluss erzeugen würde, indem man ihm ein Zitronenbonbon 10 in den Mund geben würde, oder so wie man eine Verengung der Pupillen erzeugt, indem man das Auge mit Licht bestrahlt. Das ursprüngliche Geschehen, durch das verbales Verhalten konstruiert wird, ist keine einfache Provokation des Verhaltens. Um eine 15 Reaktion zu verstärken, müssen wir warten, bis sie von selbst erscheint.
Frühere Stimuli sind jedoch wichtig für die Steuerung von verbalem Verhalten. Sie sind wichtig, weil sie zu den drei Stadien der Verstärkung führen, die so funk- 20 tioniert: Ein bestimmter Stimulus erzeugt eine bestimmte Reaktion, die wiederum zu einer charakteristischen Verstärkung führt. Ein solcher Prozess ist in unserer Welt einfach zu beobachten. Wenn er sich durchsetzt, erwirbt der Organismus nicht nur die Re- 25 aktion, die Verstärkung nach sich zieht, es wird auch wahrscheinlicher, dass die Reaktion in Gegenwart eines früheren Stimulus auftritt.

Aus: B. F. Skinner: Verbal Behavior. New York: ACC 1957, S. 31. Übersetzung: S. Neubauer

---

[1] Gemeint sind hier Umweltreize wie z. B. Gegenstände oder Tiere, die das Kind sieht, oder Sätze von Erwachsenen.

■ Stellen Sie Parallelen und Unterschiede zwischen Skinners Theorie des Spracherwerbs und seinen Taubenexperimenten zusammen.

■ Nehmen Sie Bezug auf Ihre eigenen Beobachtungen zum Spracherwerb. Welche Ihrer Beobachtungen werden von Skinners Theorie erfasst, welche sprechen gegen den behavioristischen Ansatz?

■ „Man merkt dem Text an, dass Skinner bewusst war, mit seiner Theorie absolut nichts zu erklären." – Teilen Sie diese Position?

Noam Chomsky: Rezension zu Skinners „Verbal Behavior"

[Es ist] im Lichte des gegenwärtig verfügbaren Materials schwierig einzusehen, wie jemand behaupten kann, dass Bekräftigung für das Lernen nötig sei, wenn man die Bekräftigung ernsthaft als etwas versteht, das sich unabhängig von dem resultierenden Verhaltenswandel feststellen lässt.

Entsprechend erscheint es gänzlich außer Frage, dass Kinder einen großen Teil ihres sprachlichen und nichtsprachlichen Verhaltens durch unsystematische Beobachtung und Nachahmung von Erwachsenen und anderen Kindern erwerben. Es ist einfach nicht wahr, dass Kinder Sprache nur durch „sorgfältige Bemühung" seitens der Erwachsenen erlernen können, die deren sprachliches Repertoire durch sorgfältige differenzierende Bekräftigung gestalten, wenn es auch sein kann, dass solche Bemühung in akademischen Familien oft der Brauch ist. Es ist eine geläufige Beobachtung, dass ein Kind von Einwanderereltern auf der Straße mit erstaunlicher Schnelligkeit von anderen Kindern eine Zweitsprache erlernt und dass es völlig fließend und bis zum letzten Allophon[1] korrekt spricht, während die Feinheiten, die für das Kind zur zweiten Natur geworden sind, den Eltern trotz hoher Motivation und fortgesetzter Übung entgehen. Ein Kind wird aus dem Fernsehen, aus der Lektüre, aus dem, was es von Erwachsenen hört usw., einen großen Teil seines Vokabulars auflesen und die Satzstruktur „erfühlen". [...] Es ist ebenfalls ganz klar, dass ein Kind auf einer späteren Stufe in der Lage ist, Äußerungen, die ihm gänzlich neu und gleichzeitig akzeptable Sätze in seiner Sprache sind, zu konstruieren und zu verstehen. [...] In einem solchen Falle von „Stimulusgeneralisierung" zu sprechen, setzt die Mystifizierung nur unter einem neuen Namen fort. Solche Fähigkeiten weisen darauf hin, dass fundamentale Prozesse wirksam sein müssen, die von einem „feed back" aus der Umgebung gänzlich unabhängig sind. Ich habe nicht die geringste Bestätigung für die Doktrin Skinners und anderer finden können, dass langsames und sorgfältiges Gestalten des sprachlichen Verhaltens durch differenzielle Bekräftigung eine absolute Notwendigkeit sei.

[...] Das Kind, das eine Sprache erlernt, hat in einem gewissen Sinne die Grammatik für sich konstruiert auf der Basis seiner Beobachtung von Sätzen und Nichtsätzen, d. h. Berichtigungen durch die Sprachgemeinschaft. Die Untersuchung der tatsächlichen, beobachteten Fähigkeiten eines Sprechers, Sätze von Nichtsätzen zu unterscheiden, Ambiguitäten[2] zu entdecken usw. zwingt uns offenbar zu der Schlussfolgerung, dass diese Grammatik von äußerst komplexem und abstraktem Charakter ist und dass dem jungen Kind etwas gelungen ist, was zumindest vom formalen Standpunkt aus eine bemerkenswerte Art der Theoriekonstruktion zu sein scheint. Darüber hinaus wird diese Aufgabe von allen Kindern in erstaunlich kurzer Zeit, in großem Umfang unabhängig von der Intelligenz und in vergleichbarer Weise ausgeführt. Jede Theorie des Lernens muss diesen Tatsachen Rechnung tragen.

In: Language 35, 1959; Übersetzung aus: Wolfgang Eichler und Adolf Hofer: Spracherwerb und linguistische Theorie, München: Piper 1974, S. 25ff., Textauszug: S. 42ff.

---

[1] Allophon, hier: kleinstes bedeutungsunterscheidendes Element eines Wortes
[2] Ambiguität: Mehrdeutigkeit

■ *Chomsky führt, leider etwas ungeordnet, verschiedene Argumente gegen Skinners behavioristische Erklärung der Sprachentstehung im Kinde an. Stellen Sie diese Argumente thesenartig zusammen.*

■ *Welche der von Chomsky angeführten Argumente scheinen Ihnen unmittelbar einleuchtend, wo teilen Sie seine Kritik nicht? Reichen die einleuchtenden Argumente, um Skinners Theorie zu entkräften?*

Nativistische Erklärung des Spracherwerbs: Chomskys Theorie einer angeborenen Universalgrammatik

Noam Chomsky: [Das Postulat einer angeborenen mentalen Sprachstruktur]

Die Diskussion dessen, was ich den „kreativen Aspekt des Sprachgebrauchs" genannt habe, dreht sich um drei wichtige Beobachtungen. Die erste ist, dass der normale Gebrauch der Sprache in dem Sinne produk-
5 tiv ist, dass vieles von dem, was wir bei normalem Sprachgebrauch sagen, gänzlich neu ist, dass es sich nicht um eine Wiederholung von irgendetwas handelt, das wir zuvor gehört haben, und dass es noch nicht einmal Sätzen oder Texten, die wir in der Ver-
10 gangenheit gehört haben, im *pattern* [Muster] ähnlich ist – in irgendeiner sinnvollen Verwendung der Begriffe ‚pattern' und ‚ähnlich'. Das ist eine Binsenwahrheit, allerdings eine entscheidende, die häufig übersehen wird, und die in der behavioristischen
15 Phase der Linguistik, die ich oben geschildert habe, nicht selten geleugnet wurde, da man fast gemeinhin annahm, dass die Sprachkenntnis eines Menschen als eine gespeicherte Menge von *patterns* repräsentiert wird, erlernt durch ständige Wiederholung und ein-
20 gehendes Training, wobei Neuerungen allenfalls eine Sache von „Analogien" seien. Tatsache ist demgegenüber jedoch sicherlich, dass die Zahl der Sätze, die man in seiner Muttersprache unverzüglich, ohne Schwierigkeiten oder Befremden zu empfinden, ver-
25 stehen wird, astronomisch hoch ist; und dass die Zahl der *patterns*, die unserem normalen Sprachgebrauch zugrunde liegen und sinnvollen und leicht verständlichen Sätzen in unserer Sprache korrespondieren, in der Größenordnung weit höher liegt als die Anzahl
30 der Sekunden während einer Lebensdauer. Genau in diesem Sinne ist der normale Sprachgebrauch produktiv. [...]
Der normale Sprachgebrauch ist jedoch nicht nur produktiv und potenziell unendlich in seiner Reich-
35 weite, sondern auch frei von einer Regelung durch feststellbare Stimuli, seien diese äußere oder innere.

Und nur weil sie frei von einer Regelung durch Stimuli ist, kann die Sprache nicht nur außerordent-
40 lich begabten, sondern tatsächlich allen normalen Menschen als ein Instrument des Denkens und des eigenen Aus-
45 drucks dienen.
[...] [Zudem gibt es] eine dritte Eigenschaft des normalen Sprachgebrauchs, nämlich seine Kohärenz und seine „Situati-
50 onsangemessenheit" – was natürlich von einer Regelung durch externe Stimuli völlig verschieden ist. [...]
Wir müssen [daher] eine angeborene Struktur postulieren, die reich genug ist, die Divergenz zwischen
55 Erfahrung und Wissen zu erklären [...]. Zugleich darf diese postulierte angeborene mentale Struktur nicht so reich und restriktiv sein, dass sie gewisse bekannte Sprachen ausschließt.

Aus: Noam Chomsky: Sprache und Geist. © Suhrkamp Verlag, Frankfurt am Main 1973

Wir wollen die „Universale Grammatik" (UG) als das
60 System von Prinzipien, Bedingungen und Regeln definieren, die Elemente bzw. Eigenschaften aller menschlichen Sprachen sind, und zwar nicht nur zufälligerweise, sondern eben aus Notwendigkeit – wobei ich natürlich an eine biologische, nicht an
65 eine logische Notwendigkeit denke. Die UG kann man somit als Ausdruck des ‚Wesens der menschlichen Sprache' verstehen. Die UG ist bezüglich aller Menschen invariant. [...]. Jede menschliche Sprache stimmt mit UG überein; Sprachen unterscheiden sich
70 in anderen, zufälligen Eigenschaften.

Aus: Ebenda

- ■ *Formulieren Sie Chomskys Hauptthese mit eigenen Worten und stellen Sie die Argumente zusammen, die er für seine Position nennt.*
- ■ *Chomsky ist vorgeworfen worden, sich in seiner Theorie unzulässigerweise nur auf die Grammatik zu konzentrieren. Sehen Sie in seinem Text Gründe dafür? Was versteht Chomsky unter „Grammatik"?*
- ■ *Versuchen Sie, aus Chomskys Text eine Aufgabe für die Sprachwissenschaft herzuleiten.*

Kritik am nativistischen Ansatz:
Die epigenetische Erklärung des Spracherwerbs

Die Kognitionspsychologin Gisela Szagun hat die nativistische Position des Spracherwerbs kritisiert und als Gegenmodell eine epigenetische Erklärung angeboten. Epigenese bezeichnet die allmähliche Entwicklung eines Organismus durch Neubildungen aus Vorformen, die das Neue nicht schon als Präformation enthalten.

Gisela Szagun: Die epigenetische Position zum Spracherwerb (2006)

[Sprachliche Strukturen] sind das Resultat des Zusammenwirkens vieler einzelner Fähigkeiten und neuronaler Mechanismen, die für sich alleine nicht für Sprache verantwortlich sind, wohl aber in ihrem Zusammenwirken eine neue Fähigkeit, nämlich die Sprache, entstehen lassen.

Lernen spielt in der epigenetischen Position eine große Rolle. Darunter wird der graduelle Aufbau sprachlicher Strukturen unter Nutzung des Umweltangebots verstanden. Dieser Aufbau wird als Konstruktion verstanden, bei der der Selbstorganisation des Organismus eine Schlüsselrolle zufällt. Das entspricht dem konstruktivistischen Denken Piagets (1967, 1970). So werden auf der Basis des sprachlichen Inputs allmählich Verallgemeinerungen konstruiert. Dabei kommt das lernende Kind selber durch Umorganisation von zunächst einzelnen Äußerungen oder morphologischen Markierungen, die an spezifische Inhalte gebunden sind, zu verallgemeinerten Regelhaftigkeiten, wobei es diese Regelhaftigkeiten selber entdeckt [...].

Vertreter der epigenetischen Denkweise argumentieren, dass Grammatik sehr wohl aus dem Umweltangebot gelernt werden kann. (Dabei werden die oben genannten kognitiven und sozialen Fähigkeiten zum menschlichen Spracherwerb vorausgesetzt.) Das Umweltangebot ist längst nicht so unzureichend, wie Vertreter der nativistischen Position behaupten. Das haben die Untersuchungen zu KGS [an das Kind gerichtete Sprache] gezeigt (Snow 1977). Auch wird Kindern Feedback über die Korrektheit bzw. mangelnde Korrektheit jedenfalls eines Teils ihrer Äußerungen gegeben, wenn man Erweiterungen und Reformulierungen als solches Feedback versteht (Bohannon und Stanowicz 1988). MacWhinney argumentiert gegen die Behauptung von Nativisten, dass die Erwachsenensprache viele grammatische Strukturen so selten anbietet, dass diese nicht gelernt werden können (MacWhinney 2004). Wenn man im Rahmen eines epigenetischen Ansatzes von der Annahme ausgeht, dass Kinder komplexere Satzmuster aus einfacheren selber konstruieren, so kann gezeigt werden, wie komplexe Satzmuster, die in der gesprochenen Sprache nicht oder sehr selten vorkommen, dennoch gelernt werden können (MacWhinney 2004). Schließlich argumentiert Seidenberg und MacDonald (1999), dass die von Nativisten vorgebrachten Argumente der Unlernbarkeit von Grammatik aus dem Sprachangebot ihre Gültigkeit dann verlieren, wenn man als Lernziel nicht eine aus dem kommunikativen Kontext und dem sprachlichen Gebrauch herausgelöste grammatische Kompetenz im Sinne der generativen Grammatik annimmt, sondern wenn das Ziel des Lernens der tatsächliche Sprachgebrauch in kommunikativen Kontexten ist. Dann besteht die Aufgabe darin, die Regelhaftigkeiten zu lernen, mit denen man in kommunikativen Kontexten sprachliche Äußerungen versteht und produziert. Um das zu lernen, bietet die Sprache der Umwelt reichlich Information. Diese beziehen statistische und probabilistische [wahrscheinlichkeitsorientierte] Aspekte sprachlicher Regelhaftigkeiten und kommunikative Kontexte mit ein. Kinder verfügen schon sehr früh über Lernmechanismen, statistische Informationen aus dem sprachlichen Input zu extrahieren [...]. Neuronale Netzwerksimulationen sprachlichen Lernens zeigen, dass sprachliche Regelhaftigkeiten aus statistischen Informationen im Input gelernt werden können (Seidenberg und MacDonald 1999).

Aus: Gisela Szagun: Sprachentwicklung beim Kind. © 2006 Beltz Taschenbuch in der Verlagsgruppe Beltz, Weinheim und Basel

■ *Erfassen Sie die Argumentation des Textes in einer Ihnen geeignet erscheinenden Darstellung (z. B. wie in der Tabelle unten).*

Epigenetische Position zum Spracherwerb
Hauptthese:
Wissenschaftliche Tradition:

Nativistisches Argument	Epigenetische Gegenposition
...	...

Steven Pinker: [Die Sprache als Menschenrüssel]

Der kanadische Psychologe Steven Pinker entwickelte in den 1990er Jahren – auch bestärkt durch empirische Funde – Chomskys Theorie einer angeborenen Sprachstruktur weiter und sprach durchaus provokant von einem „Sprachinstinkt" des Menschen. Um die Tragweite seiner Theorie zu erläutern, lässt er die Elefanten aufmarschieren.

Ein Elefantenrüssel ist fast zwei Meter lang, dreißig Zentimeter dick und enthält sechzigtausend Muskeln. Mit ihren Rüsseln können Elefanten Bäume entwurzeln, Stämme aufstapeln oder beim Bau einer Brücke riesige Pfähle vorsichtig an Ort und Stelle setzen. Sie können ihren Rüssel um einen Bleistift rollen und Buchstaben auf ein kleines Stück Papier schreiben. [...] Durch den Rüssel verlaufen Chemorezeptoren, mit deren Hilfe der Elefant eine im Gras versteckte Python oder Futter in einer Meile Entfernung riechen kann.

Elefanten sind die einzigen lebenden Tiere, die über dieses außergewöhnliche Organ verfügen. Ihr nächster irdischer Verwandter ist der Schliefer, ein Säugetier, dass Sie wahrscheinlich nicht von einem großen Meerschweinchen unterscheiden könnten. Bis zu diesem Zeitpunkt haben Sie wahrscheinlich niemals auch nur einen Gedanken an die Einzigartigkeit des Elefantenrüssels verschwendet, und mit Sicherheit hat noch kein Biologe viel Aufhebens darum gemacht. Aber nun stellen Sie sich vor, was passieren würde, wenn einige Biologen Elefanten wären. Über die Maßen stolz auf die einzigartige Stellung des Rüssels in der Natur, würden sie vielleicht die Frage stellen, wie er sich angesichts der Tatsache, dass kein anderer Organismus einen Rüssel oder etwas dieser Art besitzt, entwickelt haben könnte. Die Vertreter der einen Schule würden vielleicht versuchen, die Evolutionslücke zu schließen. Sie würden zunächst darauf verweisen, dass der Elefant und der Schliefer etwa 90 Prozent ihrer DNS gemeinsam haben und damit nicht ganz so verschieden voneinander sein können. Sie würden vielleicht sagen, der Rüssel könne gar nicht so komplex sein, wie bisher allgemein angenommen – möglicherweise hätte man sich beim Zählen der Muskeln geirrt. Sie könnten zu bedenken geben, dass der Schliefer in Wirklichkeit einen Rüssel besitzt, den man aber bisher übersehen habe – immerhin haben Schliefer Nasenlöcher. Auch wenn ihre Versuche, einem Schliefer das Aufheben von Gegenständen mit den Nasenlöchern beizubringen, fehlgeschlagen seien, hätten einige Forscher möglicherweise Dressurerfolge bei Schliefern zu vermelden, weil diese in der Lage wären, Zahnstocher mit der Zunge vor sich herzuschieben, wovon sich das Stapeln von Baumstämmen oder das Schreiben auf einer Tafel ja nur geringfügig unterscheide. Die Vertreter der entgegengesetzten Schule, die auf der Einzigartigkeit des Rüssels beharren, würden mit Nachdruck behaupten, dass die Nachkommen eines rüssellosen Elefantenurahns als Folge einer einzigen dramatischen Mutation von einem Tag auf den anderen einen Rüssel entwickelt hätten. Vielleicht würden sie aber auch sagen, dass der Rüssel eher zufällig als Nebenprodukt mit dem großen Kopf des Elefanten entstanden sei. Und sie könnten der Diskussion um die Rüsselevolution neuen Zündstoff mit der widersprüchlichen Tatsache geben, dass der Rüssel absurderweise weitaus komplizierter konstruiert und leistungsfähiger sei, als der Urelefant ihn jemals gebraucht hätte.

Vielleicht kommen uns diese Argumente sehr merkwürdig vor, aber sie alle sind bereits von Wissenschaftlern einer anderen Spezies in bezug auf ein komplexes Organ vorgebracht worden, das allein diese Spezies besitzt – die Sprache. Wie wir [...] sehen werden, sind sich Chomsky sowie einige seiner erbittertsten Gegner in einem Punkt einig: Ein allein dem Menschen vorbehaltener Sprachinstinkt scheint mit der modernen Darwin'schen Evolutionstheorie unvereinbar zu sein, da diese besagt, dass sich komplexe biologische Systeme über Generationen hinweg aus der allmählichen Anhäufung zufälliger genetischer Mutationen entwickeln, die den Reproduktionserfolg vergrößern. Entweder gibt es gar keinen Sprachinstinkt, oder er muss sich auf einem anderen Wege entwickelt haben. [...] Auch wenn wir nur wenige Einzelheiten über die Entstehung des Sprachinstinkts wissen, so besteht die zentrale Erklärung zweifelsohne – wie bei allen anderen komplexen Instinkten oder Organen – in der Darwin'schen Theorie der natürlichen Auslese. [...] So wie es aussieht, kann Sprache ganz allmählich entstanden sein, selbst wenn keine noch existierende Spezies, ja nicht einmal unsere engsten lebenden Verwandten, die Schimpansen, ein Sprachvermögen besitzen. Es hat zahlreiche Organismen mit Übergangsformen der Sprachfähigkeit gegeben, aber von diesen hat keine überlebt. [...]

Sprache ist [also] kein kulturelles Artefakt, das wir auf dieselbe Art und Weise erlernen wie das Lesen einer Uhr oder den Aufbau der Bundesregierung. Sie bildet vielmehr einen klar umrissenen Teil der biologischen Ausstattung unseres Gehirns. Sprache ist eine komplexe, hochentwickelte Fertigkeit, die sich ohne bewusste Anstrengung oder formale Unterweisung beim Kind ganz spontan entwickelt und sich entfaltet, ohne dass das Kind sich der ihr zugrunde liegenden Logik bewusst wird; sie ist qualitativ bei allen Menschen gleich und von allgemeineren Fähigkeiten wie dem Verarbeiten von Informationen oder intelligentem Verhalten zu trennen. Aus diesen Gründen beschreiben einige Kognitionswissenschaftler Sprache als psychologisch eng umgrenzte Fähigkeit, als mentales Organ, neuronales System oder als Berechnungsmodul. Ich persönlich jedoch ziehe den zugegebenermaßen merkwürdigen Begriff »Instinkt« vor. In ihm drückt sich die Vorstellung aus, dass das Sprachvermögen des Menschen mehr oder weniger mit der Webkunst der Spinne vergleichbar ist. Die Herstellung eines Spinnennetzes wurde nicht etwa von irgendeinem in Vergessenheit geratenen Spinnengenie erfunden und ist unabhängig von einer soliden Ausbildung oder der Begabung zum Architekten oder Bauingenieur. Vielmehr spinnt eine Spinne ihr Netz, weil sie ein Spinnengehirn besitzt, das in ihr den Drang zu spinnen weckt und sie befähigt, diesem Drang mit Erfolg nachzugeben. Auch wenn zwischen Spinnweben und Wörtern gewisse Unterschiede bestehen, so möchte ich Sie doch dazu anhalten, das Sprachvermögen in diesem Lichte zu betrachten, weil die hier untersuchten Phänomene dann leichter zu verstehen sind.

Sprache als einen Instinkt zu betrachten heißt, die öffentliche Meinung – insbesondere die von den Geistes- und Sozialwissenschaften tradierte – umzukehren. Sprache ist genauso wenig eine kulturelle Erfindung wie der aufrechte Gang. In ihr manifestiert sich auch nicht eine allgemeine Fähigkeit, mit Symbolen umzugehen – wie wir sehen werden, ist ein dreijähriges Kind ein grammatisches Genie, aber völlig unbeschlagen auf dem Gebiet der bildenden Kunst, der religiösen Ikonografie, der Verkehrszeichen und den anderen Bereichen des semiotischen Spektrums. Obwohl die Sprache eine großartige Fähigkeit ist, die von allen lebenden Arten nur der Homo sapiens beherrscht, sollte der Mensch auch in Zukunft ein Forschungsobjekt der Biologen bleiben, denn dass über eine großartige Fähigkeit nur eine einzige lebende Spezies verfügt, ist im Tierreich durchaus nicht einmalig.

Aus: Steven Pinker: Der Sprachinstinkt. München: Knaur 1998 [Original: 1994]. S. 385 ff., 400, S. 21

- *Pinker behauptet, alle fiktiven Argumente der „Elefanten-Biologen" seien in ähnlicher Weise von menschlichen Wissenschaftlern für das Phänomen Sprache formuliert worden. Entschlüsseln Sie den Text, indem Sie zu jedem „Elefanten-Argument" die tatsächlich geäußerte Behauptung über die Sprache nennen.*

- *Pinker meint, mit seiner Theorie „die öffentliche Meinung […] umzukehren". Diskutieren Sie, inwiefern in seinen Thesen eine Umkehrung der öffentlichen Meinung zur Sprachentstehung gesehen werden kann.*

- *Wie könnten empirische Belege für Pinkers Theorie aussehen?*

Der Gopnik-Fall und das Sprachgen FOXP2

Jürgen Trabant: [Der Gopnik-Fall]

Die Evidenz für die Theorie eines angeborenen Sprachinstinkts ist, was ich hier den »Gopnik-Fall« nennen möchte. Die Sprachpsychologin Myrna Gopnik hat eine britische Familie untersucht, bei der mehrere Mitglieder von einer besonderen Sprachstörung [...] betroffen sind. Einige Mitglieder der Familie sind nicht in der Lage, bestimmte grammatische Kategorien wie Numerus, Tempus und Verbalaspekte als Kategorien, d. h. als grammatische Regularitäten, zu erfassen, und sie produzieren daher Sätze wie die folgenden (zit. nach Pinker *1994: 49):* It's a flying finches, they are./She remembered when she hurts herself the other day./[...] The boys eat four cookie./Carol is cry in the church.

Es war bereits vor Gopnik beobachtet worden, dass diese besondere Sprachstörung familiär bedingt ist [...]. Aber was nun an diesem Fall deutlich wurde, ist,

(1) dass diese Sprachstörung nicht mit einer Einschränkung der Intelligenz zusammenhängt (die intellektuellen Fähigkeiten der betroffenen Familienmitglieder seien ansonsten völlig normal) – dies bestätigt die Vermutung, dass die sprachlichen Fähigkeiten unabhängig von der allgemeinen Intelligenz sind – und

(2) dass diese Sprachstörung nach einem orthodoxen Mendel'schen Stammbaum vererbt wird. Die vererbliche Funktionsstörung des Organs deutet also auf sein genetisches Gegebensein als eines besonderen Sprachinstinkts.

[...] Der Gopnik-Fall beseitigt nun alle verbliebenen Unklarheiten. Er beweist, dass Sprache, im Sinne einer grammatischen Fähigkeit, tatsächlich angeboren ist.

Aus: Jürgen Trabant: Artikulationen, Historische Anthropologie der Sprache.
© Suhrkamp Verlag, Frankfurt am Main 1998

Ein Gen für das Sprechen?

Gerade mal 1,5 Prozent Unterschiede im genetischen Code trennen den Menschen vom Schimpansen. Die Zahl der typisch menschlichen Gene ist offensichtlich sehr begrenzt. Wenn sie sich identifizieren ließen, könnte auch die Antwort auf eine der großen Streitfragen der Linguistik eines Tages aus dem Genlabor kommen: Gibt es eine angeborene Grundlage für die Fähigkeit zur Sprache, oder ist sie „nur" eine von mehreren geistigen Leistungen des Menschen, die durch seine wachsenden intellektuellen Fähigkeiten möglich wurden?

Tatsächlich identifizierte eine britische Forschergruppe [im Jahr 2001] ein Gen, das in den Medien sehr schnell als „Sprachgen" Karriere machte: FOXP2. Anfang der Neunziger waren die Mediziner in London auf eine Familie (KE) gestoßen, deren Mitglieder etwa zur Hälfte unter einer schweren Sprachstörung leiden. [...] Schon früh war klar, dass die KEs unter dem Defekt eines einzelnen Gens leiden, denn der Erbgang entsprach exakt den klassischen Regeln des Vaters der Genetik, Gregor Mendel. Doch die Entdeckung von FOXP2 glich dem Köpfen der Medusa: Kaum war er sequenziert, da stellte es schon mehr neue Fragen, als es beantwortete. Es zeigte sich, dass das Gen einen sogenannten Transkriptionsfaktor kodiert, ein Protein, das seinerseits wieder an die Erbsubstanz DNA andockt und das Ablesen anderer Gene steuert – welche und wie viele, ist noch unbekannt. Einer verbreiteten Auffassung nach beeinträchtigt die Mutation des FOXP2-Gens primär die Feinmotorik des Sprechapparats, hätte demnach also nur indirekt mit der menschlichen Sprachbegabung zu tun. Für diese These spricht, dass FOXP2 in nur wenig abgewandelter Form bei fast allen Tieren vorkommt. Die FOXP2-Gene von Mensch und Schimpanse unterscheiden sich in gerade mal zwei Basenpaaren. Dieser kleine Unterschied könnte aber entscheidende Bedeutung für die Menschwerdung gehabt haben. Zumindest hat sich diese typisch menschliche Version von FOXP2 vor weniger als 200 000 Jahren schneller als erwartet bei allen Menschen durchgesetzt, was dafür spricht, dass sie von Vorteil gewesen sein muss. Dieser Vorteil könnte – so wird spekuliert – ein wie auch immer verbessertes Sprachvermögen gewesen sein.

Aus: Georg Rüschemeyer: Das große Palavern. In: Frankfurter Allgemeine Sonntagszeitung, 30.5.2004, Nr. 22, © F.A.Z. GmbH, Frankfurt am Main

■ *FOXP2 – das spezifische Sprachgen des Menschen? Stellen Sie zusammen, was für und was gegen diese These spricht.*

Kritik an Pinkers Sprachinstinkt-These

Jürgen Trabant: [Sprache ohne Wörter?]

[Ich muss darauf hinweisen], dass ich nicht Pinkers ganze Geschichte vom Sprachinstinkt akzeptiere. Ich werde gegenüber einigen Grundlagen und zusätzlichen Annahmen seines Buches kritisch bleiben, die
5 zwar verständlich sind, die aber nicht notwendigerweise aus seiner Hauptthese resultieren. Denn was man an Pinker auch beobachten kann, sind die Gefahren einer biologischen Theorie der Sprache, nämlich einen Biologismus, der zu einem unnötig weit
10 gefassten Universalismus führt. Die angeborene „Sprache", von der hier die Rede ist, ist – gemäß den Chomsky'schen Vorgaben – Kombinationsmechanismus, Syntax. „Sprache" meint z. B. nicht so etwas Altmodisches wie „Darstellung der Welt" [...],
15 Semantik[1]. Da „Sprache" auf den universellen kombinatorischen Mechanismus reduziert wird, sieht sich Pinker gezwungen, sie völlig von den Wörtern zu befreien. Wörter, die grundlegenden Instrumente, mit denen Menschen sich die Welt „aneignen", wie
20 es früher hieß, werden explizit aus der Linguistik ausgeschlossen. Vor allem versucht Pinker zu beweisen, dass sie nicht das sind, was sie zu sein scheinen, nämlich Träger besonderer kognitiver Perspektiven auf die Welt, sondern er nimmt an, dass die Konzeptualisie-
25 rung ebenfalls – wie die Syntax[2] – etwas Universelles ist, dass Menschen also mittels eines universellen konzeptuellen Netzwerks, *Mentalese*, der von Fodor (1975) erfundenen „language of thought", universell gleich denken. Diese Negierung von verschiedenen
30 „Weltansichten" durch die Sprache ist eine überflüssige Radikalisierung seiner biologischen Grundannahmen.

Aus: Jürgen Trabant: Artikulationen, Historische Anthropologie der Sprache.
© Suhrkamp Verlag, Frankfurt am Main 1998

---
1 Semantik: Lehre von der Bedeutung sprachlicher Zeichen
2 Syntax: Lehre vom Satzbau

Patrick Illinger: Wie ihnen der Schnabel gewachsen ist

Roboter beginnen miteinander zu sprechen und werfen die Frage auf, wie viel Sprache in den Genen liegt.

Beim ersten Hinhören klingt es wie ausgemachter Blödsinn: „Push red wa blue ko", säuselt es aus dem Lautsprecher. [...] Diese Sprache ist nicht von und
5 nicht für Menschen gemacht. Es sind Fragmente der ersten von Robotern im Alleingang entwickelten Sprache; der Beweis, dass Maschinen sich eigenständig auf Grundzüge einer gemeinsamen Sprache verständigen können – ohne dass der Mensch den Ab-
10 lauf steuert. Die Folgen sind weitreichend: Hierdurch wird ein Weg gezeigt, auf dem Roboter untereinander und eines Tages mit Menschen kommunizieren könnten. Womöglich liefern die sprechenden Maschinen aus Luc Steels'[1] Labor sogar Hinweise darauf,
15 wie Sprache in der menschlichen Zivilisation entsteht. [...] [I]mmerhin öffnen seine Roboter-Versuche den Raum für Modelle, die mit den Vorstellungen der Linguistik [Sprachwissenschaft] nicht übereinstimmen. [...] Angesichts der Komplexität und Unregel-
20 mäßigkeit moderner Sprachen müsse man zumindest davon ausgehen, dass der Mensch mit einer Art Lernmaschine auf die Welt kommt, sagt Chomskys MIT-Kollege Steven Pinker. [...] Dass Maschinen nun Ansätze einer eigenen Sprache entwickeln, erzeugt
25 allerdings Risse in diesem Konzept.

In: Süddeutsche Zeitung vom 25.6.2002

---
1 Direktor des Sony-Labors für Computerwissenschaften, Paris

Gurby und Maido heißen zwei der sprechenden Roboter aus dem Sony Labor von Luc Steels. Das Aussehen der beiden ist jedoch reine Verpackung, um die nüchterne Realität von Videokameras, Lautsprechern und Kabeln zu verbergen.
Copyright Sony CSL

- *Die in den beiden Texten vorgebrachten Einwände gegen Pinkers Sprachinstinkt-These liegen auf unterschiedlichen Ebenen: Grenzen Sie die Einwände voneinander ab.*
- *Entwerfen Sie eine fiktive Antwort Pinkers auf diese Texte.*
- *Zusatzaufgabe: Untersuchen Sie die Frage, ob Skinner die Roboter-Versuche als Bestätigung seiner behavioristischen Theorie verstehen könnte.*

Wie versteht unser Gehirn Sprache?

Wir alle benutzen sie täglich. [...] Sie ist ein wichtiger Teil von uns und dennoch wissen selbst die Wissenschaftler heute noch nicht genau, wie sie funktioniert: die Sprache.

Bis vor etwas mehr als 140 Jahren hatten die Wissenschaftler noch keine Ahnung, wie unser Gehirn es schafft, Sprache zu verstehen und zu produzieren. Im Jahre 1861 berichtete der französische Neurologe Paul Broca von einem Patienten, der nach einem Schlaganfall zwar noch einfache Sätze verstand, selbst aber konnte er nicht mehr als eine einzige Silbe sagen: „tan". Nach dem Tod des Patienten untersuchte Broca dessen Gehirn und fand eine schwere Schädigung in der linken Hirnhälfte. Er nahm an, dass dieses Areal des Gehirns für die Produktion von Sprache zuständig ist. Seitdem nennen die Wissenschaftler dieses Gebiet das „Broca-Areal". Einige Jahre später entdeckte der Neurologe Carl Wernicke auf ganz ähnliche Weise den Hirnabschnitt, der für das Verständnis von Sprache verantwortlich ist, das sogenannte „Wernicke-Areal".

Heute haben Wissenschaftler sehr viel detailliertere Vorstellungen von der Funktionsweise unseres Gehirns. Forscherinnen und Forscher am Leipziger Max-Planck-Institut für Kognitions- und Neurowissenschaften untersuchen derzeit mit modernsten Methoden, wie das Gehirn tatsächlich Sprache versteht. Sie beobachten das Gehirn, während es Wörter und Sätze registriert, Sprachmelodie, Satzaufbau und Sinn entschlüsselt. Mit der funktionellen Magnetresonanztomografie (kurz fMRT) können die Wissenschaftler Prozesse im Gehirn orten und darstellen. Da die Entstehung von Sprache im Gehirn jedoch von sehr komplexer Art ist, konzentrieren sich die Forscher vorläufig auf die Prozesse des Hörens und Verstehens von Sprache. [...]

Im Verlauf der Untersuchungen werden die Versuchspersonen mit verschiedenen Sätzen konfrontiert. Ein Teil dieser Sätze ist korrekt („Die Kuh wurde gefüttert."). Andere enthalten entweder grammatische Fehler („Die Kuh wurde im gefüttert.") oder sind inhaltlich falsch („Das Lineal wurde gefüttert."). Die Forscher beobachten je nach Satztyp eine unterschiedliche Aktivierung bestimmter Hirnregionen. Interessant ist, dass das Gehirn bei fehlerhaften Sätzen aktiver ist als bei korrekten. So reagiert es auf einen grammatischen Fehler mit einer zusätzlichen Aktivierung im seitlichen Bereich der linken Hirnhälfte, im sogenannten Temporallappen. Aber warum ist das Hirn bei fehlerhaften Sätzen aktiver? [...] Bei der Verarbeitung von Sprache greift das Gehirn auf seine bisherigen Erfahrungen zurück und erwartet deshalb nach dem Wörtchen „im" ein Substantiv, also zum Beispiel „im Stall, im Sommer, im Regen". Da dieses aber nicht kommt, versucht das Hirn, dem Satz dennoch eine ihm vertraute Struktur zu geben. Dabei wird es in der genannten Region aktiver.

Bei inhaltlichen Fehlern wie im Satz „Das Lineal wurde gefüttert" reagiert das Gehirn mit einer erhöhten Aktivität im vorderen Bereich der linken Hirnhälfte, im sogenannten Frontallappen. Auch hier versucht das Gehirn, in dem unsinnigen Satz dennoch verwertbare Informationen zu finden.

Die Leipziger Forscher interessieren sich auch dafür, wie lange das Gehirn braucht, bis es einen gehörten Satz verarbeitet hat. [...] An den aufgenommenen Hirnströmen können die Wissenschaftler erkennen, wie schnell das Gehirn auf grammatische und inhaltliche Fehler reagiert. Daraus schließen sie, in welcher Reihenfolge das Gehirn die Sätze analysiert: Nach nicht einmal einer halben Sekunde ist das Gehirn mit jedem richtigen Satz fertig. Zuerst untersucht es die Grammatik und nach etwa 400 Millisekunden interpretiert es den Inhalt. Immer nach dem gleichen Muster. [...]

http://www.wdr.de/tv/quarks/sendungsbeitraege/2004/1123/001_sprache.jsp (23.11.2004)

■ Welche Informationen über die Produktion und das Verständnis von Sprache im Gehirn entnehmen Sie dem Text? Notieren Sie höchstens 10 Stichworte für einen Vortrag. Bauen Sie einen Fehler ein, den Ihr Partner/Ihre Partnerin finden muss.

■ „Vor dem Hintergrund aktueller neurobiologischer Forschungen sind die Erkenntnisse von Sprachwissenschaftlern überflüssig, da man das Wunder der Sprache neurobiologisch verstehen kann." – Teilen Sie diese Auffassung?

■ Gibt es Positionen zur Sprachentstehung im Kind, die sich durch die neurobiologische Forschung bestätigt sehen könnten?

Hubertus Breuer: Linguistischer Urknall

Erstmals wurden Forscher Zeugen einer Sprachgeburt: Taubstumme Kinder in Nicaragua entwickelten ein völlig neues, komplexes System von Gebärden. Daran wollen die Wissenschaftler untersuchen, ob im Hirn jedes Menschen die Regeln einer Universalgrammatik eingebaut sind.

Die Hauswirtschaftslehrerin Paula Mercedes verzweifelte an ihrem Bildungsauftrag: Sie verstand ihre Schüler nicht. Die 50 Zöglinge in der Gewerbeschule für Gehörlose in Managua gestikulierten seltsam mit den Händen, ruderten mit den Armen und schnitten rätselhafte Grimassen.

Zwar hatten die nicaraguanischen Pädagogen seit Jahren versucht, taubstumme Kinder zu lehren, Spanisch mit den Fingern zu buchstabieren. Doch deren eigenartige Handzeichen waren davon weit entfernt. Woher aber kamen die Gesten dann?

Das Bildungsministerium bat schließlich Judy Kegl um Rat, eine auf Zeichensprachen spezialisierte Wissenschaftlerin, die heute im US-Staat Maine lehrt. „Ich erwartete, in Nicaragua eine der bekannten Gebärdensprachen vorzufinden. Ich fand nichts davon." Stattdessen entdeckte die Forscherin eine linguistische Sensation: „Die Kinder hatten eigenhändig eine ganz neue Sprache kreiert." [...]

Den Stein ins Rollen brachten die Sandinisten, als sie dem Land nach der Revolution 1979 eine Bildungsreform verordneten. Jedermann sollte Lesen und Schreiben lernen – Gehörlose eingeschlossen. Beraten von einer russischen Linguistin, wollten die Erzieher den Taubstummen beibringen, mit den Händen zu buchstabieren und Spanisch von den Lippen zu lesen. Doch alle Anstrengungen liefen ins Leere; die Methode war an der gesprochenen Sprache orientiert, die den Schülern naturgemäß fremd war.

Stattdessen halfen sich die Kinder selbst: Viele von ihnen begegneten erstmals ihresgleichen. Sie alle waren gewohnt, in ihren Familien mit Hilfe simpler Handzeichen zu kommunizieren. Rasch verwandelte sich diese Behelfsbrücke zur hörenden Welt in die Lingua franca [Verkehrssprache] der taubstummen Gruppe, inzwischen „Lenguaje de Signos Nicaragüense" genannt.

So unbeholfen die Kinder anfangs radebrechten, bald einigten sie sich auf erste Standardzeichen: Ein flacher, horizontal geführter Handteller etwa bezeichnete ein Fahrzeug, Fidel Castro wurde durch eine dozierende Hand und zwei für die Zigarre gespreizte Finger symbolisiert. [...]

Die ungewöhnlichen Umstände dieser Sprachgeburt machen es möglich, alte, doch nie bewiesene Annahmen über den Spracherwerb zu testen – womöglich sogar das zentrale Rätsel der Linguistik zu knacken: die Frage, ob dem Menschen eine Universalgrammatik angeboren ist.

Diese These setzte 1957 Noam Chomsky in die Welt. Ihn hatte die Fähigkeit von Kleinkindern verblüfft, binnen weniger Jahre eine komplexe Sprache korrekt zu erlernen. [...] „Blickte ein Marsianer auf unsere Erde, er sähe alle Menschen dieselbe Sprache sprechen – in Tausenden von Dialekten", lässt Chomsky aus seinem Büro am Massachusetts Institute of Technology (MIT) wissen.

Viele Wissenschaftler bezweifeln das. Chomskys Kritiker vergleichen das Gehirn vielmehr mit einem besonders lernfähigen Computer. Wenn die Umwelt Babys mit sprachlichen Informationen füttere, erkenne das Hirn ohne viele Vorgaben rasch Regelmäßigkeiten im Datenstrom.

An der University of Rochester stellten Forscher 1996 fest, dass acht Monate alte Säuglinge in einem monotonen Silbenstrom mehrmals auftauchende Wörter bereits sicher wiedererkennen. Und künstliche neuronale Netze kann man drillen, grammatische Regeln zu lernen.

In einem klassischen Experiment ließen zwei US-Psychologen einen Rechner Vergangenheitsformen von Verben büffeln. Anfangs unterliefen dem Computer wie Kindern auch Fehler bei unregelmäßigen Verben – statt „sah" sagte er „sehte". Beharrlich korrigiert, meisterte die Maschine nach einiger Zeit jedoch auch diese Hürde.

Die Existenz einer Universalgrammatik lässt sich mit solchen Belegen allein allerdings weder be- noch widerlegen. Nun aber sehen sich Chomskys Jünger bestätigt: Die taubstumme Gemeinschaft von Managua hat ihre Sprache praktisch ohne Einfluss von außen entwickelt. [...]

Ganz bei null hatte freilich auch ihre Sprache nicht begonnen. Das Rohmaterial fanden sie vor: in Nicaragua übliche Gesten für Essen und Trinken, pantomimische Elemente und individuelle Gebärden, die Gehörlose aus dem Kreis ihrer Familien mitbrachten. Die Linguistin Kegl – in der Gebärdensprache heißt sie „Weiße Haut, Brille" – vergleicht den Anfang der Sprache mit einer Baustelle: „Viele Gebärden lagen ungenutzt wie Steine umher. Die Kinder sammelten sie auf und bauten daraus ein Haus." [...]

Der SPIEGEL 3/2000, S. 180

Rollenkarten Podiumsdiskussion zu Spracherwerbstheorien

Behaviorist

Sie vertreten die Spracherwerbstheorie des Behaviorismus. Vorbereitung:
- Formulieren Sie Ihre Position als Vorbereitung noch einmal in einer These.
- Notieren Sie die zentralen Argumente für Ihre These.
- Prüfen Sie, welche Aussagen aus dem vorliegenden Text für Ihre Position sprechen. Prüfen Sie, welche Aussagen gegen die Vorstellung der Nativisten (angeborene Sprachstruktur) sprechen.
- Bereiten Sie ein Eingangsstatement vor, das Ihre Position begründet deutlich machen kann.
- Entwickeln Sie eine Diskussionsstrategie: Wie können Sie vor allem die nativistische Position ins Wanken bringen?

Chomsky-Schüler

Sie vertreten die Spracherwerbstheorie des Nativismus. Vorbereitung:
- Formulieren Sie Ihre Position als Vorbereitung noch einmal in einer These.
- Notieren Sie die zentralen Argumente für Ihre These.
- Prüfen Sie, welche Aussagen aus dem vorliegenden Text für Ihre Position sprechen. Überlegen Sie, welche Gegenargumente vorgebracht werden könnten und wie Sie diese entkräften können.
- Bereiten Sie ein Eingangsstatement vor, das Ihre Position begründet deutlich machen kann.
- Entwickeln Sie eine Diskussionsstrategie, wie Sie Ihre Position vertreten und Kritik entkräften können.

Pinker-Schüler

Sie vertreten die Spracherwerbstheorie Pinkers. Vorbereitung:
- Formulieren Sie Ihre Position als Vorbereitung noch einmal in einer These. Machen Sie dabei insbesondere auch den Unterschied zu Chomsky deutlich.
- Notieren Sie die zentralen Argumente für Ihre These.
- Prüfen Sie, welche Aussagen aus dem vorliegenden Text für Ihre Position sprechen. Überlegen Sie, welche Gegenargumente vorgebracht werden könnten und wie Sie diese entkräften können.
- Bereiten Sie ein Eingangsstatement vor, das Ihre Position begründet deutlich machen kann.
- Entwickeln Sie eine Diskussionsstrategie, wie Sie Ihre Position vertreten und Kritik entkräften können.

Szagun-Schüler

Sie vertreten die epigenetische Spracherwerbstheorie (Szagun). Vorbereitung:
- Formulieren Sie Ihre Position als Vorbereitung noch einmal in einer These.
- Notieren Sie die zentralen Argumente für Ihre These.
- Prüfen Sie, welche Aussagen aus dem vorliegenden Text für Ihre Position sprechen. Prüfen Sie auch, welche Aussagen gegen die nativistische Theorie (Chomsky, Pinker) sprechen.
- Bereiten Sie ein Eingangsstatement vor, das Ihre Position begründet deutlich machen kann.
- Entwickeln Sie eine Diskussionsstrategie, wie Sie Ihre Position vertreten und die gegnerische Position entkräften können.

Moderator

Sie moderieren das Gespräch und sind dafür zuständig, dass es in Gang kommt, die jeweiligen Positionen klar und sachlich gegeneinander positioniert werden und die Zeitvorgabe eingehalten wird:
- Bereiten Sie eine kurze Einführung in das Thema vor, mit der Sie das Gespräch einleiten: Was ist die Fragestellung? Welche Positionen werden dazu eingenommen? Welche Positionen haben im Moment „Oberwasser"?
- Bereiten Sie eine erste Fragerunde vor, in der jeder der vier Gesprächsteilnehmer die eigene Position darstellen soll. Überlegen Sie sich dazu jeweils eine Impulsfrage.
- Achten Sie im Gespräch darauf, dass die unterschiedlichen Positionen möglichst klar herausgestellt und gegeneinander abgewogen werden. Die Argumentation muss sich dabei immer auf die Beobachtungen beziehen, die im Text geschildert sind.
- Beginnen Sie 5 Minuten vor dem Ende mit einer Schlussrunde, in der jeder Gesprächsteilnehmer noch einmal das Wort bekommt.

Grundlagentext der Diskussion: Hubertus Breuer: Linguistischer Urknall, a. a. O.

Zweisprachig aufwachsen

Viele meinen, Kinder verschiedensprachiger Eltern seien in sprachlicher Hinsicht gefährdet: Das kindliche Gehirn könne den Erwerb zweier Sprachen nicht bewältigen, sodass aus den Kindern „halbsprachige", verwirrte oder zurückgebliebene Wesen würden. Solche düsteren Vorstellungen entbehren jeglicher Grundlage, wie sich daran zeigt, dass Millionen von Kindern auf der ganzen Welt fließend zwei oder drei Sprachen sprechen. Beim Schulantritt hat die überwältigende Mehrheit dieser Kinder die gleiche sprachliche Entwicklungsstufe erreicht wie ihre einsprachigen Altersgenossen.
Trotzdem verläuft der Erwerb zweier Sprachen etwas anders als der einer einzigen Sprache. Man hat dabei drei Hauptentwicklungsstufen ausgemacht:

1. Zweisprachige Kinder greifen wie einsprachige zunächst eine Reihe von Wörtern auf, die hier jedoch aus beiden Sprachen stammen. Die Wörter aus den beiden Sprachen bilden nur selten Entsprechungspaare.
2. Enthalten die kindlichen Sätze allmählich mehr als zwei oder drei Elemente, werden innerhalb der einzelnen Sätze Wörter aus beiden Sprachen gebraucht; z. B. sagte ein zweijähriges deutsch-englisches Kind: *ein big cow, from up in Himmel*. Diese Neigung zur Sprachmischung geht jedoch sehr schnell zurück. Bei einer Studie stellte man fest, dass zu Beginn des dritten Lebensjahres etwa 30 Prozent der Sätze gemischtes Vokabular enthielten, während es kurz vor Beginn des vierten Lebensjahres nur noch weniger als fünf Prozent waren.
3. Mit der Ausweitung des Wortschatzes in beiden Sprachen entwickeln sich auch Entsprechungspaare. Der Erwerb separater Systeme von Grammatikregeln dauert jedoch länger. Eine Weile scheint für beide Sprachen ein einziges Regelsystem verwendet zu werden, bis das Kind die beiden Grammatiken schließlich als getrennt betrachtet.

Zweisprachige Kinder erreichen das letztgenannte Stadium meist im Alter von vier Jahren, und sie wissen zu diesem Zeitpunkt, dass die beiden Sprachen nicht identisch sind. Im Allgemeinen sprechen sie zur Mutter in ihrer Sprache und zum Vater in seiner. Verwendet ein Elternteil dem Kind gegenüber die Sprache des anderen, löst dies teilweise heftige Reaktionen aus: Verblüffung, Verlegenheit, Unverständnis, Erheiterung – oder Aufregung, wie folgender Auszug aus einer Studie über zweisprachige Erziehung veranschaulicht. Die knapp vierjährige Lisa hat einen italienischen Vater und eine deutsche Mutter. Der Vater spricht zu ihr einen kurzen deutschen Satz, auf den sie wie folgt reagiert:
Lisa: No, non puoi. (Nein, du kannst nicht.)
Vater: Ich auch – spreche deutsch.
Lisa: No, tu non puoi! (Nein, kannst du nicht) (Volterra/Taeschner, 1978)
Es überrascht nicht, dass Kinder genau in diesem Alter auch versuchen, ihre Eltern gegeneinander auszuspielen. So wechselte ein Kind immer dann zum Französischen, wenn sein englischer Vater es ins Bett schicken wollte!

Aus: David Crystal: Die Cambridge Enzyklopädie der Sprache, Campus Verlag, Frankfurt/New York 1993, S. 363/Originalrechte bei Cambridge University Press

■ *Im Text werden einige Phänomene und Beispiele von zweisprachig aufwachsenden Kindern genannt. Notieren Sie diese und versuchen Sie eine Erklärung der Phänomene auf der Basis Ihrer bisherigen Kenntnisse zum Spracherwerb.*

Olaf Tarmas: Mehrsprachigkeit: Sprachlabor Deutschland

Fremdsprachenkenntnisse sind zunehmend wichtig. Assistiert von Forschern, wird in Kindergärten und Schulen mit neuen Lernformen experimentiert.

„Okay kids! It's time for our Rock-around-the-Clock-Song!", ruft die Lehrerin Christine Schulze und drückt die Starttaste des Kassettenrekorders. Brav singen die Drittklässler alle sechs Strophen des Bill-Haley-Klassikers mit; und die Muntersten lassen sich morgens um acht die Gelegenheit zu einem kleinen Luftgitarren-Solo nicht entgehen.

„Uhrzeiten" sind das Unterrichtsthema in dieser Woche an der Hamburger Grundschule am Max-Eichholz-Ring – und wie der gesamte Sachunterricht findet auch diese Lektion fast ausschließlich auf Englisch statt.

Ob Englisch ab der ersten Klasse oder bilinguale Kindergärten – Deutschlands Eltern und Schulen entdecken die Mehrsprachigkeit. In Modellprojekten und an Privatschulen wird derzeit erprobt, was schon bald flächendeckend angeboten werden könnte. Bereits 2002 hat der Europäische Rat gefordert, dass sich künftig jeder Europäer in mindestens zwei Fremdsprachen unterhalten können soll. 2009 sollen europaweite Schultests zeigen, wie weit die Mitgliedsländer bei der Umsetzung vorangeschritten sind.

Herrschte noch bis vor einigen Jahren die Sorge, dass das allzu frühe Erlernen einer zweiten Sprache die Kinder überfordere, gilt mittlerweile: je früher, desto besser.

Am Universitätsklinikum Hamburg-Eppendorf untersucht der Neurowissenschaftler Frederic Isel vom Sonderforschungsbereich Mehrsprachigkeit mithilfe aufwendiger Testreihen im Magnetresonanztomografen, wie das Gehirn in unterschiedlichen Altersstufen den Spracherwerb verarbeitet. „Je früher man zwei Sprachen lernt, desto stärker überlappen die Neuronenverbände, in denen sie abgespeichert werden", fasst der Forscher seine Ergebnisse zusammen. Für Frühlerner seien dadurch auch der Zugriff auf die Sprachen und der Wechsel zwischen ihnen einfacher als für jene, die Sprachen im höheren Alter erwerben. Neurolinguisten wie Isel sprechen von einer „kritischen Phase", die spätestens im Alter von zehn Jahren ausläuft.

Nur wer in dieser Zeit mit einer zweiten Sprache beginnt, hat die Chance, sie sich in nahezu muttersprachlicher Qualität anzueignen. Zwar kann man Grammatik beziehungsweise Syntax auch später noch gut lernen – doch mit dem, was authentische Sprachbeherrschung ausmacht, vor allem Aussprache und Satzmelodie, tut der Mensch sich mit jedem Lebensjahr schwerer.

Das hat neben hirnphysiologischen Ursachen auch tief verwurzelte psychologische Gründe: Spätestens mit Beginn der Pubertät verstärkt sich der Einfluss von Faktoren wie Scham oder Angst vor Fehlern. Der spielerische Umgang mit Sprache, die Lust am Nachahmen, das unbefangene Ausprobieren fremder Laute – all das geht verloren.

Neben der größeren Sprachkompetenz ziehen Kinder aus einer frühen Mehrsprachigkeit auch intellektuell Gewinn: Frühzeitig reflektieren sie über sprachliche Bedeutungen und kulturelle Unterschiede, haben weniger Schwierigkeiten beim Erlernen weiterer Sprachen und tun sich ganz allgemein leichter mit dem Umschalten von einer Tätigkeit zur anderen – mit dem, was in der modernen Arbeitswelt „Multitasking" genannt wird.

Selbst im hohen Alter profitiert das Gehirn noch von häufigem Sprachwechsel: Die kanadische Psychologin Ellen Bialystok hat herausgefunden, dass Altersdemenz bei aktiven Zweisprachlern um vier Jahre hinausgezögert wird.

Angesichts all dieser Vorteile drängt sich die Frage auf, wieso nicht schon längst alle Schulkinder mehrsprachig aufwachsen.

Die Antwort ist naheliegend: Man kann ein Kinderhirn nicht mit einer neuen Sprache „abfüllen". Kinder erwerben diese zwar leichter, aber nach anderen Gesetzmäßigkeiten als Erwachsene: Sie lernen keine Grammatikregeln und pauken keine Vokabeln, sondern erschließen sich eine Sprache intuitiv, durch Zuhören und Nachahmung. Das funktioniert jedoch nur, wenn Kinder der Sprache regelmäßig und intensiv ausgesetzt sind.

Am besten gelingt dies in einer zweisprachigen Familie, in der sich ein Elternteil konsequent in seiner Muttersprache an das Kind wendet. In Grundschulen und Kindergärten hingegen hat man sich lange Zeit schwergetan, entsprechende Lernformen zu finden. Eine Stunde am Tag englische Lieder zu singen oder ein bisschen Alltagskommunikation zu vermitteln, genügt nicht, Kinder dazu zu bringen, eine Sprache auch zu gebrauchen.

Das Zauberwort lautet „Immersion" (Eintauchen). Dazu gehört nicht nur, dass große Teile eines Unterrichtsfaches auf Englisch abgehalten werden, sondern auch, dass die Kinder in kleinen, an alltägliche Erfahrungen angelehnten Lektionen immer wieder Sprechanlässe finden. Die Methode ist noch neu; sie erfordert gut ausgebildete Lehrer, neuartiges Lehrmaterial und viel Zeit – an Deutschlands Grundschulen und Kitas allesamt knappe Ressourcen. […]

Auch in dem Bereich, in dem Mehrsprachigkeit nicht als Vorteil, sondern als Problem angesehen wird, könnte das Immersions-Prinzip eine wichtige Rolle spielen: bei Kindern von Einwanderern, die Deutsch als Fremdsprache lernen. Fast jedes dritte Kind unter fünf Jahren kommt mittlerweile aus einer nicht deutschsprachigen Familie. Allzu oft lernt es weder seine Herkunftssprache noch das Deutsche richtig. „Doppelte Halbsprachigkeit" – so lautet der Begriff für diese Situation: wenn Kinder auf halbem Wege zwischen zwei Sprachen stecken bleiben.

Die Gründe dafür haben so gut wie nie mit mangelnder Begabung, sondern fast immer mit sozialen Problemen und kulturellen Berührungsängsten zu tun. Ein Schlüssel zu einer besseren Sprachentwicklung bei Migrantenkindern, so die Hamburger Pädagogik-Professorin Ingrid Gogolin, liegt in der engen Zusammenarbeit von Eltern und Bildungseinrichtungen. [...] Heiß begehrt sind etwa die deutsch-türkischen „Lese-Koffer". Sie sollen Eltern dazu bewegen, ihren Kindern Geschichten zu erzählen und mit ihnen zu lesen – seit jeher eine der effektivsten Methoden zur Aneignung von Sprache. Gogolin hält es auch für sinnvoll, parallel zum Deutschen die Herkunftssprache von Migrantenkindern zu stärken. [...]

Wie sehr Sprache nicht nur ein funktionales Kommunikationsmedium, sondern auch Träger von Identität und Selbstwertgefühl ist, zeigt sich in der türkisch-deutschen Jugendsprache. Mit Faszination blicken Linguisten auf die kreativen Wortschöpfungen der Heranwachsenden. Der Augsburger Soziolinguist Volker Hinnenkamp, der sich seit Jahren mit dem Phänomen des „Gemischtsprechens" beschäftigt, plädiert dafür, Sprachmixturen für ihren „erfinderischen Reichtum" zu würdigen und nicht etwa als defizitär zu betrachten. Schon bei „normalen" Mehrsprachigen ist der Wechsel von einer Umgangssprache zur anderen in einer Unterhaltung oder sogar in einem Satz – das sogenannte CodeSwitching – gang und gäbe. Jugendliche, für die Sprache ein wichtiges Instrument der Selbstfindung und Selbstbehauptung ist, haben das Jonglieren mit Sprach-Versatzstücken zum ästhetischen Stilprinzip erhoben. Dass aus dieser Verschmelzung dauerhaft eine Ghettosprache, ein sogenannter Ethnolekt, hervorgeht, glaubt Hinnenkamp allerdings nicht. Jugendsprachen sind zu flüchtig – die meisten Neuschöpfungen verschwinden, sobald die Sprecher erwachsen werden. [...]

In: GEO Wissen 40/2007, S. 46–48

- Welche Erkenntnisse, die Sie zum Spracherwerb gewonnen haben, finden sich in den beschriebenen Phänomenen zur Mehrsprachigkeit wieder?
- Wünschen Sie sich für Ihre eigenen Kinder eine Schule, in der Mehrsprachigkeit in den Klassen unterrichtlich genutzt und betont wird?

Wilhelm von Humboldt: Sprache als Weltansicht

Durch die gegenseitige Abhängigkeit des Gedankens und des Wortes voneinander leuchtet es klar ein, dass die Sprachen nicht eigentlich Mittel sind, die schon erkannte Wahrheit darzustellen, sondern weit mehr, die vorher unerkannte zu entdecken. Ihre Verschiedenheit ist nicht eine von Schällen und Zeichen, sondern eine Verschiedenheit der Weltansichten selbst. Hierin ist der Grund und der letzte Zweck aller Sprachuntersuchung enthalten. Die Summe des Erkennbaren liegt, als das von dem menschlichen Geist zu bearbeitende Feld, zwischen allen Sprachen, und unabhängig von ihnen, in der Mitte; der Mensch kann sich diesem rein objektiven Gebiet nicht anders als nach seiner Erkennungs- und Empfindungsweise, also auf einem subjektiven Wege, nähern. Gerade da, wo die Forschung die höchsten und tiefsten Punkte berührt, findet sich der von jeder besonderen Eigentümlichkeit am leichtesten zu trennende mechanische und logische Verstandesgebrauch am Ende seiner Wirksamkeit, und es tritt ein Verfahren der inneren Wahrnehmung und Schöpfung ein, von dem bloß soviel deutlich wird, dass die objektive Wahrheit aus der ganzen Kraft der subjektiven Individualität hervorgeht. Dies ist nur mit und durch Sprache möglich. Die Sprache aber ist, als ein Werk der Nation und der Vorzeit, für den Menschen etwas Fremdes; er ist dadurch auf der einen Seite gebunden, aber auf der anderen durch das von allen früheren Geschlechtern in sie Gelegte bereichert, erkräftigt und angeregt. [...]

Vergleicht man in mehreren Sprachen die Ausdrücke für unsinnliche Gegenstände, so wird man nur diejenigen gleichbedeutend finden, die, weil sie rein konstruierbar sind, nicht mehr und nichts Anderes enthalten können, als in sie gelegt worden ist. Alle übrigen schneiden das in ihrer Mitte liegende Gebiet, wenn man das durch sie bezeichnete Objekt so benennen kann, auf verschiedene Weise ein und ab, enthalten weniger und mehr, andere und andere Bestimmungen. Die Ausdrücke sinnlicher Gegenstände sind wohl insofern gleichbedeutend, als bei allen derselbe Gegenstand gedacht wird, aber da sie die bestimmte Art ihn vorzustellen ausdrücken, so geht ihre Bedeutung darin gleichfalls auseinander.

Aus: Albert Leitzmann (Hg.): Wilhelm von Humboldt Werke. Vierter Band. Berlin: Behr 1905 [e 1820] (Nachdruck: Berlin: de Gruyter 1968, S. 27 ff.)

■ *Formulieren Sie mit eigenen Worten die „Weltansichtthese" Humboldts und erläutern Sie diese an folgenden Beispielen, suchen Sie weitere Beispiele:*
  a) *Der Kosmonaut Gagarin soll 1961, nach seiner Rückkehr zur Erde, gesagt haben: „Ich war im Himmel und habe mich genau umgesehen. Es gab keine Spur von Gott."*
  Gagarin sprach russisch. Übersetzen Sie seinen Satz ins Englische.
  b) *Im Französischen gibt es das Wort „bois". Geben Sie eine genaue Übersetzung ins Deutsche an.*
  c) *Betrachten Sie folgendes Beispiel:*

Deutsch	Englisch	Französisch
Lampenschirm	lampshade (shade: Schatten)	abat-jour (abattre: herunterschlagen, niederwerfen; jour: Tag, Tageslicht)

  d) *Nehmen Sie Stellung zur Formulierung „Die Sonne geht auf!". Diskutieren Sie auch die Frage, in welchem Sinne es Sternbilder (Großer Wagen etc.) gibt.*

■ *Versuchen Sie anhand der Beispiele eine Systematisierung: Worin unterscheiden sich die Weltansichten von Sprachen?*

■ *Worin unterscheidet sich Ihrer Auffassung nach ein einsprachig und ein mehrsprachig aufgewachsenes Kind, wenn man der Weltansichtthese folgt?*

In zwei Sprachen leben

Yüksel Pazarkaya[1]
deutsche sprache (1989)

die ich vorbehaltlos liebe
die meine zweite heimat ist
die mir mehr zuversicht
die mir mehr geborgenheit
5 die mir mehr gab als die
die sie angeblich sprechen

sie gab mir lessing und heine
sie gab mir schiller und brecht
sie gab mir leibniz und feuerbach
10 sie gab mir hegel und marx
sie gab mir sehen und hören
sie gab mir hoffen und lieben
eine welt in der es sich leben lässt

die in ihr verstummen sind nicht in ihr
15 die in ihr lauthals reden halten sind nicht in ihr
die in ihr ein werkzeug der erniedrigung
die in ihr ein werkzeug der ausbeutung sehn
sie sind nicht in ihr sie nicht

meine behausung in der kälte der fremde
20 meine behausung in der hitze des hasses
meine behausung wenn mich verbiegt die bitterkeit
in ihr genoss ich die hoffnung
wie in meinem türkisch

Aus: Yüksel Pazarkaya: Der Babylonbus. Frankfurt a. M.: Dagyeli 1989, S. 7

[1] geb. 1940 in der Türkei, seit 1958 in Deutschland

Sergio L. Amado Monroy[2]
Ausländerkind (1983)

Bin stumm geworden
durch den Zwang,
anders zu sprechen.
Ihr habt mich noch nicht verstanden
5 und wollt mich auch nicht verstehen.

Anpassung, magisches Wort:
die Fata Morgana löst sich auf
und verlässt mich
nüchterner,
10 isolierter,
noch einsamer.

Keine Sprache erlebe ich ganz:
meine Kultur bleibt ein Rätsel
in den Pfützen meiner Seele.
15 Eure Sitten sind für mich
zerbrechliche Pusteblumen,
die nur den Windhauch erwarten,
um woanders hinzufliegen.

Ich besitze zwei Sprachen,
20 aber dafür keine Heimat.
Eure Welt ist nicht die meine,
da ihr mich nicht annehmt.
Meine Welt ist Dunkelheit,
ein trübes Bild,
25 nur ein Schatten.

Aus: Irmgard Ackermann (Hg.): In zwei Sprachen leben. Berichte, Erzählungen, Gedichte von Ausländern. München: dtv 1983, S. 21

[2] geb. 1950 in Guatemala, seit 1978 in Deutschland

- *Welche in den Gedichten beschriebenen Empfindungen sind Ihnen nahe, welche können Sie nachvollziehen, welche sind Ihnen fremd oder unverständlich?*

- *In den beiden Gedichten werden unterschiedliche Sichten auf die deutsche Sprache deutlich: Worin besteht für Sie der wesentliche Unterschied? Welche Ursachen für diese unterschiedliche Sicht erkennen Sie in den Gedichten?*

- *Wie kann eine Sprachgemeinschaft nach Ihrer Auffassung dazu beitragen, dass sich zweisprachige Menschen in ihrer neuen Sprache (auch) heimisch fühlen?*

Baustein 3
Sprachbewusstsein und Sprachskepsis in der Moderne

Einführung

Spätestens seit Herder wird die Sprache als genuin menschliche Form des Weltzugangs betrachtet. Schon Herder selbst verbindet damit die Vorstellung, Sprache liefere eine begriffliche Strukturierung der Welt, die die Realität angemessen zu erfassen und sich auch verändernten Wirklichkeiten anzupassen vermag.[1] Diese Auffassung geriet jedoch im Laufe des 19. Jahrhunderts zunehmend ins Wanken. Vor allem am Ende des Jahrhunderts, als eine sich beschleunigende Industrialisierung gravierende technische und soziale Veränderungen mit sich brachte, wurde die zuvor noch selbstverständliche Leistung der Sprache fragwürdig. Revolutionäre Entdeckungen in der Naturwissenschaft, der Technik, der Medizin veränderten die Welt und das Weltbild radikal und schufen das Bewusstsein, das Ende einer alten Zeit und den Beginn von etwas Neuem, der Moderne, zu erleben. Der Begeisterung über die Neuerungen stand den Befürchtungen und die Frage gegenüber, wie Kunst und Literatur sich zu der neuen Realität verhalten. Für die Literaten wurde das Medium ihrer Arbeit, die Sprache selbst, problematisch: War die tradierte Sprache noch geeignet, eine sich radikal verändernde Welt zu erfassen? War eine immer mehr zersplitterte, sich ausdifferenzierende Realität überhaupt noch durch begriffliche Klammern sprachlich strukturierbar? Friedrich Nietzsche, der mit seiner 1872/73 verfassten und 1896[2] erstmals gedruckten Schrift „Ueber Wahrheit und Lüge im aussermoralischen Sinne" die Phase intensiver Sprachskepsis einleitete, stellte die Frage noch grundlegender, indem er den metaphorischen Charakter aller sprachlichen Zeichen hervorhob, die ihrem Wesen nach keine Wirklichkeit abbilden, sondern eine neue Wirklichkeit erzeugen. Dichter wie Rilke, George und Hofmannsthal beobachteten die Veränderungen auch unter dem Blickwinkel, ob eine veränderte Sprache, die dem Wandel der Realität folgt, in der Lage sein kann, das für den Menschen Wesentliche zu erfassen. Trägt die Sprache vielleicht sogar selbst dazu bei, die für den Menschen wesentlichen Dinge zu entzaubern, zu banalisieren?

Die Krise der Sprache kann als eine Urkrise der Moderne betrachtet werden. Der Anbruch des Neuen erschütterte das Bewusstsein und die Bewusstseinskrise manifestierte sich als Sprachkrise. Herausgehobenes Zeugnis der Sprachskepsis der Jahrhundertwende ist der 1902 erschienene Chandos-Brief von Hugo von Hofmannsthal, eine Art Gründungsdokument der Moderne. Hofmannsthal verlagerte das Sprachproblem in das Jahr 1603 und formulierte einen Brief des fiktiven Dichters Lord Chandos an den Wegbereiter des englischen Empirismus Francis Bacon (1561–1626). Chandos erklärt in seinem Brief, warum er nicht mehr schreibt und nie mehr schreiben wird, zugleich entwickelt er die Vorstellung von einer „anderen Sprache", die das für ihn Wesentliche zu vermitteln vermag. Lord Chandos trägt deutlich Züge Hofmannsthals, der die Krise der ästhetizistischen Literatur als persönliche

---
[1] Vgl. z. B. „Verstand und Erfahrung. Eine Metakritik zur Kritik der reinen Vernunft", 1799 (J.G. Herder: Sprachphilosophische Schriften. Hg. von Erich Heintel. Hamburg: Meiner ³1975, S. 226f.)
[2] Vgl. Henning Ottmann (Hg.): Nietzsche-Handbuch. Stuttgart/Weimar: Metzler 2000, S. 96

Schaffenskrise und als Krise sprachlichen Wirkens schlechthin erlebte. Die Gedichte seiner ersten Schaffensperiode galten als Meisterwerke eines literarischen Wunderkindes, wenig später, um die Jahrhundertwende, verstummte er aber weitgehend. Der Brief des Lord Chandos lässt sich als eine Begründung für dieses Schweigen lesen[1]. Adressat ist jener Francis Bacon, der als Empiriker den unverstellten Blick auf die naturwissenschaftlichen Zusammenhänge sucht und somit jemand ist, der das Ringen um eine Sprache, die das Substanzielle zu erfassen vermag, verstehen könnte. Zugleich kann Hofmannsthals Brief aber auch als Kritik an einer Objektivität suggerierenden Wissenschaftssprache gelesen werden und damit als „Absage an Bacon als Vertreter einer Wissenschaftsphilosophie mit dem Ideal exakter Forschung"[2].

An wen Hofmannsthal sich 1902 mit seinem Brief in erster Linie wendet, ist umstritten. Manchen gilt Stefan George als der eigentliche Adressat[3] und Hofmannsthals Brief als eine Aufkündigung der ästhetizistischen Position, die die beiden Literaten zuvor verbunden hatte.

Die von Chandos vorgetragene Doppelperspektive der Ablehnung der konventionellen Sprache und der euphorischen Beschreibung einer „Sprache, in welcher die stummen Dinge zu mir sprechen" (vgl. **Arbeitsblatt 56**, Seite 157ff., Z. 499f.) ist schon bei Nietzsche angedeutet (vgl. **Arbeitsblatt 69**, Seite 178f.). Fritz Mauthner, der oft als Vorläufer der Sprachskepsis des Chandos-Briefes genannt wird, stellt dagegen den Wert einer Sprache grundlegend in Frage, die als Gemeinschaftsprodukt einer Sprachgemeinschaft naturgemäß „Licht und Gift, Wasser und Seuche" (vgl. **Arbeitsblatt 70**, Seite 180f., Z. 64f.) gleichermaßen enthalten müsse. Karl Kraus wiederum weist schon den Weg zur Sprachkritik des späteren 20. Jahrhunderts, die nunmehr nicht mehr die Sprache selbst, sondern die Sprecher, die Sprachverwender kritisiert (**Arbeitsblatt 71**, Seite 182).

Die Sprachkrise der Jahrhundertwende endete gleichwohl nicht in einem unumkehrbaren Verstummen der Dichter. Unterschiedliche Richtungen der modernen Literatur können als Suche nach einer Sprache verstanden werden, die das Krisenbewusstsein durch eine radikale Neuorientierung der Dichtung überwinden will. Hofmannsthal selbst, der sich nach der Jahrhundertwende von der Lyrik ab- und der Epik und vor allem der Dramatik zuwandte, formuliert schon ein Jahr nach dem Chandos-Brief in „Das Gespräch über Gedichte" (1903) ein Programm einer Poesie, die „aus jedem Gebilde der Welt [...] sein Wesenhaftestes herausschlürft" (vgl. **Arbeitsblatt 72**, Seite 183, Z. 43ff.) und die die Dinge so erst zum Erscheinen bringt. Die reduzierte, spezifisch veränderte Sprache August Stramms (vgl. **Arbeitsblatt 73**, Seite 185) ist wie Hugo Balls (vgl. **Arbeitsblatt 74**, Seite 187) dadaistische Lautgedichte dagegen ein fundamental anderer Versuch, der Sprache in ihrer sinnlichen Erscheinung wieder höhere Bedeutung zuzuweisen. Sprache suggeriert hier nicht, Wirklichkeit abzubilden, sie erzeugt eine neue Realität, die ikonisch auf die Wirklichkeit verweist.

Eine zweite intensive Phase von Sprachbewusstsein und Sprachskepsis im 20. Jahrhundert soll in diesem Baustein zumindest in einigen Texten aufgegriffen werden: Nach den NS-Verbrechen der Jahre 1933 bis 1945 stellte sich die Frage nach den Möglichkeiten von Sprache und Dichtung in ähnlich fundamentaler Weise wie um die Jahrhundertwende, nun aber ging es nicht mehr nur um die Leistungsfähigkeit der Sprache, sondern auch um die moralische Verpflichtung, die das Schreiben nach dem Holocaust mit sich brachte. Eine Sprachkrise und ein zeitweiliges Verstummen der Dichter wie zu Jahrhundertbeginn gab es in der Nachkriegszeit nicht, jedoch eine Neuorientierung in der Lyrik, die durchaus ähnliche Züge zeigt wie ein halbes Jahrhundert zuvor.

---

[1] In einem Brief vom 9.9.1902 an L. von Andrian bezeichnet Hofmannsthal den Brief als eine Arbeit, der „das Persönliche stark anhaftet [...] wie einem von mir geschriebenen Brief" (vgl. E. Ritter (Hg.): H.v.H. Sämtliche Werke. Kritische Ausgabe. Band XXXI. Frankfurt a.M. 1991, S. 285)
[2] Timo Günther: Hofmannsthal: Ein Brief. München: Fink 2004, S. 42
[3] Vgl. Joachim Kühn: Gescheiterte Sprachkritik. Berlin/New York: de Gruyter 1975, S. 25

Baustein 3: Sprachbewusstsein und Sprachskepsis in der Moderne

In einer mehr und mehr pluralistisch gestalteten Gesellschaft stellte sich später auch die Frage nach der Sprache nochmals anders: Nicht mehr die Möglichkeiten der Sprache zur Erfassung des Wahren und Wesentlichen wurden diskutiert, sondern die Existenz einer abbildbaren Wahrheit selbst wurde fraglich. Diese vor allem von Heißenbüttel (**Arbeitsblatt 79**, Seite 194) unter Rückgriff auf Brecht formulierte Problematik radikalisierte die Sprachdiskussion der Moderne und stieß das Tor auf zur Postmoderne.

3.1 Die Welt um 1900

Die Auseinandersetzung mit dem Sprachbewusstsein und der Sprachskepsis der Moderne ist in diesem Baustein so angelegt, dass Hofmannsthals Chandos-Text (**Arbeitsblatt 56**, Seite 157 ff.) als Zentraltext angesehen wird. Aufgrund seiner inhaltlichen Substanz, seiner bilderreichen Sprache und seiner literaturhistorischen Stellung bietet sich der Chandos-Brief in besonderer Weise für die Sprachreflexion im Deutschunterricht der Oberstufe an.

Dass etwas so Selbstverständliches wie die Sprache einem Menschen problematisch wird, dürfte nicht allen Schülerinnen und Schülern unmittelbar einsichtig sein. Es ist daher erforderlich, den historischen Kontext der Sprachkrise zu beleuchten, um vor diesem Hintergrund später immer wieder die Frage erörtern zu können, inwieweit auch unser eigenes Verhältnis zur Sprache in ähnlicher Weise nicht so sicher ist, wie es erscheint.

Um die geschichtliche Situation einschätzen zu können, in der der Chandos-Brief entstand, sollte zu Beginn des Unterrichtsvorhabens ein Zeitpanorama eröffnet werden, das erkennbar werden lässt, wie radikal sich die Welt um 1900 veränderte und inwiefern die Literatur der Moderne auch als Antwort auf eine modernisierte Welt verstanden werden kann (vgl. **Arbeitsblätter 50, 51 und 52**, Seiten 149 bis 152).

Um die Reaktion der Dichter auf die neue Zeit nachvollziehbar zu machen, ist es hilfreich, zunächst die Entwicklungen der Jahrhundertwende mithilfe von **Arbeitsblatt 50** unter abstrahierenden Gesichtspunkten zu sichten und zu strukturieren. Im späteren Verlauf des Unterrichts kann die entstandene Mindmap immer wieder als Diskussionsanlass dienen, inwieweit sich Positionen zur Sprache als Reaktionen auf reale Veränderungen in der Wirklichkeit verstehen lassen. Eine Antizipation möglicher Reaktionen der Dichter (vgl. letzter Arbeitsauftrag, Arbeitsblatt 50) dürfte die Auseinandersetzung mit den tatsächlichen Reaktionen intensivieren.

- *Strukturieren Sie die Veränderungen um 1900 nach Ihnen geeigneten Gesichtspunkten in einer Mindmap (z. B. Dynamisierung, …).*

- *Recherchieren Sie selbst zur Zeit um 1900. Welche weiteren Veränderungen finden Sie? Ergänzen Sie die Mindmap.*

- *Die Veränderung der Wirklichkeit zeigte auch Wirkung bei den Schriftstellern. Welche Reaktionen auf die neue Welt vermuten Sie, welche Varianten erscheinen Ihnen möglich?*

Eine aus der Arbeit mit Arbeitsblatt 50 entstehende Mindmap könnte z. B. folgendermaßen aussehen:

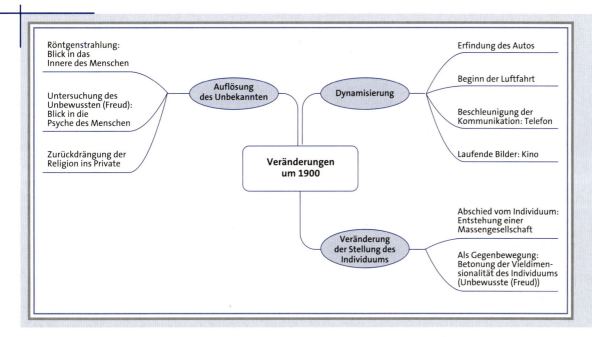

Mit den **Arbeitsblättern 51 und 52**, Seiten 151 und 152, lässt sich der Blick auf die literarischen Reaktionen auf die veränderte Realität lenken. Der Naturalismus kann dabei als explizites Gegenmodell sowohl zum Ästhetizismus des 19. Jahrhunderts als auch zu Hofmannsthals Chandos-Brief gesehen werden, da die Naturalisten als ihren Auftrag angesichts einer neuen Wirklichkeit verstanden, diese gesellschaftliche Wirklichkeit „in unerbittlicher Wahrheit" zu zeigen (vgl. Arbeitsblatt 52), während Hofmannsthal um eine Ausdrucksform für eine subjektive Wahrheit ringt und gesellschaftliche Veränderungen als Gegenstand seiner Literatur ausblendet.

■ *Stellen Sie dar, wie der Naturalismus auf die veränderte Zeit reagieren will und welche gesellschaftliche Erscheinung Holz und Schlaf in ihrem Drama aufgreifen.*

Reaktion der Literatur

auf die neue Realität gemäß der Forderung des naturalistischen Vereins „Durch"

Literatur muss darstellen:
- Menschen aus Fleisch und Blut
- Licht- und Schattenseiten des Lebens
- poetische Gestaltung der Kräfte des gegenwärtigen Lebens
- Zentrum: gesellschaftliche Konflikte

Fazit: Literatur muss das Leben ohne Verklärung erfassen.

Holz/Schlaf: Familie Selicke (1892)

als Beispiel eines naturalistischen Dramas

Darstellung eines Familienlebens:
- Armut
- Krankheit (von Kindern)
- zerbrechende Familie (Vater trinkt) (Selicke ≈ Selige → Gegenbild zur Weihnachtsfamilie)

Implizite Botschaft: Gesellschaftliche Realität ist von Familien wie diesen geprägt.

3.2 Das Thema „Sprache" in der Lyrik des jungen Rilke und des jungen Hofmannsthal

Die sich im Chandos-Brief in aller Schärfe zeigende Sprachskepsis der Moderne deutet sich bei Hofmannsthal, ebenso wie bei Rilke, schon in ihren frühen Gedichten an. Rilke spiegelt in seinem Gedicht „Ich fürchte mich so vor der Menschen Wort" in subjektiv gebrochener Weise die Entwertungskraft, die eine präzise Sprache haben kann[1] (vgl. **Arbeitsblatt 53**, Seite 153).

In den Gedichten „Frage" und „Für mich", die Hofmannsthal in typisch ästhetizistischer Weise als Sechzehnjähriger schrieb (vgl. **Arbeitsblatt 54**, Seite 154), werden Worte einerseits als untauglich zu wirklicher Verständigung betrachtet, andererseits aber als Bilderquell, der traumgleich das Zauberreich der Dinge enthält. Ein skeptisches Verhältnis zur Sprache ist hier, anders als bei Rilke, jedoch nur zaghaft angedeutet. Eine aus beiden Arbeitsblättern resultierende Gegenüberstellung könnte zu folgenden Ergebnissen führen (als Folie entwickelbar):

„Sprache" in der Lyrik des jungen Rilke und des jungen Hofmannsthal

Rilke: Ich fürchte mich so vor der Menschen Wort	Hofmannsthal: Frage / Für mich

• Furcht vor einer präzisen, Differenzen betonenden Sprache
• präzisierende Sprache verhindert direkten Kontakt zwischen den Dingen und dem Menschen
• Entzauberung der Dinge durch die Sprache
• Kritik richtet sich – zumindest auch – gegen die wissenschaftliche Durchdringung der Welt, die die Dichtung an den Rand zu drängen droht (literatursoz. Ergänzung)
• **Sprachliche Gestaltung**, z. B.
  – Alliterationen (z. B. V. 5, 8, 11) als Spiegelung des „Singens" der Dinge;
  – Wechsel der Personalpronomen (Ich – Sie – Ihr) markiert Wandel von subjektiver Furcht zu offener Kritik
  – Beispielbereich als Klimax: Hund – Haus – Berg – Garten – Gut – Gott
    → Andeutung einer immanenten Transzendenz der Dinge
• **Aktualität der Kritik**: z. B. Handy-Kultur (kommunikative Verwertung jedes Erlebens); Talkshow-Kultur (Profanisierung von Grenzbereichen …)
	„Frage"
	• Nur nonverbale Kommunikation scheint geeignet, Liebe auszudrücken
	• Worte als seelenloses Plaudern
	→ Kommunikative Sprache ist für wesentliche Seinsbereiche ungeeignet.
	
	„Für mich":
	• Wort als „Bilderquell", der dem „alltäglich Gleichen" Zauber verleiht
	• Sprachvertrauen des Dichters beruht nicht auf Abbildfunktion der Sprache, sondern auf deren metaphorischem Gehalt (ästhetizistische Position)
	• Dichtersprache gibt den Dingen Würde.
	• Jugendlichkeit des Autors spiegelt sich im Gefühl der Erwähltheit als Dichter, der sich aus der Masse hervorhebt.
	→ Dichterische Sprache enthält das eigentlich Wesentliche.
	
	Biografische Ergänzungen:
	• „Frage": Selbstzweifel, Zaghaftigkeit jenseits der Sprache werden spürbar.
	• „Für mich …": Euphorische Selbstbestätigung des lyrischen Genies und Abgrenzung seiner poetischen Welt von der Profanität des Alltags: Kunst als Halt.

---

[1] Als Einstieg bietet sich die Vertonung von Xavier Naidoo im Rilke-Projekt an (Musik: Richard Schönherz, Angelica Fleer/Details unter: www.rilkeprojekt.de)

3.3 Hofmannsthals Chandos-Brief

Durch die Beschäftigung mit der Jahrhundertwende und den frühen Rilke- und Hofmannsthal-Gedichten ist die Auseinandersetzung mit dem Chandos-Brief vorbereitet. Sie sollte gleichwohl nicht unmittelbar mit der Lektüre begonnen werden, da der Brief für Schüler zunächst schwer zugänglich sein dürfte. Als Vorbereitung wird daher hier (**Arbeitsblatt 55**, Seite 156) vorgeschlagen, sich zunächst dem gedanklichen Skelett des Briefes zu widmen. Dies soll in Form eines „Puzzles" aus sieben Zitaten des Briefes geschehen, die in eine sinnvolle (nicht unbedingt richtige) Anordnung gebracht werden müssen (richtige Lösung: 4/6/1/7/3/2/5). Hiermit kann – neben einer Annäherung an die Struktur – einerseits die Aufmerksamkeit für zentrale Stellen bei der späteren Lektüre erhöht werden, andererseits können die Schülerinnen und Schüler durch diese Zitate einen individuell unterschiedlichen persönlichen Bezug zum Text gewinnen.

Der Brief sollte anschließend als **Hausaufgabe** vollständig gelesen werden (mit Bearbeitungshinweisen, vgl. Zusatzmaterial 2, Seite 253).

Für eine genaue Analyse des Chandos-Briefes werden im Arbeitsmaterial (**Arbeitsblätter 57 – 61**, Seiten 163 bis 168) verschiedene Angebote gemacht. Sie bieten sich für eine längere Phase selbstständiger Arbeit der Schüler an, in der die Lehrkraft nur beratende Funktion hat. Alle Aufgaben sind jedoch so konzipiert, dass sie auch unabhängig von den anderen Fragestellungen jeweils einzeln im Unterricht bearbeitet werden können. Sie können auch von Arbeitsgruppen arbeitsteilig bearbeitet werden, wobei die Möglichkeit der Differenzierung genutzt werden sollte.

Eine Deutung des Chandos-Briefes im Oberstufenunterricht muss sich des Problems bewusst sein, dass der Brief äußerst schwer zugänglich ist. Auch die Literaturwissenschaft stand häufig in der Gefahr, ihre Sprache angesichts des Chandos-Briefes zu verlieren (vgl. Timo Günther: Hofmannsthal: Ein Brief. München: Fink. 2004. S. 21). Ein tastender, Unsicherheiten durchaus zulassender und sogar fördernder Unterricht ist daher dem Gegenstand eher angemessen als eine Auseinandersetzung, die die Möglichkeit eindeutigen Verstehens suggeriert. Die nachfolgenden Anmerkungen zur Deutung verstehen sich daher als eine mögliche Deutungslinie, die immer wieder kritisch zu hinterfragen und um Alternativen zu ergänzen ist.

Folgt man der Aufgabenanordnung, so wird zunächst der inhaltliche Gehalt des Chandos-Briefes untersucht und anschließend die bemerkenswerte formale Gestaltung.[1]

---

[1] Vgl. zu den nun folgenden Ausführungen zum Chandos-Brief insbesondere: Timo Günther: Hofmannsthal: Ein Brief. München: Fink 2004

Baustein 3: Sprachbewusstsein und Sprachskepsis in der Moderne

Schwerpunkt: Inhalt (Arbeitsblatt 57, Seite 163)

Bei der inhaltlichen Auseinandersetzung wird mit einer Aufgabe begonnen, die eine Reproduktion der Fakten verlangt, die Lord Chandos über sich verrät. Diese Zusammenstellung kann genutzt werden, um Chandos' Leben mit der Biografie Hofmannsthals zu vergleichen:

Fakten

1. Stellen Sie in der nachfolgenden Tabelle die Fakten zusammen:

Lord Chandos (gemäß Brief vom 22.8.1603)			
Alter:	26	Zeitraum ohne Veröffentlichung:	2 Jahre
Vermutliches Geburtsjahr:	1577	Grund des Briefes:	Antwort auf eine briefliche Frage Bacons
Chandos ist Autor folgender Werke:	„Neuer Paris", „Traum der Daphne", „Epithalamium"	Chandos lebt von:	seinem offenbar geerbten Gut („landbesitzender Edelmann")
Erscheinungsjahre der Werke:	1596 (mit 19 Jahren)	Familienstand:	verheiratet, Familienvater

Hierauf aufbauend soll als Strukturprinzip der weiteren Aufgaben die Dreiteilung in den Blick genommen werden, die den Chandos-Brief prägt: Chandos beschreibt zunächst die Vergangenheit, in der er noch schreiben konnte und Pläne für seine weitere dichterische Tätigkeit machte. Daran schließt sich die Darstellung der Krise an und schließlich wird eine neue Zugangsweise zu den Dingen beschrieben, die gleichsam schon eine Überwindung der Krise andeutet.

Phasen

2. Der Brief des Lord Chandos lässt inhaltlich eine Dreiteilung zu:
1. Die Zeit als Dichter und die damaligen Pläne
2. Die Krise
3. Der neue Kontakt zu den Dingen.
Ordnen Sie diesen drei Teilen Zeilenangaben zu.

Inhaltliche Dreiteilung des Chandos-Briefes	
1. Die Zeit als Dichter und die damaligen Pläne	Z. 24 bis Z. 151
2. Die Krise	Z. 152 bis Z. 257
3. Der neue Kontakt zu den Dingen	Z. 258 bis Z. 479

Um einen strukturierten Zugang zum Chandos-Brief zu ermöglichen, sollen zunächst nur die ersten beiden Teile in den Blick genommen werden, da so eine Gegenüberstellung der Zeit, als Chandos noch schreiben konnte, mit der aktuellen krisenhaften Phase möglich wird. Aus dieser Kontrastierung können die Gründe für die Sprachkrise herausgearbeitet werden:

3. *Entscheidend für das Verständnis der Situation des Chandos sind zunächst die ersten beiden Phasen, also die seines Schreibens und Planens und die aktuelle Krise. Stellen Sie diese Lebensphasen tabellarisch gegenüber:*

	Chandos' Sicht der Welt	Persönliches Befinden	Chandos hält für wichtig im Leben	Chandos weist der Sprache folgende Aufgabe zu	Die existierende Sprache kann diese Aufgabe erfüllen/nicht erfüllen, weil
DAMALS	Dasein als große Einheit der geistigen und körperlichen Welt	Trunkenheit, sieht sich selbst in der großen Einheit der Natur gespiegelt	Sein Schreiben: Zunächst prunkhafte Dichtung, dann Plan einer an Fakten orientierten Dichtung (historisch, enzyklopädisch)	Die Sprache soll in prunkvoller Form das Spiel ewiger Kräfte erfassen. In den Plänen: Sprache soll das Wissen objektiv erfassen.	Der junge Chandos glaubte, dass Sprache diese Aufgabe erfüllen könne.
HEUTE	Die Welt ist zerfallen in Teile und Teile.	Kleinmut, Kraftlosigkeit, innere Leere	Die Wahrnehmung der Fülle, die die kleinen Dinge für ihn bereithalten.	Die Sprache soll a) begriffliche Klammern für eine zersplitterte Welt liefern, b) die Bezauberung durch die einfachen Dinge wiedergeben können.	Die existierende Sprache kann die Aufgabe nicht erfüllen, weil a) ihr ein deutender Zugriff auf die Wirklichkeit unmöglich ist, b) sie einem anderen Seinsbereich angehört als die Sprache der stummen Dinge.

Baustein 3: Sprachbewusstsein und Sprachskepsis in der Moderne

4. Untersuchen Sie die Pläne, die Chandos als Dichter hatte: Worin unterscheiden sich die geplanten von den tatsächlich geschriebenen Werken? Welchem Ziel sollen die geplanten Werke folgen? Wie dürfte der Empiriker Bacon zu den tatsächlich geschriebenen, wie zu den geplanten Werken stehen?

Chandos' tatsächlich geschriebene Werke:	Pläne:
„Neuer Paris" „Traum der Daphne" „Epithalamium"	historische Schriften Aufschlüsselungen von Mythen und Fabeln Sentenzensammlung „Nosce te ipsum" enzyklopädische Schriften
Schäferspiele fern der Realität, Prunk der Worte	realitätsnahe Schriften Selbsterkenntnis durch Welterkenntnis Ziel: Aufschlüsseln der Dinge (eins durch das andere)

Bacon dürfte als Empiriker die Pläne (an die Bacon erinnert!) weit mehr als die tatsächlichen Werke geschätzt haben:
→ Brief an Bacon auch als Erklärung der Absage der Pläne („Anmaßung")

5. Die Abwendung von der Sprache verläuft bei Lord Chandos in mehreren Stufen. Verdeutlichen Sie diese.
Ist für Sie eine Logik in dieser Stufung erkennbar?

Chandos' Weg des Verstummens

1. Unmöglichkeit, „ein höheres oder allgemeineres Thema zu besprechen"
2. Unfähigkeit, Urteile über Menschen und menschliche Zusammenhänge zu formulieren
3. Unfähigkeit, einfache Dinge mit Worten zu beschreiben

Logik dieser Stufung:
Zunächst gehen die schwierigsten Sprachfunktionen (Abstraktion) verloren, später werden die substanziellen Basisfunktionen fragwürdig.

→ als Absage an Wissenschaftssprache lesbar:
Chandos stellt Realität beanspruchende Aussagen über die Wirklichkeit immer grundlegender in Frage.

Auf der Basis dieser Übersichten lässt sich ein bündelnder Blick auf Chandos' frühere Schriften und Pläne richten (Frage 6), der zeigt, wovon er sich entfernen will. Zum einen bricht er mit jenen frühen Werken, die „unter dem Prunk ihrer Worte" hintaumeln. Seine Werke scheinen somit ästhetizistischen Charakter gehabt zu haben, ähnlich wie Hofmannsthals frühe Lyrik. Chandos hatte jedoch zum anderen eine Weiterentwicklung im Sinn, denn er plante historische und enzyklopädische Schriften, also eine Objektivierung des Schreibens. Auch Fabeln und mythische Erzählungen wollte er „aufschließen". Seine Pläne richten sich damit auf eine an Fakten und begrifflich klarer Darstellung orientierte Schreibweise, die ganz im Sinne

Bacons ist, der die Dichtung ebenfalls als Vorstufe zu wissenschaftlichem Schreiben betrachtete und die Entschlüsselung von Fabeln für eine wichtige Stufe der Weiterentwicklung hielt.

Von diesen Plänen wendet sich Chandos nun aber in seiner Krise ab. Er empfindet sie als „Anmaßung", da das Wesentliche auf diese Weise nicht erfassbar sei – so wie der „Mantel" des Regenbogens nie erreichbar (vgl. Z. 162 ff.), sondern nur aus der Ferne als Naturspektakel sichtbar sei.

6. *Versuchen Sie auf der Grundlage der bisherigen Aufgaben eine kurze schriftliche Darstellung der Schwierigkeiten, die der Dichter dargelegt hat: Warum konnte Chandos früher schreiben, wie begründen sich seine damaligen Pläne und warum kann er heute nicht mehr schreiben?*

Die Schüleraufsätze lassen sich möglicherweise in folgendem Tafelbild bündeln:

Chandos' Blick auf seine Schriften und Pläne der Jugend:

Gründe für das Verstummen

Ablehnung der ästhetizistisch überladenen
Jugendschriften („Prunk der Worte")   Verstummen
(Parallele zu Hofmannsthals Jugendgedichten)

↓   ↑

Pläne, den Ästhetizismus durch realitätshaltige
Schriften abzulösen (Wissensdarstellungen: →   Pläne erscheinen ihm als
Historie, enzyklopädische Schriften)   „Anmaßung"

Hofmannsthal – Chandos – Bacon

7. *Untersuchen Sie, inwieweit die Äußerungen des Lord Chandos über seine frühere Dichtung auf Hofmannsthals frühe Lyrik (vgl. Arbeitsblatt 54) zutreffen.*

Hofmannsthal verabschiedet sich mit dem Chandos-Brief vom eigenen Ästhetizismus, lehnt gegenüber Bacon aber auch dessen Lösung ab, nunmehr die Menschheit durch begriffliche Klarheit in das „Licht der Verstandesklarheit" zu führen (Günther 2004, S. 23 f.). Trotz des angekündigten Schweigens stellt der Brief somit eine Verteidigung des Reiches der Poesie gegen den Eindeutigkeitsanspruch der Wissenschaft dar, denn Chandos erklärt zwar sein Verstummen, zugleich weist er im zweiten Teil aber bereits den Weg aus dem Schweigen, nämlich durch eine „andere Sprache", der die Verbindung zu den Dingen gelingt. Der Brief ist daher letztlich auch ein Versuch, „das Feld dichterischen Sprechens und bildhaften Ausdrucks gegenüber der Wirklichkeit zu vermessen und in seinen Grenzen zu legitimieren" (Mathias Mayer: Hugo von Hofmannsthal. Stuttgart/Weimar: Metzler. 1993. S. 116)[1]. In diesem Sinne präsentiert der Brief nur vordergründig eine Absage an Literatur, im Kern begründet Hofmannsthal hier gerade die Notwendigkeit von Dichtung in der veränderten Welt.[2]

---

[1] Hofmannsthal selbst nennt den Brief zurückblickend eine „Confession" (Brief an Rudolf Pannwitz vom 4.8.1917; vgl. E. Ritter: H.v.H. Sämtliche Werke. Kritische Ausgabe. Band XXXI. Frankfurt a. M 1991, S. 293)

[2] Die Verweise auf antike Dichter (Platon, Seneca, Cicero), die Chandos keine Gesundung schenken, machen deutlich, dass ein Rückgriff auf bestehende Literatur nicht möglich, sondern eine Neubestimmung von Dichtung nötig ist.

Aus dieser Grundstruktur erklärt sich auch, warum Hofmannsthal Bacon als Adressaten wählt, denn die zu Beginn des 20. Jahrhunderts zu beobachtende Fixierung auf Terminologisches hatte ihre Wurzeln dreihundert Jahre zuvor bei Bacon. Als Dichter formuliert Hofmannsthal in seinem Chandos-Brief eine Rechtfertigung des spezifischen Sprachcharakters der (poetischen) Verweisung, der Anrührung gegen einen auf Abstraktion und Objektivierung zielenden Sprachgebrauch, wie ihn Bacon propagierte (vgl. Günther 2004). Die Dankbarkeit, die Chandos gegenüber Bacon betont, ist somit nicht Ausfluss der Geistesnähe, sondern Ausdruck der Zufriedenheit darüber, dass Chandos (und Hofmannsthal) in der Auseinandersetzung mit Bacon der eigene Standpunkt so klar geworden ist. Nur insofern ist Bacon für Chandos der „Wohltäter meines Geistes" (Z. 507f.). Bacons Weg in die Objektivität ist für Chandos nicht die Lösung, es muss eine andere Sprache gefunden werden, eine, der der Kontakt mit der Welt gelingt, aber eben nicht terminologisch-begrifflich, sondern durch eine mehr gespürte als begriffene Verbundenheit. Die Kraft einer solchen Sprache bestünde somit nicht darin, objektive Erfahrungen in der Sprache abzubilden, sondern die anrührende Kraft der Dinge fühlbar zu machen.

8. *Welche Begründung sehen Sie dafür, dass Hofmannsthal als Adressat des Briefes Bacon wählt?*

Bacon als Adressat:

Bacon → repräsentiert denkbaren Ausweg aus dem Zweifel an Prunksprache der Jugend

→ Dieser Ausweg (realitätshaltige Schriften) erscheint Chandos als nicht gangbar („Anmaßung")

Brief ist eine Absage an den Weg in eine wissenschaftlich geprägte Sprache

Epiphanie

Der letzte Teil des Briefes zeigt, dass für Chandos nach der Beschreibung der Krise die Situation schon so weit geklärt ist, dass sich der Ausweg aus der Sprachkrise abzeichnet. Die von Hofmannsthal beschriebene „Sprache" der Epiphanie ist nicht mehr Medium, sondern stellt einen direkten, eher körperlichen als intellektuellen Kontakt zu den Dingen dar, aber Hofmannsthal nennt sie weiterhin „Sprache".

Dem neuen Bewusstseinsstand der Epiphanie sollte sich eine Auseinandersetzung mit dem Chandos-Brief im Unterricht intensiv zuwenden.

9. *Die Augenblicke der Offenbarung, die Chandos gegen Ende seines Briefes beschreibt, werden in der Sekundärliteratur auch als „Epiphanie" bezeichnet (Theodore Ziolkowski). Mit Epiphanie (griech. „Erscheinung") wird das unmittelbare Erscheinen einer Gottheit in eigener Gestalt oder in einer besonderen Manifestation verstanden. Erläutern Sie, inwiefern der Begriff Ihnen angemessen erscheint.*

Der **Begriff „Epiphanie"** (= Erscheinung) verweist auf
- rational nicht zugängliches Phänomen,
- Passivität des Menschen, der Erscheinung nicht steuern kann.

Baustein 3: Sprachbewusstsein und Sprachskepsis in der Moderne

10. Sowohl für seine Jugendzeit als auch für die Epiphanie beschreibt Chandos eine Einheit zwischen Ich und Welt: Wo sehen Sie Unterschiede?

In der Epiphanie **wiedergefundene Einheit**:
   Jugend: Naive Einheit: fühlt <u>sich</u> in der Natur
   (andauernde Trunkenheit)   = Verabsolutierung des Ich
  → Verbindung von Ich, Sprache und Welt durch Projektion des Ich in die Dinge
→ **Krise** der Einheit: Gefühl der nicht fassbaren Zersplitterung der Welt
→ **Epiphanie:** Gefühl einer das Selbst   fühlt <u>Verbindung mit der Natur</u>
          erfüllenden Einheit
          (fieberisches Denken)   = Überschreitung der Grenzen
→ offenbarte Verbindung zwischen Ich und Welt ohne sprachliche Vermittlung

11. Am Schluss des Briefes spricht Chandos von einer anderen „Sprache, in welcher nicht nur zu schreiben, sondern auch zu denken mir vielleicht gegeben wäre". Tragen Sie in einem Cluster möglichst viele Aspekte zu dieser anderen Sprache zusammen: Was enthält sie? Was könnte sie leisten? Warum bezweifelt Chandos, sie finden zu können?

Sprache der Epiphanie

= Äquivalent zum Denken des Herzens, dessen „Wirbel" (Z. 472) in unser Innerstes führen

Sie leistet
- direkte Verbindung zu den Dingen (ohne Medium)
- Kontakt zu sich selbst

indem sie enthält
- das „Fluidum des Lebens und Todes, des Traumes und Wachens" (Z. 334 f.)
- die „Gegenwart des Unendlichen" (Z. 346)
- ein ahnungsvolles Verhältnis zum ganzen Dasein
- ein schrankenloses Entzücken auch an ärmlichen Gegenständen

Die Sprache für die neue Erfahrung kann Chandos nicht finden, weil
- Existenz einer Sprache Zauber wohl sofort wieder vernichten würde

12. Diskutieren Sie, inwieweit andere Künste (Malerei, Musik, …) das leisten können, was Hofmannsthal hier von der neuen Sprache sagt.

13. Vom Künstler sagt Hofmannsthal: „Er leidet an allen Dingen, und indem er an ihnen leidet, genießt er sie" (vgl. Glaser, Lehmann, Lubos: Wege der deutschen Literatur. Frankfurt a. M.: Ullstein. 1986. S. 435). Diskutieren Sie, inwieweit diese Aussage auch auf den Chandos-Brief zutrifft.

Malerei und Musik sind als Alternativen denkbar, weil sie möglicherweise einen direkteren Zugang zu Dingen und zum Inneren des Menschen ermöglichen als Sprache.
Chandos' Leiden ist auch Genuss, weil er es in dem Moment offenbart, in dem es ansatzweise schon überwunden ist.

14. Bündeln Sie Ihre bisherigen Ergebnisse in einem Kausalitätsnetz zum Chandos-Brief:

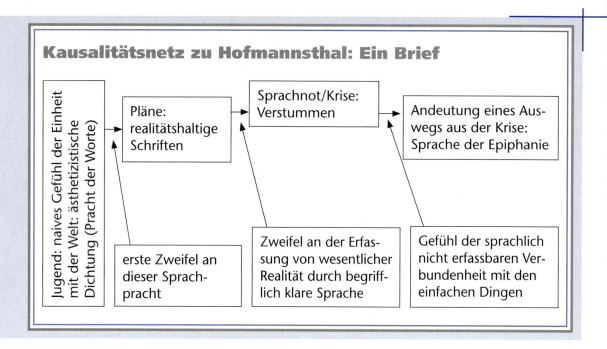

Schwerpunkt: Form (Arbeitsblatt 58, Seite 165)

Hugo von Hofmannsthal hat Chandos nicht einen *Bericht* über seine Situation schreiben, sondern ihn einen *Brief* verfassen lassen und diesen der Fiktion nach auch nur auf Anfrage des Bacon. Damit spiegelt Hofmannsthal formal die Situation des Chandos: Er schweigt und muss zum Schreiben aufgefordert werden, er äußert sich nur reaktiv. Seine Situation erklärt er nicht in Form eines Berichtes, der sich einer objektiv klaren Sprache bedienen müsste, sondern in Briefform, die das unsichere, das tastende, das bildliche Beschreiben eher zulässt.

Die Herausgebereinleitung klärt die Figuren des Senders und des Empfängers, weist für den Leser von 1902 den Empfänger als den realen Francis Bacon aus, den Sender nahezu ebenso klar als fiktive Figur. Zudem wird dem Brief durch den bestimmten Artikel („Dies ist **der** Brief …") ein besonderer Charakter zugewiesen, nämlich die herausgehobene Stellung als jener Brief, der den Verzicht auf literarische Betätigung nicht erklärt, sondern „entschuldigt".

Die den Brief prägende Metaphorik ist offenbar ein wichtiges Mittel, das nicht exakt zu Beschreibende doch sprachlich zu fassen. Eine Detailanalyse könnte zu folgenden Ergebnissen führen (Vergleich z. B. anhand einer Schülerlösung auf Folie):

2. Hugo von Hofmannsthal lässt Chandos seine Situation damals und heute mit vielen Metaphern beschreiben. Suchen Sie solche Metaphern heraus und versuchen Sie eine zusammenhängende Deutung:

Metaphorik „Damals"		Metaphorik „Heute"	
Verwendete Metaphern, um den Zustand darzustellen:		Verwendete Metaphern, um den Zustand darzustellen:	
helle Sonne glücklicher Tage (Z. 86)	aufgeschwollene Anmaßung (Z. 154 f.)	Zurückweichen des murmelnden Wassers vor meinen dürstenden Lippen (Z. 174 f.)	Spinnennetze, durch welche meine Gedanken hindurchschießen (Z. 159 f.)
andauernde Trunkenheit (Z. 123)	jede Kreatur ein Schlüssel der anderen (Z. 146)	die abstrakten Worte „zerfielen mir im Munde wie modrige Pilze" (Z. 193 f.)	im Munde zuströmende Begriffe (Z. 199)
		Epiphanie: – die ganze Welt durchwebende Harmonie – Körper aus lauter Chiffren, die dem Subjekt alles aufschließen (Z. 377 f.) – Wirbel in den „Schoß des Friedens" (Z. 474 f.)	
Deutung Metaphorik „Damals"		Deutung Metaphorik „Heute"	
→ damalige Weltsicht erscheint als Trugbild → Verblendung (Sonne), die durch grelle Schönheit das Problematische der Sicht verdeckt (Anmaßung)		Gleiche Metaphorik mit neuer Bedeutung → Aufgreifen der Trunkenheits-Metapher (nun: Durst nach Sprache) → Naturmetaphorik nun als Spiegel des Ausgeliefertseins → in der Beschreibung der Epiphanie Aufgreifen der Bilder von „Damals", z. B. Schlüsselmetapher (= erneutes Gefühl der Einheit, diesmal aber sprachlos und sich ohne Anstrengung sich einstellend)	
Gründe für die metaphorische Art der Darstellung			
Die beschriebenen Phänomene sind aufgrund ihres Charakters gerade nicht in einer begrifflich klaren Sprache erfassbar, sondern können nur metaphorisch umrissen werden.			

Die eloquente Art des Chandos, über sein Nicht-sprechen-Können zu schreiben, ist dabei nur vordergründig ein Paradoxon, eigentlich verweist sie darauf, dass nicht die sprachlichen Mittel selbst fehlen, sondern deren Funktion, das Wesentliche zu erfassen, in Frage gestellt wird.

Der metaphorische und poetische Stil unterstreicht sogar die inhaltliche Aussage: Wäre Chandos in der Lage, das Gemeinte in terminologisch exakter Weise vorzutragen, so wäre der Brief überflüssig. Mit der Art, das Gemeinte in sprachlichen Bildern zu umkreisen, wird der Weg angedeutet, wie Sprache doch einen Zugang zur Rätselhaftigkeit der Welt bieten kann (vgl. Günther 2004, S. 25).

> **4.** Als Paradoxon gilt vielen, dass Chandos so sprachmächtig über seine Sprachlosigkeit schreibt. Ist nicht die sprachliche Gestaltung des Briefes gerade der Beweis, dass Chandos keinerlei Probleme mit der Sprache hat? Diskutieren Sie die Frage. Nutzen Sie dazu ggf. auch das Material auf Arbeitsblatt 65.

Baustein 3: Sprachbewusstsein und Sprachskepsis in der Moderne

> **Paradoxon: Klage über Verlust der Sprache – Sprachliche Eloquenz des Briefes**
> Chandos klagt nicht über ein Nicht-sprechen-Können, sondern über
> - die Vorstellung, mit der Sprache wesentliche Realität zu erfassen
>
> Der bildhafte Stil ist zugleich Programm
> - er deutet den Weg an, wie sich Sprache der Rätselhaftigkeit der Welt nähern kann

Schwerpunkt: Kritische Einordnung (Arbeitsblatt 59, Seite 166)

Mithilfe der Aufgaben in **Arbeitsblatt 59**, wird der Versuch unternommen, einer rein affirmativen Rezeption des Briefes entgegenzuwirken und somit der Gefahr zu entgehen, den eigenen Verstehenshorizont durch Hofmannsthals Perspektive zu begrenzen. Vielmehr muss dessen Perspektive selbst thematisiert werden. Deutlich kann dabei werden, dass der Brief von einer gesellschaftlichen Oben-Unten-Dichotomie geprägt ist, in der der landbesitzende Lord die Lebensrealität seiner ihm in Respekt zugewandten Pächter mit einem verklärenden, egozentrischen Blick betrachtet, der die Lebenssituation der Landbevölkerung ignoriert und nur seine Reaktion auf das Wahrgenommene wichtig nimmt. Die um 1900 radikal in Frage gestellte gesellschaftliche Ordnung wird somit im Chandos-Brief fast in Form einer Idylle beschrieben, in der der Adelige sich ganz seinen inneren Empfindungen hingeben kann. Der Chandos-Brief kann daher auch als Beschreibung einer utopischen Gegenrealität gelesen werden, die für Hofmannsthal eine eskapistische Sehnsuchtsprojektion ist, die den Fortbestand des privilegierten Lebens trotz gesellschaftlicher Veränderung beschwört. Chandos zweifelt zwar an der Sprache, zugleich aber ist er überwältigt von seinem Innenleben, das in seiner Bedeutsamkeit nur metaphorisch zu beschreiben ist. Das Leiden der Kreaturen ist für ihn kein Anlass, in Form von Mitleid eine Verbindung zu ihnen herzustellen, sondern es ist Auslöser eines inneren Prozesses des Betrachters, der ihm als Bereicherung erscheint.
Hofmannsthals Lebenssituation um die Jahrhundertwende kann diese Deutung stützen: Nach der Hochzeit 1901 zog Hofmannsthal mit seiner Frau in ein Domizil außerhalb Wiens, ein Barockschlösschen, das ihm standesgemäß erschien. Hier hatte er „eine ideale Kulisse für das ‚prinzliche Dasein'", mit dem Hofmannsthal nach Einschätzung Thomas Manns sympathisierte.[1] Auch andere Zeitgenossen sagen Hofmannsthal einen „alltäglichen Snobismus" nach, er sei ein Dichter-Aristokrat gewesen, der „voll einer gefährlichen Anmut, herablassend" gewesen sei, „wenn er volkstümlich sein wollte"[2].

1. Untersuchen Sie, welche gesellschaftliche Wirklichkeit und welche Sicht auf diese Wirklichkeit im „Brief" erkennbar wird.

---

[1] Vgl. Ulrich Weinzirl: Hofmannsthal. Frankfurt/M.: Fischer 2007, S. 72f.
[2] Vgl. Zitat von Ludwig Bauer, zitiert nach ebd., S. 51 (vgl. auch ebd. S. 88)

Baustein 3: Sprachbewusstsein und Sprachskepsis in der Moderne

Gesellschaftliche Wirklichkeit im Chandos-Brief

- Oben-Unten-Dichotomie → Lebenssituation der Landbevölkerung weniger wichtig als Chandos' Reaktion darauf
- gesellschaftliche Ordnung erscheint als Idylle, die dem Adeligen völlige Hingabe an Reflexion ermöglicht und nicht von Veränderung bedroht ist ← Verklärung der Situation der Landbevölkerung

→ Eskapistische Sehnsuchtsprojektion Hofmannsthals?

2. Klären Sie das Verhältnis des Lord Chandos zu beobachtetem Leiden anhand des folgenden Satzes: „[D]enken Sie aber nicht, dass es Mitleid war, was mich erfüllte."

Lord Chandos' Verhältnis zum Leiden anderer (Kreaturen):
- Leid löst nicht Mitleid aus
- Leid der anderen schafft ein inneres Erlebnis, das den Betrachter mit den Geschöpfen verbindet
- → statt Nächstenliebe egozentrierte Verbundenheit mit den Dingen/Lebewesen

4. Informieren Sie sich über Hofmannsthals persönliche Lebenssituation um die Jahrhundertwende und versuchen Sie vor diesem Hintergrund eine Deutung der Ergebnisse der vorigen Aufgaben.

Hofmannsthals Lebenssituation 1902:
- lebt mit seiner Frau in barockem Schlösschen vor Wien
- versucht ein Leben als Aristokrat zu führen
- wirkt hochmütig gegenüber einfachen Leuten
- empfindet (wie auf Postkarte 1890) den heraufziehenden Klassenkampf als Provokation
- → Chandos = Projektionsfigur, die das alte Leben unabhängig von Veränderungen weiterführt?

5. Im Folgenden finden Sie einige Thesen zu Hofmannsthals im Chandos-Brief erkennbaren Haltung. Welcher dieser Thesen können Sie zustimmen (Begründung!)? Welcher möchten Sie widersprechen?

Im Unterrichtsgespräch könnten folgende Ergebnisse entstehen:

These 1: vertretbar, da Chandos – anders als z. B. der Naturalismus – die gesellschaftliche Realität nur verklärt und egozentrisch betrachtet. Die Chandos-Identität kann als Eskapismus erscheinen in eine Welt, in der reale Veränderung ignoriert werden kann und eine Konzentration auf das eigene Innenleben möglich ist.

These 2: vertretbar, da Chandos gerade seine realitätsbezogenen Pläne aufgibt (problematisch: a) der in der These verwandte Begriff „Moderne" im Sinne einer allein wissenschaftsorientierten Zeit; b) die Vorstellung, Chandos suche „Erkenntnis")
These 3: eher problematisch, denn es gibt keinen Hinweis, dass Chandos die z. B. wissenschaftlich vermittelte Realität nicht verstünde

Bündelung der Analyse (Arbeitsblätter 60 und 61, Seite 167 und 168)

Arbeitsblatt 60, gibt verschiedene Anregungen für eine abschließende Zusammenfassung der Ergebnisse.
Die Bildzuordnung schließlich (**Arbeitsblatt 61**) kann eine komplexe Diskussion über das Gesamtverständnis des Briefes anregen, zumal jedes Bild sich mit Aspekten des Briefes verbinden lässt.[1]

Material zum Chandos-Brief

Nach der Untersuchung des Chandos-Briefes bietet es sich an, das Verständnis unter Heranziehung von Sekundärliteratur zu vertiefen:
Mit **Arbeitsblatt 62**, Seite 169, lassen sich umfassende Parallelen zwischen Chandos und Hofmannsthal untersuchen (vgl. dazu auch die erste Aufgabe auf **Arbeitsblatt 57**, Seite 163). **Arbeitsblatt 63**, Seite 170, leistet eine Einordnung in die Sprachdiskussion der Zeit. **Arbeitsblatt 64**, Seite 171, widmet sich der Frage, welche Funktion die Verlagerung der Brieffiktion ins 17. Jahrhundert zu Bacon hat, und **Arbeitsblatt 65**, Seite 172, präsentiert zwei komplexe Deutungen des Chandos-Briefes. Diese vier Arbeitsblätter können in einem leistungsdifferenzierten Gruppenpuzzle (vgl. **Zusatzmaterial 15**, Seite 273) bearbeitet werden. Sie sind nach Komplexität aufsteigend angeordnet.
Die Ergebnisse könnten folgende Form haben:

Arbeitsblatt 62 (S. 169)

Stellen Sie tabellarisch Elemente der Biografie Hofmannsthals und des Chandos gegenüber. Ergänzen Sie Ihre Tabelle durch eigene Recherchen zu Hofmannsthal.

Chandos (22.8.1603)	Hofmannsthal (1902)	Chandos	Hofmannsthal
Alter: 26	Alter: 28	seit 2 Jahren ohne Veröffentlichung	Verstummen um die Jahrhundertwende
Jugendwerke: Trunkenheit der Einheit mit Natur	Jugendwerke: Wortmagie als Suche nach Einheit	Adeliger	Adeliger
Jugendwerke mit 19	Lyrik ab 16	Familienstand: verheiratet, Vater (Tochter)	Familienstand: verheiratet, 1902: 1 Tochter

---

[1] Die auf dem Arbeitsblatt nicht sichtbare Farbgebung der Bilder kann einbezogen werden, wenn die Schülerinnen und Schüler sich die Gemälde zuvor im Internet ansehen (Hausaufgabe).

Baustein 3: Sprachbewusstsein und Sprachskepsis in der Moderne

Arbeitsblatt 63 (Seite 170): Folgende Anmerkungen sind denkbar:

Z. 4–5	Empiriker Bacon als Adressat	Z. 20–21	Metaphorische Erzählungen (Ratten, Crassus …)
Z. 6–7	Unmöglichkeit des Chandos, ein „allgemeineres Thema zu besprechen"	Z. 22–24	Sprache unfähig zum Ausdruck der Epiphanie
Z. 8–10	Worte wie „modrige Pilze" im Mund	Z. 31–35	Absage an das Schreiben am Ende
Z. 17–20	Epiphaniegedanke		

Arbeitsblatt 64 (Seite 171)

- *Stellen Sie die Gründe zusammen, die Wunberg dafür nennt, dass Hofmannsthal Bacon zum Adressaten des Briefes gewählt hat.*

- *Wo sehen Sie dennoch Unterschiede zwischen dem Denken Bacons und der Situation des Chandos? Kann der Brief auch als eine Kritik, als eine „Absage an Bacon" gelesen werden (Timo Günther)?*

- *Wie hätte der echte Bacon wohl 1603 auf solch einen Brief reagiert? Entwerfen Sie ein Antwortschreiben.*

Gründe für Bacon als Adressaten (lt. Wunberg)

- für Chandos und Bacon ist Realität in Teile zerfallen
- für beide ist die Sprache von falschen Vorstellungen geprägt

Unterschiede zwischen dem Denkens Bacons und der Situation des Chandos

Bacon findet die Lösung in einer terminologisch klar bestimmten Wissenschaftssprache

Chandos schweigt, weil er die Erfassung der Welt durch solch eine Sprache als Anmaßung empfindet ⇒ Absage an Bacon

Bacons Antwort, denkbar:

- Versuch, Chandos zu überreden, seine Pläne zu verfolgen
- Rechtfertigung der Wissenschaftssprache

Arbeitsblatt 65 (Seite 172)

- *Finden Sie prägnante Stichworte, die die Themen der einzelnen Absätze der Texte beschreiben.*

- *Stellen Sie aufeinander beziehbare Textteile der beiden Texte gegenüber. Welche Aussagen bestätigen sich, wo sehen Sie unterschiedliche Positionen?*

Stichworte zu Mauser:
1. Absatz: Chandos-Brief: keine fundamentale Sprachkrise, sondern Krise der bisherigen Sprache

2. Absatz: Sprachkrise spiegelt Veränderung Hofmannsthals, die sich als Kritik an der Sprache seiner Jugend zeigt

Stichworte zu König:
1. Absatz: 3 Phasen im Chandos-Brief: 1) frühe Werke und Pläne, 2) Krise, 3) Hinweis auf gute Augenblicke
2. Absatz: Dialektisches Geschichtsbild:
Jugendsicht: naive Verbundenheit der gesamten Natur   Krise dieser Subjektivität

neue Einheit

Beziehung der Texte zueinander:
Mauser, Z. 32–38 ↔ König, Z. 54–57
Jugend (Mauser: Fragwürdigkeit der Sprache der Jugend; König: Naivität)
Mauser, Z. 12–16/27–32 ↔ König, Z. 57–60
Krise (Mauser: neuer Bezugsrahmen führt zu semantischer Unsicherheit; König: Subjektivität erscheint jetzt als Sündenfall)

Arbeitsblatt 66 (Seite 173): Antworten an Lord Chandos

Mit **Arbeitsblatt 66** lässt sich Einblick in die moderne Rezeption des Chandos-Briefes nehmen. Die abgedruckten Schrifstellerantworten sind im Rahmen einer FAZ-Serie zum 100. Jahrestag des Briefes 2002 entstanden. Sie können die Schülerinnen und Schüler ermutigen, in einer kritischen Auseinandersetzung mit dem Brief einen eigenen Standpunkt auch zur Fragwürdigkeit mancher Textteile zu gewinnen, der dann die Grundlage eines eigenen fiktiven Briefes bildet.

3.4 Sprachskepsis bei Nietzsche, Mauthner, Kraus und in der Lyrik

Im Anschluss an die detaillierte Auseinandersetzung mit dem Chandos-Brief sollten im Unterricht andere Dokumente der sprachskeptischen Literatur der Jahrhundertwende thematisiert werden. Um die Textsortenvielfalt frühzeitig zu erweitern, ist eine Fortsetzung mit Epigrammen und Gedichten ratsam. Hofmannsthals Äußerungen und Epigramme aus den 1890er-Jahren (**Arbeitsblatt 67**, Seite 175) enthalten dabei zugleich Vorausdeutungen auf den Chandos-Brief („Erkenntnis") und Spuren eines doch noch vorhandenen Vertrauens in die existierende Sprache („Eigene Sprache").
Die vorgelegten Gedichte (**Arbeitsblatt 68**, Seite 176) zeigen ein sehr unterschiedliches Vertrauen in die Kraft des Wortes. Sie bieten sich dazu an, die Lyrikanalyse (vgl. **Zusatzmaterial 4 und 5**, Seiten 255 und 256) unter thematischem Schwerpunkt zu üben. Ertragreich könnte vor allem ein Gedichtvergleich sein (z. B. die unterschiedlichen „Fassungen" des Themas in Benns „Schöpfung" und in „Ein Wort" oder die gegensätzlichen Positionen in Benns „Ein Wort" und Kraus' „Man frage nicht" oder Benns „Kommt" und seine „Verbesserung" durch Gernhardt).
Durch das Heranziehen dreier zentraler weiterer Sprachskeptiker der Jahrhundertwende (**Arbeitsblätter 69–71**, Seiten 178–182) wird zum einen vermittelt, dass der Chandos-Brief keine singuläre Erscheinung war, ja nicht einmal Pilotfunktion für die Sprachkrise der Zeit besaß, zum anderen können die verschiedenen Facetten der Texte sich gegenseitig erhellen und das Verständnis schärfen. Zu Nietzsche, Mauthner und Kraus bietet sich eine arbeitsteilige Gruppenarbeit an, die zu folgenden Ergebnissen führen könnte:

Kerngedanken der Sprachskepsis bei

Nietzsche (1873): Erkenntnistheoretische Kritik	Mauthner (1901): Sprachhistorische Sicht	Hofmannsthal (1902): Subjektive Sprachzweifel	Kraus (1937 (e ab 1920)): Sprecher- statt Sprachkritik
• Das Wort spiegelt nicht das „Ding an sich", das für den Menschen nicht zugänglich ist. • Sprache erfasst nicht das Einzelobjekt, sondern eine durch die Sprache gleichgesetzte Klasse von Objekten. • Die Sprache besteht aus Metaphern, die in einer Gesellschaft nach bestimmten Regeln genutzt werden. • Sprache bedeutet daher: „nach einer festen Konvention zu lügen".	• Die Sprache ist ein Gemeinschaftsprodukt und spiegelt die Gemeinsamkeit der Weltanschauung. • Mit der Sprache übernehmen wir daher von den Vorfahren auch eine „Weltkenntnis". • Der Einzelne ist der Sprache ausgeliefert. • Ihrer Natur nach ist die Sprache somit nur bedingt geeignet, die gegenwärtige „Welterkenntnis" in ihren Kategorien zu erfassen.	• Sprache wird nicht an sich kritisiert, sondern es wird ihr die Fähigkeit abgesprochen, das Wesen der Dinge zu erfassen und eine zersplitterte Welt in begriffliche Einheiten zu fassen. • Der Sprache ist die Vermittlungsfunktion abhandengekommen, sie führt nicht zu den Dingen und nicht zu uns selbst, sondern „ins Bodenlose".	• Statt Sprachkritik Sprecherkritik • Deutsch erscheint als gedankenreichste Sprache, die Zugang zu einem unendlichen Reichtum gewährt. • Kritik an den Sprechern, die die Sprache gedankenlos nutzen und Journalismus und Politik folgen statt den Zweifel zu pflegen, den die Sprache zulässt

Ein Vergleichsdiagramm (zu Hofmannsthal – Nietzsche) könnte beispielsweise so aussehen:

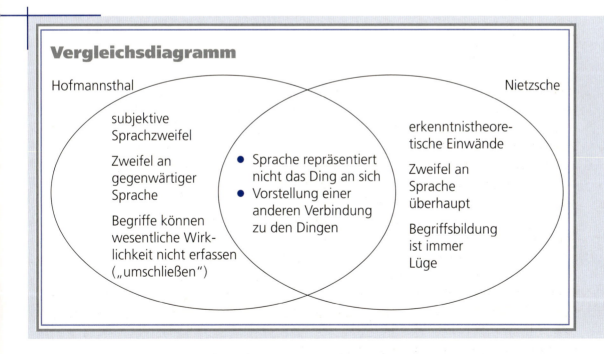

Baustein 3: Sprachbewusstsein und Sprachskepsis in der Moderne

3.5 Überwindungsversuche zur Sprachkrise

Literaturhistorisch erkenntnisreich ist es, zumindest ausschnitthaft zu untersuchen, welche literarischen Versuche es gab, die Sprachkrise zu überwinden. Jeweils in Kombination eines Theorietextes und eines literarischen Zeugnisses werden drei Beispiele zu einer Bewältigung der Sprachkrise dargestellt: Hofmannsthal selbst (**Arbeitsblatt 72**, Seite 183), Stramm (**Arbeitsblatt 73**, Seite 185) und Ball (**Arbeitsblatt 74**, Seite 187). Während Hofmannsthal durchaus im Rahmen literaturhistorischer Traditionen bleibt, wenn er den Lyrikbegriff anders fasst und den Fokus der Lyrik auf das Einfache und zugleich Wesentliche verschiebt, versuchen Stramm und Ball in unterschiedlicher Weise der Sprache im Gedicht eine ganz andere Funktion zuzuweisen. Für die Auseinandersetzung mit den drei Überwindungsversuchen bietet sich eine arbeitsteilige Gruppenarbeit oder ein Gruppenpuzzle (**Zusatzmaterial 15**, Seite 273) an. Jeder Schüler sollte dabei aufgefordert sein, alle Positionen kurz zu kennzeichnen. Das Ergebnis ließe sich so bündeln:

Überwindungsversuche der Sprachkrise		
Hofmannsthal	**Stramm**	**Ball**
Poesie • erfasst das „Wesenhafteste" der Dinge, • gibt ihnen damit ihre eigentliche Existenz, • Poesie setzt Sache selbst. • Differenz zwischen Ding und Wort ist aufgehoben, • Sprache ist nicht mehr Medium, sondern Stellvertreter der Sache. • Sprache nicht als Wahrheitsfindung, aber als dichterische Welterschließung.	Adäquater Ausdruck der Welt nur durch eine neue Sprache, die einzelnen Wörtern Bedeutung gibt: Die Wörter werden • isoliert, • verändert, • reduziert, • ikonisch angeordnet, um das einzelne Wort unmittelbar wirken zu lassen und den thematischen Gegenstand ggf. optisch zu spiegeln.	Sprache im Lautgedicht: • soll nicht der gesellschaftlichen Konvention folgen, • sondern Nähe zu den Dingen durch eine gleichsam magische Wirkung spiegeln. = Preisgabe begrifflich vorgeprägter Sprache = Sprache der Verwandtschaft mit den Dingen: Verse ohne Worte (vgl. Chandos: Sprache, in der die stummen Dinge zu mir sprechen)

Eine kritische Einschätzung dieser vielleicht nur vermeintlichen Überwindungen sollte sich im Unterricht anschließen. Im Zentrum dürfte dabei der Ansatz von Hofmannsthal stehen, der weniger eine veränderte Poesie als eine veränderte Sicht auf Poesie präsentiert, die zudem mit Blick auf George auf Vorstellungen zurückgreift, deren Unterschiede zur frühen Lyrik vielleicht doch nur marginal sind.

3.6 Sprachskepsis nach 1945

An wenigen Texten soll zum Abschluss des Unterrichtsvorhabens deutlich gemacht werden, dass es neben der Jahrhundertwende eine zweite Zeitenwende gab, die erneut zu intensivem Sprachdenken führte: die Nachkriegszeit nach 1945.
Anhand der Zitate von Borchert und Böll kann mit **Arbeitsblatt 75**, Seite 188, die besondere Lage der Literatur nach 45 deutlich gemacht werden. Das menschenverachtende Sprachpathos der Nazis rief zu einer Gegenbewegung auf. Die Schrecken des Holocaust und des Krieges stellten die Frage, inwieweit Literatur überhaupt noch eine Existenzberechtigung besitzt. Max Frischs Äußerungen aus seinem Tagebuch 1946 versuchen eine erste vorsichtige

Standortbestimmung für die Dichter – ein Thema, das in der Debatte um „Lyrik nach Auschwitz" ins Zentrum rückte.

■ *Beschreiben Sie die hier deutlich werdende Sicht auf Sprache und vergleichen Sie diese mit der Sprachskepsis der Jahrhundertwende (Arbeitsblatt 75).*

Borchert:
Lyrische Sprache muss das Leid des Krieges spiegeln.

Böll:
Nachkriegslyrik muss eine Sprache finden, die die vom NS-Pathos durchdrungene Sprache überwindet.

Frisch:
Sprache umkreist das Eigentliche (das Leid von Krieg und Holocaust), das unsagbar ist.

Unterschied zu 1900:
1900: Grundlegender Zweifel an den Möglichkeiten der Sprache, das Wirkliche, das Wichtige zu erfassen
1945: Frage, ob der moralische Anspruch an die Sprache eingelöst werden kann, im Angesicht von Krieg, Holocaust, NS-Zeit angemessen zu sprechen, zu dichten.

Die Debatte über die Möglichkeit einer Lyrik nach Auschwitz kann anhand von **Arbeitsblatt 76**, Seite 189, erörtert werden.

■ *Wie verstehen Sie den Satz „Nach Auschwitz ein Gedicht zu schreiben, ist barbarisch"? Sind alle Gedichte gemeint oder nur Gedichte von Deutschen oder nur Gedichte über den Holocaust? Welche Begründung Adornos für sein Diktum erkennen Sie in den Texten?*

■ *Stellen Sie die Ausführungen von Adorno, Enzensberger und Celan gegenüber, indem Sie einen fiktiven Dialog entwickeln, in dem direkt auf Positionen der anderen geantwortet wird.*

Lyrik nach Auschwitz?

Adorno: „Nach Auschwitz ein Gedicht zu schreiben, ist barbarisch"
Drei Deutungsmöglichkeiten:
1. Gedichte über den Holocaust dürfen nicht sein.
   – Sie würden das Leid notwendigerweise stilisieren und damit entwerten.
   – Die Spiegelung durch Literatur würde dem Leid einen Sinn unterstellen.
2. Gedichte sind nach dem Holocaust überhaupt nicht mehr möglich.
   – Auschwitz zeigt die Niederlage der Kultur gegenüber der Barbarei, eine Einsicht in diese Niederlage verbietet das Kulturschaffen (somit Kunst überhaupt).
   – Die Fortsetzung des Gedichteschreibens käme einem Ignorieren der Gräueltaten gleich.
3. Gedichte von Deutschen sind moralisch verwerflich.
   – Die Täternation hat aufgrund der Barbarei das Recht verwirkt, Kultur zu schaffen.

Die zweite Interpretation dürfte Adornos Auffassung am ehesten treffen, für These 3 gibt es keine Belege in den Texten.

Entgegnung zur Adorno-These

Enzensberger: Das Weiterleben ist nur möglich, wenn auch weiterhin Gedichte entstehen, die Menschliches spiegeln (Beispiel für gelungene Gedichte zum Holocaust: Nelly Sachs).
Celan: Gerade die geistige Obdachlosigkeit nach 1945 erfordert ein neues Dasein in der Sprache.

Mit **Arbeitsblatt 77**, Seite 191 f. (Zuordnungspuzzle zu fünf Gedichten), soll die Frage aufgeworfen werden, welche Art von Lyrik nach Auschwitz tatsächlich geschrieben wurde und welche Stellung der Literatur damit jeweils zugewiesen wird.[1] Eine genauere Analyse der wesentlichen Gedichte fordert **Arbeitsblatt 78**, Seite 193.[2]

- *Erörtern Sie vor dem Hintergrund Ihrer Gespräche zu „Lyrik nach Auschwitz", ob die abgedruckten Gedichte von Nelly Sachs und Paul Celan die Berechtigung oder gerade die Unmöglichkeit einer solchen Lyrik zeigen.*

- *Untersuchen Sie die Gestaltung der Gedichte und die Verständlichkeit ihrer Aussage: Welche Vorstellung von einer neuen Lyrik vermuten Sie bei Nelly Sachs, welche bei Paul Celan?*

- *Diskutieren Sie, was es heißen könnte, das Celan-Gedicht zu „interpretieren". Versuchen Sie eine solche Interpretation.*

Ergebnisse dieser Besprechungen könnten sein:

Lyrik nach Auschwitz: Nelly Sachs/Paul Celan

Nelly Sachs' Lyrik: Darstellung der Schrecken der Todentrissenen, um die Würde der Opfer zu wahren, ohne Anklage der Täter
Paul Celans Lyrik: hermetische Verschlüsselung der Aussage, keine direkte Verweisungsfunktion der Sprache auf identifizierbare Wirklichkeit, sondern Sinnhaftigkeit durch Verweisungen im Gedicht

---

[1] **Text A:** Nelly Sachs: Welt, frage nicht die Todentrissenen (1946), in: dies.: Gedichte © Suhrkamp Verlag, Frankfurt am Main 1977 – **Text B:** Herybert Menzel (1936). Soldaten. Aus: Harro Zimmermann: Der deutsche Faschismus in seiner Lyrik. Stuttgart u. a. 1995 – **Text C:** Werner Bergengruen (1950): Die heile Welt. Aus: ders.: Meines Vaters Haus. Gesammelte Gedichte. Hg. v. N. Luise Hackelsberger © 1992, 2005 by Arche Literatur Verlag AG, Zürich-Hamburg – **Text D:** Paul Celan: Sprachgitter (1959 v). Aus: ders: Sprachgitter. © S. Fischer Verlag GmbH, Frankfurt am Main 1959 – **Text E:** Günter Kunert (1999) In Ketten: Aus: Günter Kunert, Nachtvorstellung © 1999 Carl Hanser Verlag, München

[2] Auch Celans „Todesfuge" bietet sich in besonderer Weise für eine Diskussion über die Möglichkeit von „Lyrik nach Auschwitz" an, wird in den Arbeitsblättern aber nicht abgedruckt, weil der Text leicht verfügbar ist und das Sprachproblem weniger deutlich in den Mittelpunkt stellt als „Sprachgitter".

Interpretationsgedanken zu Celans „Sprachgitter" könnten sein:
- Interpretation (nicht nur hier): weniger „Übersetzen", mehr tastende Annäherung an den Text und das eigene Verstehen
- Wer wird beschrieben? Ein Gefangener? Ein in der Sprache Gefangener?
- Die Sprache verbindet das lyrische Ich nicht mit dem anderen, sondern ist trennendes Gitter (Eingesperrt? Ausgesperrt?).
- Was erfahren wir über den „Gefangenen"? Flackernder Blick (V. 2–4), ausdrucksloser, vermutlich tränenerfüllter Blick ohne Hoffnung (V. 5–6), Nichtverstehen der Situation (V. 5), Nähe zum Himmel (Tod?), das Menschliche (Seele) ist nur zu erahnen (V. 9f.).
- Was erfahren wir über das lyrische Ich und sein Verhältnis zum „Gefangenen"? Sie haben gleiches erlebt (V. 12f.), sind sich aber wesensfremd (V. 11, 14) – ein Hinweis auf die Leiden der Juden, die dennoch keine gemeinsame Sprache finden lassen? (mögl. Verallgemeinerung: Gemeinsames Leid schafft keine Verbindung zwischen Menschen)
- Herzgrau (V. 6, 16): Zwiespältigkeit zwischen Emotionalität und lebloser Leere, Entwertung des eigentlich Verbindenden (Herzlichkeit) durch die Fahlheit der Verbindung (Grau), herzgrau: Herz als Stein?, herzgraues Lachen als Versuch, Verbindung, Nähe zwischen Menschen herzustellen, ohne Emotion aber erstickt die Nähe in Schweigen.
- Deutungserweiterung durch Vergleich mit Rilkes „Der Panther" möglich (schon V. 1 will ganz offenbar darauf verweisen)
- Eingeschlossenheit in der modernen Welt ist nun Eingeschlossenheit in einer eigenen Sprache (⇒ Poetologische Selbstreflexion hermetischer Lyrik?).

Durch Gegenüberstellungen der Lyrik der Jahrhundertwende und der Lyrik der Nachkriegszeit kann das Verständnis noch vertieft werden: In einem **Referat** zur konkreten Poesie könnte beispielsweise diese als Versuch der Sprachneugestaltung verstanden werden, der ähnlichen Mustern folgt wie der Expressionismus August Stramms oder der Dadaismus Hugo Balls. Am Ende des Vorhabens kann mit einer Gegenüberstellung eines Brecht- und eines darauf bezogenen Heißenbüttel-Textes von 1934 bzw. 1964 eine Diskussion eröffnet werden, die die Frage, inwieweit Literatur Wahrheit darzustellen vermag, ins Zentrum stellen könnte und einen Rückblick auf das gesamte Unterrichtsvorhaben ermöglicht (**Arbeitsblatt 79, Seite 194**). Stellten die Denker der Jahrhundertwende die Möglichkeit der Sprache in Frage, das Wesentliche und Wahre zu erfassen, so fragt Heißenbüttel nach dem Wahrheitsbegriff selbst. Wahrheit wird ihm in der veränderten Welt der 60er-Jahre selbst zu einer fragwürdigen Kategorie. Die Diskussion der Moderne ist damit gewissermaßen an ihr Ende getrieben, das Tor zur Postmoderne geöffnet.

■ *Vergleichen Sie die Texte von Brecht und Heißenbüttel im Hinblick auf die Frage, wie sich die Schwierigkeiten beim Schreiben der Wahrheit 1934 und 1964 gestalten.*

Brecht	Heißenbüttel
Schwierigkeiten im Angesicht des Faschismus: Wahrheit sagen erfordert: • Mut gegen Unterdrückung, • Klugheit, Wahrheit zu erkennen, • Kunst, Wahrheit als Waffe zu nutzen, • Urteil über jene, die Wahrheit wirksam werden lassen können, • List der Verbreitung.	Anders als 1934 ist 1964 • die Wahrheit nicht mehr ex negativo aus der Unwahrheit ableitbar. Frage: Könnte eine Sprache, die gesellschaftlich überliefert ist („Vorrat bloß zitierbarer Formeln"), überhaupt die Wahrheit aussprechen (wenn man sie erkennte)?

Viele verschiedene Fäden des Unterrichtsvorhabens lassen sich schließlich in einer Abschlussdiskussion aufgreifen, die Parallelen zwischen den Situationen um 1900 und um 1945 sowie zum Beginn des 21. Jahrhunderts untersucht. Dieses Gespräch kann auch als Übergang für die Arbeit zu Baustein 4 dienen.

Leitfragen für die Abschlussdiskussion:

- *Sehen Sie zu Beginn des 21. Jahrhunderts eine ähnliche Zeitenwende wie 1900 oder 1945?*
- *Gäbe es aus Ihrer Sicht gegenwärtig Gründe für eine Sprachskepsis?*
- *Nehmen Sie in der Gegenwart eine Diskussion über Sprache wahr, die Sprachskepsis zeigt?*

In einem Abschlussblitzlicht könnte jeder Schüler/jede Schülerin folgenden Satz vollenden:
- *Für mich war ein besonders anregender/ein besonders fremder Gedanke in dieser Unterrichtsreihe …*

Vorschlag zur Reduktion: Ein Minimalkatalog für die Auseinandersetzung mit dem Thema „Sprachbewusstsein und Sprachskepsis in der Moderne"

Eine zeitlich eng begrenzte Auseinandersetzung mit dem Thema der Sprachskepsis in der Moderne muss sich weitgehend auf die Elemente des Bausteins konzentrieren, die nötig sind, um den Chandos-Brief zu verstehen. Diesen Brief sollte man auch in einer nur kurzen Auseinandersetzung mit dem vielschichtigen Thema in den Mittelpunkt stellen:

- Beginnen sollte die Reihe in jedem Fall mit einer zeitgeschichtlichen Kontextuierung des Sprachdenkens jener Zeit (**Arbeitsblatt 50**: Die neue Welt um 1900).
- Mit **Arbeitsblatt 54** lässt sich ein Einblick gewinnen in die Lyrik des jungen Hofmannsthal, von der er sich in seinem Chandos-Brief distanziert.
- Der Chandos-Brief (**Arbeitsblatt 56**) und die Vorschläge für die Bearbeitung (mindestens **Arbeitsblätter 57 und 58**, am besten **Arbeitsblätter 57 bis 60**) sollten den Kern einer solchen Kurzreihe ausmachen.
- Zumindest ein weiterer Sprachskeptiker der Zeit (Nietzsche, Mauthner oder Kraus) sollte einbezogen werden, am besten geeignet ist dazu vermutlich der Text von Mauthner, der aufgrund seiner inhaltlichen Nähe zum Chandos-Brief die Spezifika beider Ansätze besonders deutlich machen kann.
- Und schließlich sollte an einem Beispiel ein Überwindungsversuch aus der Sprachkrise betrachtet werden. Hier dürfte die Lyrik Hugo Balls sich deshalb anbieten, weil sie die Schülerinnen und Schüler wohl verblüffen wird und damit die Diskussion anregen kann, ob die Dada-Lyrik wirklich der Versuch einer Krisenüberwindung ist.
- Abschließen sollte die Kurzreihe in jedem Fall mit einem Blick auf die Gegenwart: Sind wir zu Beginn des 21. Jahrhunderts wieder in einer ähnlichen Situation wie 100 Jahre zuvor?

Die neue Welt um 1900

Naturwissenschaften

Der Franzose **Antoine Henri Becquerel** entdeckte in den 1890er-Jahren die radioaktive Strahlung von Uran. **Marie Curie** fand 1898 die Radioaktivität des Thoriums und gemeinsam mit ihrem Mann die radioaktiven Elemente Polonium und Radium. 1900 begründete **Max Planck** die Quantenphysik. 1905 stellte **Einstein** die spezielle Relativitätstheorie auf.

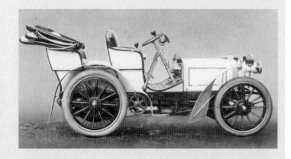

Mobilität

Der deutsche Ingenieur **Nikolaus Otto** präsentierte 1867 gemeinsam mit Eugen Langen auf der Pariser Weltausstellung den ersten Verbrennungsmotor auf der Basis einer Erfindung von J. J. E. Lenoir. Der gasbetriebene Ottomotor wurde ab 1882 vor allem von Maybach und Daimler zum Benzinmotor weiterentwickelt. 1881 fuhr die erste elektrische Straßenbahn in Berlin-Lichterfelde. Nachdem 1852 das erste gasgefüllte Luftschiff geflogen war, starteten 1903 die **Brüder Wright** mit ihrem Flugzeug Flyer I zum ersten Flug, der zwar nur 12 Sekunden dauerte, aber die Geschichte der Luftfahrt veränderte.

Kommunikation

Schon 1860 präsentierte **Antonio Meucci**, ein in die USA ausgewanderter Italiener, einen ersten Telefonapparat. Der Amerikaner **Alexander Graham Bell** meldete 1876 schließlich das Patent für ein Telefon an und brachte es auf den Markt.
Heinrich Hertz konnte in den 1880er-Jahren nachweisen, dass es Wellen gibt, die einen elektrischen Impuls ohne Kabel übertragen können. Die Idee für das Radio war entstanden. Der italienische Wissenschaftler Guglielmo Marconi realisierte dann die erste Funkübertragung der Geschichte.

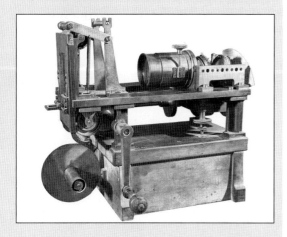

Licht und Kino

1878/79 konnten der Engländer **Joseph Swan** und der Amerikaner **Thomas Alva Edison** im Abstand weniger Monate eine Glühlampe präsentieren. In den 1880er-Jahren begann die industrielle Herstellung von Glühbirnen.
1894/95 fanden die ersten „Kinovorstellungen" statt: So zeigten die französischen **Brüder Lumière** im Keller eines Pariser Cafés 10 Filmspulen von jeweils einer Minute mit „laufenden Bildern".

Massengesellschaft der Städte

Der Wandel der Agrar- zur Industriegesellschaft führte gegen Ende des 19. Jahrhunderts zu einem raschen Wachstum der Städte: Berlin hatte 1870 ca. 826 000 Einwohner, 1880 schon eine Million, 1910 bereits über zwei und 1920 schon vier Millionen (vgl. Silvio Vietta (Hg.): Lyrik des Expressionismus. Tübingen: Niemeyer (dtv) 1976, S. 30). In den Großstädten entstanden riesige Stadt- und Industrielandschaften mit einer sich zunehmend politisch organisierenden Arbeiterschaft und eine neue Kluft zwischen Arm und Reich.

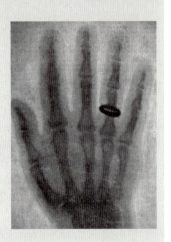

Medizin

Die im 18. Jahrhundert entwickelte Pockenimpfung funktionierte, aber es war bis ins 19. Jahrhundert unklar, warum. Der französische Wissenschaftler **Louis Pasteur** und der deutsche Arzt **Robert Koch** entdeckten Mitte des 19. Jahrhunderts, dass Infektionskrankheiten durch Mikroben übertragen werden. 1881 entwickelte Pasteur die Tollwutimpfung, ab 1890 gab es die ersten Impfungen gegen Tetanus und Diphtherie (**Emil Adolph von Behring**, **Shibasaburo Kitasato**).
Den Blick in das Innere des Menschen ermöglichte der deutsche Physiker **Wilhelm Röntgen**, der 1896 die erste Röntgenaufnahme von der Hand einer Frau anfertigte.

Das Unterbewusste

1899 erscheint **Sigmund Freuds** „Die Traumdeutung" (mit Jahresangabe 1900). Nach Freuds Vorstellung prägen Antriebskräfte des Unbewussten das menschliche Verhalten. In der Psychoanalyse dient die Traumdeutung dazu, unbewusste Wünsche, Konflikte und Gedanken zu entschlüsseln.

Entgötterung der Welt

Friedrich Nietzsches (1844–1900) Diktum vom Tode Gottes, von Gott als „Menschen-Werk und -Wahnsinn" (F.N.: ‚Also sprach Zarathustra') erreichte zur Jahrhundertwende zwar nicht die Massen. Gleichwohl verlor die Religion in der von Industrialisierung und Massengesellschaft geprägten Zeit an Bedeutung. In der Arbeitswelt spielte Religion keine Rolle, ihr blieb allein die Privatsphäre der Seele.

Informationsquellen bezüglich der Erfindungen: Brockhaus Enzyklopädie, 19. Aufl., Mannheim 1986; Annalisa Pomilio: Das große Buch der Erfindungen. Klagenfurt: Kaiser 2004

- ■ Strukturieren Sie die Veränderungen um 1900 nach Ihnen geeigneten Gesichtspunkten in einer Mindmap (z. B. Dynamisierung, …).
- ■ Recherchieren Sie selbst zur Zeit um 1900. Welche weiteren Veränderungen finden Sie? Ergänzen Sie die Mindmap.
- ■ Die Veränderung der Wirklichkeit zeigte auch Wirkung bei den Schriftstellern. Welche Reaktionen auf die neue Welt vermuten Sie, welche Varianten erscheinen Ihnen möglich?

Die Moderne – Frank Trommler: Jahrhundertwende

Fin de Siècle oder Aufbruch ins 20. Jahrhundert? In der Debatte um die Einordnung der Periode der Jahrhundertwende hat man seit Langem das „oder" durch ein „und" ersetzt. Die Verflechtung von Abschieds- und Aufbruchsstimmung ließ sich schon um 1900 kaum aufknoten. [...]
Während das deutsche Wort „Die Moderne", das seine literarische Inthronisation 1886 dem Schriftsteller Eugen Wolff verdankt, eine gewisse poetische Würde bewahrt hat, da es eben als Epochenbegriff, ja Epochensubstanz und nicht als bloßer Ismus definiert wurde, haben sich auf internationaler Ebene in neuerer Zeit immer mehr die Begriffe „Modernism" oder „Modernismo" durchgesetzt, die – mit der ungefähren Begrenzung zwischen 1890 und 1930 – die übergreifenden ästhetischen Entwicklungen in verschiedenen Ländern zu einem Ismus zusammenziehen. [...]
Nähert man sich einer inhaltlichen Definition der Moderne und verfolgt die Abkehr von historistischem Epigonentum[1] und verklärendem Realismus am Ende des 19. Jahrhunderts, so drängt sich von vornherein die Feststellung auf, dass sich die Literatur wie kaum zuvor mit den Entwicklungen im Bereich der visuellen Künste verändert, ja dass sie teilweise in deren Schlepptau gesehen werden muss. Die Hinwendung zum Visuellen, die über die enormen Fortschritte der Reproduktions-, Druck- und Bühnentechnik um 1900 hinausgreift, ist selbst schon ein epochenspezifischer Zug, dessen Bedeutung lange vernachlässigt wurde. [...]
Nicht weniger Gewicht besitzt die Bezugnahme auf die Wissenschaft, mit der sich der erste Vorstoß der literarischen Moderne seine Legitimation gegenüber den ästhetischen Traditionen verschaffte. Dieser Vorstoß ist [...] spezifisch sprachgebunden und für die Theorieneigung der 80er-Jahre von besonderer Bedeutung. Erst mit ihm bekommen die sprachreflektorischen Tendenzen eine bis dahin unbekannte Dringlichkeit, verlagert sich doch nun die Legitimation des Schriftstellers von den epigonal entleerten Genres[2] und Formen zum wissenschaftlichen Erkennen der Wirklichkeit und setzt sich damit der Frage aus, die Nietzsche dem Positivismus[3] entgegenhielt: ob die Annahme, in der Sprache die Erkenntnis der Welt zu haben, nicht ein Riesenirrtum darstelle. In der Sprachskepsis, die sich um 1900 sprunghaft ausbreitet, manifestiert sich schließlich die spezifisch literarische Wendung gegen das Wissenschaftsdenken des 19. Jahrhunderts – ein zentraler Bestandteil moderner Poesie, Prosa, Dramatik und dichterischer Selbstlegitimierung. [...]
Nicht zufällig gewann um 1900 der aus der Militärsprache stammende Terminus Avantgarde an Gewicht. Mit dem Vorauseilen einer kleinen Elite signalisiert er zugleich die Begrenztheit des Vorstoßes, die Möglichkeit des Überholtwerdens von anderen Eliten und Stilen (die nicht ohne die jeweiligen Kunsthändler und Verleger gedacht werden dürfen). In jedem Fall äußert sich von nun an bereits in der Bewegung, im selbst ernannten Vorangehen, ein wesentlicher Teil der künstlerischen Botschaft. Modernität als ästhetische Qualität bedeutet dementsprechend immer auch Kunst über Kunst, Literatur über Literatur [...]. Die enormen Kräfte von Rationalismus, Materialismus, Verstädterung, Mechanisierung und Verwissenschaftlichung, mit denen Deutschland als neuer Industriegigant vor England rückte, repräsentierten um 1900 sowohl das Alte, das längst durchschaute 19. Jahrhundert als auch das Neue, Moderne, das 20. Jahrhundert, und weckten in beiden Fällen Gefühle stärkster Distanzierung unter der künstlerischen Intelligenz. Die ästhetischen Innovationen wurden oft genug als Gegenentwürfe konzipiert, als Bemühungen um eine Autonomie, die eher eine Flucht vor der Modernisierung darstellte als deren Bewältigung.

Aus: Frank Trommler (Hg.): Jahrhundertwende: Vom Naturalismus zum Expressionismus. 1880 – 1918. (= Bd. 8 Horst Albert Glaser: Deutsche Literatur. Eine Sozialgeschichte). Reinbek bei Hamburg: Rowohlt 1982, S. 7ff.

---

[1] Epigone: Nachahmer ohne Schöpferkraft
[2] Genre: Gattung
[3] Positivismus: Lehre, nach der nur das Wirkliche, Tatsächliche (das Positive) zur Erkenntnis führt

---

■ Stellen Sie Ursachen, Facetten und Folgen der Situation um 1900 in einem Diagramm dar.

■ Informieren Sie sich über die Richtungen der Künste und der Literatur um das Jahr 1900. Untersuchen Sie, inwieweit sie sich als Reaktion auf eine sich rasant verändernde Welt verstehen lassen.

Eine Antwort auf eine veränderte Welt: Der Naturalismus

Eine bedeutende literarische Reaktion auf eine veränderte Welt war der Naturalismus. Die meisten Naturalisten waren keine Einzelgänger, sondern gründeten literarische Vereinigungen wie den Verein „Durch!", der 1886 Thesen zu den eigenen literarischen Anschauungen veröffentlichte.

Thesen der Vereinigung „Durch!" (1886)

1. Die deutsche Literatur ist gegenwärtig allen Anzeichen nach an einem Wendepunkt ihrer Entwicklung angelangt, von welchem sich der Blick auf eine eigenartige bedeutsame Epoche eröffnet.
2. Wie alle Dichtung den Geist des zeitgenössischen Lebens künstlerisch verklären soll, so gehört es zu den Aufgaben des Dichters der Gegenwart, alle bedeutungsvollen und nach Bedeutung ringenden Gewalten des gegenwärtigen Lebens in ihren Licht- und Schattenseiten poetisch zu gestalten und der Zukunft prophetisch und bahnbrechend vorzukämpfen. Demnach sind soziale, nationale, religiös-philosophische und literarische Kämpfe spezifische Hauptelemente der gegenwärtigen Dichtung […].
5. Die moderne Dichtung soll den Menschen mit Fleisch und Blut und mit seinen Leidenschaften in unerbittlicher Wahrheit zeichnen […].
6. Unser höchstes Kunstideal ist nicht mehr die Antike, sondern die Moderne.
7. Bei solchen Gegensätzen erscheint ein Kampf geboten gegen die überlebte Epigonenklassizität[1], gegen das sich spreizende Raffinement und gegen den blaustrumpfartigen[2] Dilettantismus.

Aus: Walter Schmähling (Hg.): Naturalismus. Stuttgart: Reclam 1977, S. 91f.

[1] Epigone: Nachahmer
[2] Blaustrumpf: Abwertend für intellektuelle Frau
[3] ästimieren: hochschätzen

Der Anfang eines naturalistischen Dramas: Arno Holz/Johannes Schlaf: Die Familie Selicke (1890)

Erster Aufzug
Das Wohnzimmer der Familie Selicke
Es ist mäßig groß und sehr bescheiden eingerichtet. […] Frau Selicke, etwas ältlich, vergrämt, sitzt vor dem Bett und strickt. Abgetragene Kleidung, lila Seelenwärmer, Hornbrille auf der Nase, ab und zu ein wenig fröstelnd. Pause.

FRAU SELICKE *(seufzend)*. Ach Gott ja!
WALTER [12-jähriger Sohn] *(noch hinter der Szene, in der Kammer)*. Mamchen?!
FRAU SELICKE *(hat in Gedanken ihren Strickstrumpf fallen lassen, zieht ihr Taschentuch halb aus der Tasche, bückt sich drüber und schneuzt sich).*
WALTER *(steckt den Kopf durch die Kammertür. Pausbacken, Pudelmütze, rote, gestrickte Fausthandschuhe)*. Mamchen? Darf ich mir noch schnell 'ne Stulle schneiden?
FRAU SELICKE *(ist zusammengefahren)*. Ach, geh, du ungezogner Junge! Erschrick einen doch nich immer so! *(Ist aufgestanden und an den Tisch getreten)* Kannst du denn auch gar nich 'n bisschen Rücksicht nehmen?! Siehst du denn nich, dass das Kind krank ist? […]
FRAU SELICKE […]. Wer weiß, wo der [Vater] jetzt wieder steckt!
TONI [22-jährige Tochter] *(hinter dem Tisch auf dem Sofa die Zeugstücke ordnend)*. Na, er wird auf dem Weihnachtsmarkt sein und ein bisschen einkaufen, für Linchen!
FRAU SELICKE. I, jawoll doch! Und … du lieber Gott, was soll nicht alles von den paar Groschen bezahlt werden! Wer weiß übrigens, ob er diesmal so viel zu Weihnachten kriegt wie sonst! … Er tut wenigstens so! … Das heißt, auf den kann man sich ja nie verlassen! Der sagt einem ja nie die Wahrheit! … Andre Männer teilen ihren Frauen alles mit und beraten sich, wie's am besten geht, aber unsereiner wird ja für gar nichts ästimiert[3]! Der weiß ja alles besser! … Nein, so ein trauriges Familienleben wie bei uns … Pass mal auf: Der hat heute wieder ein paar Pfennige in der Tasche und kömmt nu vor morgen früh nich nach Hause!

Aus: Arno Holz/Johannes Schlaf: Die Familie Selicke. Stuttgart: Reclam 1985

■ Stellen Sie dar, wie der Naturalismus auf die veränderte Zeit reagieren will und was Holz und Schlaf in ihrem Drama aufgreifen.

Das Thema „Sprache" in der Lyrik des jungen Rainer Maria Rilke

Rainer Maria Rilke (4.12.1875–29.12.1926) studierte zunächst in Prag, 1897–99 in München und Berlin Kunst- und Literaturgeschichte, entschied sich dann zu Berufslosigkeit und reinem Dichterdasein. Rilke gilt als einer der bedeutendsten Lyriker der Jahrhundertwende und der ersten Hälfte des 20. Jahrhunderts. Das folgende Gedicht schrieb er mit 21 Jahren im November 1897 in Berlin.

Rainer Maria Rilke:
Ich fürchte mich so vor der Menschen Wort
(e1897, v1899)

Ich fürchte mich so vor der Menschen Wort.
Sie sprechen alles so deutlich aus:
Und dieses heißt Hund und jenes heißt Haus,
und hier ist Beginn und das Ende ist dort.

5 Mich bangt auch ihr Sinn, ihr Spiel mit dem Spott,
sie wissen alles, was wird und war;
kein Berg ist ihnen mehr wunderbar;
ihr Garten und Gut grenzt grade an Gott.

Ich will immer warnen und wehren: Bleibt fern.
10 Die Dinge singen hör ich so gern.
Ihr rührt sie an: sie sind starr und stumm.
Ihr bringt mir alle die Dinge um.

Aus: Rainer Maria Rilke: Die Gedichte. Frankfurt a. M.: Insel 1986, S. 188f.

> **Werkübergreifende Methode: Literatursoziologische Deutung**
> Untersucht wird die Wechselbeziehung zwischen Dichtung und Gesellschaft, z. B. die soziale Stellung des Dichters in der Zeit und deren Auswirkung auf ein Gedicht. Gefragt wird aber auch, wie sich der Text zu aktuellen politischen oder gesellschaftlichen Fragen und Veränderungen der Zeit verhält.

- Deuten Sie das Gedicht, indem Sie einen zentralen Vers auswählen, an dem Sie die für Sie wesentliche Aussage des Gedichtes erläutern. Beziehen Sie als Verweisstellen andere Textstellen in Ihre Deutung mit ein. Tauschen Sie sich mit einem Partner/einer Partnerin aus.
- Erweitern Sie Ihre Analyse durch literatursoziologische Aspekte (siehe Kasten). Reflektieren Sie die Tragfähigkeit eines solchen Ansatzes.
- Rilke ist ein Sprachmeister: „[I]hr Garten und Gut grenzt grade an Gott." (V. 8) spiegelt z. B. das Angrenzen von Garten und Gott in Form einer sprachlich verbindenden Alliteration. Finden Sie weitere formale Besonderheiten, die die inhaltliche Aussage unterstreichen.
- Das Gedicht ist mehr als 100 Jahre alt. Hat es nach Ihrer Auffassung aktuell noch Gültigkeit?
- Vergleichen Sie das Gedicht mit dem im gleichen Monat entstandenen, nachstehenden Text aus der gleichen Gedichtsammlung „Mir zur Feier", indem Sie insbesondere die Aussagen über die Sprache deutend gegenüberstellen.

Rainer Maria Rilke:
Die armen Worte, die im Alltag darben
(e 1897/98, v 1899)

Die armen Worte, die im Alltag darben,
die unscheinbaren Worte, lieb ich so.
Aus meinen Festen schenk ich ihnen Farben,
da lächeln sie und werden langsam froh.

5 Ihr Wesen, das sie bang in sich bezwangen,
erneut sich deutlich, dass es jeder sieht;
sie sind noch niemals im Gesang gegangen
und schauernd schreiten sie in meinem Lied.

Aus: Ebenda, S. 142f.

Das Thema „Sprache" in der Lyrik des jungen Hugo von Hofmannsthal

Hugo von Hofmannsthal: Frage (1890)

Merkst Du denn nicht, wie meine Lippen beben?
Kannst Du nicht lesen diese bleichen Züge,
Nicht fühlen, dass mein Lächeln Qual und Lüge,
Wenn meine Blicke forschend Dich umschweben?

5 Sehnst Du Dich nicht nach einem Hauch von Leben,
Nach einem heißen Arm, Dich fortzutragen
Aus diesem Sumpf von öden, leeren Tagen,
Um den die bleichen, irren Lichter weben?

So las ich falsch in Deinem Aug, dem tiefen?
10 Kein heimlich Sehnen sah ich heiß dort funkeln?
Es birgt zu Deiner Seele keine Pforte
Dein feuchter Blick? Die Wünsche, die dort schliefen,
Wie stille Rosen in der Flut, der dunkeln,
Sind, wie Dein Plaudern, seellos ... Worte, Worte?

Aus: Hugo von Hofmannsthal: Werke in zehn Bänden. Bd. I: Gedichte. Hg. von Lorenz Jäger. Frankfurt a. M.: Fischer 1999, S. 8

Hugo von Hofmannsthal: Für mich ... (1890)

Das längst Gewohnte, das alltäglich Gleiche,
Mein Auge adelt mirs zum Zauberreiche:
Es singt der Sturm sein grollend Lied für mich,
Für mich erglüht die Rose, rauscht die Eiche.
5 Die Sonne spielt auf goldnem Frauenhaar
Für mich, – und Mondlicht auf dem stillen Teiche.
Die Seele les ich aus dem stummen Blick,
Und zu mir spricht die Stirn, die schweigend bleiche.
Zum Traume sag ich: „Bleib' bei mir, sei wahr!"
10 Und zu der Wirklichkeit: „Sei Traum, entweiche!"
Das Wort, das Andern Scheidemünze ist,
Mir ists der Bilderquell, der flimmernd reiche.
Was ich erkenne, ist mein Eigentum
Und lieblich locket, was ich n i c h t erreiche.
15 Der Rausch ist süß, den Geistertrank entflammt,
Und süß ist die Erschlaffung auch, die weiche.
So tiefe Welten tun sich oft mir auf,
Dass ich drein glanzgeblendet zögernd schleiche,
Und einen goldnen Reigen schlingt um mich
20 Das längst Gewohnte, das alltäglich Gleiche.

Ebenda, S. 9

Die Jugend des Hugo von Hofmannsthal (1874–1929)[1]

Hofmannsthal war einziger Sohn eines Wiener Bankdirektors und einer aus einer Bauern- und Beamtenfamilie stammenden Mutter. Die Familie galt als reich, war aber durch eine Börsen- und Wirtschaftskrise kurz vor Hugos Geburt um große Teile ihres Vermögens gebracht worden. Mit 16 Jahren veröffentlichte Hugo sein erstes Gedicht unter Pseudonym,
5 es ist das Sonett „Frage". Seine vom Zauber der Worte geprägten Gedichte galten früh als genial. Unterstützt wurde diese Wertschätzung von einer Gesellschaft, die im Jungsein eigene Sehnsüchte bildhaft verdichtet sah. Hofmannsthal selbst fühlte sich eher der Vergangenheit verbunden, stand Neuerungen skeptisch gegenüber. Seiner Vorliebe für Kunstwerke und Personen fremder Zeiten liegt dabei ein Interesse am eigenen Innenleben zu-
10 grunde. Seine Adoleszenz ist geprägt von einer Vereinsamungsfurcht, dem Gefühl, anders zu sein. Seine Selbstfindung oszilliert zwischen Genuss und Angst. Ihm fehlte nach eigener Einschätzung die Unmittelbarkeit des Erlebens, er hatte das Gefühl, sich beim Leben zuzusehen. Die ästhetizistisch geprägte Kunst galt ihm als Halt in einer Epoche, die in seinen Augen nicht mehr durch Kultur gehalten wurde. Hugo wird nachgesagt, sich in seiner
15 Jugend stets wie ein Aristokrat verhalten zu haben, schon als Knabe zeigte er demnach Allüren eines Prinzen.
1891 lernte er den Dichter Stefan George kennen, der ihn in seinen Kreis zu ziehen hoffte, die Verbindung endete 1906 mit einem endgültigen Bruch. Nach einem zweijährigen Jura-Studium begann Hofmannsthal 1895 das Studium der Französischen Philologie. 1901 reichte
20 er seine Habilitationsschrift an der Wiener Universität ein, wurde dann aber nicht Professor, sondern freier Schriftsteller. Im gleichen Jahr heiratete er, in den nächsten Jahren wurde er dreimal Vater, erstmals im Mai 1902 Vater einer Tochter.

---

[1] Quellen insb.: Wolfram Mauser: Hugo von Hofmannsthal. München 1977; Ulrich Weinzirl: Hofmannsthal. Frankfurt a. M 2007

- *Stellen Sie die Thematiken und die inhaltlichen Aussagen der Gedichte gegenüber.*
- *Erweitern Sie Ihre Analyse durch biografische Aspekte. Reflektieren Sie die Tragfähigkeit eines solchen Ansatzes.*
- *Als Kennzeichen ästhetizistischer Gedichte gilt eine klare Abgrenzung der poetischen Sprache von der Alltagssprache und ein Verständnis von Poesie als eigener (Sprach-)Welt. Inwieweit finden Sie dies hier wieder?*

> **Werkübergreifende Methode: Biografische Interpretation**
> Ein Text verarbeitet oft direkt oder indirekt Erfahrungen des Autors. In einer biografischen Deutung wird versucht, aus dem konkreten biografischen Kontext der Textentstehung (Gegenwart und Vergangenheit) Schlüsse für die Interpretation zu ziehen.

Hugo von Hofmannsthal: Ein Brief

Hugo von Hofmannsthal (1.2.1874–15.7.1929), ein begnadeter Lyriker, dessen Verse hohe Wortkunst verrieten, hatte seit geraumer Zeit kein Gedicht mehr veröffentlicht, als 1902 in der Zeitschrift „Der Tag" Hofmannsthals „Ein Brief" erschien. Der fiktive Verfasser, Lord Chandos, blickt darin zunächst auf seine Zeit als Dichter zurück, als seine Sicht auf die Welt es ihm noch erlaubte zu schreiben. Dann erläutert er Francis Bacon, dem Adressaten des Briefes, die Gründe für sein Verstummen und seine neue Sicht auf die Dinge.

Vor dem Lesen:

Nachfolgend finden Sie sieben zentrale Stellen aus dem Brief des Lord Chandos[1] an Francis Bacon, allerdings nicht in der Reihenfolge, in der die Stellen im Brief auftauchen.

- *Bringen Sie die sieben Stellen in eine Ihnen sinnvoll erscheinende Reihenfolge.*
- *Überlegen Sie, was zwischen den Stellen jeweils stehen könnte. Machen Sie sich Notizen.*
- *Wählen Sie eine der sieben Stellen aus, die Ihnen persönlich aktuell erscheint. Begründen Sie diese Einschätzung.*
- *Vergleichen Sie Ihre Lösungen mit einem Partner oder einer Partnerin.*

(1) Es ist mir völlig die Fähigkeit abhanden gekommen, über irgend etwas zusammenhängend zu denken oder zu sprechen

(2) Es ist mir dann, als bestünde mein Körper aus lauter Chiffern, die mir alles aufschließen. Oder als könnten wir in ein neues, ahnungsvolles Verhältnis zum ganzen Dasein treten, wenn wir anfingen, mit dem Herzen zu denken. Fällt aber diese sonderbare Bezauberung von mir ab, so weiß ich nichts darüber auszusagen

(3) Seither führe ich ein Dasein, das Sie, fürchte ich, kaum begreifen können, so geistlos, so gedankenlos fließt es dahin

(4) es ist Rhetorik [...], deren von unserer Zeit so überschätzte Machtmittel aber nicht hinreichen, ins Innere der Dinge zu dringen

(5) Ich fühlte in diesem Augenblick mit einer Bestimmtheit, die nicht ganz ohne ein schmerzliches Beigefühl war, daß ich auch im kommenden und im folgenden und in allen Jahren dieses meines Lebens kein englisches und kein lateinisches Buch schreiben werde

(6) Mir erschien damals in einer Art von andauernder Trunkenheit das ganze Dasein als eine große Einheit: geistige und körperliche Welt schien mir keinen Gegensatz zu bilden

(7) Es gelang mir nicht mehr, sie [die Dinge, die in Gesprächen vorkommen] mit dem vereinfachenden Blick der Gewohnheit zu erfassen. Es zerfiel mir alles in Teile, die Teile wieder in Teile und nichts mehr ließ sich mit einem Begriff umspannen.

---

[1] Aus: Hugo von Hofmannsthal. Sämtliche Werke. Hg. von Ellen Ritter. Frankfurt/M.: Fischer 1991. Band XXXI.

Hugo von Hofmannsthal: Ein Brief [1902]
[auch: Brief des Lord Chandos an Francis Bacon]

Dies ist der Brief, den Philipp Lord Chandos, jüngerer Sohn des Earl of Bath, an Francis Bacon[1], später Lord Verulam und Viscount St. Albans, schrieb, um sich bei diesem Freunde wegen des gänzlichen Verzichtes auf literarische Betätigung zu entschuldigen.

Es ist gütig von Ihnen, mein hochverehrter Freund, mein zweijähriges Stillschweigen zu übersehen und so an mich zu schreiben. Es ist mehr als gütig, Ihrer Besorgnis um mich, Ihrer Befremdung über die geistige Starrnis, in der ich Ihnen zu versinken scheine, den Ausdruck der Leichtigkeit und des Scherzes zu geben, den nur große Menschen, die von der Gefährlichkeit des Lebens durchdrungen und dennoch nicht entmutigt sind, in ihrer Gewalt haben.

Sie schließen mit dem Aphorisma[2] des Hippokrates[3]: „Qui gravi morbo correpti dolores non sentiunt, iis mens aegrotat"[4] und meinen, ich bedürfe der Medizin nicht nur, um mein Übel zu bändigen, sondern noch mehr, um meinen Sinn für den Zustand meines Innern zu schärfen. Ich möchte Ihnen so antworten, wie Sie es um mich verdienen, möchte mich Ihnen ganz aufschließen und weiß nicht, wie ich mich dazu nehmen soll. Kaum weiß ich, ob ich noch derselbe bin, an den Ihr kostbarer Brief sich wendet; bin denn ich's, der nun Sechsundzwanzigjährige, der mit neunzehn jenen „neuen Paris", jenen „Traum der Daphne", jenes „Epithalamium"[5] hinschrieb, diese unter dem Prunk ihrer Worte hintaumelnden Schäferspiele[6], deren eine himmlische Königin und einige allzu nachsichtige Lords und Herren sich noch zu entsinnen gnädig genug sind? Und bin ich's wiederum, der mit dreiundzwanzig unter den steinernen Lauben des großen Platzes von Venedig in sich jenes Gefüge lateinischer Perioden fand, dessen geistiger Grundriß und Aufbau ihn im Innern mehr entzückte als die aus dem Meer auftauchenden Bauten des Palladio und Sansovin[7]? Und konnte ich, wenn ich anders derselbe bin, alle Spuren und Narben dieser Ausgeburt meines angespanntesten Denkens so völlig aus meinem unbegreiflichen Innern verlieren, daß mich in Ihrem Brief, der vor mir liegt, der Titel jenes kleinen Traktates[8] fremd und kalt anstarrt, ja daß ich ihn nicht als ein geläufiges Bild zusammengefaßter Worte sogleich auffassen konnte, sondern nur Wort für Wort verstehen konnte, als träten mir diese lateinischen Wörter, so verbunden, zum erstenmale vors Auge? Allein ich bin es ja doch und es ist Rhetorik in diesen Fragen, Rhetorik, die gut ist für Frauen[9] oder für das Haus der Gemeinen, deren von unserer Zeit so überschätzte Machtmittel aber nicht hinreichen, ins Innere der Dinge zu dringen. Mein Inneres aber muß ich Ihnen darlegen, eine Sonderbarkeit, eine Unart, wenn Sie wollen eine Krankheit meines Geistes, wenn Sie begreifen sollen, daß mich ein ebensolcher brückenloser Abgrund von den scheinbar vor mir liegenden literarischen Arbeiten trennt, als von denen, die hinter mir sind und die ich, so fremd sprechen sie mich an, mein Eigentum zu nennen zögere.

Ich weiß nicht, ob ich mehr die Eindringlichkeit Ihres Wohlwollens oder die unglaubliche Schärfe Ihres Gedächtnisses bewundern soll, wenn Sie mir die verschiedenen kleinen Pläne wieder hervorrufen, mit denen ich mich in den gemeinsamen Tagen schöner Begeisterung trug. Wirklich, ich wollte die ersten Regierungsjahre unseres verstorbenen glorreichen Souveräns, des achten Heinrich[10], darstellen! Die hinterlassenen Aufzeichnungen meines Großvaters, des Herzogs von Exeter, über seine Negoziationen[11] mit Frankreich und Portugal gaben mir eine Art von Grundlage. Und aus dem Sallust[12] floß in jenen glücklichen, belebten Tagen wie durch nie verstopfte Röhren die Erkenntnis der Form in mich herüber, jener tiefen, wahren, inneren Form, die jenseits des Geheges der rhetorischen Kunststücke erst geahnt werden kann, die, von welcher man nicht mehr sagen kann, daß sie das Stoffliche anordne, denn sie durchdringt es, sie hebt es auf und schafft Dichtung und Wahrheit zugleich, ein Widerspiel ewiger Kräfte, ein Ding, herrlich wie Musik und Algebra. Dies war mein Lieblingsplan.

---

[1] Francis Bacon (1561–1626), Viscount Saint Albans (seit 1620): Wegbereiter des modernen engl. Empirismus und mit seinem Empirieanspruch bahnbrechend für die beginnende Herrschaft des naturwiss. Denkens

[2] Aphorismus: knappe Formulierung eines Gedankens, einer Lebensweisheit

[3] Hippokrates (um 460 – um 370): griech. Arzt, gilt als Begründer der Medizin als Erfahrungswissenschaft

[4] „Wer Schmerzen nicht fühlt, obwohl er von einer schweren Krankheit befallen ist, dessen Geist ist krank." (Zitat aus Bacon: Advancement of Learning)

[5] Epithalamium: in der Antike ein Hochzeitslied, das junge Männer und Frauen vor dem Schlafzimmer der Neuvermählten sangen

[6] Schäferspiel: Dichtung, die gegenüber einer friedlosen Wirklichkeit Zuflucht in einer idyllischen Welt (der Hirten) sucht

[7] Palladio (1508–1580) und Sansovino (1486–1570): italien. Baumeister

[8] Lat. tractatus: Abhandlung

[9] Bacon zitiert in „Über die Würde der Wissenschaften" einen Ausspruch Platons, wonach die Rhetorik der Kochkunst ähnele.

[10] Heinrich VIII. (1491–1547): seit 1509 bis zu seinem Tod engl. König

[11] Negoziation: zu lat. negotiari: Handel treiben

[12] Sallust (86 v. Chr. – 35 o. 34 v. Chr.): röm. Geschichtsschreiber

Was ist der Mensch, daß er Pläne macht!

Ich spielte auch mit anderen Plänen. Ihr gütiger Brief läßt auch diese heraufschweben. Jedweder vollgesogen mit einem Tropfen meines Blutes, tanzen sie vor mir wie traurige Mücken an einer düsteren Mauer, auf der nicht mehr die helle Sonne der glücklichen Tage liegt.

Ich wollte die Fabeln und mythischen Erzählungen, welche die Alten uns hinterlassen haben, und an denen die Maler und Bildhauer ein endloses und gedankenloses Gefallen finden, aufschließen als die Hieroglyphen einer geheimen, unerschöpflichen Weisheit, deren Anhauch ich manchmal, wie hinter einem Schleier, zu spüren meinte.

Ich entsinne mich dieses Planes. Es lag ihm, ich weiß nicht welche, sinnliche und geistige Lust zugrunde: Wie der gehetzte Hirsch ins Wasser, sehnte ich mich hinein in diese nackten, glänzenden Leiber, in diese Sirenen und Dryaden, diesen Narcissus und Proteus, Perseus und Aktäon[1]: verschwinden wollte ich in ihnen und aus ihnen heraus mit Zungen reden. Ich wollte. Ich wollte noch vielerlei. Ich gedachte eine Sammlung „Apophthegmata"[2] anzulegen, wie deren eine Julius Cäsar verfaßt hat: Sie erinnern die Erwähnung in einem Brief des Cicero. Hier gedachte ich die merkwürdigsten Aussprüche nebeneinander zu setzen, welche mir im Verkehr mit den gelehrten Männern und den geistreichen Frauen unserer Zeit oder mit besonderen Leuten aus dem Volk oder mit gebildeten und ausgezeichneten Personen auf meinen Reisen zu sammeln gelungen wäre; damit wollte ich schöne Sentenzen und Reflexionen aus den Werken der Alten und der Italiener vereinigen, und was mir sonst an geistigen Zieraten in Büchern, Handschriften oder Gesprächen entgegenträte; ferner die Anordnung besonders schöner Feste und Aufzüge, merkwürdige Verbrechen und Fälle von Raserei, die Beschreibung der größten und eigentümlichsten Bauwerke in den Niederlanden, in Frankreich und Italien und noch vieles andere. Das ganze Werk aber sollte den Titel Nosce te ipsum[3] führen.

Um mich kurz zu fassen: Mir erschien damals in einer Art von andauernder Trunkenheit das ganze Dasein als eine große Einheit: geistige und körperliche Welt schien mir keinen Gegensatz zu bilden, ebensowenig höfisches und tierisches Wesen, Kunst und Unkunst, Einsamkeit und Gesellschaft; in allem fühlte ich Natur, in den Verirrungen des Wahnsinns ebensowohl wie in den äußersten Verfeinerungen eines spanischen Zeremoniells; in den Tölpelhaftigkeiten junger Bauern nicht minder als in den süßesten Allegorien[4]; und in aller Natur fühlte ich mich selber; wenn ich auf meiner Jagdhütte die schäumende laue Milch in mich hineintrank, die ein struppiges Mensch einer schönen, sanftäugigen Kuh aus dem Euter in einen Holzeimer niedermolk, so war mir das nichts anderes, als wenn ich in der dem Fenster eingebauten Bank meines studio sitzend, aus einem Folianten[5] süße und schäumende Nahrung des Geistes in mich sog. Das eine war wie das andere; keines gab dem andern weder an traumhafter überirdischer Natur, noch an leiblicher Gewalt nach, und so ging's fort durch die ganze Breite des Lebens, rechter und linker Hand; überall war ich mitten drinnen, wurde nie ein Scheinhaftes gewahr: Oder es ahnte mir, alles wäre Gleichnis und jede Kreatur ein Schlüssel der andern, und ich fühlte mich wohl den, der imstande wäre, eine nach der andern bei der Krone zu packen und mit ihr so viele der andern aufzusperren, als sie aufsperren könnte. Soweit erklärt sich der Titel, den ich jenem enzyklopädischen[6] Buche zu geben gedachte.

Es möchte dem, der solchen Gesinnungen zugänglich ist, als der wohlangelegte Plan einer göttlichen Vorsehung erscheinen, daß mein Geist aus einer so aufgeschwollenen Anmaßung in dieses Äußerste von Kleinmut und Kraftlosigkeit zusammensinken mußte, welches nun die bleibende Verfassung meines Innern ist. Aber dergleichen religiöse Auffassungen haben keine Kraft über mich; sie gehören zu den Spinnennetzen, durch welche meine Gedanken hindurchschießen, hinaus ins Leere, während so viele ihrer Gefährten dort hangen bleiben und zu einer Ruhe kommen. Mir haben sich die Geheimnisse des Glaubens zu einer erhabenen Allegorie verdichtet, die über den Feldern meines Lebens steht wie ein leuchtender Regenbogen, in einer stetigen Ferne, immer bereit, zurückzuweichen, wenn ich mir einfallen ließe hinzueilen und mich in den Saum seines Mantels hüllen zu wollen. Aber, mein verehrter Freund, auch die irdischen Begriffe entziehen sich mir in der gleichen Weise. Wie soll ich es versuchen, Ihnen diese seltsamen geistigen Qualen zu schildern, dies Emporschnellen der Fruchtzweige über meinen ausgereckten Händen, dies Zurückweichen des murmelnden Wassers vor meinen dürstenden Lippen?[7]

---

[1] Gestalten der griech. Mythologie
[2] Apophthegma [griech.]: Sentenz, Ausspruch, geflügeltes Wort
[3] Erkenne dich selbst!
[4] Allegorie: Darstellung eines abstrakten Begriffs oder Vorgangs durch ein rational fassbares Bild, oft in Form einer Personifikation (z. B. Sensemann für den Tod)
[5] Foliant (lat.): großes Buch
[6] Enzyklopädie (griech.): Nachschlagewerk. Wissensdarstellung in systematischer (nach Themenbereichen) oder alphabetischer (nach Stichworten) Form
[7] Anspielung auf die Tantalos-Qualen (griech. Mythologie): Tantalos büßte Freveltaten gegenüber den Göttern damit, dass er bis ans Kinn im Wasser stand, über ihm Obstbaumzweige. Wasser und Zweige wichen zurück, sobald er sich näherte, so dass er ewig Hunger und Durst litt.

Mein Fall ist, in Kürze, dieser: Es ist mir völlig die Fähigkeit abhanden gekommen, über irgend etwas zusammenhängend zu denken oder zu sprechen.

Zuerst wurde es mir allmählich unmöglich, ein höheres oder allgemeineres Thema zu besprechen und dabei jene Worte in den Mund zu nehmen, deren sich doch alle Menschen ohne Bedenken geläufig zu bedienen pflegen. Ich empfand ein unerklärliches Unbehagen, die Worte „Geist", „Seele" oder „Körper" nur auszusprechen. Ich fand es innerlich unmöglich, über die Angelegenheiten des Hofes, die Vorkommnisse im Parlament oder was Sie sonst wollen, ein Urteil herauszubringen. Und dies nicht etwa aus Rücksichten irgendwelcher Art, denn Sie kennen meinen bis zur Leichtfertigkeit gehenden Freimut: sondern die abstrakten Worte, deren sich doch die Zunge naturgemäß bedienen muß, um irgendwelches Urteil an den Tag zu geben, zerfielen mir im Munde wie modrige Pilze. Es begegnete mir, daß ich meiner vierjährigen Tochter Katharina Pompilia eine kindische Lüge, deren sie sich schuldig gemacht hatte, verweisen und sie auf die Notwendigkeit, immer wahr zu sein, hinführen wollte, und dabei die mir im Munde zuströmenden Begriffe plötzlich eine solche schillernde Färbung annahmen und so ineinander überflossen, daß ich den Satz, so gut es ging, zu Ende haspelnd, so wie wenn mir unwohl geworden wäre und auch tatsächlich bleich im Gesicht und mit einem heftigen Druck auf der Stirn, das Kind allein ließ, die Tür hinter mir zuschlug und mich erst zu Pferde, auf der einsamen Hutweide einen guten Galopp nehmend, wieder einigermaßen herstellte.

Allmählich aber breitete sich diese Anfechtung aus wie ein um sich fressender Rost. Es wurden mir auch im familiären und hausbackenen Gespräch alle die Urteile, die leichthin und mit schlafwandelnder Sicherheit abgegeben zu werden pflegen, so bedenklich, daß ich aufhören mußte, an solchen Gesprächen irgend teilzunehmen. Mit einem unerklärlichen Zorn, den ich nur mit Mühe notdürftig verbarg, erfüllte es mich, dergleichen zu hören, wie: diese Sache ist für den oder jenen gut oder schlecht ausgegangen; Sheriff N. ist ein böser, Prediger T. ein guter Mensch; Pächter M. ist zu bedauern, seine Söhne sind Verschwender; ein anderer ist zu beneiden, weil seine Töchter haushälterisch sind; eine Familie kommt in die Höhe, eine andere ist im Hinabsinken. Dies alles erschien mir so unbeweisbar, so lügenhaft, so löcherig wie nur möglich. Mein Geist zwang mich, alle Dinge, die in einem solchen Gespräch vorkamen, in einer unheimlichen Nähe zu sehen: so wie ich einmal in einem Vergrößerungsglas ein Stück von der Haut meines kleinen Fingers gesehen hatte, das einem Blachfeld[1] mit Furchen und Höhlen glich, so ging es mir nun mit den Menschen und Handlungen. Es gelang mir nicht mehr, sie mit dem vereinfachenden Blick der Gewohnheit zu erfassen. Es zerfiel mir alles in Teile, die Teile wieder in Teile und nichts mehr ließ sich mit einem Begriff umspannen. Die einzelnen Worte schwammen um mich; sie gerannen zu Augen, die mich anstarrten und in die ich wieder hineinstarren muß: Wirbel sind sie, in die hinabzusehen mich schwindelt, die sich unaufhaltsam drehen und durch die hindurch man ins Leere kommt.

Ich machte einen Versuch, mich aus diesem Zustand in die geistige Welt der Alten hinüberzuretten. Platon[2] vermied ich; denn mir graute vor der Gefährlichkeit seines bildlichen Fluges. Am meisten gedachte ich mich an Seneca[3] und Cicero[4] zu halten. An dieser Harmonie begrenzter und geordneter Begriffe hoffte ich zu gesunden. Aber ich konnte nicht zu ihnen hinüber. Diese Begriffe, ich verstand sie wohl: ich sah ihr wundervolles Verhältnisspiel vor mir aufsteigen wie herrliche Wasserkünste, die mit goldenen Bällen spielen. Ich konnte sie umschweben und sehen, wie sie zueinander spielten; aber sie hatten es nur miteinander zu tun, und das Tiefste, das Persönliche meines Denkens, blieb von ihrem Reigen ausgeschlossen. Es überkam mich unter ihnen das Gefühl furchtbarer Einsamkeit; mir war zumut wie einem, der in einem Garten mit lauter augenlosen Statuen eingesperrt wäre; ich flüchtete wieder ins Freie.

Seither führe ich ein Dasein, das Sie, fürchte ich, kaum begreifen können, so geistlos, so gedankenlos fließt es dahin; ein Dasein, das sich freilich von dem meiner Nachbarn, meiner Verwandten und der meisten landbesitzenden Edelleute dieses Königreiches kaum unterscheidet und das nicht ganz ohne freudige und belebende Augenblicke ist. Es wird mir nicht leicht, Ihnen anzudeuten, worin diese guten Augenblicke bestehen; die Worte lassen mich wiederum im Stich. Denn es ist ja etwas völlig Unbenanntes und auch wohl kaum Benennbares, das, in solchen Augenblicken, irgendeine Erscheinung meiner alltäglichen Umgebung mit einer überschwellenden Flut höheren Lebens wie ein Gefäß erfüllend, mir sich ankündet. Ich kann nicht erwarten, daß Sie mich ohne Beispiel verstehen, und ich muß Sie um Nachsicht für die Albernheit meiner Beispiele bitten. Eine Gießkanne, eine auf dem Felde verlassene Egge, ein Hund in der Sonne, ein ärmlicher Kirchhof, ein Krüppel, ein kleines Bauernhaus, alles dies kann das Gefäß meiner Offenbarung werden. Jeder dieser Gegenstände und die tausend anderen ähnlichen, über die sonst ein Auge mit selbstverständlicher Gleichgültigkeit

---

[1] Blachfeld: Flaches Feld
[2] Platon: griech. Philosoph (427 v. Chr. bis 347 v. Chr.)
[3] Seneca (um 4 v. Chr. – 65 n. Chr.): röm. Politiker, Philosoph und Dichter
[4] Cicero (106 v. Chr.- 43 v. Chr.): röm. Staatsmann, Redner und Philosoph

hinweggleitet, kann für mich plötzlich in irgend einem Moment, den herbeizuführen auf keine Weise in meiner Gewalt steht, ein erhabenes und rührendes Gepräge annehmen, das auszudrücken mir alle Worte zu arm scheinen. Ja, es kann auch die bestimmte Vorstellung eines abwesenden Gegenstandes sein, der die unbegreifliche Auserwählung zuteil wird, mit jener sanft oder jäh steigenden Flut göttlichen Gefühles bis an den Rand gefüllt zu werden. So hatte ich unlängst den Auftrag gegeben, den Ratten in den Milchkellern eines meiner Meierhöfe ausgiebig Gift zu streuen. Ich ritt gegen Abend aus und dachte, wie Sie vermuten können, nicht weiter an diese Sache. Da, wie ich im tiefen, aufgeworfenen Ackerboden Schritt reite, nichts Schlimmeres in meiner Nähe als eine aufgescheuchte Wachtelbrut und in der Ferne über den welligen Feldern die große sinkende Sonne, tut sich mir im Innern plötzlich dieser Keller auf, erfüllt mit dem Todeskampf dieses Volks von Ratten. Alles war in mir: die mit dem süßlich scharfen Geruch des Giftes angefüllte kühl-dumpfe Kellerluft und das Gellen der Todesschreie, die sich an modrigen Mauern brachen; diese ineinander geknäulten Krämpfe der Ohnmacht, durcheinander hinjagenden Verzweiflungen; das wahnwitzige Suchen der Ausgänge; der kalte Blick der Wut, wenn zwei einander an der verstopften Ritze begegnen. Aber was versuche ich wiederum Worte, die ich verschworen habe! Sie entsinnen sich, mein Freund, der wundervollen Schilderung von den Stunden, die der Zerstörung von Alba Longa[1] vorhergehen, aus dem Livius[2]? Wie sie die Straßen durchirren, die sie nicht mehr sehen sollen ... wie sie von den Steinen des Bodens Abschied nehmen. Ich sage Ihnen, mein Freund, dieses trug ich in mir und das brennende Karthago[3] zugleich; aber es war mehr, es war göttlicher, tierischer; und es war Gegenwart, die vollste erhabenste Gegenwart. Da war eine Mutter, die ihre sterbenden Jungen um sich zucken hatte und nicht auf die Verendenden, nicht auf die unerbittlichen steinernen Mauern, sondern in die leere Luft, oder durch die Luft ins Unendliche hin Blicke schickte und diese Blicke mit einem Knirschen begleitete! – Wenn ein dienender Sklave voll ohnmächtigen Schauders in der Nähe der erstarrenden Niobe[4] stand, der muß das durchgemacht haben, was ich durchmachte, als in mir die Seele dieses Tieres gegen das ungeheure Verhängnis die Zähne bleckte. Vergeben Sie mir diese Schilderung, denken Sie aber nicht, daß es Mitleid war, was mich erfüllte. Das dürfen Sie ja nicht denken, sonst hätte ich mein Beispiel sehr ungeschickt gewählt. Es war viel mehr und viel weniger als Mitleid: ein ungeheures Anteilnehmen, ein Hinüberfließen in jene Geschöpfe oder ein Fühlen, daß ein Fluidum des Lebens und Todes, des Traumes und Wachens für einen Augenblick in sie hinübergeflossen ist – von woher? Denn was hätte es mit Mitleid zu tun, was mit begreiflicher menschlicher Gedankenverknüpfung, wenn ich an einem anderen Abend unter einem Nußbaum eine halbvolle Gießkanne finde, die ein Gärtnerbursche dort vergessen hat, und wenn mich diese Gießkanne und das Wasser in ihr, das vom Schatten des Baumes finster ist, und ein Schwimmkäfer, der auf dem Spiegel dieses Wassers von einem dunklen Ufer zum andern rudert, wenn diese Zusammensetzung von Nichtigkeiten mich mit einer solchen Gegenwart des Unendlichen durchschauert, von den Wurzeln der Haare bis ins Mark der Fersen mich durchschauert, daß ich in Worte ausbrechen möchte, von denen ich weiß, fände ich sie, so würden sie jene Cherubim[5], an die ich nicht glaube, niederzwingen, und daß ich dann von jener Stelle schweigend mich wegkehre und nach Wochen, wenn ich dieses Nußbaums ansichtig werde, mit scheuem seitlichen Blick daran vorübergehe, weil ich das Nachgefühl des Wundervollen, das dort um den Stamm weht, nicht verscheuchen will, nicht vertreiben die mehr als irdischen Schauer, die um das Buschwerk in jener Nähe immer noch nachwogen. In diesen Augenblicken wird eine nichtige Kreatur, ein Hund, eine Ratte, ein Käfer, ein verkümmerter Apfelbaum, ein sich über den Hügel schlängelnder Karrenweg, ein moosbewachsener Stein mir mehr, als die schönste, hingebendste Geliebte der glücklichsten Nacht mir je gewesen ist. Diese stummen und manchmal unbelebten Kreaturen heben sich mir mit einer solchen Fülle, einer solchen Gegenwart der Liebe entgegen, daß mein beglücktes Auge auch ringsum auf keinen toten Fleck zu fallen vermag. Es erscheint mir alles, alles, was es gibt, alles, dessen ich mich entsinne, alles, was meine verworrensten Gedanken berühren, etwas zu sein. Auch die eigene Schwere, die sonstige Dumpfheit meines Hirnes erscheint mir als etwas; ich fühle ein entzückendes, schlechthin unendliches Widerspiel in mir und um mich, und es gibt unter den gegeneinanderspielenden Materien keine, in die ich nicht hinüberzufließen vermöchte. Es ist mir dann, als bestünde mein Körper aus lauter Chif-

---

[1] Alba Longa: angebl. Hauptort des latin. Stammesbundes, möglicherweise im 6. (7. oder 8.) Jh. v. Chr. zerstört
[2] Livius (59 (?) v. Chr. – 17 n. Chr.): röm Geschichtsschreiber.
[3] Karthago: antike Stadt auf einer Halbinsel im heutigen Tunesien, 146 v. Chr. im 3. Punischen Krieg zerstört
[4] Niobe: Gestalt der griech. Mythologie, verliert wegen Prahlerei ihre Kinder und wird zu einem Felsen des Sipylosgebirges versteinert.
[5] Cherub: Im Alten Testament geflügelter Engel mit menschl. Antlitz, in unmittelbarer Nähe Gottes; im Alten Orient Schutzgeist. Nach Bacon: Engel der Erleuchtung und der Wissenschaft

fern¹, die mir alles aufschließen. Oder als könnten wir in ein neues, ahnungsvolles Verhältnis zum ganzen Dasein treten, wenn wir anfingen, mit dem Herzen zu denken. Fällt aber diese sonderbare Bezauberung von mir ab, so weiß ich nichts darüber auszusagen; ich könnte dann ebensowenig in vernünftigen Worten darstellen, worin diese mich und die ganze Welt durchwebende Harmonie bestanden und wie sie sich mir fühlbar gemacht habe, als ich ein Genaueres über die inneren Bewegungen meiner Eingeweide oder die Stauungen meines Blutes anzugeben vermöchte.

Von diesen sonderbaren Zufällen abgesehen, von denen ich übrigens kaum weiß, ob ich sie dem Geist oder dem Körper zurechnen soll, lebe ich ein Leben von kaum glaublicher Leere und habe Mühe, die Starre meines Innern vor meiner Frau und vor meinen Leuten die Gleichgültigkeit zu verbergen, welche mir die Angelegenheiten des Besitzes einflößen. Die gute und strenge Erziehung, welche ich meinem seligen Vater verdanke, und die frühzeitige Gewöhnung, keine Stunde des Tages unausgefüllt zu lassen, sind es, scheint mir, allein, welche meinem Leben nach außen hin einen genügenden Halt und den meinem Stande und meiner Person angemessenen Anschein bewahren.

Ich baue einen Flügel meines Hauses um und bringe es zustande, mich mit dem Architekten hie und da über die Fortschritte seiner Arbeit zu unterhalten; ich bewirtschafte meine Güter, und meine Pächter und Beamten werden mich wohl etwas wortkarger, aber nicht ungütiger als früher finden. Keiner von ihnen, der mit abgezogener Mütze vor seiner Haustür steht, wenn ich abends vorüberreite, wird eine Ahnung haben, daß mein Blick, den er respektvoll aufzufangen gewohnt ist, mit stiller Sehnsucht über die morschen Bretter hinstreicht, unter denen er nach den Regenwürmern zum Angeln zu suchen pflegt, durchs enge, vergitterte Fenster in die dumpfe Stube taucht, wo in der Ecke das niedrige Bett mit bunten Laken immer auf einen zu warten scheint, der sterben will, oder auf einen, der geboren werden soll; daß mein Auge lange an den häßlichen jungen Hunden hängt oder an der Katze, die geschmeidig zwischen Blumenscherben durchkriecht, und daß es unter all den ärmlichen und plumpen Gegenständen einer bäurischen Lebensweise nach jenem einen sucht, dessen unscheinbare Form, dessen von niemand beachtetes Daliegen oder -lehnen, dessen stumme Wesenheit zur Quelle jenes rätselhaften, wortlosen, schrankenlosen Entzückens werden kann. Denn mein unbenanntes seliges Gefühl wird eher aus einem fernen, einsamen Hirtenfeuer mir hervorbrechen als aus dem Anblick des gestirnten Himmels; eher aus dem Zirpen einer letzten, dem Tode nahen Grille, wenn schon der Herbstwind winterliche Wolken über die öden Felder hintreibt, als aus dem majestätischen Dröhnen der Orgel.

Und ich vergleiche mich manchmal in Gedanken mit jenem Crassus² dem Redner, von dem berichtet wird, daß er eine zahme Muräne, einen dumpfen, rotäugigen, stummen Fisch seines Zierteiches, so über alle Maßen liebgewann, daß es zum Stadtgespräch wurde; und als ihm einmal im Senat Domitius vorwarf, er habe über den Tod dieses Fisches Tränen vergossen, und ihn dadurch als einen halben Narren hinstellen wollte, gab ihm Crassus zur Antwort: „So habe ich beim Tode meines Fisches getan, was Ihr weder bei Eurer ersten noch Eurer zweiten Frau Tod getan habt."

Ich weiß nicht, wie oft mir dieser Crassus mit seiner Muräne als ein Spiegelbild meines Selbst, über den Abgrund der Jahrhunderte hergeworfen, in den Sinn kommt. Nicht aber wegen dieser Antwort, die er dem Domitius gab. Die Antwort brachte die Lacher auf seine Seite, so daß die Sache in einen Witz aufgelöst war. Mir aber geht die Sache nahe, die Sache, welche dieselbe geblieben wäre, auch wenn Domitius um seine Frauen blutige Tränen des aufrichtigsten Schmerzes geweint hätte. Dann stünde ihm noch immer Crassus gegenüber, mit seinen Tränen um seine Muräne. Und über diese Figur, deren Lächerlichkeit und Verächtlichkeit mitten in einem die erhabensten Dinge beratenden, weltbeherrschenden Senat so ganz ins Auge springt, über diese Figur zwingt mich ein unnennbares Etwas, in einer Weise zu denken, die mir vollkommen töricht erscheint, im Augenblick, wo ich versuche sie in Worten auszudrücken.

Das Bild dieses Crassus ist zuweilen nachts in meinem Hirn, wie ein Splitter, um den herum alles schwärt³, pulst und kocht. Es ist mir dann, als geriete ich selber in Gärung, würfe Blasen auf, wallte und funkelte. Und das Ganze ist eine Art fieberisches Denken, aber Denken in einem Material, das unmittelbarer, flüssiger, glühender ist als Worte. Es sind gleichfalls Wirbel, aber solche, die nicht wie die Wirbel der Sprache ins Bodenlose zu führen scheinen, sondern irgendwie in mich selber und in den tiefsten Schoß des Friedens.

Ich habe Sie, mein verehrter Freund, mit dieser ausgebreiteten Schilderung eines unerklärlichen Zustandes, der gewöhnlich in mir verschlossen bleibt, über Gebühr belästigt.

---

1 Chiffre: Ziffer, Zeichen, Geheimzeichen, auch Geheimschrift, die je einen Buchstaben durch einen anderen ersetzt. Kennt man den Schlüssel, so kann man die Schrift „dechiffrieren". In der Literatur (insb. Lyrik) ein knapp angedeutetes Bild, dessen Sinn oft in einem vom Dichter gesetzten vieldeutigen System von Zeichen begründet ist.
2 Crassus: röm. Konsul. Bacon erzählt die folgende Anekdote in seinen „Apophthegms".
3 schwärt: eitert

Sie waren so gütig, Ihre Unzufriedenheit darüber zu äußern, daß kein von mir verfaßtes Buch mehr zu Ihnen kommt, „Sie für das Entbehren meines Umgangs zu entschädigen". Ich fühlte in diesem Augenblick mit einer Bestimmtheit, die nicht ganz ohne ein schmerzliches Beigefühl war, daß ich auch im kommenden und im folgenden und in allen Jahren dieses meines Lebens kein englisches und kein lateinisches Buch schreiben werde: und dies aus dem einen Grund, dessen mir peinliche Seltsamkeit mit ungeblendetem Blick dem vor Ihnen harmonisch ausgebreiteten Reiche der geistigen und leiblichen Erscheinungen an seiner Stelle einzuordnen ich Ihrer unendlichen geistigen Überlegenheit überlasse: nämlich weil die Sprache, in welcher nicht nur zu schreiben, sondern auch zu denken mir vielleicht gegeben wäre, weder die lateinische noch die englische noch die italienische und spanische ist, sondern eine Sprache, von deren Worten mir auch nicht eines bekannt ist, eine Sprache, in welcher die stummen Dinge zu mir sprechen, und in welcher ich vielleicht einst im Grabe vor einem unbekannten Richter mich verantworten werde.

Ich wollte, es wäre mir gegeben, in die letzten Worte dieses voraussichtlich letzten Briefes, den ich an Francis Bacon schreibe, alle die Liebe und Dankbarkeit, alle die ungemessene Bewunderung zusammenzupressen, die ich für den größten Wohltäter meines Geistes, für den ersten Engländer meiner Zeit im Herzen hege und darin hegen werde, bis der Tod es bersten macht.

A.D.[1] 1603, diesen 22. August. Phi. Chandos.

Entstanden vermutlich im August 1902. Erstdruck am 18. und 19.10.1902 in zwei Teilen in der Zeitung „Der Tag".

Aus: Hugo von Hofmannsthal: Sämtliche Werke. Kritische Ausgabe. Hg. von Ellen Ritter. Frankfurt a. M.: Fischer 1991. Bd. XXXI, S. 45 ff. (In den Anmerkungen enthaltene Hinweise auf Bacon-Texte beruhen auf dieser kritischen Ausgabe; Text aus philologischen Gründen in unveränderter Orthografie)

---

[1] Anno Domini: Im Jahre des Herrn

Hugo von Hofmannsthal: Ein Brief
(Schwerpunkt: Inhalt) – Aufgaben

Fakten

1. Stellen Sie in der nachfolgenden Tabelle die Fakten zusammen:

Lord Chandos (gemäß Brief vom _____)			
Alter:		Zeitraum ohne Veröffentlichung:	
Vermutliches Geburtsjahr:		Grund des Briefes:	
Chandos ist Autor folgender Werke:		Chandos lebt von:	
Erscheinungsjahre der Werke:		Familienstand:	

Phasen

2. Der Brief des Lord Chandos lässt inhaltlich eine Dreiteilung zu:
   1. Die Zeit als Dichter und die damaligen Pläne
   2. Die Krise
   3. Der neue Kontakt zu den Dingen

   Ordnen Sie diesen drei Teilen Zeilenangaben zu.

3. Entscheidend für das Verständnis der Situation des Chandos sind zunächst die ersten beiden Phasen, also die seines Schreibens und Planens, und die aktuelle Krise. Stellen Sie diese Lebensphasen tabellarisch gegenüber:

	Chandos' Sicht der Welt	Persönliches Befinden	Chandos hält für wichtig im Leben	Chandos weist der Sprache folgende Aufgabe zu	Die existierende Sprache kann diese Aufgabe erfüllen/nicht erfüllen, weil
Damals					
Heute					

4. Untersuchen Sie die Pläne, die Chandos als Dichter hatte: Worin unterscheiden sich die geplanten von den tatsächlich geschriebenen Werken? Welchem Ziel sollen die geplanten Werke folgen? Wie dürfte der Empiriker Bacon zu den tatsächlich geschriebenen, wie zu den geplanten Werken stehen?

5. Die Abwendung von der Sprache verläuft bei Lord Chandos in mehreren Stufen. Verdeutlichen Sie diese:
   1. Unmöglichkeit, „ein höheres oder allgemeineres Thema zu besprechen"
   2.
   .
   .

   Ist für Sie eine Logik in dieser Stufung erkennbar?

6. Versuchen Sie auf der Grundlage der bisherigen Aufgaben eine kurze schriftliche Darstellung der Schwierigkeiten, die der Dichter darlegt: Warum konnte Chandos früher schreiben, wie begründen sich seine damaligen Pläne und warum kann er heute nicht mehr schreiben?

Hofmannsthal – Chandos – Bacon

7. Untersuchen Sie, inwieweit die Äußerungen des Lord Chandos über seine frühere Dichtung auf Hofmannsthals frühe Lyrik (vgl. Arbeitsblatt 54) zutreffen.

8. Welche Begründung sehen Sie dafür, dass Hofmannsthal als Adressat des Briefes Bacon wählt?

Epiphanie

9. Die Augenblicke der Offenbarung, die Chandos gegen Ende seines Briefes beschreibt, werden in der Sekundärliteratur auch als „Epiphanie" bezeichnet (Theodore Ziolkowski). Mit Epiphanie (griech. „Erscheinung") wird das unmittelbare Erscheinen einer Gottheit in eigener Gestalt oder in einer besonderen Manifestation verstanden. Erläutern Sie, inwiefern der Begriff Ihnen angemessen erscheint.

10. Sowohl für seine Jugendzeit als auch für die Epiphanie beschreibt Chandos eine Einheit zwischen Ich und Welt: Wo sehen Sie Unterschiede?

11. Am Schluss des Briefes spricht Chandos von einer anderen „Sprache, in welcher nicht nur zu schreiben, sondern auch zu denken mir vielleicht gegeben wäre". Tragen Sie in einem Cluster möglichst viele Aspekte zu dieser anderen Sprache zusammen: Was enthält sie? Was könnte sie leisten? Warum bezweifelt Chandos, sie finden zu können?

12. Diskutieren Sie, inwieweit andere Künste (Malerei, Musik, ...) das leisten können, was Hofmannsthal hier von der neuen Sprache sagt.

13. Vom Künstler sagt Hofmannsthal: „Er leidet an allen Dingen, und indem er an ihnen leidet, genießt er sie" (vgl. Glaser, Lehmann, Lubos: Wege der deutschen Literatur. Frankfurt a. M.: Ullstein. 1986. S. 435). Diskutieren Sie, inwieweit diese Aussage auch auf den Chandos-Brief zutrifft.

Visualisierung der Ergebnisse

14. Bündeln Sie Ihre bisherigen Ergebnisse in einem Kausalitätsnetz zum Chandos-Brief:

Beispiel: Kausalitätsnetz zu ...

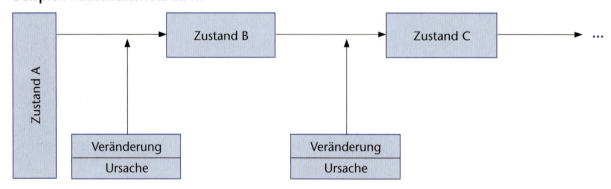

Hugo von Hofmannsthal: Ein Brief
(Schwerpunkt: Form) – Aufgaben

1. Hugo von Hofmannsthal wählt für sein Thema die Briefform. Welche Gründe vermuten Sie für diese Entscheidung? Welche Funktion hat für Sie der erste Absatz, in dem gewissermaßen ein Herausgeber spricht?

2. Hugo von Hofmannsthal lässt Chandos seine Situation damals und heute mit vielen Metaphern beschreiben. Suchen Sie solche Metaphern heraus und versuchen Sie eine zusammenhängende Deutung:

Metaphorik „Damals"	Metaphorik „Heute"
Verwendete Metaphern, um den Zustand darzustellen:	Verwendete Metaphern, um den Zustand darzustellen:

■ *Versuchen Sie deutlich zu machen, warum Hofmannsthal gerade diese Metaphern verwendet:*

Deutung Metaphorik „Damals"	Deutung Metaphorik „Heute"

■ *Weiten Sie die Frage aus, indem Sie erörtern, wieso Hofmannsthal Chandos überhaupt vieles metaphorisch erläutern lässt:*

Gründe für die metaphorische Art der Darstellung

3. Hofmannsthal lässt Lord Chandos darüber hinaus bildhafte Geschichten nutzen, um seine neue Sicht auf die Welt zu erklären:
   – die sterbenden Ratten
   – der Fisch des Crassus
   – der abendliche Ritt über die Güter

   Nutzen Sie eine dieser Geschichten, um Chandos' veränderte Weltsicht zu verdeutlichen! Tauschen Sie sich mit einem Partner/einer Partnerin über Ihr Ergebnis aus.

4. Als Paradoxon gilt vielen, dass Chandos so sprachmächtig über seine Sprachlosigkeit schreibt. Ist nicht die sprachliche Gestaltung des Briefes gerade der Beweis, dass Chandos keinerlei Probleme mit der Sprache hat? Diskutieren Sie die Frage. Nutzen Sie dazu ggf. auch das Material auf Arbeitsblatt 65.

Hugo von Hofmannsthal: Ein Brief
(Schwerpunkt: Kritische Einordnung des Briefes) – **Aufgaben**

1. Untersuchen Sie, welche gesellschaftliche Wirklichkeit und welche Sicht auf diese Wirklichkeit im „Brief" erkennbar wird:
   Was erfahren wir über den Lebensinhalt des Lord Chandos?
   Wie kommen einfache Menschen in dem Brief vor? Welche Sicht auf sie wird präsentiert?
   Beurteilen Sie diese Darstellung vor dem Hintergrund Ihrer Kenntnisse der Zeit um 1900.

2. Klären Sie das Verhältnis des Lord Chandos zu beobachtetem Leiden anhand des folgenden Satzes: „[D]enken Sie aber nicht, daß es Mitleid war, was mich erfüllte" (Z. 328 f.).

3. Nachdem 1890 in Wien erstmals Arbeiterdemonstrationen zum 1. Mai stattgefunden hatten, schrieb Hofmannsthal auf die Rückseite einer Visitenkarte:

   > „Wien I. Mai 1890, Prater gegen 5 Uhr nachmitt.
   > Tobt der Pöbel in den Gassen, ei, mein Kind, so lass ihn schrei'n.
   > Denn sein Lieben und sein Hassen ist verächtlich und gemein!
   > Während sie uns Zeit noch lassen, wollen wir uns Schönerm weih'n.
   > Will die kalte Angst dich fassen, spül sie fort in heissem Wein!
   > Lass den Pöbel in den Gassen: Phrasen, Taumel, Lügen, Schein,
   > Sie verschwinden, sie verblassen – Schöne Wahrheit lebt allein."
   > zit. nach Ulrich Karthaus (Hg.): Impressionismus, Symbolismus, Jugendstil. Stuttgart: Reclam 1979, S. 23 f.

   Hofmannsthal war 16 Jahre alt, als er dies schrieb. Finden Sie diese Haltung auch 12 Jahre später im Chandos-Brief wieder?

4. Informieren Sie sich über Hofmannsthals persönliche Lebenssituation um die Jahrhundertwende und versuchen Sie vor diesem Hintergrund eine Deutung der Ergebnisse der vorigen Aufgaben.

5. Im Folgenden finden Sie einige Thesen zu Hofmannsthals im Chandos-Brief erkennbarer Haltung. Welcher dieser Thesen können Sie zustimmen (Begründung!)? Welcher möchten Sie widersprechen?

   1) Der Chandos-Brief zeigt, dass Hofmannsthal unter den Veränderungen seiner Zeit litt und vor ihnen in eine von solcher Veränderung unbelastete Gegenrealität floh.

   2) Der Chandos-Brief ist ein Gegendokument zur Entwicklung der Moderne: Einer durch die Wissenschaften vermeintlich immer genaueren objektiven Durchdringung der Wirklichkeit setzt Hofmannsthal das Bild entgegen, dass nur eine radikal subjektive Verbindung zur Welt überhaupt noch Erkenntnis erzeugen kann.

   3) Hofmannsthals Chandos-Brief ist kein Zeichen einer Sprachkrise, sondern einer Erkenntniskrise: Hofmannsthal belegt, dass er die Wirklichkeit nicht zu verstehen vermag, dies kaschiert er, indem er vorgibt, von Wesentlichem durchdrungen zu sein, das sprachlich nicht wiederzugeben sei.

Hugo von Hofmannsthal: Ein Brief
(Bündelung der Ergebnisse) – Aufgaben

Wählen Sie für eine Bündelung die Ihnen sinnvoll erscheinenden Alternativen:

A. Reflektieren Sie, welche der bearbeiteten Aufgaben Ihnen in welcher Weise geholfen oder gerade nicht geholfen hat, den Chandos-Brief genauer zu verstehen. Notieren Sie Schlussfolgerungen für den Umgang mit langen Sachtexten: Welche Arbeitsschritte können hilfreich sein?

B. Verfassen Sie eine 5-Minuten-Rede, die alle wesentlichen Ergebnisse Ihrer Auseinandersetzung mit dem Chandos-Brief gebündelt darstellt. Notieren Sie auf eine Karte Stichworte dazu. Formulieren Sie den ersten und letzten Satz wörtlich.

  Präsentation: Sprechmühle

  Sprechmühle: Der Kurs wird aufgeteilt: Eine Hälfte ist Partner A, eine Hälfte Partner B. Jeweils ein Partner A und ein Partner B finden sich zusammen: Partner A stellt seine Rede vor, Partner B prüft die Richtigkeit. Anschließend Partnerwechsel: In einer neuen Kombination A–B stellt diesmal Partner B vor.

C. Hofmannsthal hatte Notizen zufolge den Plan, einen zweiten Teil des Briefes zu schreiben, in dem Lord Chandos seine Gedanken weiterführt. Schreiben Sie diesen zweiten Teil, z. B. mit dem Anfang: „Ich habe manchmal einen Traum, aus diesem Leben auszubrechen …"

D. Arbeiten Sie in Dreiergruppen nach der Methode des Drei-Schritt-Interviews, um Ihr bisheriges Verständnis des Chandos-Briefes zu überprüfen.

  Fragenauswahl:

  1. Welche Teile des Briefes lassen sich unterscheiden? In welcher Weise sind sie aufeinander bezogen?
  2. Begründen Sie, warum Chandos früher schreiben konnte und heute nicht mehr.
  3. Welche Phasen der Abkehr von der Sprache lassen sich ausmachen, welcher Logik folgen diese Phasen?

  Drei-Schritt-Interview (3 Leute: Partner A, B, C):
  Partner A wählt eine Frage aus und erarbeitet eine Antwort.
  Partner B paraphrasiert die Antwort.
  Partner C kommentiert sowohl Antwort als auch Paraphrase.
  – Wechsel: –
  Partner B wählt eine Frage aus …

  4. Stellen Sie eine Verbindung her zwischen dem Chandos-Brief und dem Epiphanie-Begriff.
  5. Was müsste eine Sprache leisten, die das für Lord Chandos Wesentliche erfasst?
  6. Welche sprachlichen Besonderheiten enthält der Brief und wie sind sie begründet?
  7. Welche Aspekte der im „Brief" erkennbaren Sicht auf die Welt sind nach Ihrer Auffassung kritisch zu betrachten?

E. Erstellen Sie eine Concept Map zum Chandos-Brief.

Concept Map[1]

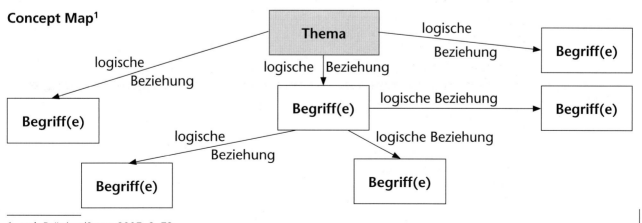

---
[1] vgl. Brüning/Saum 2007, S. 73

Ein Bild zu Hugo von Hofmannsthal: Ein Brief

René Magritte. 1964

Edvard Munch: Der Schrei. 1893

Marc Chagall: Paris durch das Fenster gesehen. 1913

Umberto Boccioni: Der Lärm der Straße dringt ins Haus. 1912

■ *In einem Schulbuch soll neben dem Chandos-Brief ein Bild abgedruckt werden. Welches der vier angebotenen Bilder würden Sie wählen? Begründen Sie unter Bezugaufnahme auf den Brief. Fertigen Sie eine Karteikarte mit fünf Stichworten an, anhand derer Sie Ihre Wahl erläutern können.*

Hofmannsthal und die Chandos-Krise

Der Chandos-Brief markiert im Werk Hofmannsthals (1874–1929) eine Wende: Schon als Gymnasiast erscheint er als schreibendes Wunderkind, seine frühen Gedichte gelten als Meisterwerke. Nach einem Verstummen, das im Chandos-Brief seine Spiegelung findet, wendet sich Hofmannsthal später der Epik und vor allem der Dramatik zu. Viktor Zmegac zeichnet diesen Weg nach.

Viktor Zmegac: [Hofmannsthals Dichtung und der Chandos-Brief]

Die für Hofmannsthal gültigen Gedichte entstanden im ersten Jahrzehnt seines Schaffens. [...] Die Wortmagie ist bei Hofmannsthal allerdings nicht – wie bei manchen radikalen Vertretern des Ästhetizismus[1] – eine triumphierende Instanz, sondern vielmehr jenes andere, das dem Bedürfnis nach Sinn und Einheit entspricht. Die Kunst wird zur Hoffnung, weil sie einen Zusammenhang stiftet, während die Realität einen solchen Zusammenhang nicht mehr erkennen lässt. [...] Die von den Zeitgenossen als neuartige lyrische Magie begrüßten Gedichte erweisen sich indes im Rückblick eher als traditionsgebunden. Trotz der stellenweise ausgeprägten Chiffrensprache infolge der Verselbständigung der Metapher bleibt der Zusammenhang mit der Überlieferung deutscher Lyrik seit der Goethezeit deutlich bewahrt. [...]. Mit ihren Motiven und rhetorischen Mitteln (Vergleichsformeln z. B.) heben sich die meisten Gedichte von dem zeitgemäßen Typus hermetischer Poesie ab. [...]

Als eine Art Zusammenfassung von Erfahrungen der ersten Phase kann der fiktive *Brief* des Lord Chandos gelten. In der Maske eines englischen Adeligen des 17. Jahrhunderts legte der Autor 1902 eine kleine Schrift vor, die unter verschiedenen Aspekten gelesen werden kann: als sprachkritisches Traktat und als Kommentar zur symbolischen Poetik ebenso wie als Psychogramm und Lebenszeugnis über eine allgemeine Krise im Schaffen des Autors. Entscheidende Gedanken nimmt jedoch schon ein viel weniger bekannter Aufsatz (die Besprechung einer Mitterwurzer-Monographie, 1895) vorweg, der auch die überindividuelle Bedeutung der Problematik erkennen lässt. Der tiefe Ekel vor den Worten, heißt es dort, beruht darauf, dass sich die Worte vor die Dinge gestellt haben. „Die unendlich komplexen Lügen der Zeit, die dumpfen Lügen der Tradition, die Lügen der Ämter, die Lügen der Einzelnen, die Lügen der Wissenschaften, alles das sitzt wie Myriaden tödlicher Fliegen auf unserem armen Leben." Da Sprache und „Gesinnung" untrennbar miteinander verknüpft sind, betrifft der Zweifel gegenüber der Rhetorik auch deren Inhalte – jenen „gespenstischen Zusammenhang von ungefühlten Worten". Hofmannsthal nähert sich hier intuitiv einer radikalen Sprachkritik, begnügt sich jedoch, wie auch in den Bemerkungen über die Lage des Künstlers in der Gesellschaft, mit punktuellen Einsichten.

Das Ergebnis der Chandos-Krise ist, als weiterer Widerspruch, nicht eine Absage an die prostituierte Sprache, der Weg zum Schweigen also, sondern paradoxerweise der Versuch, mit traditionellen Kunstformen die Öffentlichkeit zu erreichen. Nach 1900 ist Hofmannsthal mehr und mehr bemüht, die als Isolierung empfundene Position des esoterischen Dichters zu durchbrechen und Anschluss zu gewinnen an die Welt des „Sozialen", wie er sich ausdrückt. In einer privaten Notiz heißt es: „Die Tiefe ins Mondäne bringen", womit das Bestreben angedeutet ist, die Substanz des Frühwerkes zu bewahren, sie jedoch den Erfordernissen der durch Publikumserwartungen bedingten Konventionen anzupassen. Eigens wird dabei die Überlieferung des Theaterspiels in Österreich als Nährboden der eigenen Versuche genannt.

Aus: Victor Zmegac (Hrsg.), Geschichte der deutschen Literatur vom 18. Jahrhundert bis zur Gegenwart © 1985 Beltz Athenäum in der Verlagsgruppe Beltz, Weinheim & Basel

---

[1] Ästhetizismus: Haltung, die dem Ästhetischen (dem Schönen) absoluten Vorrang gibt

■ Stellen Sie tabellarisch Elemente der Biografie Hofmannsthals und des Chandos gegenüber. Ergänzen Sie Ihre Tabelle durch eigene Recherchen zu Hofmannsthal.

Rolf Grimminger: [Sprachkrise und Sprachkritik um die Jahrhundertwende]

Folgende Stelle aus dem „Chandos-Brief" könnte die Behauptung belegen (oder widerlegen):

Mitten auf dem Höhepunkt der ganz auf die Sprache, die Schrift und das Buch eingestellten Kultur des 19. Jahrhunderts regten sich Unzufriedenheiten über sie, die so mehrfach übereinander- und ineinanderliegen wie Gesteinsschichten. Die Entwicklung der Natur- und Erfahrungswissenschaften spielt eine große Rolle, keine geringere aber die Krise des Subjekts, die fundamentale Erfahrung der Enge einer Kultur, die auf der repräsentativen Zucht der Bildungssprache und ihrer Abstraktionen aufgebaut war. Diese war alt geworden und im Alter zur bloßen Konvention erstarrt. Man nahm sie beim Wort und fand eher eine Ansammlung von Seifenblasen vor als eine glaubwürdige Mitteilung gar noch von literarischem Rang.

Das ist der Gesamtprozess, innerhalb dessen Hofmannsthals „Brief" des Lord Chandos gleichsam eine letzte Variante abbildet. Vielleicht ist sie die künstlerisch radikalste; zumindest aber ergeben sich aus ihr Konsequenzen, die an die Wurzeln der Sprache heranreichen. Es stehen nicht mehr nur die falschen Sprachgewohnheiten zur Debatte, die Abkehr von Konvention und Lüge, die Befreiung zum Erfahrbaren, sondern mehr noch: die Grenzen der Sprache in der Kunst der Literatur überhaupt. Es geht um die Grenzen des Mediums „Sprache", deren Wörter stets Zeichen für etwas sind, nie aber dieses Etwas selbst in seinem körperlichen, sinnlich wahrnehmbaren Dasein. Dort hinein rettet sich Chandos und verweigert jede weitere Auskunft außer der beschwörenden Metaphorik des Sehens.

Von all dem, was die Kunst zum Leben braucht, nämlich die visuelle Anwesenheit der Bilder in der Malerei oder die akustische Macht der Töne in der Musik, liefert die Sprache nur einen Schatten. Nicht die Bilder selbst erscheinen, sondern nur die Wortzeichen für sie. Und all die Rhythmik der Strophen, die Harmoniebildung der Reime und die Melodik der Satzabläufe, die in der zeitgenössischen Lyrik hoch entwickelt waren, sind am Ende nur eine minimale Form der Musik. Sie ist einer Sprache abgetrotzt, deren bedeutungshafte Zeichen an unsere Vorstellung appellieren müssen, an unsere Imagination. Noch mehr als die mündliche ist die zum schriftlichen Text gefrorene Sprache darauf angewiesen: die Literatur. Sie liefert unverhältnismäßig viel Bedeutung, unverhältnismäßig viel Imagination, doch nichts von dem, worüber geschrieben wird, ist leibhaft vorhanden. Leibhaft da ist nur die Schrift selbst, ameisengleich ziehen die Karawanen der Buchstaben über die Seiten.

Aus: Deutsches Institut für Fernstudien der Universität Tübingen: Literarische Moderne. Funkkolleg. Hemsbach 1993. Studienbrief 3: 7, S. 27.

Gotthart Wunberg: [Chandos und Bacon: Fingierte und historische Person]

Schon die Personen von Schreiber und Empfänger des Briefes müssen einigen Aufschluss über den Inhalt des Briefes geben; vor allem die Person des Lord Bacon. Wer ist Francis Bacon, wer ist Philipp Lord Chandos? Bacon ist der berühmte Philosoph und Staatsmann, Chandos ist irgendjemand; das führt bereits weiter: Wenn sich ein Autor fingierter Personen bedient, so kann das zwei Gründe haben. Er kann entweder etwas verdecken wollen, indem er den wahren, faktischen Sachverhalt ins Anonyme rückt; das geschieht in der Figur des Lord Chandos. Oder er kann etwas Besonderes gerade hervorheben wollen; das geschieht bei Francis Bacon. [...] Zwar hat Francis Bacon einen solchen Brief niemals tatsächlich bekommen, aber er ist als Adressat verzeichnet, und es wird des Öfteren in diesem Briefe auf ihn und seine Person auch in historisch relevanter Weise eingegangen. So ist sein Name an dieser Stelle wohl nicht ohne Bedeutung. Es wäre immerhin denkbar, nicht nur den Schreiber völlig frei zu erfinden, sondern auch den Empfänger. Denn Chandos ist nicht historisch, er hat niemals gelebt. Francis Bacon von Verulam lebte von 1561 bis 1626. Hätte Hofmannsthal irgendeinen historisch nicht eruierbaren Namen an die Stelle von Bacons Namen gesetzt, so wäre eine solche Betrachtung relativ müßig. Da aber ausdrücklich die historische Identität Bacons betont wird: „Francis Bacon, später Lord Verulam und Viscount St. Albans", ist es nicht falsch, auch etwas spezifisch Historisches an ihm hervorzuheben. [...] Wie aus seinem Brief hervorgeht, kann Chandos erwarten, dass Bacon ihn versteht. Die Frage ist aber: warum?
Francis Bacon ist der Begründer des englischen Empirismus. Sein berühmtestes Werk, die „Nova Atlantis", ist eine der großen Staatsutopien der Renaissance. [...] Was Bacon veranlasst hatte, seine „Nova Atlantis" zu schreiben, ist in modifizierter Weise auch der Grund für den Brief des Chandos. Das Vernunftgemäße an der Utopie, das auch Bacon grundsätzlich hervorhebt, hat seine Parallele in der Welt, die Philipp Chandos plötzlich vor sich sieht: wie der utopische Staat in „Nova Atlantis", so stellt sich ihm seine Welt nicht mehr mythisch oder „magisch" – in sich zusammenhängend dar, sondern sie ist nur noch rationalisiert, analytisch fassbar – *zerfallen in Teile, die Teile wieder in Teile*.
Bacon war es darum zu tun, der Naturwissenschaft zum Siege zu verhelfen, dem naturwissenschaftlichen Denken besonders. Zu einer erfolgreichen Naturbetrachtung bedarf es seiner Ansicht nach vor allem der richtigen Erfahrung durch Experiment und Beobachtung. Er will alles aus dem Wege räumen, was einer solchen reinen Erkenntnis hinderlich sein könnte, weil nur so eine wirkliche Erkenntnis möglich ist. Der richtigen Beobachtung stehen nach Bacon aber bestimmte „Vorurteile", sogenannte „idola" hinderlich im Wege. [...] Das heißt – und es ist unmittelbar auf Chandos anzuwenden –, dass die überkommene Welt aus falschen Vorstellungen besteht, die der echten Erfahrung, die zu echter Erkenntnis führen soll, im Wege sind. Chandos, der nach Bacons Aufforderung den Sinn für sein Inneres schärfen soll, steht gerade vor dieser schrecklichen Erfahrung, dass die Gegenstände und Vorstellungen, die irdischen und die religiösen Auffassungen, auseinanderbröckeln. Wenn er sich in diesem Dilemma an Bacon wendet, kann er hoffen, Verständnis zu finden. Denn er ist es ja, der die Ausschaltung der „idola", als Vorurteile erkannten Vorstellungen geradezu fordert, um zu einer reinen Erkenntnis zu kommen [...]. Bacon, so hofft Chandos, wird Verständnis dafür haben, wenn der Grund seines Schweigens die Beseitigung falscher Vorurteile ist.

Aus: Gotthart Wunberg: Der frühe Hofmannsthal. Stuttgart u. a.: Kohlhammer 1965, S. 106 ff.

- *Stellen Sie die Gründe zusammen, die Wunberg dafür nennt, dass Hofmannsthal Bacon zum Adressaten des Briefes gewählt hat.*
- *Wo sehen Sie dennoch Unterschiede zwischen dem Denken Bacons und der Situation des Chandos? Kann der Brief auch als eine Kritik, als eine „Absage an Bacon" gelesen werden (Timo Günther)?*
- *Wie hätte der echte Bacon wohl 1603 auf solch einen Brief reagiert? Entwerfen Sie ein Antwortschreiben.*

Deutungen des Chandos-Briefes

Wolfram Mauser: [Die eloquente Klage über sprachliches Unvermögen]

Die Klage über sprachliches Unvermögen und die Hoffnung auf eine Sprache, die er noch nicht kennt, teilt Lord Chandos nicht nur sprachlich gekonnt, sondern auch mit metaphorischem Aufwand mit. Der Widerspruch zwischen Sprech- und Denkvermögen und der Fähigkeit, sich über das Unvermögen adäquat zu äußern, besteht aber nur zum Schein. Denn die Sprachskepsis, die Lord Chandos zum Ausdruck bringt, betrifft nicht das Denk- und Sprechvermögen schlechthin, sondern das gewohnte Denken mit bestimmten Kategorien und das gewohnte Sprechen in einer Sprache, die diesem Denken entspricht. Damit ist gesagt, dass es sich bei dem Problem, das Lord Chandos bewegt, offensichtlich nicht um eine allgemeine Krise des Sich-sprachlich-Äußerns handelt, sondern um eine Unsicherheit im semantischen[1] Feld: Gewohnte semantische Werte erweisen sich aufgrund von Veränderungen, die nicht ohne Weiteres zu erkennen sind, als untüchtig in Hinblick auf die Realität.

Sehr deutlich bringen die Formulierungen, die Hofmannsthal Lord Chandos niederschreiben lässt, zum Ausdruck, dass der semantischen Desorientiertheit eine solche des Denkens zugrunde liegt. Eine Neuorientierung des Denkens kommt aber nicht von ungefähr: sie geht auf eine Neufixierung von Wertvorstellungen und von Zuordnungen der einzelnen Lebensaspekte zurück. So gesehen, ist das, was als Sprachkrise sichtbar wird, Indiz und Ausdruck einer krisenhaften Veränderung von elementaren Einstellungen zum Leben, die zur Folge haben, dass sprachlich Gewohntes dem neuen Bezugsrahmen nicht mehr entspricht. [...] Die Kernaussage des Chandos-Briefs lässt sich also so umreißen: Hofmannsthal erkennt die Fragwürdigkeit und Unangemessenheit einer Sprachgebung, die das Jugendwerk [Hofmannsthals] charakterisiert hatte: Übermaß an Metaphern, Schwelgen in sprachlichem Prunk, Lust an klangvollsensitiven Fügungen, lebensfremde Begrifflichkeit.

Aus: Wolfram Mauser: Hugo von Hofmannsthal. Konfliktbewältigung und Werkstruktur. Eine psychosoziologische Interpretation. München: Fink 1977, S. 120 ff.

[1] Semantik: Lehre von der Bedeutung sprachlicher Zeichen

Christoph König: Der Sehepunkt zum höheren Augenblick

Drei Phasen werden [im Chandos-Brief] beschrieben, in deren erster von früheren Werken des Lord Chandos und seinen Plänen zu Werken die Rede ist; immer zielt Chandos auf eine Identität von Subjekt und Objekt, die die Künste verbürgen, die Sprache etwa oder die Architektur. Mit der Historie will er sich verbünden (durch eine Biografie Heinrich VIII. aus den hinterlassenen Aufzeichnungen seines Großvaters), in die Gestalten der Mythologie oder eine Art „Buch der Freunde" [...]. Der Epistolar [Briefschreiber] betrachtet dann die Krise, in die ihn die Erkenntnis jener Anmaßung stürzte, und schließt mit dem Hinweis auf gute Augenblicke, in denen er sich als Subjekt entgrenzt und die Dinge als Gefäße des Göttlichen erleben kann. [...]

Ein dialektisches Geschichtsbild liegt dem zugrunde. Die ursprüngliche naive Verbundenheit aller, in der die Individuen selbst ein Stück des Gesamtzusammenhangs sind, das sie erfüllt (a), bricht durch die subjektive Isolierung in der Moderne auseinander (b): Vereinzelung und Trennung von der Welt folgen diesem ‚Sündenfall' in die Subjektivität. Gleichzeitig kann diese moderne, positivistische, ja wissenschaftliche Subjektivität der Ort sein, wo die Einsicht in den Gesamtzusammenhang sich wieder rettend einstellt und damit der Krise ihren Sinn verleiht (c). Nicht bewusst geschieht das, sondern in einer (gedanklich) vorbereiteten Hingabe. Jeder Gegenstand kann das Erlebnis auslösen, weil der Gesamtzusammenhang überall beginnt, gewissermaßen überall seine Enden hat.

Aus: Christoph König: Ein moderner Dichter unter den Philologen. Marbacher Wissenschaftsgeschichte. Eine Schriftenreihe der Arbeitsstelle für die Erforschung der Geschichte der Germanistik im Deutschen Literaturarchiv Marbach (Hg. von Christoph König und Ulrich Ott) Bd. 2 (2001) © Wallstein Verlag, Göttingen

---

- *Finden Sie prägnante Stichworte, die die Themen der einzelnen Absätze der Texte beschreiben.*
- *Stellen Sie aufeinander beziehbare Textteile der beiden Texte gegenüber. Welche Aussagen bestätigen sich, wo sehen Sie unterschiedliche Positionen?*
- *Bestätigen oder widerlegen Sie die gefundenen Thesen anhand des Chandos-Briefes.*

Antworten an Lord Chandos

100 Jahre, nachdem Hofmannsthal seinen Chandos-Brief veröffentlichte, hat die Frankfurter Allgemeine Zeitung heutige Autorinnen und Autoren aufgefordert, Antwortbriefe an Lord Chandos zu schreiben. Hier zwei davon[1]:

Jenny Erpenbeck (geboren 1967 in Berlin)

Mein lieber Lord Chandos, wie einen Pfeil sehe ich Sie tief in den Dingen steckengeblieben, der Eifer und die Geschwindigkeit Ihrer Gedanken haben Sie mitten hineingetrieben, sodass es für Sie, wie ich Ihrem Brief entnehme, keine Möglichkeit mehr gibt, den Abstand wiederzugewinnen, der Ihnen eine menschliche Betrachtung dieser Dinge ermöglicht. Wie einem im Fieber ja manchmal die ungeordnete Bettdecke als ein Gebirge erscheinen kann, das unüberwindlich ist und einen schon ganz und gar erschöpft hat – so sind Ihnen, scheint mir, durch allzu intensive Betrachtung die Fassaden der Sprache zerbrochen, ist der Boden der Worte unter Ihnen weggesunken, sind Sie gleichsam durch diesen unsicheren Grund hindurch, der nichts Greifbares zu Ihrer Rettung bereithielt, in stumme Gefilde hinabgetaucht, in denen Ihnen jetzt das Atmen schwer wird. Sie beschreiben mir Ihren nach wie vor geregelten Tagesablauf unter den Menschen mit Kälte, so als hätten Sie bei Ihrem Sturz allein Ihre Hülle an der Erdoberfläche zurückgelassen, und erstaunen sich nur darüber, dass so wenig ausreichen soll, um die anderen darüber hinwegzutäuschen, dass sich unter der Hülle eine Maschine verbirgt, längst nicht mehr Sie selbst.

In den wenigen glücklichen Momenten aber, von denen Sie mir berichten, fühlen Sie sich, sagen Sie, mit einer Art von Erkenntnis begabt, die nichts Menschliches an sich hat, fühlen sich als Kreatur unter Kreaturen, beraubt der Fähigkeit, wie gleichwohl enthoben der Notwendigkeit, Ihre Eindrücke von sich loszureißen und auf Papier zu bannen. Lassen Sie mich Ihnen gestehen, dass ich Sie beneide – Sie beneide darum, dass Sie Worte und Pläne hinter sich gelassen haben. Sie nennen es „Kleinmut und Kraftlosigkeit" Ihres Geistes, was Sie befallen hat – ich aber empfinde deutlich, dass es eben gerade jene Demut und Schwäche sind, die Ihnen ermöglichen, um vieles näher am Grund von allem Ihre Beobachtungen anzustellen, Sie eben so „klein" und „schwach" machen, dass Sie, gleichsam mit der Perspektive eines Insekts begabt, über die löchrigen Mauern einer Moral hinkriechen, die so vielen von uns als glatt und maßvoll erscheint, Ihnen aber als eine ungeheure Anhäufung von Trümmern entgegensteht, wie einer Fliege, die tausend Augen in einem hat. Ich beneide Sie darum, dass Sie des Urteilens ledig geworden sind, weil die allzu genaue Wahrnehmung dessen, was ist, Ihre Gedanken wie einen Strahlenkranz in alle Richtungen auseinanderzieht. Mögen es auch nur wenige Momente sein, die Sie für die Ihnen auferlegte seelische Einsamkeit entschädigen, so scheint es Ihnen immerhin in diesen Momenten zu gelingen, die enge Menschenhaut, in die unsereins eingesperrt ist, auf das Maß einer Welt auszudehnen und das Schöne wie das Schmutzige gleichwohl in sich aufzunehmen, so wie es auch in der Wirklichkeit gleichwohl nebeneinander besteht.

Oft genug gibt es ja jene, die über den Rand ihrer Sprache nicht hinaussehen, sich an dem Gefäß der paar armseligen Worte, die ihnen gegeben sind, den Kopf einrennen, bis ihr Schmerz umschlägt und sie den Topf, in dem sie hausen, zum Paradies erklären. Und jemand, der mit hellerem Verstand begabt ist, vermag wohl leicht die anderen an den Worten wie an einer Leine vorzuführen und mit ihnen zu veranstalten, was er will – eben weil er weiß, dass gerade schwache Naturen sich gern auf die vagen Gefühle betten, welche die Worte wie Gallert umgeben; jemand, der um sein Fortkommen bemüht ist, wird die Worte einsetzen wie ein geschickter Feldherr seine Soldaten – säuberlich stellt er sie in einer Reihe auf, sodass sie ihm Deckung bieten, und erringt dann aus dem sicheren Hinterhalt seinen Sieg, selbst unverletzt [...].

---

[1] Beide in: Roland Spahr, Hubert Spiegel, Oliver Vogel (Hrg.): „Lieber Lord Chandos". Antworten auf einen Brief. Frankfurt/M.: Fischer 2002, S. 55 ff., 109 f.

Auch Sie verabschieden sich in Ihrem Brief von den Begriffen der Menschen – aber weder aus Geistesarmut, wie die ersten, die ich aufgeführt habe, noch aus taktischen Erwägungen, wie die letzteren. Sie gehen fort, anders als alle, die ich kenne, hinaus auf ein Gebiet, das leer ist, auf dem es keine Wege gibt, über das der Wind pfeift, Sie haben die Speisen der Menschen aufgegeben, aber auch ihren Hunger verloren. Das eben ist es, was Sie mir in beneidenswertem Sinne unmenschlich erscheinen lässt.

Wie lange die Maschine, die Sie an Ihrer statt zurückgelassen haben, noch funktionieren wird und funktionieren soll, ist nunmehr uninteressant – aber dem, der jetzt Sie ist, wünsche ich, dass er an dieser Leere nicht verzweifeln möge, durch die er gehen muss, um der neuen, anderen Sprache zu begegnen, die dort wohnt, dieser stummen Sprache, die keine Ordnung kennt und keine Täuschung.

So wird die kommende Zeit, in der ich von dem, der Sie waren, kein Werk mehr lesen und keine Briefe mehr erhalten werde, gut angewandt sein.

A.D. 1603, 28. August   Francis Bacon

Felicitas Hoppe
(geboren 1960 in Hameln)

Postkarte
To Lord Chandos
c/o S. Fischer Verlag/
Lektorat

Mein lieber Lord,
Ihr Fall ist in Kürze dieser: dass Ihnen alles abhandengekommen ist, nur nicht die Fähigkeit, über irgendetwas zusammenhängend zu denken oder zu sprechen, ja, Sie denken und sprechen unaufhörlich und schreiben das sogar nieder in schönen und zusammenhängenden Sätzen, die zwar nicht schlüssig, dafür aber unwiderlegbar sind. Rhetorik für Männer, denen es nicht gelingt, in das Fremde der Dinge vorzudringen, weshalb Sie leider auch nicht das Geringste von Pilzen verstehen, die Ihnen nicht Pilz sind noch Nahrung, sondern einzig Zeichen, Metapher, Symbol, und so kommt es auch, dass Ihnen der alles entscheidende Unterschied zwischen Drehern und Schneidern nicht bekannt ist: der eine schneidet den Pilz an seinem Schaft knapp über dem Waldboden weg, der andere dagegen dreht ihn mitsamt der Wurzel aus dem Erdreich heraus – beide gelangen zu guten Ergebnissen, an denen Sie, lieber Lord, der Sie mehr in das Problem als in die Idee einer Lösung verliebt sind, kaum interessiert sein können (weshalb Sie auch gar keine Antwort wollen!). Aber, lieber Lord, vergessen Sie, um Gottes willen, trotzdem nicht, dass man ein einmal frisch zubereitetes Pilzgericht auf keinen Fall wieder aufwärmen darf!!

Ihre Felicitas Hoppe

- *Welche Antwort spricht Sie mehr an? Tauschen Sie sich mit einem Partner/einer Partnerin aus.*

- *Die Antworten beziehen sich mehr oder weniger direkt auf bestimmte Stellen aus dem Chandos-Brief. Wählen Sie einen Brief aus und machen Sie deutlich, welche Chandos-Stellen angesprochen sind. Prüfen Sie dabei die Fundiertheit der Zustimmung bzw. der Kritik.*

- *Untersuchen Sie die Metaphorik und die äußere Form der Antworten. Welche inhaltliche Bedeutung messen Sie dem zu?*

- *Schreiben Sie eine andere Form der Aktualisierung des Briefes: Versetzen Sie sich in eine heute lebende Person, der Sie ein besonders problematisches oder besonders reflektiertes Verhältnis zur Sprache unterstellen (Politiker, Lehrer, Schüler, Psychologe, …). Schreiben Sie aus deren Sicht einen Chandos-Brief heutiger Zeit.*

Hugo von Hofmannsthal: Zitate und Epigramme zum Thema „Sprache"

„Es führt von der Poesie kein direkter Weg ins Leben, aus dem Leben keiner in die Poesie. Das Wort als Träger eines Lebensinhaltes und das traumhafte Bruderwort, welches in einem Gedicht stehen kann, streben auseinander und schweben fremd aneinander vorüber, wie die beiden Eimer eines Brunnens."

Aus: Hugo von Hofmannsthal: Poesie und Leben, 1896; Herbert Steiner (Hg.): H.v.H.: Gesammelte Werke. Prosa I. Frankfurt a.M.: Fischer. 1956, S. 263

„Eine hellsichtige Darstellung des seltsam vibrierenden Zustandes, in welchem die Metapher zu uns kommt, über uns kommt in Schauer, Blitz und Sturm: dieser plötzlichen blitzartigen Erleuchtung, in der wir einen Augenblick lang den großen Weltzusammenhang ahnen, schauernd die Gegenwart der Idee spüren"

Aus: Hugo von Hofmannsthal: Philosophie des Metaphorischen, 1894; ebd., S. 191

Dies ist die Lehre des Lebens, die erste und letzte und tiefste
Dass es uns löset vom Bann, den die Begriffe geknüpft. (1893)

Aus: Hugo von Hofmannsthal: Werke in zehn Bänden. Bd. I: Gedichte. Hg. von Lorenz Jäger. Frankfurt a.M.: Fischer 1999, S. 86

Epigramme [1898]

Dichtkunst
Fürchterlich ist diese Kunst! Ich spinn' aus dem Leib mir den Faden,
Und dieser Faden zugleich ist auch mein Weg durch die Luft.

Eigene Sprache
Wuchs dir die Sprache im Mund, so wuchs in der Hand Dir die Kette:
Zieh nun das Weltall zu Dir! Ziehe! Sonst wirst du geschleift.

Erkenntnis
Wüsst' ich genau, wie dies Blatt aus seinem Zweige herauskam,
Schwieg' ich auf ewige Zeit still: denn ich wüsste genug.

Worte
Manche Worte gibt's, die treffen wie Keulen. Doch manche
Schluckst du wie Angeln und schwimmst weiter und weißt es noch nicht.

Kunst des Erzählens
Schildern willst du den Mord? So zeig mir den Hund auf dem Hofe:
Zeig mir im Aug von dem Hund gleichfalls den Schatten der Tat.

Aus: Hugo von Hofmannsthal: Werke in zehn Bänden. Bd. I: Gedichte. Hg. von Lorenz Jäger. Frankfurt a.M.: Fischer 1999, S. 59f.

■ *Die zitierten Texte verfasste Hofmannsthal einige Jahre vor dem Chandos-Brief. Gab es in diesen Jahren eine entscheidende Entwicklung des Denkens? Sind die Zitate und Epigramme schon Vorläufer des Briefes oder Zeugnisse eines ganz anderen Denkens?*
Stellen Sie den Epigrammen und Zitaten Aussagen des Briefes gegenüber, die zu ihnen passen oder ihnen widersprechen.

Sprache als Thema in der Lyrik vor und nach der Jahrhundertwende

Friedrich Wilhelm Nietzsche: Das Wort (1882)

Lebend'gem Worte bin ich gut:
das springt heran so wohlgemuth,
das grüsst mit artigem Genick,
ist lieblich selbst im Ungeschick,
5 hat Blut in sich, kann herzhaft schnauben,
kriecht dann zum Ohre selbst dem Tauben,
und ringelt sich und flattert jetzt,
und was es thut – das Wort ergetzt.

Doch bleibt das Wort ein zartes Wesen,
10 bald krank und aber bald genesen.
Willst ihm sein kleines Leben lassen,
musst du es leicht und zierlich fassen,
nicht plump betasten und bedrücken,
es stirbt oft schon an bösen Blicken –
15 und liegt dann da, so ungestalt,
so seelenlos, so arm und kalt,
sein kleiner Leichnam arg verwandelt,
von Tod und Sterben missgehandelt.

Ein todtes Wort – ein hässlich Ding,
20 ein klapperdürres Kling-Kling-Kling.
Pfui allen hässlichen Gewerben,
an denen Wort und Wörtchen sterben!

Aus: Friedrich Wilhelm Nietzsche: Gesammelte Werke. München: Musarion 1927. Band XX. S. 135; Orthografie aus philologischen Gründen unverändert

Hugo von Hofmannsthal: Weltgeheimnis (1894)

Der tiefe Brunnen weiß es wohl,
Einst waren alle tief und stumm,
Und alle wußten drum.

Wie Zauberworte, nachgelallt
5 Und nicht begriffen in den Grund,
So geht es jetzt von Mund zu Mund.

Der tiefe Brunnen weiß es wohl,
In den gebückt, begriffs ein Mann,
Begriff es und verlor es dann.

10 Und redet' irr und sang ein Lied –
Auf dessen dunklen Spiegel bückt
Sich einst ein Kind und wird entrückt.

Und wächst und weiß nichts von sich selbst
Und wird ein Weib, das einer liebt
15 Und – wunderbar wie Liebe gibt!

Wie Liebe tiefe Kunde gibt! –
Da wird an Dinge dumpf geahnt
In ihren Küssen tief gemahnt …

In unsern Worten liegt es drin,
20 So tritt des Bettlers Fuß den Kies,
Der eines Edelsteins Verließ.

Der tiefe Brunnen weiß es wohl,
Einst aber wußten alle drum,
Nun zuckt im Kreis ein Traum herum.

Aus: Hugo von Hofmannsthal: Werke in zehn Bänden. Bd. I: Gedichte. Hg. von Lorenz Jäger. Frankfurt a.M.: Fischer 1999, S. 23; Orthografie aus philologischen Gründen unverändert

Gottfried Benn: Schöpfung (1928)

Aus Dschungeln, krokodilverschlammten
Six days – wer weiß, wer kennt den Ort –,
nach all dem Schluck- und Schreiverdammten:
das erste Ich, das erste Wort.

5 Ein Wort, ein Ich, ein Flaum, ein Feuer,
ein Fackelblau, ein Sternenstrich –
woher, wohin – ins Ungeheuer
von leerem Raum um Wort, um Ich.

Aus: Gottfried Benn: Sämtliche Werke. Stuttgarter Ausgabe. Band I: Gedichte 1. In Verb. mit Ilse Benn hrsg. von Gerhard Schuster. Klett-Cotta, Stuttgart 1986

Gottfried Benn: Ein Wort (1941)

Ein Wort, ein Satz -: aus Chiffern steigen
erkanntes Leben, jäher Sinn,
die Sonne steht, die Sphären schweigen
und alles ballt sich zu ihm hin.

5 Ein Wort – ein Glanz, ein Flug, ein Feuer,
ein Flammenwurf, ein Sternenstrich –
und wieder Dunkel, ungeheuer,
im leeren Raum um Welt und Ich.

Aus: Gottfried Benn: Statische Gedichte. Hg. von Paul Raabe © 1948, 2006 by Arche Literatur Verlag AG, Zürich-Hamburg

Gottfried Benn: Kommt (1955)

Kommt, reden wir zusammen
wer redet, ist nicht tot,
es züngeln doch die Flammen
schon sehr um unsere Not.

5 Kommt, sagen wir: die Blauen,
kommt, sagen wir: das Rot,
wir hören, lauschen, schauen
wer redet, ist nicht tot.

Allein in deiner Wüste,
10 in deinem Gobigraun –
du einsamst, keine Büste,
kein Zwiespruch, keine Fraun,

und schon so nah den Klippen,
du kennst dein schwaches Boot –
15 kommt, öffnet doch die Lippen,
wer redet, ist nicht tot.

Aus: Gottfried Benn: Sämtliche Werke. Stuttgarter Ausgabe. Band I: Gedichte 1.
In Verb. mit Ilse Benn hrsg. von Gerhard Schuster. Klett-Cotta, Stuttgart 1986

Robert Gernhardt: Gottfried Benn wird verbessert (1999)

Kommt, reden wir zusammen
Wer redet, ist nicht tot.
Kommt, lasst uns den verdammen,
der uns mit Schweigen droht.

5 Kommt zu dem Fluss der Rede.
Das Wort sei unser Boot.
Als Sprache dien' uns jede:
Wer redet, ist nicht tot.

Kommt! Schon so nah den Klippen
10 des Schweigens tut eins not:
Das Öffnen eurer Lippen.
Wer redet, ist nicht tot.

Aus: Robert Gernhardt: Wie arbeitet der Lyrikwart? Gottfried Benn wird verbessert.
www.literaturkritik.de

Rainer Maria Rilke: Fortschritt (1900)

Und wieder rauscht mein tiefes Leben lauter,
als ob es jetzt in breitern Ufern ginge.
Immer verwandter werden mir die Dinge
und alle Bilder immer angeschauter.
5 Dem Namenlosen fühl ich mich vertrauter:
Mit meinen Sinnen, wie mit Vögeln, reiche
ich in die windigen Himmel aus der Eiche,
und in den abgebrochnen Tag der Teiche
sinkt, wie auf Fischen stehend, mein Gefühl.

Aus: Rainer Maria Rilke: Die Gedichte. Frankfurt a. M.: Insel 1986, S. 348

Karl Kraus: [Man frage nicht] (1933)

Man frage nicht, was all die Zeit ich machte.
Ich bleibe stumm;
und sage nicht, warum.
Und Stille gibt es, da die Erde krachte.
5 Kein Wort, das traf;
man spricht nur aus dem Schlaf.
Und träumt von einer Sonne, welche lachte.
Es geht vorbei;
nachher war's einerlei.
10 Das Wort entschlief, als jene Welt erwachte.

Aus: Die Fackel, 1933. Zitiert nach: Hans Wollschläger: Karl-Kraus-Lesebuch.
Frankfurt a. M. 1987, S. 383

- Suchen Sie aus den Gedichten einen Vers, der Sie persönlich anspricht. Tauschen Sie sich mit einem Partner/einer Partnerin Ihrer Wahl über die gewählten Stellen aus.

- Alle Gedichte thematisieren Sprache. Welche Gedichte erscheinen Ihnen dabei sehr nahe beieinander zu liegen, welche sind sehr unterschiedlich? Sehen Sie Entwicklungslinien?

- Welche Gedichtaussagen haben nach Ihrer Einschätzung eine besondere Nähe zu einem der Ihnen bekannten theoretischen Texte zur Sprache?

- Fertigen Sie für eines der Gedichte eine vollständige Analyse an. Nutzen Sie dazu die Hinweise zur Lyrikanalyse (Zusatzmaterialien 4 und 5).
  Alternative: Vergleichen Sie zwei Gedichte unter besonderer Berücksichtigung des Sprachverständnisses.

Friedrich Nietzsche: Erkenntnis und Sprache

Der Philosoph Friedrich Nietzsche (1844–1900) zählte zu den einflussreichsten Persönlichkeiten des ausgehenden 19. Jahrhunderts. In seiner 1873 entstandenen, aber erst 1896 veröffentlichten Schrift „Über Wahrheit und Lüge im außermoralischen Sinne" verbindet Nietzsche die Kritik am Wahrheitsanspruch der Sprache mit dem Bild einer traumähnlichen ästhetischen Verbindung zur Welt. Diese Schrift gilt als Anfang der intensiven Phase sprachskeptischen Denkens um die Jahrhundertwende.

Friedrich Nietzsche: Über Wahrheit und Lüge im außermoralischen Sinne (1873)

[…] Jetzt wird […] das fixiert, was von nun an „Wahrheit" sein soll, das heißt, es wird eine gleichmäßig gültige und verbindliche Bezeichnung der Dinge erfunden, und die Gesetzgebung der Sprache gibt auch die ersten Gesetze der Wahrheit: denn es entsteht hier zum ersten Male der Kontrast von Wahrheit und Lüge. Der Lügner gebraucht die gültigen Bezeichnungen, die Worte, um das Unwirkliche als wirklich erscheinen zu machen; er sagt zum Beispiel: „Ich bin reich", während für seinen Zustand gerade „arm" die richtige Bezeichnung wäre. Er missbraucht die festen Konventionen durch beliebige Vertauschungen oder gar Umkehrungen der Namen. […] [W]ie steht es mit jenen Konventionen der Sprache? Sind sie vielleicht Erzeugnisse der Erkenntnis, des Wahrheitssinnes, decken sich die Bezeichnungen und die Dinge? Ist die Sprache der adäquate Ausdruck aller Realitäten?

Nur durch Vergesslichkeit kann der Mensch je dazu kommen zu wähnen, er besitze eine „Wahrheit" in dem eben bezeichneten Grade. Wenn er sich nicht mit der Wahrheit in der Form der Tautologie[1], das heißt mit leeren Hülsen begnügen will, so wird er ewig Illusionen für Wahrheiten einhandeln. Was ist ein Wort? Die Abbildung eines Nervenreizes in Lauten. Von dem Nervenreiz aber weiterzuschließen auf eine Ursache außer uns, ist bereits das Resultat einer falschen und unberechtigten Anwendung des Satzes vom Grunde. Wie dürften wir, wenn die Wahrheit bei der Genesis[2] der Sprache, der Gesichtspunkt der Gewissheit bei den Bezeichnungen allein entscheidend gewesen wäre, wie dürften wir doch sagen: der Stein ist hart: als ob uns „hart" noch sonst bekannt wäre, und nicht nur als eine ganz subjektive Reizung! Wir teilen die Dinge nach Geschlechtern ein, wir bezeichnen den Baum als männlich, die Pflanze als weiblich: welche willkürlichen Übertragungen! Wie weit hinausgeflogen über den Kanon der Gewissheit! Wir reden von einer „Schlange": die Bezeichnung trifft nichts als das Sichwinden, könnte also auch dem Wurme zukommen. Welche willkürlichen Abgrenzungen, welche einseitigen Bevorzugungen bald der, bald jener Eigenschaft eines Dinges! Die verschiedenen Sprachen, nebeneinandergestellt, zeigen, dass es bei den Worten nie auf die Wahrheit, nie auf einen adäquaten Ausdruck ankommt: denn sonst gäbe es nicht so viele Sprachen. Das „Ding an sich" (das würde eben die reine folgenlose Wahrheit sein) ist auch dem Sprachbildner ganz unfasslich und ganz und gar nicht erstrebenswert. […]

Denken wir besonders noch an die Bildung der Begriffe. Jedes Wort wird sofort dadurch Begriff, dass es eben nicht für das einmalige ganz und gar individualisierte Urerlebnis, dem es sein Entstehen verdankt, etwa als Erinnerung dienen soll, sondern zugleich für zahllose, mehr oder weniger ähnliche, das heißt streng genommen niemals gleiche, also auf lauter ungleiche Fälle passen muss. Jeder Begriff entsteht durch Gleichsetzen des Nichtgleichen. So gewiss nie ein Blatt einem andern ganz gleich ist, so gewiss ist

---

[1] Tautologie: aufgrund der Form immerwahre Aussagen (Morgen regnet es oder es regnet nicht.)
[2] Genesis: Schöpfung, Entstehung

der Begriff Blatt durch beliebiges Fallenlassen dieser individuellen Verschiedenheiten, durch ein Vergessen des Unterscheidenden gebildet und erweckt nun die Vorstellung, als ob es in der Natur außer den Blättern etwas gäbe, das „Blatt" wäre, etwa eine Urform, nach der alle Blätter gewebt, gezeichnet, abgezirkelt, gefärbt, gekräuselt, bemalt wären, aber von ungeschickten Händen, sodass kein Exemplar korrekt und zuverlässig als treues Abbild der Urform ausgefallen wäre. […] Was ist also Wahrheit? Ein bewegliches Heer von Metaphern, Metonymien[1], Anthropomorphismen[2], kurz eine Summe von menschlichen Relationen, die, poetisch und rhetorisch gesteigert, übertragen, geschmückt wurden und die nach langem Gebrauch einem Volke fest, kanonisch und verbindlich dünken: die Wahrheiten sind Illusionen, von denen man vergessen hat, dass sie welche sind, Metaphern, die abgenutzt und sinnlich kraftlos geworden sind, Münzen, die ihr Bild verloren haben und nun als Metall, nicht mehr als Münzen, in Betracht kommen.

Wir wissen immer noch nicht, woher der Trieb zur Wahrheit stammt: denn bis jetzt haben wir nur von der Verpflichtung gehört, die die Gesellschaft, um zu existieren, stellt: wahrhaft zu sein, das heißt die usuellen[3] Metaphern zu brauchen, also moralisch ausgedrückt: von der Verpflichtung, nach einer festen Konvention zu lügen, herdenweise in einem für alle verbindlichen Stile zu lügen. […]

Nur durch das Vergessen jener primitiven Metaphernwelt, nur durch das Hart- und Starrwerden einer ursprünglichen, in hitziger Flüssigkeit aus dem Urvermögen menschlicher Fantasie hervorströmenden Bildermasse, nur durch den unbesiegbaren Glauben, *diese* Sonne, *dieses* Fenster, *dieser* Tisch sei eine Wahrheit an sich, kurz nur dadurch, dass der Mensch sich als Subjekt, und zwar als *künstlerisch schaffendes* Subjekt, vergisst, lebt er mit einiger Ruhe, Sicherheit und Konsequenz: wenn er einen Augenblick nur aus den Gefängniswänden dieses Glaubens heraus könnte, so wäre es sofort mit seinem „Selbstbewusstsein" vorbei. […] [D]er adäquate Ausdruck eines Objekts im Subjekt – ein widerspruchsvolles Unding: denn zwischen zwei absolut verschiedenen Sphären, wie zwischen Subjekt und Objekt, gibt es keine Kausalität, keine Richtigkeit, keinen Ausdruck, sondern höchstens ein *ästhetisches* Verhalten, ich meine eine andeutende Übertragung, eine nachstammelnde Übersetzung in eine ganz fremde Sprache: wozu es aber jedenfalls einer frei dichtenden und frei erfindenden Mittelsphäre und Mittelkraft bedarf. Das Wort „Erscheinung" enthält viele Verführungen, weshalb ich es möglichst vermeide: denn es ist nicht wahr, dass das Wesen der Dinge in der empirischen Welt erscheint. Ein Maler, dem die Hände fehlen und der durch Gesang das ihm vorschwebende Bild ausdrücken wollte, wird immer noch mehr bei dieser Vertauschung der Sphären verraten, als die empirische Welt vom Wesen der Dinge verrät. Selbst das Verhältnis eines Nervenreizes zu dem hervorgebrachten Bilde ist an sich kein notwendiges: wenn aber dasselbe Bild Millionen Mal hervorgebracht und durch viele Menschengeschlechter hindurch vererbt ist, ja zuletzt bei der gesamten Menschheit jedes Mal infolge desselben Anlasses erscheint, so bekommt es endlich für den Menschen dieselbe Bedeutung, als ob es das einzig notwendige Bild sei und als ob jenes Verhältnis des ursprünglichen Nervenreizes zu dem hergebrachten Bilde ein strenges Kausalitätsverhältnis sei: wie ein Traum, ewig wiederholt, durchaus als Wirklichkeit empfunden und beurteilt werden würde.

Aus: Friedrich Nietzsche: Werke in drei Bänden. Hg. von Karl Schlechta. München: Hanser 1966, Bd. III, S. 309ff.

---

[1] Metonymie: Ersetzung des gebräuchlichen Wortes durch ein anderes, das mit ihm in engster Beziehung steht (z.B. „Traube" für „Wein")
[2] Anthropomorphismus: Vermenschlichung
[3] usuell: gebräuchlich

■ *Bearbeiten Sie den Text von Nietzsche in der gewohnten Weise (siehe Zusatzmaterial 2).*

■ *Erläutern Sie die Überschrift anhand des Textes!*

■ *Stellen Sie Gemeinsamkeiten und Unterschied zu Hofmannsthals Chandos-Brief in einem Vergleichsdiagramm dar!*

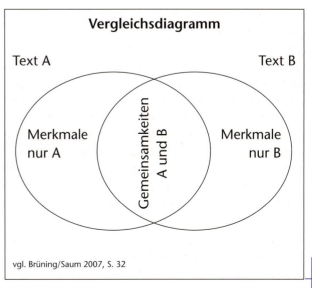

vgl. Brüning/Saum 2007, S. 32

Fritz Mauthner: Licht und Gift in der Sprache

Fritz Mauthner (1849–1923) war ein in Böhmen geborener Schriftsteller und Sprachphilosoph, der Ende des 19. Jahrhunderts durch seine Arbeit bei verschiedenen Berliner Zeitungen eine öffentliche Institution wurde. Zugleich widmete er sich einer Kritik der Sprache, der er das Vermögen absprach, ein Mittel der Wirklichkeitserkenntnis zu sein. Seine „Beiträge zu einer Kritik der Sprache" (1901–1902) sind an vielen Stellen durch Polemik und sprachliche Drastik geprägt. Zugleich finden sich klare Einsichten in den Gemeinschaftscharakter der Sprache. Mauthner sah sein Werk in Hofmannsthals Chandos-Brief literarisch gespiegelt.

Fritz Mauthner: Nutzen der Sprache (1901)

Ich werde an vielen Stellen darauf hinweisen, dass die Kategorien unserer Sprache nicht mehr mit unserer gegenwärtigen Welterkenntnis zusammenstimmen, dass wir z. B., was die Physik als Bewegungen zu erkennen geglaubt hat, nach wie vor in Adjektiven und in Verben unterscheiden. Das ist doch offenbar dieselbe Erscheinung, die der Darwinismus Rudiment nennt und die wir auch in den bekanntesten anderen Erfindungen beobachten können. Die Art, wie wir heizen, widerspricht gröblich unserer wissenschaftlichen Erkenntnis vom Verbrennungsprozess. Die Einrichtung unserer Eisenbahnwagen mit ihren getrennten Coupés, mit ihren Größenverhältnissen und dergleichen erinnert deutlich daran, dass man vor zwei Generationen, als man die Eisenbahn erfand, nur den alten Postwagen auf eiserne Schienen setzte. Es ist derselbe Vorgang, wie wenn wir vom Aufgehen der Sonne sprechen. Wir können heute Speisesäle, Schlafzimmer, ganze Wohnräume auf Räder setzen und von New York bis nach San Francisco sausen lassen; wir können uns den relativen Stillstand der Sonne vorstellen, wie wir seit Beginn der Schifffahrt den Stillstand der Ufer gegen den offenbaren Augenschein wissen; aber die Vorzeit wirkt auf unser Leben wie auf unsere Sprache gespensterhaft nach, wir sitzen im engen Coupé und reden vom Sonnenaufgang.

So haben wir von der unendlichen Reihe der Vorfahren die Sprache mit all ihren Vorzügen und all ihren Fehlern geerbt. Je nachdem wir die eine oder die andere Seite der Sache betrachten, sind wir geneigt, uns als Schuldner oder Gläubiger der Vorzeit anzusehen, ihr zu danken oder uns über sie zu beklagen. Die überkommene Sprache, die der Einzelne zu ändern außerstande ist, erscheint uns dann je nach unserem Gesichtspunkte nützlich oder schädlich; nützlich, wenn wir uns mit ihrer Hilfe in der mit der Sprache zugleich auf uns gekommenen Weltkenntnis orientieren wollen, schädlich, so oft uns die Sehnsucht erfüllt, über diese Orientierung hinaus zu einer objektiven Erkenntnis fortzuschreiten.

Sprache und Sozialismus

Das nun aber ist gerade das ungeheure Gaukelspiel der Sprache, dass der Grund und das Zeichen ihrer kläglichen Armut, für maßlosen Reichtum gehalten wird, und von den Menschenmassen und Massenmenschen mit Recht dafür gehalten wird: weil die Sprache ein Gebrauchsgegenstand ist, der durch die Ausbreitung des Gebrauchs an Wert gewinnt. Das Wunder ist leicht aufzuklären. Alle anderen Gebrauchsgegenstände werden durch den Gebrauch entweder vernichtet wie die Nahrungsmittel oder verschlechtert wie Werkzeuge und Maschinen. Wäre die Sprache ein Werkzeug, so würde auch die Sprache verschlechtert und verbraucht werden. Nur Worte werden aber verbraucht, verschlissen, entwertet. Werden aber dadurch erst recht wertvoll für die Masse. [...]

Der Kommunismus hat auf dem Gebiete der Sprache Wirklichkeit werden können, weil die Sprache nichts ist, woran Eigentum behauptet werden kann; der gemeinsame Besitz ist ohne Störung möglich, weil die Sprache nichts anderes ist als eben die Gemeinsamkeit oder die Gemeinheit der Weltanschauung. [...]

Um es grell auszudrücken: In ihren verrosteten Röhren fließt durcheinander Licht und Gift, Wasser und Seuche und spritzt umsonst überall aus den Fugen, mitten unter den Menschen; die ganze Gesellschaft ist nichts als eine ungeheure Gratiswasserkunst für dieses Gemengsel, jeder Einzelne ist ein Wasserspeier, und von Mund zu Mund speit sich der trübe Quell entgegen und vermischt sich trächtig und ansteckend, aber unfruchtbar und niederträchtig, und da gibt es kein Eigentum und kein Recht und keine Macht. Die Sprache ist Gemeineigentum. Alles gehört allen, alle baden darin, alle saufen es, und alle geben es von sich.

Aus: Fritz Mauthner: Beiträge zu einer Kritik der Sprache I. Leipzig: Meiner 1923, S. 79f. und S. 24ff.

■ *Bearbeiten Sie den Text von Mauthner in der gewohnten Weise (siehe Zusatzmaterial 2).*

■ *Stellen Sie sprachliche Bilder zusammen, die Mauthner verwendet, um das Phänomen Sprache zu beschreiben. Erläutern Sie diese Bilder.*

■ *Mauthner sah in einem Brief an Hofmannsthal (Oktober 1902) eine große Nähe seiner Position zum Chandos-Brief, Hofmannsthal antwortete darauf zurückhaltend (3.11.1902). Sehen Sie in diesem nur kurzen Auszug des umfangreichen Werkes Mauthners eine Nähe zum Chandos-Brief? Stellen Sie Ihre Ergebnisse in einem Vergleichsdiagramm dar:*

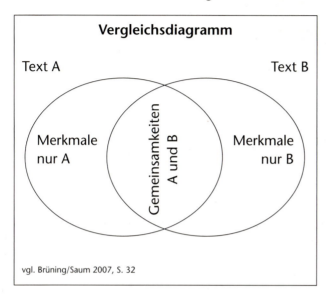

Karl Kraus: Die Sprache als „Wegwurf der Zeit"

Karl Kraus (1874–1936) lebte ab 1877 in Wien und gründete 1899 die Zeitschrift „Die Fackel", in der das Zeitgeschehen, zumal das österreichische, spöttisch und bissig begleitet wurde. Die Verlotterung der Sprache galt ihm als Spiegel der geistigen Unwahrhaftigkeit der Gesellschaft.

Karl Kraus: Die Sprache (v postum 1937)

Die Nutzanwendung der Lehre, die die Sprache wie das Sprechen betrifft, könnte niemals sein, dass der, der sprechen lernt, auch die Sprache lerne, wohl aber, dass er sich der Erfassung der Wortgestalt nähere und damit der Sphäre, die jenseits des greifbar Nutzhaften ergiebig ist. Diese Gewähr eines moralischen Gewinns liegt in einer geistigen Disziplin, die gegenüber dem Einzigen, was ungestraft verletzt werden kann, der Sprache, das höchste Maß einer Verantwortung festsetzt und wie keine andere geeignet ist, den Respekt vor jeglichem anderen Lebensgut zu lehren. Wäre denn eine stärkere Sicherung im Moralischen vorstellbar als der sprachliche Zweifel? Hätte er denn nicht vor allem materiellen Wunsch den Anspruch, des Gedankens Vater zu sein? Alles Sprechen und Schreiben von heute, auch das der Fachmänner, hat als der Inbegriff leichtfertiger Entscheidung die Sprache zum Wegwurf einer Zeit gemacht, die ihr Geschehen und Erleben, ihr Sein und Gelten, der Zeitung abnimmt. Der Zweifel als die große moralische Gabe, die der Mensch der Sprache verdanken könnte und bis heute verschmäht hat, wäre die rettende Hemmung eines Fortschritts, der mit vollkommener Sicherheit zu dem Ende einer Zivilisation führt, der er zu dienen wähnt. Und es ist, als hätte das Fatum jene Menschheit, die deutsch zu sprechen glaubt, für den Segen gedankenreichster Sprache bestraft mit dem Fluch, außerhalb ihrer zu leben; zu denken, nachdem sie sie gesprochen, zu handeln, ehe sie sie befragt hat. Von dem Vorzug dieser Sprache, aus allen Zweifeln zu bestehen, die zwischen ihren Wörtern Raum haben, machen ihre Sprecher keinen Gebrauch. Welch ein Stil des Lebens möchte sich entwickeln, wenn der Deutsche keiner andern Ordonnanz gehorsamte als der der Sprache! […]

Den Rätseln ihrer Regeln, den Plänen ihrer Gefahren nahezukommen, ist ein besserer Wahn als der, sie beherrschen zu können. Abgründe dort sehen zu lehren, wo Gemeinplätze sind – das wäre die pädagogische Aufgabe an einer in Sünden erwachsenen Nation; wäre Erlösung der Lebensgüter aus den Banden des Journalismus und aus den Fängen der Politik. Geistig beschäftigt sein – mehr durch die Sprache gewährt als von allen Wissenschaften, die sich ihrer bedienen – ist jene Erschwerung des Lebens, die andere Lasten erleichtert. Lohnend durch das Nichtzuendekommen an einer Unendlichkeit, die jeder hat und zu der keinem der Zugang verwehrt ist. „Volk der Dichter und Denker": seine Sprache vermag es, den Besitzfall zum Zeugefall zu erhöhen, das Haben zum Sein. Denn größer als die Möglichkeit, in ihr zu denken, wäre keine Fantasie. Was dieser sonst erschlossen bleibt, ist die Vorstellung eines Außerhalb, das die Fülle entbehrten Glückes umfasst: Entschädigung an Seele und Sinnen, die sie doch verkürzt. Die Sprache ist die einzige Chimäre, deren Trugkraft ohne Ende ist, die Unerschöpflichkeit, an der das Leben nicht verarmt. Der Mensch lerne, ihr zu dienen!

<small>Heinrich Fichte (Hg.): Werke von Karl Kraus. 2. Band: Karl Kraus: Die Sprache. München: Kösel, 4. Auflage 1962, S. 436ff.</small>

■ *Bearbeiten Sie den Text von Kraus in der gewohnten Weise (siehe Zusatzmaterial 2).*

■ *Vergleichen Sie die Position von Kraus mit dem Chandos-Brief und stellen Sie Ihre Ergebnisse in einem Vergleichsdiagramm dar!*

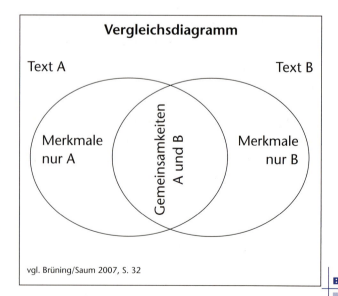

vgl. Brüning/Saum 2007, S. 32

Versuche zur Überwindung der Sprachkrise: Hugo von Hofmannsthal

Hofmannsthals Entdeckung der evokativen Kraft der Sprache

[Hofmannsthals] Schriften der folgenden Jahre zeigen [statt eines Verstummens] Versuche, aus der „Chandos-Situation" heraus zu einer Sprechweise zu finden, die der herkömmlichen dichterischen Sprechweise überlegen sein und sowohl der Sprachskepsis als auch dem Artikulationsbedürfnis gerecht werden sollte. [...]
Im *Gespräch über Gedichte* unterhalten sich der Dichter Gabriel und der Literaturfreund Clemens über Gedichte und Dichtkunst. Georges Gedichtband *Das Jahr der Seele* (1897/99) bildet den Ausgangspunkt und liefert mit dem berühmten Herbstgedichten (*Komm in den totgesagten Park*) Anschauungsmaterial. [...]
[Gabriel artikuliert hier eine Vorstellung], die für einen großen Teil der modernen Dichtung, insbesondere aber für den Expressionismus und seine Weiterführung etwa durch Gottfried Benn, von grundlegender Bedeutung ist –: die Vorstellung nämlich, dass die Dinge erst durch die evozierende, hervorrufende oder heraufbeschwörende Kraft des dichterischen Worts in ihrem Wesen erfasst und zur Erscheinung oder Existenz gebracht werden.

Aus: Helmuth Kiesel: Geschichte der literarischen Moderne. München: Beck 2004, S. 198f.

Hugo von Hofmannsthal: Das Gespräch über Gedichte (1903)

[...]
GABRIEL Aber es ist wundervoll, wie diese Verfassung unseres Daseins der Poesie entgegenkommt: denn nun darf sie, statt in der engen Kammer unseres Herzens, in der ganzen ungeheuren unerschöpflichen Natur wohnen. Wie Ariel darf sie sich auf den Hügeln der heroischen purpurstrahlenden Wolken lagern und in den zitternden Wipfeln der Bäume nisten; sie darf sich vom wollüstigen Nachtwind hinschleifen lassen und sich auflösen in einen Nebelstreif, in den feuchten Atem einer Grotte, in das flimmernde Licht eines einzelnen Sternes. Und aus allen ihren Verwandlungen, allen ihren Abenteuern, aus allen Abgründen und allen Gärten wird sie nichts anderes zurückbringen als den zitternden Hauch der menschlichen Gefühle. Treibe sie, die wie Ariel keines Schlafes bedarf, empor, hoch über die dumpfe schlaftrunkene Erde, dorthin, wo an dem lichten Himmel ein einzelner Stern, ein heiliger Wächter, sich kühn und treu entzündet, stets an der gleichen Stelle, über dem zitternden Lichtabgrund im Westen, der dem Durchgang der Sonne nachbebt: lass sie aus Geisternähe, aus einer Höhe, die kein Adler kreisend erklimmt, dies Schauspiel in sich saugen – und wenn sie herabtaumeln wird, zurück zu dir, wird sie beladen sein mit einem ungeheuren, aber einem menschlichen Gefühl. Denn sie hat keine Grenzen ihres Fluges, aber in ihrem Wesen ist sie begrenzt: wie könnte sie aus irgendeinem Abgrund der Welten etwas anderes zurückbringen, als menschliche Gefühle, da sie doch selbst nichts anderes ist als die menschliche Sprache!
CLEMENS Sie ist doch nicht ganz die Sprache, die Poesie. Sie ist vielleicht eine gesteigerte Sprache. Sie ist voll von Bildern und Symbolen. Sie setzt eine Sache für die andere.
GABRIEL Welch ein hässlicher Gedanke! Sagst du das im Ernst? Niemals setzt die Poesie eine Sache für eine andere, denn es ist gerade die Poesie, welche fieberhaft bestrebt ist, die Sache selbst zu setzen, mit einer ganz anderen Energie als die stumpfe Alltagssprache, mit einer ganz anderen Zauberkraft als die schwächliche Terminologie der Wissenschaft. Wenn die Poesie etwas tut, so ist es das: dass sie aus jedem Gebilde der Welt und des Traumes mit durstiger Gier sein Eigenstes, sein Wesenhaftestes herausschlürft, so wie jene Irrlichter in dem Märchen, die überall das Gold herauslecken. Und sie tut es aus dem gleichen Grunde: weil sie sich von dem Mark der Dinge nährt, weil sie elend verlöschen würde, wenn sie dies nährende Gold nicht aus allen Fugen, allen Spalten sich zöge.
CLEMENS Es gibt also keine Vergleiche? Es gibt keine Symbole?
GABRIEL O, vielmehr, es gibt nichts als das, nicht anderes. [...]

Hugo von Hofmannsthal: Werke in zehn Bänden. Hg. von Lorenz Jäger. Band X: Erfundene Gespräche und Briefe. Frankfurt a. M.: Fischer 1999, S. 36f.

■ *Untersuchen Sie, welche Gedanken Ihnen schon aus dem Chandos-Brief bekannt sind und wo neue Positionen entwickelt werden. Stellen Sie Ihre Ergebnisse tabellarisch gegenüber.*

■ *Erörtern Sie auf der Grundlage des Theorietextes, inwiefern in diesem Gespräch eine Überwindung der Chandos-Krise enthalten sein könnte.*

■ *Hofmannsthals „Gespräch über Gedichte" ist ein Gespräch über die Lyrik Stefan Georges. Untersuchen Sie,*
   a) inwiefern das nachstehende Gedicht dem entspricht, was im Gespräch über die Poesie gesagt wird,
   b) welche Sprachvorstellung das Gedicht Georges prägt.
Vergleichen Sie anschließend diese Sprachvorstellung mit dem Sprachbegriff in Hofmannsthals „Gespräch über Gedichte".

Stefan George: Das Wort (1919)

Wunder von ferne oder traum
Bracht ich an meines landes saum

Und harrte bis die graue norn[1]
Den namen fand in ihrem born[1] –

5 Drauf konnt ichs greifen dicht und stark
Nun blüht und glänzt es durch die mark ...

Einst langt ich an nach guter fahrt
Mit einem kleinod reich und zart

Sie suchte lang und gab mir kund:
10 ‚So schläft hier nichts auf tiefem grund'

Worauf es meiner hand entrann
Und nie mein land den schatz gewann ...

So lernt ich traurig den verzicht:
Kein ding sei wo das wort gebricht.

Aus: Stefan George: Werke. Hg. v. Robert Boehringer. Düsseldorf und München: Küpper, 2. Auflage 1968, Bd. I, S. 466f.

---

[1] Norn/Born: Nornen sind in der german. Mythologie Frauen, die an der Schicksalsquelle (Born: Quelle) den Menschen bei der Geburt Geschick und Lebensdauer bestimmen.

Versuche zur Überwindung der Sprachkrise: Avantgardisten in der Lyrik: August Stramm

Wortkunst bei August Stramm (1874–1915)

Auch bei dem Exponenten der „Wortkunst" des *Sturm*-Kreises, bei August Stramm, ist eine Bezugnahme auf die Sprachkritik von Nietzsche, Mauthner und Hofmannsthal nicht nachzuweisen. Festzustellen ist lediglich, dass Stramm sich im Rahmen seines Studiums auch mit Nietzsche befasste und dass die Auffassung von Sprache, wie sie sich aus seinen Gedichten und Briefen ergibt, eine große Affinität mit Mauthners *Kritik der Sprache* hat, aber auch mit der Sprachentwicklungstheorie von Herder und mit der Sprachtheorie von Ernst Cassirer (1910), insbesondere mit dessen Vorstellung von einsilbigen „Urworten", „die entweder einen objektiven Naturlaut onomatopoetisch[1] wiedergaben, oder die als reine Empfindungslaute der unmittelbare Ausdruck eines Affektes (...) waren". Ob diese Affinitäten auf eigene Lektüre der betreffenden Schriften zurückzuführen sind oder auf die „nächtelange(n) Gespräche über das Wesen der Sprache", die Stramm mit anderen Autoren des *Sturm*-Kreises führte, ist nicht auszumachen und darf hier dahingestellt bleiben. Deutlich ist jedenfalls, dass Stramm – wie die meisten anderen Autoren des *Sturm*-Kreises – der Meinung war, dass Dichtung, wenn sie der Welt und dem Prozess des Lebens einen auch nur annäherungsweise adäquaten Ausdruck geben wolle, eine neue – und zugleich ursprungsnahe – Sprache entwickeln müsse. In ihr sollten die einzelnen Wörter wieder stärker zur Bedeutung gebracht werden, und in diesem Sinn nahm Stramm die Wörter aus dem (möglichen) Satzzusammenhang heraus und präsentierte sie weitgehend in zeilenmäßiger Isolierung, allerdings in einer Rhythmisierung, die über die Zäsuren hinwegträgt und die Auflösung der syntaktischen Bindungen kompensiert. Zugleich bearbeitete er das Wortmaterial, insbesondere, indem er Vorsilben kappte, um die eigentlich bedeutungstragenden Stammsilben hervortreten zu lassen („bären" statt „gebären", „sargen" statt „einsargen"), indem er Wörter auf sinnfällige Weise entstellte („Laubwelk") oder in andere Wortklassen überführte („den keuchen Tod", „der Himmel flaumt"). Hinzu kamen Neologismen („schamzerpört", „verschmiegt"), onomatopoetische Wortbildungen („Gurren Gnurren/Gurgeln Grurgeln/Pstn Pstn/Hsstn Hsstn/Rurren Rurren") und unübliche Wortzusammensetzungen („wildum", „trügeneckend"). Zudem ordnete er die Wörter häufig in Form von „ikonischen Zeichen", also dergestalt, dass das Gedicht insgesamt als grobe oder schematische Abbildung des thematisierten Gegenstands oder Vorgangs aufgefasst werden kann.

Aus: Helmuth Kiesel: Geschichte der literarischen Moderne. München: Beck 2004, S. 203f.

---

[1] onomatopoetisch: lautmalerisch

August Stramm: Sturmangriff

Aus allen Winkeln gellen Fürchte Wollen
Kreisch
Peitscht
Das Leben
Vor
Sich
Her
Den keuchen Tod
Die Himmel fetzen
Blinde schlächtert wildum das Entsetzen

Aus: Kurt Pinthus (Hg.): Menschheitsdämmerung. Ein Dokument des Expressionismus. Hamburg: Rowohlt 1988 [Original: 1920], S. 87

August Stramm: Blüte

Diamanten wandern übers Wasser!
Ausgestreckte Arme
Spannt der falbe Staub zur Sonne!
Blüten wiegen im Haar!
5 Geperlt
Verästelt
Spinnen Schleier!
Duften
Weiße matte bleiche
10 Schleier!
Rosa, scheu gedämpft, verschimmert
Zittern Flecken
Lippen, Lippen
Durstig, krause, heiße Lippen!
15 Blüten! Blüten!
Küsse! Wein!
Roter
Goldner
Rauscher
20 Wein!
Du und ich!
Ich und Du!
Du?!

Aus: Kurt Pinthus (Hg.): Menschheitsdämmerung. Ein Dokument des
Expressionismus. Hamburg: Rowohlt 1988 [Original: 1920], S. 142

- *Welche der im Text „Wortkunst bei August Stramm" genannten sprachlichen Phänomene finden Sie in den Gedichten „Sturmangriff" und „Blüte" wieder?*
- *Erörtern Sie auf der Grundlage des Theorietextes, inwiewiet Sie in den Gedichten einen Überwindungsversuch der Sprachkrise erkennen.*

Versuche zur Überwindung der Sprachkrise: Avantgardisten in der Lyrik: Hugo Ball

Der Dadaismus Hugo Balls (1886–1927)

[War die neue Sprachtechnik von] Stramm bereits vor dem Krieg entwickelt, so bildet der Krieg im Fall von Hugo Ball das Hauptmotiv für eine kritische Auseinandersetzung mit der konventionellen Sprache und
5 für die Suche nach einer neuen dichterischen Ausdrucksweise […]. Letztlich war es […] Balls Absicht, mit den Mitteln der Kunst auf eine Erneuerung der Gesellschaft hinzuwirken. Der wichtigste Ansatzpunkt schien ihm die Sprache zu sein. Unter dem
10 Datum des 13. August 1916 notierte er: „Bei der Sprache muss die Läuterung beginnen, die Imagination muss gereinigt werden. Nicht durch Verbote, sondern durch einen strengeren Umriss im literarischen Ausdruck." Reflexionen auf die ethische und politische
15 Bedeutung der Sprache sind ein Hauptmotiv von Balls Aufzeichnungen. Mit der „Achtung vor der Sprache", so meinte er, müsse auch die Achtung vor dem Menschen wieder steigen. […] Die Form des Lautgedichts, die zum Inbegriff des Dadaismus wur-
20 de, hat Hugo Ball selbst eingeführt. […] Er vollendete die Preisgabe oder Zerstörung der konventionellen, gesellschaftlichen Sprache, und er unternahm […] den Versuch, eine authentische und identifizierende Sprache zu gewinnen –: eine Sprache, die eine natür-
25 liche Verwandtschaft mit den Dingen haben und ihr Wesen ausdrücken sollte; eine Sprache, die – wie Hofmannsthals Lord Chandos sich dies gewünscht hatte – die Kommunikation mit den Dingen ermöglichen sollte; eine Sprache, die magische Qualitäten haben
30 und den Dichter zum Priester machen sollte.

Aus: Helmuth Kiesel: Geschichte der literarischen Moderne. München: Beck 2004, S. 205 ff.

Hugo Ball: Wolken (1916)

elomen elomen lefitalominai
wolminuscaio
baumbala bunga
acycam glastula feirofim flinsi
5 elominuscula pluplubasch
rallalalaio

endremin saxassa flumen flobollala
fellobasch falljada follidi
flumbasch
10 cerobadadrada
gragluda gligloda glodasch
gluglamen gloglada gleroda glandridi

elomen elomen lefitalominai
wolminuscaio
15 baumbala bunga
acycam glastala feirofim blisti
elominuscula pluplusch
rallabataio

Aus: Karl Riha (Hg.): 113 Dada Gedichte. Berlin: Wagenbach 1995, S. 32

Was ist **dada**?
Eine Kunst? Eine Philosophie? eine Politik?
Eine Feuerversicherung?
Oder: Staatsreligion?
ist **dada** wirkliche Energie?
oder ist es ☞ Garnichts, d. h. alles?

„Der Dada", Heft Nr. 2, Berlin 1919

- Beschreiben Sie die besondere Gestaltungsweise des Gedichtes „Wolken" unter Rückgriff auf die Ausführungen im Text „Der Dadaismus Hugo Balls".
- Erörtern Sie auf der Grundlage des Theorietextes, inwieweit Sie in diesem dadaistischen Lautgedicht einen Überwindungsversuch der Sprachkrise erkennen.

Sprachbewusstheit und Sprachskepsis nach 1945

Die Möglichkeiten und Grenzen von Sprache und von Dichtung wurden nach 1945 intensiv reflektiert und problematisiert. Die deutsche Sprache schien durch die von Verlogenheit und Menschenverachtung geprägte Sprachverwendung der NS-Zeit verändert, die Gräueltaten der zurückliegenden Jahre und die Schrecken des Krieges forderten zu literarischen Reaktionen auf und ließen diese zugleich problematisch erscheinen. Wolfgang Borchert und Heinrich Böll hatten als deutsche Soldaten selbst den Krieg erlebt. Max Frisch leistete als Bürger der Schweiz Dienst in der Armee seines Landes.

Wolfgang Borchert (1921–1947)

„Wer weiß einen Reim auf das Röcheln einer zerschossenen Lunge, einen Reim auf einen Hinrichtungsschrei, wer kennt das Versmaß, das rhythmische, für eine Vergewaltigung, wer weiß das Versmaß für das Gebell der Maschinengewehre?"

Zitiert nach: Hans-Peter Franke u. a.: Geschichte der deutschen Literatur. Von 1945 bis zur Gegenwart. Stuttgart: Klett 1983, S. 42

Heinrich Böll (1917–1985)

„Es war erst einmal die Sprache als Material, fast im physikalischen Sinne ein Experimentierstoff, und Sie dürfen nicht vergessen, dass wir doch zwölf Jahre lang mit einer völlig verlogenen, hochpathetisierten Sprache konfrontiert waren, Zeitungen, Rundfunk, sogar in Gespräche, in den Jargon ging das ein, und unsere Sprache, also sagen wir ruhig, die deutsche Sprache auf diese Weise wiederzufinden, war per se ein Experiment."

Zitiert nach: Hans-Peter Franke u. a.: Geschichte der deutschen Literatur. Von 1945 bis zur Gegenwart. Stuttgart: Klett 1983, S. 101

Max Frisch (1911–1991): Zur Schriftstellerei [1946]

Im Grunde ist alles, was wir in diesen Tagen aufschreiben, nichts als eine verzweifelte Notwehr, die immerfort auf Kosten der Wahrhaftigkeit geht, unweigerlich: denn wer im letzten Grunde wahrhaftig bliebe, käme nicht mehr zurück, wenn er das Chaos betritt – oder er müßte es verwandelt haben.
Dazwischen gibt es nur das Unwahrhaftige. […]
Was wichtig ist: das Unsagbare, das Weiße zwischen den Worten, und immer reden diese Worte von den Nebensachen, die wir eigentlich nicht meinen. Unser Anliegen, das eigentliche, läßt sich bestenfalls umschreiben, und das heißt ganz wörtlich: man schreibt darum herum. Man umstellt es. Man gibt Aussagen, die nie unser eigentliches Erlebnis enthalten, das unsagbar bleibt; sie können es nur umgrenzen, möglichst nahe und genau, und das Eigentliche, das Unsagbare, erscheint bestenfalls als Spannung zwischen diesen Aussagen.
Unser Streben geht vermutlich dahin, alles auszusprechen, was sagbar ist; die Sprache ist wie ein Meißel, der alles weghaut, was nicht Geheimnis ist, und alles Sagen bedeutet ein Entfernen. Es dürfte uns insofern nicht erschrecken, daß alles, was einmal zum Wort wird, einer gewissen Leere anheimfällt. Man sagt, was nicht das Leben ist. Man sagt es um des Lebens willen. Wie der Bildhauer, wenn er den Meißel führt, arbeitet die Sprache, indem sie die Leere, das Sagbare, vortreibt gegen das Geheimnis, gegen das Lebendige. Immer besteht die Gefahr, daß man das Geheimnis zerschlägt, und ebenso die andere Gefahr, daß man vorzeitig aufhört, daß man es einen Klumpen sein läßt, daß man das Geheimnis nicht stellt, nicht faßt, nicht befreit von allem, was immer noch sagbar wäre, kurzum, daß man nicht vordringt zu seiner letzten Oberfläche. […]

Aus: Max Frisch: Tagebuch 1946–1949. In: Gesammelte Werke in zeitlicher Folge, Band 2, 1944–1949, © Suhrkamp Verlag, Frankfurt am Main 1976

Aus lizenzrechtlichen Gründen nicht in reformierter Schreibung

■ Beschreiben Sie die hier deutlich werdende Sicht auf Sprache und vergleichen Sie diese mit der Sprachskepsis der Jahrhundertwende.

Die Diskussion über die Möglichkeit einer Lyrik nach Auschwitz

Der Philosoph und Soziologe Theodor W. Adorno löste 1951 eine intensive Diskussion um die Möglichkeit von Literatur nach Auschwitz aus, indem er es als „barbarisch" bezeichnete, nach Auschwitz ein Gedicht zu schreiben. Viele Dichter antworteten ihm, Hans Magnus Enzensberger in direkter Form, Paul Celan in einer Preisrede aus dem Jahr 1958 indirekt.

Theodor W. Adorno: Kulturkritik und Gesellschaft (1951)

[...] Je totaler die Gesellschaft, um so verdinglichter auch der Geist und um so paradoxer sein Beginnen, der Verdinglichung aus eigenem sich zu entwinden. Noch das äußerste Bewußtsein vom Verhängnis droht zum Geschwätz zu entarten. Kulturkritik findet sich der letzten Stufe der Dialektik von Kultur und Barbarei gegenüber: nach Auschwitz ein Gedicht zu schreiben, ist barbarisch, und das frißt die Erkenntnis an, die ausspricht, warum es unmöglich ward, heute Gedichte zu schreiben. Der absoluten Verdinglichung, die den Fortschritt des Geistes als eines ihrer Elemente voraussetzte und die ihn heute gänzlich aufzusaugen sich anschickt, ist der kritische Geist nicht gewachsen, solange er bei sich bleibt in selbstgenügsamer Kontemplation[1].

Aus: Theodor W. Adorno, Kulturkritik und Gesellschaft, in: Gesammelte Schriften in Zwanzig Bänden, Band 10/1, © Suhrkamp Verlag, Frankfurt am Main 1977. Aus lizenzrechtlichen Gründen nicht in reformierter Schreibung

Hans Magnus Enzensberger: Die Steine der Freiheit (1959)

Der Philosoph Theodor W. Adorno hat einen Satz ausgesprochen, der zu den härtesten Urteilen gehört, die über unsere Zeit gefällt werden können: Nach Auschwitz sei es nicht mehr möglich, ein Gedicht zu schreiben. Wenn wir weiterleben wollen, muß dieser Satz widerlegt werden. Wenige vermögen es. Zu ihnen gehört Nelly Sachs. Ihrer Sprache wohnt etwas Rettendes inne. Indem sie spricht, gibt sie uns selber zurück, Satz um Satz, was wir zu verlieren drohten: Sprache. Ihr Werk enthält kein einziges Wort des Hasses. Den Henkern und allem, was uns zu ihren Mitwissern und Helfershelfern macht, wird nicht verziehen und nicht gedroht. Ihnen gilt kein Fluch und keine Rache. Es gibt keine Sprache für sie. Die Gedichte sprechen von dem, was Menschengesicht hat: von den Opfern. Das macht ihre rätselhafte Reinheit aus. Das macht sie unangreifbar.

Aus: Hans Magnus Enzensberger: Einzelheiten, © Suhrkamp Verlag, Frankfurt am Main 1962. Aus lizenzrechtlichen Gründen nicht in reformierter Schreibung

Theodor W. Adorno: Engagement (1962)

Den Satz, nach Auschwitz noch Lyrik zu schreiben, sei barbarisch, möchte ich nicht mildern; negativ ist darin der Impuls ausgesprochen, der die engagierte Dichtung beseelt. Die Frage einer Person aus „Morts sans sépulture": „Hat es einen Sinn zu leben, wenn es Menschen gibt, die schlagen, bis die Knochen im Leib zerbrechen?" ist auch die, ob Kunst überhaupt noch sein dürfe; ob nicht geistige Regression[2] im Begriff engagierter Literatur anbefohlen wird von der Regression der Gesellschaft selber. Aber wahr bleibt auch Enzensbergers Entgegnung, die Dichtung müsse eben diesem Verdikt standhalten [...]. Aber indem es [das Leiden], trotz aller Härte und Unversöhnlichkeit, zum Bild gemacht wird, ist es doch, als ob die Scham vor den Opfern verletzt wäre. Aus diesen wird etwas bereitet, Kunstwerke, der Welt zum Fraß vorgeworfen, die sie umbrachte. Die sogenannte künstlerische Gestaltung des nackten körperlichen Schmerzes der mit Gewehrkolben Niedergeknüppelten enthält, sei's noch so entfernt, das Potential, Genuß herauszupressen. Die Moral, die der Kunst gebietet, es keine Sekunde zu vergessen, schlidert in den Abgrund ihres Gegenteils. Durchs ästhetische Stilisationsprinzip, und gar das feierliche Gebet des Chors, erscheint das unausdenkbare Schicksal doch, als hätte es irgend Sinn gehabt; es wird verklärt, etwas von dem Grauen weggenommen; damit allein schon widerfährt den Opfern Unrecht, während doch vor der Gerechtigkeit keine Kunst standhielte, die ihnen ausweicht.

Aus: Theodor W. Adorno, Engagement, in: Gesammelte Schriften in Zwanzig Bänden, Band 11, © Suhrkamp Verlag, Frankfurt am Main 1974. Aus lizenzrechtlichen Gründen nicht in reformierter Schreibung

---

[1] Kontemplation: beschauliche Betrachtung
[2] Regression: Rückbildung

Paul Celan: Ansprache anlässlich der Entgegennahme des Literaturpreises der Freien Hansestadt Bremen (1958)

[...] Erreichbar, nah und unverloren blieb inmitten der Verluste dies eine: die Sprache.

Sie, die Sprache, blieb unverloren, ja, trotz allem. Aber sie musste nun hindurchgehen durch ihre eigenen Antwortlosigkeiten, hindurchgehen durch furchtbares Verstummen, hindurchgehen durch die tausend Finsternisse todbringender Rede. Sie ging hindurch und gab keine Worte her für das, was geschah; aber sie ging durch dieses Geschehen. Ging hindurch und durfte wieder zutage treten, „angereichert" von all dem. In dieser Sprache habe ich, in jenen Jahren und in den Jahren nachher, Gedichte zu schreiben versucht: um zu sprechen, um mich zu orientieren, um zu erkunden, wo ich mich befand und wohin es mit mir wollte, um mir Wirklichkeit zu entwerfen.

Es war, wie Sie sehen, Ereignis, Bewegung, Unterwegssein, es war der Versuch, Richtung zu gewinnen. Und wenn ich es nach seinem Sinn befrage, so glaube ich, mir sagen zu müssen, dass in dieser Frage auch die Frage nach dem Uhrzeigersinn mitspricht.

Denn das Gedicht ist nicht zeitlos. Gewiss, es erhebt einen Unendlichkeitsanspruch, es sucht, durch die Zeit hindurchzugreifen – durch sie hindurch, nicht über sie hinweg.

Das Gedicht kann, da es ja eine Erscheinungsform der Sprache und damit seinem Wesen nach dialogisch ist, eine Flaschenpost sein, aufgegeben in dem – gewiss nicht immer hoffnungsstarken – Glauben, sie könnte irgendwo und irgendwann an Land gespült werden, an Herzland vielleicht. Gedichte sind auch in dieser Weise unterwegs: sie halten auf etwas zu.

Worauf? Auf etwas Offenstehendes, Besetzbares, auf ein ansprechbares Du vielleicht, auf eine ansprechbare Wirklichkeit. Um solche Wirklichkeiten geht es, so denke ich, dem Gedicht. Und ich glaube auch, dass Gedankengänge wie diese nicht nur meine eigenen Bemühungen begleiten, sondern auch diejenigen anderer Lyriker der jüngeren Generation. Es sind Bemühungen dessen, der, überflogen von Sternen, die Menschenwerk sind, der, zeltlos auch in diesem bisher ungeahnten Sinne und damit auf das unheimlichste im Freien, mit seinem Dasein zur Sprache geht, wirklichkeitswund und Wirklichkeit suchend.

Aus: Paul Celan, Ansprache anlässlich der Entgegennahme des Literaturpreises der Freien Hansestadt Bremen, in: Gesammelte Werke in sieben Bänden, Dritter Band, Gedichte 3, Prosa, Reden © Suhrkamp Verlag, Frankfurt am Main 2000

- *Wie verstehen Sie den Satz „[N]ach Auschwitz ein Gedicht zu schreiben, ist barbarisch"? Sind alle Gedichte gemeint oder nur Gedichte von Deutschen oder nur Gedichte über den Holocaust? Welche Begründung Adornos für sein Diktum erkennen Sie in den Texten?*

- *Stellen Sie die Ausführungen von Adorno, Enzensberger und Celan gegenüber, indem Sie einen fiktiven Dialog entwickeln, in dem direkt auf Positionen der anderen geantwortet wird.*

- *Diskutieren Sie anschließend: Was wäre in Ihren Augen ein angemessener Umgang der Dichtung mit der Vergangenheit des Holocaust? Welche Bedingungen müsste in Ihren Augen Literatur erfüllen, die nach Auschwitz noch Berechtigung hat? Ist Auschwitz für Sie dabei ein singuläres Ereignis oder gibt es andere Geschehnisse, die das Schreiben von Lyrik in Frage stellen?*

Lyrik nach Auschwitz?

Nachfolgend finden Sie fünf Gedichte. Entscheiden Sie auf der Grundlage der bisherigen Auseinandersetzung mit der Frage einer Lyrik nach Auschwitz, welche Texte nach Ihrer Auffassung aus der Nachkriegszeit 1945 bis 1960 stammen könnten:

A/ Welt, frage nicht die Todentrissenen

WELT, frage nicht die Todentrissenen
wohin sie gehen,
sie gehen immer ihrem Grabe zu.
Das Pflaster der fremden Stadt
5 war nicht für die Musik von Flüchtlingsschritten
                            gelegt worden –
Die Fenster der Häuser, die eine Erdenzeit spiegeln
mit den wandernden Gabentischen der
                            Bilderbuchhimmel –
wurden nicht für Augen geschliffen
die den Schrecken an seiner Quelle tranken.
10 Welt, die Falte ihres Lächelns hat ihnen ein starkes
                            Eisen ausgebrannt;
sie möchten so gerne zu dir kommen
um deiner Schönheit wegen,
aber wer heimatlos ist, dem welken alle Wege
wie Schnittblumen hin –

15 Aber, es ist uns in der Fremde
eine Freundin geworden: die Abendsonne.
Eingesegnet von ihrem Marterlicht
sind wir geladen zu ihr zu kommen mit unserer
                            Trauer,
die neben uns geht:
20 Ein Psalm der Nacht.

B/ Soldaten

Soldaten sind immer Soldaten,
Die kennt man am Blick und am Schritt,
Die sind hinterm Pflug noch Soldaten,
Mit denen geht Deutschland mit.

5 Ihr Wort ist der Sprung schon zu Taten,
Ihr Schweigen ist stolzer Verzicht.
Sie sind nicht zum Schachern geraten,
Sie kennen nur ihre Pflicht.

Soldaten kann niemand werben,
10 Die spüren schon ihre Zeit.
Die sind im Leben zum Sterben,
Im Tode zum Leben bereit.

Bis einer sie ruft aus den Zeiten,
Die Trommel zur Ewigkeit schlägt,
15 Dann finden sich all die Bereiten,
Die Glaube zum Glauben trägt.

C/ Die heile Welt

Wisse, wenn in Schmerzensstunden
dir das Blut vom Herzen spritzt:
Niemand kann die Welt verwunden,
nur die Schale ist geritzt.

5 Tief im innersten der Ringe
ruht ihr Kern getrost und heil.
Und mit jedem Schöpfungsdinge
hast du immer an ihm teil.

Ewig eine strenge Güte
10 wirket unverbrüchlich fort.
Ewig wechselt Frucht und Blüte,
Vogelzug nach Süd und Nord.

Felsen wachsen, Ströme gleiten,
und der Tau fällt unverletzt.
15 Und dir ist von Ewigkeiten
Rast und Wanderbahn gesetzt.

Neue Wolken glühn im Fernen,
neue Gipfel stehn gehäuft,
bis von nie erblickten Sternen
20 dir die süße Labung träuft.

Text A: Nelly Sachs: Welt, frage nicht die Todentrissenen (1944–1946), in: dies.: Gedichte © Suhrkamp Verlag, Frankfurt am Main 1977 – Text B: Heribert Menzel (1936). Soldaten. Aus: Harro Zimmermann: Der deutsche Faschismus in seiner Lyrik. Stuttgart u. a. 1995 – Text C: Werner Bergengruen (1950): Die heile Welt. Aus: ders.: Meines Vaters Haus. Gesammelte Gedichte. Hg. v. N. Luise Hackelsberger © 1992, 2005 by Arche Literatur Verlag AG, Zürich-Hamburg – Text D: Paul Celan: Sprachgitter (1959 v). Aus: ders: Sprachgitter. © S. Fischer Verlag GmbH, Frankfurt am Main 1959 – Text E: Günter Kunert (1999) In Ketten: Aus: Günter Kunert, Nachtvorstellung © 1999 Carl Hanser Verlag, München

D/ Sprachgitter

Augenrund zwischen den Stäben.

Flimmertier Lid
rudert nach oben,
gibt einen Blick frei.

5 Iris, Schwimmerin, traumlos und trüb:
der Himmel, herzgrau, muß nah sein.

Schräg, in der eisernen Tülle,
der blakende Span.
Am Lichtsinn
10 errätst du die Seele.

(Wär ich wie du. Wärst du wie ich.
Standen wir nicht
unter *einem* Passat?
Wir sind Fremde.)

15 Die Fliesen. Darauf,
dicht beieinander, die beiden
herzgrauen Lachen:
zwei
Mundvoll Schweigen.

E/ In Ketten

Die Daseinsfrage stellt ja keiner mehr.
Das große „Es", das läuft so vor sich hin.
Nur ganz Naive suchen noch den Sinn
in allem Treiben, aber der
5 steckt nirgendwo in jenem drin.
Der Zauberkasten Welt ist lange leer
und spendet keinerlei Gewinn
für das Gemüt. Hilft kein Begehr
dir aus der Haft von Dingen.
10 Du bleibst gefangen unter ihrem Bann:
Wie herrlich die Sirenen singen!
Odysseus sein – wer das schon kann.

1. Einzelarbeit: Mein Lösungsvorschlag

Aus der Nachkriegszeit 1945–1960 stammen:		Nicht aus der Zeit 1945–1960 stammen:		Unsicher bin ich mir bei:	
Gedicht	Begründung (Stichworte)	Gedicht	Begründung (Stichworte)	Gedicht	Begründung (Stichworte)

2. Gruppenarbeit: Unser Lösungsvorschlag

Aus der Nachkriegszeit 1945–1960 stammen:		Nicht aus der Zeit 1945–1960 stammen:		Nicht einig waren wir uns bei:	
Gedicht	Begründung (Stichworte)	Gedicht	Begründung (Stichworte)	Gedicht	Begründung (Stichworte)

3. Geben Sie Ihre Lösung (ohne Begründung) auf einem kleinen Zettel dem Lehrer/der Lehrerin.

Lyrik nach Auschwitz: Nelly Sachs und Paul Celan

Nelly Sachs: Welt, frage nicht die Todentrissenen
(e 1944–46, v 1949)

WELT, frage nicht die Todentrissenen
wohin sie gehen,
sie gehen immer ihrem Grabe zu.
Das Pflaster der fremden Stadt
5 war nicht für die Musik von Flüchtlingsschritten
                gelegt worden –
Die Fenster der Häuser, die eine Erdenzeit spiegeln
mit den wandernden Gabentischen der
                Bilderbuchhimmel –
wurden nicht für Augen geschliffen
die den Schrecken an seiner Quelle tranken.
10 Welt, die Falte ihres Lächelns hat ihnen ein starkes
                Eisen ausgebrannt;
sie möchten so gerne zu dir kommen
um deiner Schönheit wegen,
aber wer heimatlos ist, dem welken alle Wege
wie Schnittblumen hin –
15 Aber, es ist uns in der Fremde
eine Freundin geworden: die Abendsonne.
Eingesegnet von ihrem Marterlicht
sind wir geladen zu ihr zu kommen mit unserer
                Trauer,
die neben uns geht:
20 Ein Psalm der Nacht.

Aus: Nelly Sachs: Gedichte. © Suhrkamp Verlag GmbH, Frankfurt am Main: 1977

Paul Celan: Sprachgitter
(v 1959)

Augenrund zwischen den Stäben.

Flimmertier Lid
rudert nach oben,
gibt einen Blick frei.

5 Iris, Schwimmerin, traumlos und trüb:
der Himmel, herzgrau, muss nah sein.

Schräg, in der eisernen Tülle,
der blakende Span.
Am Lichtsinn
10 errätst du die Seele.

(Wär ich wie du. Wärst du wie ich.
Standen wir nicht
unter *einem* Passat?
Wir sind Fremde.)

15 Die Fliesen. Darauf,
dicht beieinander, die beiden
herzgrauen Lachen:
zwei
Mundvoll Schweigen.

Aus: Paul Celan: Sprachgitter. © S. Fischer Verlag GmbH, Frankfurt am Main 1959

- ■ *Erörtern Sie vor dem Hintergrund der „Lyrik nach Auschwitz"-Diskussion, ob die abgedruckten Gedichte von Nelly Sachs und Paul Celan die Berechtigung oder gerade die Unmöglichkeit einer solchen Lyrik zeigen.*
- ■ *Untersuchen Sie die Gestaltung der Gedichte und die Verständlichkeit ihrer Aussage: Welche Vorstellung von einer neuen Lyrik vermuten Sie bei Nelly Sachs, welche bei Paul Celan?*
- ■ *Diskutieren Sie, was es heißen könnte, das Celan-Gedicht zu „interpretieren". Versuchen Sie eine solche Interpretation.*

Der Anspruch, die Wahrheit zu schreiben: 1934 und 1964

Bertolt Brecht: Fünf Schwierigkeiten beim Schreiben der Wahrheit (1934)

Wer heute die Lüge und Unwissenheit bekämpfen und die Wahrheit schreiben will, hat zumindest fünf Schwierigkeiten zu überwinden. Er muß den *Mut* haben, die Wahrheit zu schreiben, obwohl sie allenthalben unterdrückt wird; die *Klugheit*, sie zu erkennen, obwohl sie allenthalben verhüllt wird; die *Kunst*, sie handhabbar zu machen als eine Waffe; das *Urteil*, jene auszuwählen, in deren Händen sie wirksam wird; die *List*, sie unter diesen zu verbreiten. Diese Schwierigkeiten sind groß für die unter dem Faschismus Schreibenden, sie bestehen aber auch für die, welche verjagt wurden oder geflohen sind, ja sogar für solche, die in den Ländern der bürgerlichen Freiheit schreiben. […]

Aus: Bertolt Brecht, Fünf Schwierigkeiten beim Schreiben der Wahrheit, in: Große kommentierte Berliner und Frankfurter Ausgabe, Band 22, Schriften 2 © Suhrkamp Verlag, Frankfurt am Main 1993. Aus urheberrechtlichen Gründen in alter Rechtschreibung

Helmut Heißenbüttel: Schwierigkeiten beim Schreiben der Wahrheit 1964

Als Bertolt Brecht 1934 die *Fünf Schwierigkeiten beim Schreiben der Wahrheit* aufzeichnete, sprach er von einer Wahrheit, die sich gegen die Unwahrheit durchzusetzen hatte, die der Wahrheit entgegengesetzt war. In Hinsicht auf die Schwierigkeiten beim Schreiben der Wahrheit konnte er sich auf die Gewissheit der Unwahrheit verlassen. Wahrheit war das, was die Unwahrheit negierte und versuchte, sie zu überlisten und zu besiegen. […]

Eine der Schwierigkeiten, die der Schriftsteller des Jahres 1964 beim Schreiben der Wahrheit hat, besteht nun aber, so denke ich, darin, dass er deutlich sieht, wie sehr diese Überzeugung Brechts an die Gewissheit der Unwahrheit, der Unwahrheit unrechtmäßiger Gewalt, der Unterdrückung, des Faschismus, der Diktatur gebunden war. Heute, wo alles gemischt erscheint, lässt sich nicht einfach mehr sagen, dass ich die Wahrheit schreibe, wenn ich die Unwahrheit bekämpfe. Zwar wird auch heute versucht, der Regel Brechts zu folgen, aber die Unwahrheit, gegen die geschrieben wird, erweist sich als eine bloß halbe und zur anderen Hälfte leere literarische Erfindung; und diese bloße Erfindung macht, dass die wahrhaft unwahre Hälfte der Unwahrheit eher gewinnt als verliert. Bundesregierung, Wirtschaftswunder, Ost-West-Konflikt, Ostzonenregime oder wie die Schlagworte, politisch genommen, noch heißen mögen, sie alle zeigen weder die Wahrheit noch die Unwahrheit, sondern vorläufige Schilder, die mancherlei Funktionen haben, auf jeden Fall aber verhindern, dass sich der erkennbare Gegensatz von Wahrheit und Unwahrheit herausbildet. […]

Nun gibt es aber [noch eine weitere] Schwierigkeit beim Schreiben der Wahrheit, und das ist nicht eine der Erkenntnis, der Einsicht, dessen, was zu sagen ist, sondern das ist eine des richtigen Schreibens überhaupt, dessen, wie man die Wörter und Sätze findet zu sagen, was zu sagen sich einem aufdrängt. […] Und da, so scheint mir, ist etwas Neues eingetreten, das auch Brecht und die Selbstentblößer in sich einschließt: das ist der Zweifel, ob überhaupt noch sagbar ist, was gesagt werden kann. Ein Zweifel, dem die Zuversicht auf den schließlich richtigen sprachlichen Ausdruck der Wahrheit verloren zu gehen droht. Ein Zweifel, der die Grundstruktur der Sprache im Widerspruch zur Erfahrung sieht, die in ihr gesagt werden soll. Ein Zweifel, der die Erfahrung den Möglichkeiten der Sprache entwachsen sieht, der nun kritisch gegen die konventionellen Vorurteile der Sprache gerichtet ist. Ein Zweifel aber auch, der die von der lebendigen Biegsamkeit ihres Instrumentariums verlassene Sprache plötzlich als bloßen Vorrat bloß zitierbarer Formeln zu durchschauen meint. […]

Aus: Helmut Heißenbüttel: Über Literatur. Klett-Cotta, Stuttgart 1995

■ *Vergleichen Sie die Texte von Brecht und Heißenbüttel im Hinblick auf die Frage, wie sich die Schwierigkeiten beim Schreiben der Wahrheit 1934 und 1964 gestalten.*

■ *Schreiben Sie den Ansatz fort und untersuchen Sie, wie leicht oder schwer es uns heute fällt, die Wahrheit zu schreiben. Verfassen Sie dann einen aktuellen Text: Schwierigkeiten beim Schreiben der Wahrheit.*

Baustein 4

Sprachwandel: Phänomen und Kritik

Einführung

Sprachwandel ist ein Wesensmerkmal von Sprache, denn diese ist kein einmal geschaffenes Werk, das in den Köpfen ihrer Sprecher abgespeichert ist und dann nur noch abgerufen wird, sondern Sprache existiert dadurch, dass sie alltäglich von Sprechern belebt und gewissermaßen neu erzeugt wird. In einem auf den ersten Blick individuellen Prozess wählt der Sprecher beim jedesmaligen Sprechen solche sprachlichen Mittel, die seine Kommunikationsziele besonders gut zu verwirklichen versprechen. Werden dabei von unterschiedlichen Sprechern ähnliche und vom bisherigen Brauch abweichende Strategien angewandt, so entsteht als Kumulationseffekt ein Sprachwandel.[1] Der Sprachwandel selbst kann alle sprachlichen Ebenen betreffen, beispielsweise

- eine Veränderung der Syntax (z. B. Veränderung der Satzstellung nach „weil": vermehrt Hauptsatzstellung statt bisheriger Nebensatzstellung),
- eine Veränderung morphologischer Strukturen (z. B. Zurückweichen des Genitivs und Ersatz synthetischer durch analytische Formen wie „das Buch von Sören"),
- eine Veränderung der Lexik, also des Wortschatzes, durch Wortneubildungen (z. B. neue Komposita wie *Fallmanager*), durch sprachliche Importe (z. B. Anglizismen wie *Briefing*) oder durch das Aussterben von Wörtern (z. B. *Hagestolz*),
- semantische Veränderungen (z. B. der Bedeutungswandel des Wortes „Fräulein").

Die Ursachen des Sprachwandels sind vielfältig und oft schwer auszumachen. Grammatische Veränderungen lassen sich z. B. mit der Tendenz zur Vereinfachung begründen. Veränderungen der Lexik und der Semantik beruhen vielfach auf einem Wandel der Welt, die sprachlich erfasst werden soll. Und Aspekte wie das Streben nach sozialer Anerkennung oder sozialer Abgrenzung können erklären, warum bestimmte Wörter in bestimmen Gruppen besonders gern genutzt oder bewusst gemieden werden, woraus zum Teil Entwicklungen für eine gesamte Sprachgemeinschaft erwachsen.

Die jeweils aktuell ablaufenden Wandelprozesse sind dabei in der Regel kaum wahrnehmbar, erst in der Retrospektive wird Wandel als solcher sichtbar. Auch die Sprecher selbst betreiben den Sprachwandel meist nicht bewusst und absichtsvoll.[2] Er geschieht vielmehr durch unbeabsichtigte sprachliche „Wahlhandlungen"[3], die erst in ihrer Gesamtheit einen Wandel markieren. Am Beginn des Wandels stehen oft Fehler, die durch ihre Häufung mehr und mehr zur Regel werden. Im Ergebnis gleicht der Sprachwandel damit der Kleidermode: „Neuerungen kommen uns meist erst einmal barbarisch vor, und wenn sie gang und gäbe geworden sind, belächeln wir die vorherige Version."[4]

Eng verwoben ist das Phänomen des Sprachwandels mit der Sprachkritik. Sprachliche Veränderungen sind naturgemäß einem kritischen Blick ausgesetzt, wobei die Sprachkritik in zwei Richtungen aufgeteilt werden kann, die nur wenige Berührungspunkte haben:

---

[1] Vgl. Rudi Keller/Ilja Kirschbaum: Bedeutungswandel. Berlin/New York: de Gruyter 2003, S. 13
[2] Vgl. ebd., S. 8
[3] Rudi Keller: Sprachwandel. Tübingen und Basel: Francke ³2003, S. 10
[4] ebd., S. 19

Baustein 1: Das Herder-Thema: Die Frage nach dem Ursprung der Sprache

Ein Teil der Sprachkritiker sieht die deutsche Sprache durch bestimmte Wandlungsprozesse gefährdet oder diagnostiziert zumindest einen Qualitätsverlust der Sprachverwendung. Ihr Anliegen ist die Sprach*pflege*.

Ein anderer Teil der Kritik richtet den Fokus vor allem auf Sprachphänomene, die Menschen abwerten, Realitäten sprachlich verschleiern oder Menschen mit sprachlichen Mitteln manipulieren wollen. Diese Kritiker sehen ihre Einwände als *politische* Sprachkritik.

Tendenzen der Sprach*pflege*, die die bestehende Sprache gegen als falsch eingeschätzte Neuerungen schützen wollen, gibt es seit Jahrhunderten. Schon Gottsched (1700–1766) formulierte die Hoffnung, „daß unsere Sprache bei der itzigen Art, sie zu reden und zu schreiben, erhalten werden könne"[1]. Bestärkt werden diese Sprachkritiker durch die Tatsache, dass Sprachwandel meist mit jenen – z. B. syntaktischen – Regelverletzungen beginnt. Das Hauptaugenmerk der Sprachpflege gilt allerdings Wortneubildungen oder Übernahmen von Wörtern aus anderen Sprachen. So richtete sich beispielsweise die Kritik vor einem Jahrhundert auch gegen Wörter, die heute selbstverständlicher Bestandteil unserer Sprache sind wie *Einakter, Vorjahr, belichten, lochen* oder *rückständig*[2]. Nach einem Abebben derartiger Sprachkritik in der zweiten Hälfte des 20. Jahrhunderts nahm sie in den 1990er-Jahren wieder Fahrt auf und konzentriert sich bis heute weitgehend auf das Phänomen der Anglizismen.

Die *politische* Sprachkritik intensivierte sich nach einer Hochphase zwischen der vorletzten Jahrhundertwende (Mauthner, Kraus) und der NS-Zeit wieder unmittelbar nach dem Zweiten Weltkrieg, als in einem in Trümmern liegenden Deutschland auch eine Sprache gesprochen wurde, die von der Inhumanität und Überheblichkeit des NS-Staates nicht unbeeinflusst geblieben war. Dolf Sternberger, Gerhard Storz und Wilhelm E. Süskind schrieben ab 1945 Aufsätze, die später unter dem Titel „Aus dem Wörterbuch des Unmenschen" veröffentlicht wurden. Mit diesem Wörterbuch wollten sie unmenschlichem Sprachgebrauch nachspüren, und zwar mit dem Ziel, „uns diese Sprache fremd [zu] machen"[3]. In dieser Tradition steht die seit 1991 existierende sprachkritische Aktion „Unwort des Jahres", die jährlich ein Unwort kürt, worunter nicht ein Wort verstanden wird, das es nicht gibt, sondern eines, das es nicht geben sollte.[4] Die Aktion will insbesondere menschenverachtenden Sprachverwendungen ihre verschleiernde Tarnung entreißen, um den Geist zu entlarven, der hinter dieser Wortbildung oder Wortverwendung steht. Durch die Geißelung abwertenden oder manipulativen Sprachgebrauchs soll nicht nur die Sprache „gereinigt" werden, sondern auch eine Sensibilisierung für Manipulationsstrategien geschaffen werden, die Sprecher vor der Neigung bewahrt, verschleiernde Sprachverwendungen gedankenlos zu akzeptieren.

Sprachpflege und politische Sprachkritik richten sich selten gegen die Sprache als System, sie wenden sich nahezu immer entweder gegen die Sprachverwendung von Individuen oder gegen den überindividuellen Sprachgebrauch in bestimmten sozialen Gruppen oder großen Teilen der Sprachgemeinschaft.[5] Sprachkritik will hierzu einen Gegenakzent setzen und *erwächst* somit nicht nur aus dem Sprachwandel, sondern *strebt* oft auch *selbst* einen gegenläufigen Sprachwandel an. Die Sprachpflege scheitert meist mit diesem Ansinnen, der politischen Sprachkritik dagegen gelingt es nicht selten, Wörter zu brandmarken und damit aus dem Sprachgebrauch zu verbannen.

---

[1] Zitiert nach Peter von Polenz: Sprachkritik und Sprachnormenkritik. In: Hans-Jürgen Heringer: Holzfeuer im hölzernen Ofen. Tübingen: Narr ²1988, S. 72

[2] Vgl. ebd., S. 73

[3] Dolf Sternberger, Gerhard Storz und W.E. Süskind: Aus dem Wörterbuch des Unmenschen, Frankfurt a.M.: Ullstein ³1968, S. 7

[4] Vgl. Horst Dieter Schlosser: Lexikon der Unwörter. Gütersloh: Bertelsmann 2000, S. 7

[5] Vgl. zu den Dimensionen der Sprachkritik: Peter von Polenz: Sprachkritik und Sprachnormenkritik. In: Hans-Jürgen Heringer: Holzfeuer im hölzernen Ofen. Tübingen: Narr ²1988, S. 70ff.

4.1 Das Phänomen des Sprachwandels

Nachdenken über Sprache und ihre Veränderung ist nichts, was erst von der Schule hervorgerufen werden muss. Schülerinnen und Schüler setzen sich oft selbstständig und intensiv mit sprachlichen Phänomenen auseinander, nehmen Sprachwandel wahr, kritisieren ihn oder fördern ihn auch lustvoll.[1]

Ein Unterrichtsvorhaben über Sprachwandel und Sprachkritik kann diese Voraussetzungen aufgreifen und helfen, einen reflektiert-distanzierten Blick auf Sprachwandelprozesse zu gewinnen, der Phänomene des Sprachwandels vor einem fachlich fundierten Horizont einordnen kann, und so zu einer begründeten Einstellung zum Sprachwandel zu gelangen.

Im ersten Teil des Bausteins zum Sprachwandel sollte es daher darum gehen:
- bereits bestehende Kenntnisse und Einstellungen der Schülerinnen und Schüler zum Sprachwandel bewusst zu machen,
- eine erste Systematisierung sprachlicher Veränderungsprozesse vorzunehmen,
- einen Ausblick auf fachlich fundierte Haltungen zu Wandelprozessen zu erhalten.

Um einen persönlichen Zugang zum Thema zu gewinnen, sollte am Anfang der Reihe eine Diskussion über die Phänomene stehen, die die Schülerinnen und Schüler am Sprachverkehr wahrnehmen. In einer **Einzelarbeit** setzen sie sich mit folgenden Fragen auseinander:

1. Worin unterscheidet sich die heutige deutsche Sprache
   a) von der Sprache vor 30 Jahren? (Was vermuten Sie?)
   b) von der Sprache vor 3 Jahren?

2. Meine Einstellung zu diesem Wandel:
   Sprachwandel ist zu begrüßen, wenn …
   Sprachwandel ist abzulehnen, wenn …

Im Unterrichtsgespräch kann hier eine noch unsystematische Sammlung von beobachteten oder vermuteten Sprachveränderungen erfolgen (z. B. jugendsprachliche Einflüsse, Anglizismen, Syntaxveränderungen …). Durch Frage 2 wird dann eine erste Positionierung angeregt. Wünschenswert wäre hierbei, Maßstäbe für die Beurteilung von Sprachwandelprozessen zu entwickeln (Verständlichkeit, Klarheit der Aussage, Kompatibilität mit anderen sprachlichen Erscheinungen, Erweiterung/Verengung sprachlicher Möglichkeiten …).

Als erster Theorietext bietet sich das Streitgespräch zwischen Keller, Krämer und Kekulé an (vgl. **Arbeitsblatt 80**, Seite 222). In diesem Gespräch werden Beispiele für Wandelprozesse genannt, die die aktuelle Sprachdiskussion prägen, und dann mögliche Positionen dazu begründet. Durch die Aufgaben müssen die Schülerinnen und Schüler zum einen die hier deutlich werdenden Positionen prägnant und abgrenzend erfassen und können zum anderen ihre zuvor diskutierten eigenen Positionen nun ein erstes Mal fachlich fundieren oder auch verändern.

■ *Schreiben Sie zu jedem der drei Wissenschaftler einen weiteren Satz in den Vorstellungstext am Anfang, in dem Sie seine Position und das wichtigste Argument für diese Position aufnehmen, etwa in der Form: „XY vertritt die These, dass …, denn …".*

■ *Wählen Sie den Wissenschaftler aus, dessen Position am ehesten Ihre Meinung trifft. Stellen Sie auf einem Poster seine Thesen und Argumente möglichst prägnant zusammen. Suchen Sie weitere sprachliche Beispiele, die diese Position stützen können.*

---

[1] Die im Sprachwandel oft wirksame sprachliche Kreativität von Wortneuschöpfungen zeigt sich beispielsweise in jugendsprachlichen Neologismen wie *Gammelfleischparty* für *Ü-30-Party* oder *Münz-Mallorca* für *Sonnenstudio*.

Mögliche Ergebnisse könnten sein:

Keller	
Thesen:	• Eine Häufung von Anglizismen gebe es nur in wenigen Bereichen, „Denglisch" sei ein Nischenphänomen. • Sprachwandel sei kein Zeichen von Sprachverfall, sondern von natürlicher Sprachveränderung. • Es gebe keine zunehmende Bedrohung der deutschen Sprache.
Argumente:	• „Denglisch" präge vor allem bestimmte Domänen, z. B. die Werbung. • Der Anteil an Fremdwörtern sei laut Duden zwischen 1892 und 1996 nahezu gleich geblieben (Zuwachs an Anglizismen durch Verschwinden anderer Fremdwörter ausgeglichen). • Übersetzungen von Anglizismen ins Deutsche übersähen oft die konnotativen Nebenbedeutungen (Bsp. *Girls* statt *Mädchen*).
Krämer	
Thesen:	• Die augenblickliche Sprachveränderung sei Zeichen des Sprachverfalls. • Die Zunahme von Anglizismen führe zu einer Verflachung der Sprache. • Die Zunahme von Anglizismen sei eine unnötige Anpassung an fremde Kulturen.
Argumente:	• Ungenaue englische Begriffe ersetzten klare und präzise deutsche Begriffe. • Argument der Werbekraft englischer Sprache sei empirisch widerlegt.
Kekulé	
These:	• Englisch sollte zur Zweitsprache werden.
Argumente:	• Da Amerikaner bestimmte Bereiche von Wirtschaft und Wissenschaft dominierten, prägten sie auch die Begriffe (z. B. IT-Bereich) – dem könne man sich nicht widersetzen, sondern sollte Englisch als Zweitsprache erlernen. • Das Ausweichen auf Englisch habe auch morphologische Gründe: Vieles lasse sich auf Englisch zugespitzter und kürzer formulieren (z. B. „Go public"). • Die „Englisch-Kontamination" werde relativiert, wenn alle gut Englisch verstünden.

Die Präsentation der Poster kann in Form einer **Museumsführung** erfolgen, das heißt, drei Gruppen mit Teilnehmern aus allen drei Postergruppen wandern an den Plakaten vorbei. Jene Teilnehmer, vor deren Poster man steht, erläutern.

Eine Fortsetzung könnte darin bestehen, dass die Schülerinnen und Schüler auf Karteikarten Gegenargumente zu den drei Positionen formulieren und diese an die Plakate hängen. Daraus lässt sich eine kritische Bewertung der Positionen entwickeln.

Mit **Arbeitsblatt 81**, Seite 225, sollen die Schülerinnen und Schüler an 19 Beispielen prüfen, wie sie selbst konkrete Phänomene des Sprachwandels beurteilen.[1] Zum Teil werden sie die Beispiele vielleicht schon gar nicht mehr als Signale eines Wandels wahrnehmen, sondern sie für bereits konventionalisierte Formen halten.

■ *Vergleichen Sie Ihre Einschätzungen mit denen eines Partners. Diskutieren Sie die Fälle, in denen Sie abweichende Urteile gefällt haben. Notieren Sie Fragen, die im Unterrichtsgespräch geklärt werden sollten. Entwerfen Sie eine Auswertungsanleitung: Welcher „Sprachtyp" ergibt sich aus welchem Ergebnis?*

■ *Systematisieren Sie die hier erkennbaren Sprachphänomene, z. B. in einer Ihnen geeignet erscheinenden Mindmap. Ergänzen Sie durch eigene Sprachbeobachtungen.*

---

[1] Der Titel des Arbeitsblattes lehnt sich an an: Walter Krämer: Modern Talking auf deutsch. München: Piper 2000

Das Ergebnis der Systematisierung könnte sein:

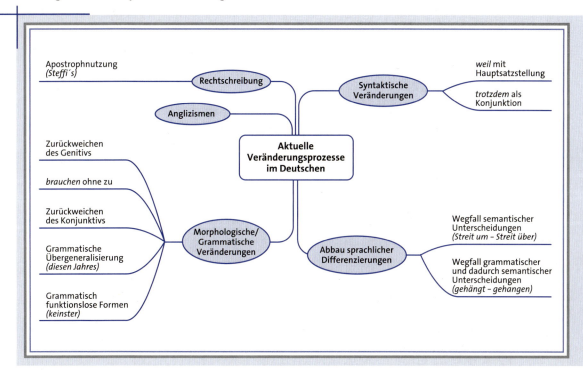

Erläuterungen:

Syntaktische Veränderungen:

1) „weil" wird zumindest im mündlichen Sprachgebrauch nicht mehr nur als subordinierende (Nebensatzstellung), sondern vermehrt auch als koordinierende Konjunktion genutzt (Hauptsatzstellung).
16) „trotzdem" (konzessives Adverb) wird vermehrt als konzessive Konjunktion genutzt (wie „obwohl", „wenngleich").

Veränderung der Rechtschreibung:

2) Der Apostroph dient (auch lt. der nunmehr verbindlichen amtlichen Regelung aus dem Jahr 2006) nicht mehr nur als Auslassungszeichen (Lars' Buch), sondern kann auch zur Verdeutlichung eines Personennamens genutzt werden (Andrea's Teeladen – in Abgrenzung zum männlichen Vornamen). Diese Regelung wird heute vielfach generalisiert (Steffi's Teeladen).

Morphologische und grammatische Veränderungen:

3) vermeintliche Assimilierung von Fremdwörtern in grammatische Strukturen des Deutschen (Visum – Visa – Visas) – hier allerdings Pluralbildung zu einem Plural, die zeigt, dass der nicht eingedeutschte Plural nicht als solcher wahrgenommen wird
4/6) Verschwinden des Genitivs (z. B. durch grammatisch nicht differenzierte Formen: „von" – ein Zeichen des Übergangs von synthetischem zu analytischem Sprachbau)
5) „brauchen" wird häufig wie ein Modalverb ohne „zu" verwendet.
7) grammatische Übergeneralisierung (Richtig: *Im August letzten Jahres (**des** letzten Jahres)*, daraus abgeleitet: *diese**n** Jahres* statt *diese**s** Jahres*)

Baustein 4: Sprachwandel: Phänomen und Kritik

11) Verzicht auf Konjunktiv
17) „keinster": Semantisch unsinniger Superlativ wird aus expressiven Gründen verwendet.
19) Das Plural-s bei „LKWs" lässt sich nicht aus der Pluralbildung von Lastkraftwagen erklären, dient aber bei der Abkürzung zur klareren Pluralmarkierung.

Anglizismen:

8) Dresscode (synonym zu, schlechter als „Kleiderordnung"?)
9) Briefing (synonym zu, schlechter als „Instruktion", „Einweisung"?)
10) googeln (Sonderform eines Anglizismus: Verbalisierung eines (amerik.) Internetnomens)
13) Übersetzung englischsprachiger Phrasen

Abbau sprachlicher Differenzierung:

12) Vermischung von hängen (intransitiv; hing – gehangen) mit hängen (transitiv; hängte – gehängt) (Wegfall grammatischer und dadurch semantischer Unterscheidung)
14) „Streit um" (z. B. Streit um ein Spielzeug) wird wie „Streit über" (z. B. Streit über den Wahltermin) verwendet (Wegfall semantischer Unterscheidung)
15) „scheinbar" (= nur dem Schein nach, tatsächlich ist es anders) wie „anscheinend" (es hat den Anschein, unklar, wie es wirklich ist) (Wegfall semantischer Unterscheidung)
18) Eine von vielen noch unterstellte strenge Unterscheidung von „schwer" (Ggs. zu „leicht" (Gewicht)) und „schwierig" (Ggs. zu „einfach" (Komplexität)) fällt weg; tatsächlich wird „schwer" schon seit Langem auch im Sinne von „schwierig" benutzt (vgl. „schwerhörig", 19. Jh.).

Jacob Grimm vertrat 1864 die Auffassung, Veränderung von Sprache bestehe oft in einer Vereinfachung grammatischer Regelungen und sei als „Aufschwung" der Sprache zu betrachten.[1] Auf der Basis dieser Auffassung ließe sich diskutieren:

a) Welche der Beispiele beschreiben eine sprachliche Vereinfachung?
b) Teilen Sie die posive Bewertung von Sprachveränderungen durch Grimm?

Mit den **Arbeitsblättern 82 und 83**, Seiten 226 und 227, kann eine Systematisierung von Sprachwandelprozessen und ihren Ursachen gewonnen werden.
Der Bedeutungswandel ist ein besonders spannender Teil des Sprachwandels, allerdings auch jener Teil, der sich schwer fassen lässt, weil es sich um semantische Bewusstseinsprozesse handelt, die sich einer direkten Beschreibung oft entziehen. Die von Astrid Stedje ausgemachten Arten des Bedeutungswandels überschneiden sich zum Teil, weil z. B. in einer Bedeutungserweiterung eine Bedeutungsverschlechterung liegen kann (z. B. „Fräulein"). Zuordnungen sind daher nicht immer eindeutig möglich. Ein mögliches Ergebnis zu **Arbeitsblatt 82** könnte sein (vgl. Astrid Stedje: Deutsche Sprache gestern und heute. Paderborn: Fink 2007, S. 33 ff.):

■ *Ordnen Sie die Beispiele in der rechten Spalte den Typen des Bedeutungswandels zu.*

---

[1] Vgl. Jacob Grimm: Kleinere Schriften. Hg. von Karl Müllenhoff. Bd. 1. Berlin: Dümmler, 2. Auflage 1879, S. 291 (vgl. auch 281 f.).

Typen von Bedeutungswandel

O → o	Bedeutungsverengung	Hochzeit
o → O	Bedeutungserweiterung	Herberge, Sache
o → Δ	Bedeutungsverschiebung	Frauenzimmer
o → θ	Bedeutungsverschlechterung	albern, Spießbürger, Dirne, Weib
o → ⊕	Bedeutungsverbesserung	Minister
		Fräulein: Mischung aus Bedeutungserweiterung, -verengung und -verschlechterung

■ Erstellen Sie anhand der Aussagen zu Bezeichnungen für weibliche Personen eine kleine Sprachgeschichte zu diesem Wortfeld und versuchen Sie, eine Logik der Veränderung zu beschreiben.

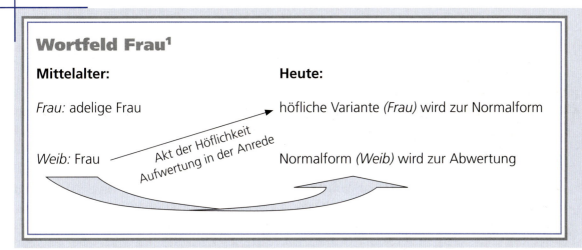

Wortfeld Frau[1]

Mittelalter:

Frau: adelige Frau

Weib: Frau

Heute:

höfliche Variante *(Frau)* wird zur Normalform

Normalform *(Weib)* wird zur Abwertung

Akt der Höflichkeit / Aufwertung in der Anrede

Ähnlich verhält es sich mit „Fräulein", das in der Anrede bald nicht mehr nur für unverheiratete adelige Frauen, sondern für alle unverheirateten Frauen verwendet wurde, um das Gegenüber sprachlich aufzuwerten, wodurch der ursprüngliche Charakter mehr und mehr verloren ging.

Dass eine ursprünglich neutrale Bezeichnung abwertenden Charakter erhält, findet man auch bei „Dirne". Nachdem junge Mädchen als „Mädchen" (eine Verkleinerungsbildung zu Magd) bezeichnet wurden, wurde der Begriff „Dirne" in Abgrenzung zu Mädchen nur noch für dienende Mädchen gebraucht (Dienerin, Magd). Die Bezeichnung „Dirne" im Sinne von „Hure" dürfte auch daher rühren, dass die Magd beispielsweise ihrem Herrn oft sexuell zur Verfügung zu stehen hatte. Die ursprüngliche neutrale Bezeichnung findet sich noch in Mundarten (nordd. *Deern*, bayr. *Dirndl*).

Arbeitsblatt 83, Seite 227, kann genutzt werden, um von der speziellen Form des Bedeutungswandels zum allgemeinen Phänomen des Sprachwandels überzuleiten und die schon diskutierten Ursachen des Wandels zu strukturieren. Als Einführungsauftrag bietet sich an:

■ Finden Sie zu jedem Feld mindestens ein (weiteres, also nicht schon genanntes) Beispiel.

---

[1] Vgl. hierzu auch: Rudi Keller/Ilja Kirschbaum: Bedeutungswandel. Berlin/New York: de Gruyter 2003, S. 12ff.

Baustein 4: Sprachwandel: Phänomen und Kritik

Ursachen des Sprachwandels	
Kulturkontakt: 18./19. Jahrhundert: Einfluss des Französischen: *Portemonnaie, Trottoir* Später: Anglizismen, zum Teil schon eingedeutscht (*Streik* – im 19. Jh. aus engl. *strike* entlehnt), auch Lehnübersetzungen[1]: *Taschenbuch* (engl. *pocket-book*), *Tagesordnung* (frz. *ordre du jour*)	Lexikalisierung bildhafter Ausdrücke: *sich entpuppen* (vgl. Schmetterling), *einfallen* („hereinstürzender Gedanke"), *Einfluss, Vortrag*, ...
Kulturelle Entwicklungen: Übernahmen aus Fachsprachen (*mit Hochdruck arbeiten*); *fressen*: im Mittelalter „ganz aufessen", nachdem dies als unfein galt, Übertragung auf Tiere und auf „gierig essen"	Ausspracheerleichterung, z. B. Verkürzungen (*Auto* statt *Automobil, Füller* statt *Füllfederhalter, arbeitsmäßig* statt *was die Arbeit betrifft*), Ökonomie der Aussprache (*Zauberin* statt *Zaubererin*)
Neue Ideen und Dinge: *googeln, simsen, Wellnesskult, Hartz IV*	Analogie: *weil* + HS-Stellung (wie *denn*)
Sozialprestige: *Im Januar diesen Jahres* als vermeintlich gewähltere Formulierung, Nominalisierung: *in Erwägung ziehen* statt *erwägen*	Zufälligkeiten (hier sollten keine Beispiele genannt werden, weil diese oft nur aus Unkenntnis für Zufälligkeiten gehalten werden)
Tendenz zur beschönigenden Umschreibung: *Hausmeister* statt früher *Hausdiener, Landwirt* statt *Bauer, entwenden* statt *stehlen, Hochbetagte* statt *Alte*	Bedarf an stärkeren Ausdrücken: *in keinster Weise, Heidenangst, Höllenlärm*, ...

Vgl. insb. Astrid Stedje: Deutsche Sprache gestern und heute. Paderborn: Fink 2007

Für eine kritische Reflexion bietet sich dann die Frage an, bei welchen Sprachwandelprozessen es sich um interessegeleitete, bewusst initiierte Prozesse handelt. Gerade die beschönigenden Umschreibungen dienen ja oft dazu, beispielsweise hierarchische Differenzen bestehen zu lassen, sie aber sprachlich zu verdecken.[2]

4.2 Auf- und untergehende Wörter

Die Veränderung des Wortschatzes einer Sprache ist das Phänomen, das von den meisten Sprechern am zuverlässigsten wahrgenommen und am ehesten mit Sprachwandel assoziiert wird. Im zweiten Teil des Bausteins sollen daher aktuelle Wortschatzveränderungen betrachtet und auf der Basis der schon erlangten Kenntnisse verstehbar gemacht werden.
Mit **Arbeitsblatt 84**, Seite 228, lässt sich Sprachentwicklung als ein Phänomen erkennen, das – zumindest in Teilbereichen – natürlichen Gesetzmäßigkeiten gehorcht.
Als Vorübung vor der Textlektüre können die Schülerinnen und Schüler gebeten werden, in einem „**Experiment**" folgende Formen ins Präteritum zu setzen:

Experiment: Setzen Sie ins Präteritum:
Er preist seine Äpfel an. (Lösung: *Er pries*/bislang (noch) nicht: *er preiste*)
Ich schelte dieses Verhalten. (*Ich schalt*/bislang kaum: *scheltete*)
Es gärt. (*Es gor*; vor allem in übertragener Bedeutung auch: *Es gärte*)
Er kürt den Sieger. (*Er kor*, heute schon üblicher: *Er kürte*)
Du scherst die Schafe. (*Du schorst*/selten bereits: *schertest*)

---
[1] Lehnübersetzung: Glied-für-Glied-Übersetzung
[2] Zur Diskussion eignet sich in diesem Zusammenhang auch der Übergang der Bezeichnung *Chancengleichheit* → *Chancengerechtigkeit* (der ja gewissermaßen den Abschied von der Idee der Chancengleichheit begrifflich spiegelt).

Diese Verben können anschließend als erster Beispielpool dienen, um die im Text an englischen Beispielen dargelegten Phänomene für das Deutsche zu überprüfen. Es ist zu erwarten, dass zumindest einige Schüler bei den seltenen Verbformen das Präteritum regelmäßig (schwache Konjugation) bilden (z. B. preiste, scheltete). Dies spricht zunächst für die Selektionsthese, derzufolge unregelmäßige Verben, die selten verwendet werden, rasch zur Regelmäßigkeit konvertieren. Im Kurs können die Ursachen dafür diskutiert werden. Einiges spricht dafür, dass bei diesen seltenen Wörtern Fehler gar nicht bemerkt werden – wie das Experiment vielleicht zeigt.

Von der Lehrkraft sollten in die Diskussion dann auch gebräuchlichere Verben eingebracht werden, bei denen der Übergang von der starken zur schwachen Konjugation gerade beobachtet werden kann, weil beide Formen noch verwendet werden oder zumindest bekannt sind, insbesondere *backen* (backte/buk) und *fragen* (fragte/frug). Hierdurch kann eine gewisse Relativierung der Textthesen erfolgen, weil diese Verben sicherlich nicht durch sprachliches Außenseitertum bestimmt sind. Es sollte erörtert werden, warum solche hochfrequenten Wörter ihre Konjugation ändern. Eine mögliche These wäre, dass diese Wörter von ähnlich klingenden Wörtern kontaminiert werden und die Konjugationen sich angleichen (*fragen* jetzt konjugiert wie *sagen* oder *klagen*; *backen* wie *packen* oder *sacken*). Es könnten dann Spekulationen angestellt werden, ob auch ein Wort wie *tragen* dann bald eine regelmäßige Konjugation erhalten müsste (wie *fragen, sagen, klagen*, also „tragte").

Die **Arbeitsblätter 85 und 86**, Seiten 229 und 230, ermöglichen es, die zuvor theoretisch erworbenen Kenntnisse aus Kapitel 4.1 nun an konkreten Wortphänomenen festzumachen. Mit **Arbeitsblatt 85** lässt sich aktueller Sprachwandel an Einzelfällen kausal untersuchen.

> *Im Text werden viele neuen Sprachphänomene genannt. Wählen Sie drei Phänomene aus und erläutern Sie sie auf der Grundlage Ihrer bisherigen Kenntnisse zum Sprachwandel.*

Einige mögliche Ergebnisse:

skypen, voipen	Wortneubildungen für neue Ideen oder Dinge orientieren sich häufig an der Sprache, aus deren Kulturbereich sie stammen.
recycelst oder *recyclest*	Die Assimilierung des Wortes in die deutsche Sprache ist noch unklar, es ist vielleicht schon auf dem Weg vom Fremdwort zum Lehnwort[1].
semitalentiert	Das Wort erlaubt eine ironische Selbststilisierung (bin nicht perfekt, aber witzig) → sozialer Gewinn (Sozialprestige). (als Fremdbezeichnung eher abwertend)
Kids verdrängt *Kinder*	Möglicherweise weil „kids" in seiner konnotativen Bedeutung eher das Pfiffige und Lebendige von Kindern betont, während „Kinder" eher sachlich klingt und oft eine Konnotation von Naivität, Unreifheit enthält.
Verschwinden von *Walkman, Bandsalat*	Neue Dinge erfordern neue Wörter, untergehende Dinge lassen die zugehörigen Wörter mit untergehen.

Mit **Arbeitsblatt 86**, Seite 230, kann die Tauglichkeit der Kategorisierung (Typ des Sprachwandels) geprüft werden.

> *Wie erklären Sie sich das Auf- und Untergehen dieser Wörter?*

---

[1] Lehnwort: im Unterschied zum Fremdwort solche Entlehnungen aus einer fremden Sprache, die sich in Lautung, Schriftbild und Flexion bereits vollständig angeglichen haben (z. B. *Fenster* aus lat. *fenestra*)

Einige mögliche Erklärungen (Zuordnungen zu Typen des Sprachwandels):

Kulturkontakt	Roibuschtee
Kulturelle Entwicklung	*Best Ager* (sprachliche Aufwertung der ökonomisch wichtigen Gruppe); Verschwinden von *xenophob* (= Fremden gegenüber ängstlich eingestellt) aufgrund einer Tabuisierung des Phänomens (Begriff wird wissenschaftlich weiter verwendet)
Neue Ideen und Dinge	*Auflaufkind, Fallmanager, Sudoku*
Sozialprestige	*jedefrau* (SprecherIn weist sich mit dieser Bezeichnung – evtl. in provokanter, ggf. auch in ironischer Weise – einer sozialen, frauenrechtsbewussten Gruppe zu)
Tendenz zur beschönigenden Umschreibung	*Feinstaubbelastung* (statt: Luftverschmutzung)
Lexikalisierung bildhafter Ausdrücke	*Patchworkbiografie*
Bedarf an stärkeren Ausdrücken	*PISA-Schock*

Um das Bewusstsein für die historischen Wurzeln unserer Sprache zu schärfen, bietet sich hier als **Hausaufgabe** an, die Etymologien spezieller deutscher Wörter untersuchen zu lassen:

- *Erstellen Sie zu einem der nachfolgenden Wörter ein Wortporträt, indem Sie die Etymologie des Wortes recherchieren (Etymologie: Lehre vom Ursprung und Wandel der Wörter): Ampel, blöd, Droge, fasten, feige, heulen, Hüne, Markise, Narbe, ordinär, Pinsel, Rune.*[1]

- *Untersuchen Sie den Bedeutungswandel des Wortes „geil".*[2]

4.3 Warum geht die deutsche Sprache immer wieder unter?[3] – Anglizismen als Hauptfeld der Kritik am Sprachwandel

Mit den **Arbeitsblättern 87 bis 92**, Seiten 231 bis 236, lässt sich eine kontroverse und vielschichtige Sicht auf jenen Bereich des Sprachwandels gewinnen, der zurzeit am intensivsten diskutiert wird, nämlich der Einfluss von Anglizismen auf die deutsche Sprache.
In der Geschichte der Sprachkritik ist es eine bemerkenswerte Erscheinung, dass sprachpflegerische Bestrebungen, die sich gegen Fremdwörter richten, häufig dann intensiv verfolgt wurden, wenn der Gedanke der Nation besonders wichtig war. Parallel zum Dreißigjährigen Krieg entstanden puristische Sprachgesellschaften, die sich gegen die Sprachimporte aus dem Lateinischen und Französischen wandten, um 1800 wurden Verdeutschungen vorge-

---
[1] Vgl. zu diesen besonderen Etymologien: David Crystal: Die Cambridge Enzyklopädie der Sprache. Frankfurt a. M.: Campus 1993, S. 330. Die Etymologien sind in nahezu jedem Herkunftswörterbuch nachlesbar.
[2] geil: Im Mittel- und Althochdeutschen wird „geil" in einem ähnlichen Sinne wie von heutigen Jugendlichen gebraucht „kraftvoll, lustig, fröhlich" (geilen: ausgelassen sein), daneben und später nahezu ausschließlich „sexuell erregt", bevor in der Jugendsprache die ursprüngliche Bedeutung zurückkehrt. Durch die hochfrequente Nutzung verlor das Wort aber seine Funktion des Tabubruches und in der Jugendsprache damit an Attraktivität (vgl. Rudi Keller/Ilja Kirschbaum: Bedeutungswandel. Berlin/New York: de Gruyter. 2003. S. 1 f.).
[3] Diese Frage machte Richard Schrodt zum Titel einer Monographie: R. S.: Warum geht die Sprache immer wieder unter? Wien: Passagen-Verlag 1995

schlagen, während sich der Patriotismus in Befreiungskriegen gegen Napoleon zeigte, und nach der Reichsgründung 1871 wurde z. B. der Allgemeine Deutsche Sprachverein gegründet (1885), dessen puristische Bestrebungen bis ins 20. Jahrhundert reichten, bis sich Hitler 1940 durch einen sogenannten Führererlass gegen „die künstliche Ersetzung längst ins Deutsche eingebürgerter Fremdworte" wandte.[1]

Vielleicht ist es daher kein Zufall, dass die Diskussion über Anglizismen in den 1990er-Jahren besonderes Gewicht erhielt. Vor dem Hintergrund der nationalen Einheit Deutschlands und der zunehmenden Globalisierung wurde auch der Kampf gegen Fremdsprachiges wieder besonders intensiv geführt. Manche sehen sogar Zusammenhänge zwischen der Sprachdiskussion und einem gesellschaftlichen Diskurs: „zwischen dem Reden über fremde Menschen und dem Reden über fremde Wörter gibt es Zusammenhänge" (Jürgen Schiewe)[2].

Die verstärkte Diskussion über Anglizismen könnte jedoch auch darin begründet sein, dass zwar nicht unbedingt ihre Zahl, wohl aber ihre Verwendungshäufigkeit zugenommen hat. 1980 war unter den 100 am meisten verwendeten Wörtern im deutschen Sprachgebrauch nur eine englische Vokabel, 2004 dagegen waren es einer Studie zufolge 23.[3]

In der Auseinandersetzung mit Anglizismen sollte im Unterricht weder ein kritisches noch affirmatives Verhältnis der Schülerinnen und Schüler zum Einfluss des Englischen und Amerikanischen auf die deutsche Sprache angestrebt werden. Vielmehr geht es darum, die Diskussion über „Denglisch" aus verschiedenen Perspektiven einordnen und sich vor diesem Hintergrund eine Meinung zu speziellen sprachlichen Erscheinungen bilden zu können, um individuell zu entscheiden, welchen Wandel man mitgeht und wo man sich für einen anderen Sprachgebrauch entscheidet.

Ein zunächst rein phänomenologischer Blick auf englischsprachige Einflüsse auf unseren Sprachgebrauch sollte daher am Anfang der Beschäftigung stehen.

In einer **vorbereitenden Hausaufgabe** sollten die Schülerinnen und Schüler Anglizismen-Listen erstellen, die jedoch stets auch den sozialen Kontext der Verwendung miterfassen müssen. Quellen können eigene Beobachtungen sein, Zeitungslektüren, Internetrecherchen und Befragungen von Eltern und anderen Erwachsenen, sodass auch Anglizismen in Berufsfeldern einbezogen werden.

Im Unterricht werden diese Anglizismen in Kleingruppen zusammengetragen und systematisiert:

- *In welchen sozialen Feldern werden Anglizismen besonders häufig verwendet?*
- *Welche Ursachen gibt es dafür?*

---

[1] Vgl. Astrid Stedje: Deutsche Sprache gestern und heute. Paderborn: Fink 2007, S. 31 f.
[2] Jürgen Schiewe: Aktuelle wortbezogene Sprachkritik in Deutschland. In: Gerhard Stickel: Neues und Fremdes im deutschen Wortschatz. Berlin/New York: de Gruyter (IDS-Jahrbuch 2000) 2001, S. 288
[3] Studie der Universität Hannover (Vgl. Mathias Schreiber: Deutsch for sale. Der Spiegel 40/2006 (2.10.06), S. 187). Inwieweit eine empirische Messung dieses Phänomens überhaupt möglich ist, kann jedoch hinterfragt werden (vgl. Arbeitsblatt 80, Seite 222 ff.)

Denkbares Ergebnis:

> **Felder, in denen Anglizismen besonders häufig verwendet werden:**
>
> 1) IT-Bereich (aufgrund angelsächsischer Prägung der IT-Entwicklung und einer damit einhergehenden Internalisierung der Begriffe)
> 2) Musik/Film/(Trend-)Sport/Freizeit (Begründung: s. o.)
> 3) Werbung (aufgrund einer unterstellten Werbewirksamkeit, die das Produkt als international, modern, jung … ausweist) – Werbeeinsatz der englischen Sprache ist zurzeit allerdings rückläufig (vgl. Arbeitsblatt 80)
> 4) bestimmte Berufsbereiche (aufgrund internationaler Verbundenheit der Firmen, aufgrund der (vermuteten) englischsprachigen Kundschaft oder aufgrund der Absicht, als global arbeitendes Unternehmen zu erscheinen)[1]

Eine in allen Feldern wirksame Veränderung ist der durch das Internet deutlich erhöhte Sprachkontakt mit der angelsächsischen Welt sowie eine in vielen Gesellschaftsbereichen als Aufwertung verstandene Annäherung an die amerikanische Kultur. Besonders deutlich kann die Aufwertungsabsicht werden, wenn auch beleuchtet wird, in welchen Domänen sprachliche Anleihen eher aus dem Französischen stammen (Gallizismen), beispielsweise in der Mode, in der Kunst oder in der Gastronomie (Dekolleté, Matinee, Brasserie, …), wo offenbar dem Französischen eher als dem Englischen zugetraut wird, positive Konnotationen zu erzeugen.[2] Dass diese französischen Spracheinflüsse kaum kritisch betrachtet werden, mag daran liegen, dass die Deutschen ihre Sprache zwar durch eine Dominanz der Weltsprache Englisch bedroht sehen, nicht aber durch das Französische, zumal neue Gallizismen weitaus seltener auftreten als neue Anglizismen.

Ergänzt werden kann diese erste Annäherung durch den Versuch, Anglizismen zu übersetzen und ihre Verwendung daraufhin zu bewerten:

■ *Suchen Sie ein passendes deutsches Synonym und beurteilen Sie daraufhin die Verwendung des Anglizismus:*
   a) *Check-in*   b) *Service Point*   c) *Party*   d) *Chatroom*
   e) *Handy*   f) *Charts*   g) *Understatement*   h) *Outsourcing*
   i) *Brain up*   j) *Meeting*   k) *fair*   l) *Event*[3]

---

[1] Eine außergewöhnliche Vorliebe für Anglizismen bei Jugendlichen oder Angehörigen bestimmter Bildungsschichten konnte übrigens empirisch nicht nachgewiesen werden (vgl. Richard Glahn: Englisches im gesprochenen Deutsch – Einfluss und Bewertung. In: Rudolf Hoberg (Hg.): Deutsch – Englisch – Europäisch. Mannheim: Dudenverlag. 2002. S. 231). In dieser im Jahr 2001 durchgeführten Studie wurde die Verwendung von Anglizismen sowohl von Jugendlichen als auch von Erwachsenen „eher befürwortet" (ebd.), in einer Umfrage für den „Spiegel" im Jahre 2006 waren dagegen 66% der Befragten der Meinung „Englische Ausdrücke sind im Großen und Ganzen überflüssig", nur 27 % hielten sie für eine Bereicherung der deutschen Sprache (Mathias Schreiber: Deutsch for sale. Der Spiegel 40/2006, S. 188).

[2] Einen Austausch der Aufwertungssprache konnte man 2008 während der Finanzkrise beobachten, als Bundespräsident Köhler in der Eröffnungsrede eines Bankkongresses unterschied: „Besinnen Sie sich wieder auf die Tugenden des soliden Bankiers – und ich sage bewusst Bankiers und nicht Banker." (21.11.08, vgl. http://www.bundespraesident.de/-,2.650794/Finanzmaerkte-im-Dienst-der-Me.htm) „Bankier" ist die französische Bezeichnung für den Inhaber einer Bank, „Banker" die englische für einen Bankfachmann. Der Begriff „Banker" hatte durch die in Amerika ihren Ursprung nehmende Finanzkrise seinen Zauber verloren.

[3] Einige Hinweise zu den Wörtern: Service Point: Bezeichnung z. B. für Infoschalter am Bahnhof; Brain up: Slogan eines Wettbewerbs des Bundesbildungsministeriums für Spitzenunis; Handy: Pseudo-Anglizismus (engl. „mobile phone" oder „cell phone").

Vorgeschlagene Synonyme (z. B. *gerecht/anständig* für *fair*, *Tabelle* für *Chart* etc.) sollten daraufhin befragt werden, ob hier die dennotativen und insbesondere die konnotativen Bedeutungen wirklich identisch sind.

Zur Präsizierung der Auseinandersetzung kann die Frage eingebracht werden, worin sich Anglizismen z. B. von Fremdwörtern lateinischen oder griechischen Ursprungs unterscheiden, die gemeinhin akzeptiert sind (Diskussion, Harmonie, Telefon, Resolution, dogmatisch). Es kann hier zum Beispiel deutlich werden, dass lateinische oder griechische Fremdworte oft für Präsizierungen gehalten werden und als Zeichen der Bildung gelten, während die Verwendung von Anglizismen eher mit Modernität und Jugendlichkeit als mit Bildung assoziiert wird.

Auch etablierte Anglizismen wie Interview, Steak oder Star können dazu beitragen, klarer zu formulieren, welche Art von Anglizismen warum kritisch betrachtet wird.

Auf der Grundlage dieser Annäherungen kann eine erste eigene Positionierung erfolgen:

- *Wie bewerten Sie die Verwendung der Anglizismen in den unterschiedlichen Bereichen?*
- *Welche Anglizismen scheinen Ihnen sinnvoll zu sein, wo hielten Sie ein deutsches Synonym für angemessener?*

Diese fachlich vermutlich noch wenig begründeten Positionen können anschließend durch Argumente aus der sprachkritischen Literatur fundiert oder revidiert werden (**Arbeitsblätter 87 bis 90**, S. 231 bis 234):

Es empfiehlt sich, die einzelnen fachwissenschaftlichen Positionen zu Anglizismen nicht kleinschrittig zu erarbeiten, sondern die Lerngruppe mit den unterschiedlichen Auffassungen vertraut zu machen und dann eine fundierte Diskussion über Sprachphänomene zu initiieren.

Für die Erarbeitungsphase bietet sich ein **Stationenlauf** an (4 Stationen mit jeweils einem der Arbeitsblätter 87 bis 90).

Die Schülerinnen und Schüler erhalten zu Beginn einer Doppelstunde als Arbeitsauftrag:

Machen Sie sich in den nächsten 60 Minuten (15' pro Station) mit den an den Stationen ausliegenden vier Positionen zum Einfluss von Anglizismen auf das Deutsche vertraut, indem Sie
a) an jeder Station einen Partner/eine Partnerin suchen und mit diesem/dieser zusammen die Aufgaben erörtern, die unter dem jeweiligen Text stehen,
b) eine grafische Darstellung aller vier Positionen anlegen, aus der für jede Position hervorgeht: Autor, vertretene Position (1–2 zentrale Thesen), Argumente, Sprachbegriff,
c) eine Position wählen, die Sie später (ggf. modifiziert) vertreten wollen.

(Alternative: Die Schüler und Schülerinnen wählen zwei der vier Positionen für eine intensive Beschäftigung aus.)

Vier Schüler/Schülerinnen sollten ihre Ergebnisse zu jeweils einem Text auf Folie übertragen, die dann in einer Auswertungsphase als Vergleichsbasis dienen kann (diese Sicherung kann bei leistungsstarken Lerngruppen übersprungen werden). Ein denkbares Ergebnis ist:

Fachwissenschaftliche Positionen zu Anglizismen

Jens Jessen

These: Zwar habe das Deutsche in der Vergangenheit von fremdsprachigen Einflüssen profitiert, Anglizismen simplifizierten aber die Sprache und dienten oft abgrenzender Angeberei.

Argumente:
- Anglizismen behindere die Wortneubildung im Deutschen
- Anglizismenverwender wollten sich als Weltbürger offenbaren

Sprachbegriff: Unterschiedliche Sprachen sind – zumindest in best. Bereichen – unterschiedlich geeignet, Wirklichkeit zu erfassen. Sprachverwendung hat auch soziale Funktionen.

Rudolf Hoberg

These: Die mit der Kritik an den Anglizismen verbundenen Behauptungen seien nicht haltbar.

Argumente:
- Anglizismen ließen sich nicht zurückübersetzen, weil sie andere Konnotationen besäßen
- Verständigungsschwierigkeiten durch Anglizismen seien nicht nachgewiesen
- Nicht nur mit Anglizismen, auch mit deutschen Formulierungen lasse sich angeben
- Anglizismen beträfen nur einen kleinen Teil der Sprache

Sprachbegriff: Sprache wird systemisch begriffen: Die Sprecher nutzen die Mittel, die ihnen für die angestrebten Ziele am zweckmäßigsten erscheinen.

Bastian Sick

Thesen:
a) Für viele Anglizismen gebe es passende deutsche Entsprechungen[1]
b) 1:1-Übersetzungen von Phrasen aus dem Englischen schadeten dem Deutschen

Argumente bezogen auf das Beispiel „macht Sinn":
- Sinn lasse sich nicht „machen" (= herstellen)
- „macht Sinn" sei Zeichen schwindenden Sprachgefühls

Sprachbegriff: Eine Sprache (zumindest das Deutsche) kann mit ihren Mitteln die Aufgabe der Welterfassung stets optimal lösen.

Guy Deutscher

These: Sprache sei stets im Wandel und dies rufe stets Kritik hervor.

Argumente:
- auch in den heute als ideal betrachteten Zeiten habe es Sprachkritik gegeben
- Sprachkritik gebe es in allen Ländern

(Hinweis: Dies widerlegt nicht automatisch die Berechtigung der Kritik)

Sprachbegriff: Sprache ist ein sich wandelndes System.

Die Auswertung kann in einem **Fishbowl**-Arrangement erfolgen: Die Schülerinnen und Schüler, die zu Aufgabe (c) denselben Text gewählt haben, erarbeiten in einer Kleingruppe eine Argumentationslinie, mit der man ihre Position verteidigen könnte. Dann setzen sich vier Vertreter der vier Texte in einen Mittelkreis, hinzukommen ein Moderator und ein freier Stuhl. Der Moderator bittet in einer ersten Runde alle Anwesenden, ihre Position zu begründen. In einer zweiten Runde soll Stellung zu den anderen Positionen genommen werden. Auf den freien Stuhl können sich Mitschüler setzen, die sich in die Diskussion einschalten wollen. Als **Hausaufgabe** könnte gestellt werden:

---

[1] An dieser Stelle sollte erneut problematisiert werden, ob die Übersetzungen (z.B. Klapprechner für Laptop) wirklich Synonyme sind. Der Begriff der konnotativen Bedeutung kann hieran beispielhaft geklärt werden (**Lap**top (vgl. topfit) – **Klapp**rechner (vgl. Klappstuhl, Klapptisch)). Zudem sollte die Aufmerksamkeit darauf gelenkt werden, dass Sick an verschiedenen Stellen Fremd- und Lehnwörter als Ersatz für Anglizismen vorschlägt.

Baustein 4: Sprachwandel: Phänomen und Kritik

- *Sollte es in Deutschland ein Sprachgesetz wie in Frankreich geben, das die französische Sprache im öffentlichen Raum (z. B. Plakate, Werbung, Bedienungsanleitungen etc.) verpflichtend macht (Zuwiderhandlungen können mit Geldstrafen geahndet werden)?[1] Erstellen Sie eine PMI-Tabelle:*

Pluspunkte (Vorteile, Pro-Argumente)	**M**inuspunkte (Nachteile, Kontra-Argumente)
Interessante Fragen/Nicht in das P-M-Schema einordbare interessante Aspekte	

Vgl. Ludger Brüning, Tobias Saum: Erfolgreich unterrichten durch Visualisieren. Essen: nds-Verlag 2007, S. 88

Die Auswertung der Hausaufgabe kann in Form eines **Meinungsbarometers** erfolgen: An zwei gegenüberliegenden Wänden des Raumes werden Zettel gehängt (Für ein Sprachgesetz – Gegen ein Sprachgesetz). Die Jugendlichen stellen sich dann so nah an den jeweiligen Zettel, wie es ihrer Meinung entspricht. Die Lehrkraft fragt nun mehrere Schülerinnen und Schüler nach Begründungen.

Ergänzend ließe sich im Unterrichtsgespräch die Frage aufwerfen, welche Prognosen die Lerngruppe für die zukünftige Entwicklung stellt. Es kann z. B. erörtert werden, ob eine Parallele zum Einfluss des Französischen erwartet werden kann.

Gerade von gebildeten Schichten wurde im 18. und 19. Jahrhundert das Französische gepflegt und damit eine Veränderung des Deutschen durch das Französische eingeleitet. Heute ist dies noch erkennbar an vollständig integrierten Nomen wie *Onkel, Vase* und *Massage* oder an der Endung „-ieren" in einigen Verben (Eindeutschung der Endung *–er (-ier)*: *abonnieren, amüsieren*)[2]. Andere Wörter wie *Trottoir, Bassin* oder *antichambrieren* treten ihren Rückzug aus der deutschen Sprache an.

- *Ist eine ähnliche Entwicklung (Eingliederung, Rückzug) für Anglizismen zu erwarten?*

Abschließen könnte die Besprechung mit einer Selbstreflexion:

- *Nach Auffassung mancher Forscher ist sowohl die Ablehnung als auch die Verwendung von Anglizismen von dem Wunsch geprägt, ein bestimmtes selbstwertdienliches Bild von sich zu erzeugen oder sich zu bestimmten Gruppen zugehörig zu fühlen bzw. sich von ihnen abzugrenzen[3]. Inwiefern trifft dies auch auf mich zu?*

Die Auswertung könnte in Form eines Blitzlichtes erfolgen, bei dem jeder Kursteilnehmer kurz seine Antwort erläutert.

Wird für den Abschluss ein weniger persönlicher Zugang gewünscht, so bietet sich die Frage an, ob die Anglizismen zu einem Domänenverlust des Deutschen führen könnten, weil in bestimmten Bereichen (z. B. IT-Branche) vielleicht bald nur noch Englisch gesprochen wird.

---

[1] Aufgrund dieses seit 1994 bestehenden Gesetzes („Loi Toubon" – nach dem 1994 amtierenden Kulturminister Toubon) wurde z. B. das IT-Unternehmen „Nextiraone France" 2008 gerichtlich dazu verurteilt, seinen Beschäftigten eine französische Version eines Software-Programms zur Verfügung zu stellen (vgl. FAZ Nr. 38, 14.2.09).

[2] Vgl. Harald Haarmann: Englisch, Network Society und europäische Identität: Eine sprachökologische Bestimmung. In: Rudolf Hoberg (Hg.): Deutsch – Englisch – Europäisch. Mannheim u. a.: Dudenverlag. 2002. S. 157. Die Endung „-ieren" dient auch zur Eindeutschung lateinischer Verben (diktieren, studieren).

[3] Vgl. Richard Glahn: Englisches im gesprochenen Deutsch – Einfluss und Bewertung. In: Rudolf Hoberg (Hg.): Deutsch – Englisch – Europäisch. Mannheim: Dudenverlag 2002, S. 231

Baustein 4: Sprachwandel: Phänomen und Kritik

Mit den **Arbeitsblättern 91 und 92**, Seiten 235 und 236, lässt sich nun eine Perspektivverschiebung der Diskussion erreichen.
Zé do Rock erlaubt mit seinem satirischen Text einen Außenblick auf die Diskussion der Deutschen über ihre Sprache.

- *Form und Inhalt – Worin besteht für Sie hier der Zusammenhang?*
- *Worin sehen Sie die politische Botschaft des Textes? (Kritikgegenstand, Adressat des Textes, implizit enthaltene Utopie?)*

Der Autor macht in ironischer Überzeichnung deutlich, dass er seine Position zur Frage nach dem schönsten deutschen Wort explizit als Migrant vertritt. Sein Vorschlag, „Pizza", also einen Sprachimport, statt „Habseligkeiten" zu wählen, verweist auf gesellschaftliche Realitäten, in denen nicht nur Menschen unterschiedlicher Herkunft zusammenleben, sondern auch deren Sprachen den Alltag auf selbstverständliche Weise prägen, sodass die Kür eines „schönsten deutschen Wortes" durchaus etwas antiquiert erscheinen kann. Der Aktion des Deutschen Sprachrats wird somit durch do Rocks Text indirekt auch ein Ausgrenzungscharakter unterstellt. Seine Kritik zielt auf die vermutete Absicht, das Deutsche durch solche Wettbewerbe betonen zu wollen, statt die multikulturelle Durchdringung der Sprache zu akzeptieren. Als Utopie des Textes kann verstanden werden, den Geist von Integration auch in der Sprachdiskussion zu stärken. Adressaten sind somit all jene, die sich öffentlich zu Sprache äußern, sprachliche Wahrnehmung, z. B. durch Wettbewerbe, beeinflussen können oder solche Diskussionen auch nur aufmerksam verfolgen.

Die Interpretation des Textes lässt sich anschließend als Diskussionsanlass nutzen, ergänzt durch die Position des „SPIEGEL" zu einer Kritik an diesem Wettbewerb: „Die Deutschen selbst können übertriebene Deutschtümelei und natürliche Zuneigung zur eigenen Sprache selten klar unterscheiden." (SPIEGEL 40/2006, S. 192)

- *Wie stehen Sie selbst zu dem Wettbewerb eines „schönsten deutschen Wortes" und zur Auswahl von „Habseligkeiten"?*

Hier ließe sich auch verdeutlichen, inwiefern das Wort „Habseligkeiten" als „schön" erscheinen kann, spiegelt es doch eine emotionale Beziehung zu Besitz, die in einer Konsumgesellschaft verloren zu gehen droht. Eine Bescheidenheit, mit wenig glücklich zu sein, wird hier also nicht nur indirekt postuliert, sondern im Wort aufgehoben.

Mit **Arbeitsblatt 92**, Seite 236, lässt sich die Perspektive auf fremdsprachliche Einflüsse in anderer Hinsicht umkehren: Der beklagte Einfluss fremdsprachiger Wörter auf das Deutsche findet mit umgekehrten Vorzeichen auch in anderen Ländern statt, in denen deutschsprachige Wörter als „Germanismen" Eingang in die Sprachen gefunden haben. Welche Wörter übernommen werden, weil sie offenbar nur schwer übersetzbar sind, kann den Blick dafür öffnen, was an der deutschen Sprache und damit vielleicht auch an den Deutschen als spezifisch wahrgenommen wird. Für Loriot waren es übrigens vor allem die Wörter „Auslegeware" und „Sitzgruppe", die er für unübersetzbar hielt und für „Highlights" der deutschen Sprache.[1]

Am Beispiel des ausgewanderten Wortes „Schadenfreude" lässt sich auch die Besonderheit des Deutschen herausarbeiten, das scheinbar Unvereinbare in Komposita zusammenzuspannen (ähnlich: Hassliebe). Solche Komposita von Nomen nennt Wolf Schneider die „Exportschlager" des Deutschen[2]: Neben den in der Liste genannten Wörtern können *Wanderlust*

---

[1] Loriot in der ARD-Sendung: Bernhard Victor Christoph Carl von Bülow genannt Loriot, 14.11.08
[2] Wolf Schneider: Prägt die Sprache das Denken? In: man spricht Deutsch. museumsmagazin. Stiftung Haus der Geschichte der Bundesrepublik Deutschland. 2008.

oder *Fernweh* dies illustrieren – auch das Adjektiv *mutterseelenallein* verdeutlicht dieses typisch deutsche Wortbildungsmuster.

Die Frage, inwiefern sich in solchen Wörtern eine spezifische Weltansicht zeigt, kann hier eine Brücke schlagen zum Thema „Mehrsprachigkeit" in Baustein 2 (**Arbeitsblatt 48**, Seite 122).

4.4 Sprache und Sprachwandel im ausgehenden 20. und beginnenden 21. Jahrhundert

Mit dem vierten Kapitel dieses Bausteins soll der Blick gelenkt werden auf Sprachentwicklungen, die die letzten Jahre – zum Teil in besonderer Weise – geprägt haben:

- die Amtssprache, die Bürger im Alltag häufig zu Sprachkritik auffordert,
- die politisch geprägte Sprache, festgemacht am Sprachgebrauch in der DDR und BRD,
- die Netzsprache, die momentan von vielen als bedrohliche Gefahr für die Standardsprache wahrgenommen wird.
- Zudem soll an dem Wort „schwul" gezeigt werden, wie Bedeutungsverschiebungen auch bewusst initiiert werden.

Jeder der vier Bereiche kann unabhängig von den anderen behandelt werden und exemplarisch aktuelle Entwicklungen beleuchten.

Amtssprache

Viele Bürger, die offizielle Amtspost erhalten, werden rasch zu Sprachkritikern. Das Bestreben, amtliche Schreiben rechtssicher zu gestalten, führt beispielsweise häufig zu einem nahezu völligen Verzicht auf Verständlichkeit. Zwar sind Schülerinnen und Schüler nur selten selbst Empfänger von Behördenpost, aber amtliche Sprache ist ihnen gleichwohl aus dem Alltag bekannt und ein beliebtes Feld auch ihrer Kritik.

Als Einstieg in eine Doppelstunde zur Amtssprache bietet sich der auf **Arbeitsblatt 93**, Seite 237, abgedruckte Test an (Lösungen: 1a, 2d, 3c, 4d, 5a, 6d, 7d, 8a). In der Auswertung sollte es nicht bei einem Kopfschütteln über die Amtssprache bleiben, sondern bereits gemutmaßt werden, wie sich der amtliche Sprachgebrauch rechtfertigen lässt (Rechtssicherheit? Ziel der Unverständlichkeit? Antiquierte Terminologie statt notwendigem Sprachwandel? ...).

Die **Arbeitsblätter 94 und 95**, Seiten 238 und 239, beziehen sich auf das Idema-Projekt der Universität Bochum. Dort wird der Versuch gemacht, Amtssprache in manchen Teilen durch verständlichere Sprache zu ersetzen. Mit **Arbeitsblatt 94** können die Gründe für die Verwendung von Amtssprache differenziert werden, indem die abgedruckten Thesen (Arbeitsauftrag) erörtert werden. Ergebnis könnte sein:

Kennzeichen von Amtssprache

- Amtssprache dient oft der Rechtssicherheit.
- Amtssprache ist geprägt von Fachsprachen.
- In der Amtssprache halten sich antiquierte Bezeichnungen (wie Durchschrift statt Kopie).
- Amtssprache strebt nur bedingt Verständlichkeit an (oft Zielkonflikt zur Rechtssicherheit).

Sprachkritik wirft immer auch den Blick auf das Anders-sagen-Können. Mit **Arbeitsblatt 95**, Seite 239, kann an Vorschlägen geprüft werden, wie sich Amtsdeutsch verklaren lässt.

■ *Entwickeln Sie Verbesserungsvorschläge für die Beispiele 2 bis 6.*

Im Idema-Projekt der Uni Bochum entwickelte Vorschläge für mehr Verständlichkeit:
2. Es genügt, wenn Sie eine amtlich beglaubigte Kopie vorlegen.
3. Ich bin für Ihre Betreuung zuständig. Das Amtsgericht XY hat mich jetzt aufgefordert, zu Ihrer Angelegenheit erneut Stellung zu nehmen.
4. Egal, welches unserer Angebote Sie nutzen: Unsere Hilfe ist immer kostenlos.
5. Bitte rufen Sie mich an, damit wir die noch offenen Fragen klären können. Meine Telefonnummer ist XYZ. Zu diesen Zeiten können Sie mich erreichen: ((Übersicht Sprechzeiten))
6. Sie haben mein Schreiben vom ((Datum)) bisher nicht beantwortet. Ihre Angaben sind jedoch erforderlich, um über Ihren Anspruch zu entscheiden. Bitte antworten Sie deshalb bis zum ((Datum)). Danach werde ich anhand der Informationen entscheiden, die mir vorliegen.

■ *Untersuchen Sie Ihre Verbesserungsvorschläge auf eine Systematik hin und formulieren Sie dann „Tipps für verständliches Amtsdeutsch".*

Tipps für verständliches Amtsdeutsch [mögliche Lösung]

- rechtlich notwendige Formulierungen auf das Minimum reduzieren
- klar formulieren, was Empfänger tun soll bzw. zu erwarten hat
- Fachwörter durch anschauliche Beschreibungen ersetzen
- Nominalstil reduzieren
- Bandwurmwörter vermeiden
- kurze Sätze
- Aktiv statt Passiv
- Kontaktdaten konkret angeben (Sprechzeiten, Telefonnummer, …)

Angelehnt an: Stadtverwaltung Bochum: Ein Leitfaden zur übernahen Verwaltungssprache (www.moderne-verwaltungssprache.de)

Es kann sich eine Erörterung der Frage anschließen, welche dieser Regeln auch für andere Texte sinnvoll sind bzw. wo die kritisierten Phänomene ihre Berechtigung haben (z. B. Nominalstil in Thesenpapieren, Fachwörter in fachwiss. Aufsätzen, …).
Als Abschluss der Sequenz bzw. als **Hausaufgabe** ist es reizvoll, ein Märchen in Amtssprache umzuschreiben, denn auf diese Weise wird die Kritik durch eine Parodie produktiv gewendet:

■ *Schreiben Sie ein Ihnen bekanntes Märchen in Amtssprache um.*

Dazu bieten sich in besonderer Weise „Die Sterntaler" oder auch „Rotkäppchen" an: „Im Kinderanfall unserer Stadtgemeinde ist eine hierorts wohnhafte, noch unbeschulte Minderjährige aktenkundig, welche durch ihre unübliche Kopfbekleidung gewohnheitsmäßig Rotkäppchen genannt zu werden pflegt. Der Mutter besagter R. wurde seitens ihrer Mutter ein Schreiben zustellig gemacht, in welchem dieselbe Mitteilung ihrer Krankheit und Pflegebedürftigkeit machte, worauf die Mutter der R. dieser die Auflage machte, der Großmutter eine Sendung von Nahrungs- und Genussmitteln zu Genesungszwecken zuzustellen. Vor ihrer Inmarschsetzung wurde die R. seitens ihrer Mutter über das Verbot betreffs Verlassens der Waldwege auf Kreisebene belehrt ..." So liest sich „Rotkäppchen" in der Parodie von Thaddäus Troll (1914–1980)[1].

Sprache der DDR und der BRD

Das geteilte Deutschland bietet sich für eine Sprachuntersuchung an, weil der Sprachgebrauch in Ost und West differierte (**Arbeitsblatt 96**, Seite 240). Durch eine Gegenüberstellung der Sprache der DDR und der BRD lassen sich insbesondere die Wirklichkeitsinterpretationen vergleichen, die sich hinter mancher sprachlicher Erscheinung und ihrer spezifischen Verwendung verbergen. Besonders geeignet für eine unterrichtliche Auseinandersetzung sind solche Begriffe, die politische oder gesellschaftliche Gegebenheiten und Einstellungen beschreiben. Der Begriff des *Kollektivs* beispielsweise wurde im Osten positiv eingeschätzt, obwohl er gewissermaßen Teil der offiziellen Sprachvorgaben war, während er im Westen deutlich häufiger als „unsympathisch" empfunden wurde.

Der Text erklärt die hohen Sympathiewerte des Wortes „Kollektiv" mit der Tatsache, dass in der DDR das Gleichheitsgebot auch als soziale Gleichberechtigung empfunden wurde und der Begriff des „Kollektivs" daher positiv konnotiert gewesen sei, weil er die Geborgenheit in einer Gruppe gespiegelt habe. Die deutlich geringeren Sympathiewerte im Westen dürften darin begründet sein, dass der Begriff des *Kollektivs* dort eher mit Gleichmacherei assoziiert wurde, bei der der Einzelne wenig Bedeutung hat.

- Zeichnen Sie die Begründung Kesslers für die hohe Sympathie der Ostdeutschen für den Begriff des „Kollektivs" nach und versuchen Sie dann eine Begründung
  a) für die demgegenüber geringeren Sympathiewerte des Begriffs im Westen,
  b) für den Anstieg der Sympathiewerte im Westen zwischen 1990 und 1999.

- „Das Ziel politischen Sprachgebrauchs ist es ja, die Menschen zu beeinflussen" (Astrid Stedje). Welche Art der Beeinflussung sehen Sie in dem in der Tabelle dargestellten unterschiedlichen Sprachgebrauch in der DDR und in der Bundesrepublik? Halten Sie den Beeinflussungsversuch für wirksam?

„Kollektiv": Bewertung des Begriffes

Ost 1990	**West 1990**
Eher positive Konnotation:	Eher negative Konnotation:
• soziale Gleichstellung	• Gleichmacherei
• Gefühl der Sicherheit	• Zurückstellen von Individualismus

1999 Zunehmende Sympathiewerte für „Kollektiv" in Ost und West:
Möglicher Grund: sich verschärfender Kampf um gesellschaftliche Teilhabe

Anhand der Tabelle kann die Beeinflussungsfunktion von Sprache in Ost und West beleuchtet werden: Vokabeln wie „Friedenslager" (Ost) und „Freie Marktwirtschaft" (West) zeigen die Tendenz zur sprachlichen Selbstaufwertung. „SED-Regime" kann als Versuch einer Abwertung des Gegenübers gesehen werden, wenngleich diese Bezeichnung aufgrund des geschehenen Unrechts in einer historischen Betrachtung als durchaus angemessen erscheinen mag. Der

---

[1] http://www.thaddaeus-troll.de/tt-leseproben.html

Begriff „antifaschistischer Schutzwall" müht sich um eine manipulative Uminterpretation: Die Mauer, die dazu diente, ein Auswandern aus der DDR zu verhindern, sollte den Anstrich bekommen, als schütze sie vor einer vermeintlich faschistischen westlichen Welt.

Arbeitsblatt 97, Seite 241, regt an, die Sprachverwendung im geteilten Deutschland an weiteren Beispielen zu diskutieren. Vor allem die Duden-Gegenüberstellung von 1986/1988[1] wirft die Frage auf, in welchem Kausalitätsverhältnis Sprache und Bewusstsein stehen. So ließen sich die meist unkritisch gebrauchten Begriffe „Arbeitnehmer"/„Arbeitgeber" daraufhin überprüfen, wer hier wem etwas gibt. Die dabei deutlich werdende kapitalorientierte Sicht der so selbstverständlichen Begrifflichkeit (vgl. S. 102, Fußnote 1) kann erklären, warum diese Wörter in der DDR nicht gebräuchlich waren. Manche Einträge im DDR-Duden veranschaulichen dagegen, dass sich die Absicht, durch Sprachlenkung einen offiziellen Sprachgebrauch zu etablieren, nicht auf die klassischen, mit der DDR assoziierten Termini wie „Kollektiv" beschränkte, sondern zudem semantische Füllungen solcher Begriffe umfasste, die für den Westen zentrale Bedeutung hatten (Individualismus, NATO).

Der differierende Sprachgebrauch im Alltag ermöglicht auch eine Bewertung, die sich z.B. mit diesem Zitat initiieren lässt:

„Im Nachhinein erscheinen mir viele DDR-Begriffe des alltäglichen Gebrauchs unverstellter, zum Beispiel ‚Kaufhalle' für ‚Supermarkt' [...]. Worte wie ‚Bückware', ‚Jahresendflügelfigur' oder ‚Telespargel' hingegen, die ja als Klischee einer DDR-Sprache gern zitiert werden, gehen mir auf die Nerven. Sie werden überdehnt und verspottet; es sind leere Worthülsen." (Jana Hensel, Schriftstellerin)[1]

Am Ende einer Auseinandersetzung mit der Sprache der DDR und der BRD lohnt sich ein Blick auf die Sprachverwendung nach 1990. Wie der Prozess des Zusammenwachsens weiterging, kann an drei Stufen des Wende-Vokabulars festgemacht werden:

1. Mauerspecht, vereintes Deutschland, Reisefreiheit, alte und neue Bundesländer
2. Konsumrausch, Wendehals, abwickeln, Ossi-Wessi
3. Besserwessi – Jammerossi, Bürger 2. Klasse, überstülpen (von BRD-Strukturen), Ostalgie

Vgl. Astrid Stedje: Deutsche Sprache gestern und heute. Paderborn: Fink 2007, S. 223

Diese 12 Begriffe könnten dazu ungeordnet an die Tafel geschrieben werden:

> *Ordnen Sie die 12 Begriffe aufgrund des darin erkennbaren Verhältnisses zur deutschen Einheit: Welche Begriffe spiegeln eine positive Einstellung, welche ein kritisches Verhältnis, welche eine neue Spaltung in den Köpfen? Welche historischen Perioden passen nach Ihrer Auffassung zu welchen Begriffsgruppen?*

Die Sprache der DDR und der BRD bietet sich auch für ein **projektartiges Vorgehen** an, da mit Wörterbüchern, Zeitungen etc. empirische Arbeiten über Sprachunterschiede und deren Gründe möglich sind.

Intendierte Bedeutungsveränderung am Beispiel „schwul"

Am Begriff „schwul" können Muster von Sprachentwicklungen nachvollzogen werden, die insbesondere im Grenzbereich zwischen Jugendkultur und Erwachsenenwelt häufig zu beobachten sind. Das Wort „schwul" wurde ursprünglich in Verwandtschaft zu „schwül" (drückend heiß) auch in abwertender Weise für Homosexuelle genutzt. Im Zuge der Emanzipa-

---

[1] Quellen: Der Große Duden. Leipzig 1988; und Duden: Rechtschreibung. Mannheim/Gütersloh 1986

[2] man spricht Deutsch. museumsmagazin. Stiftung Haus der Geschichte der Bundesrepublik Deutschland 2008, S. 27. „Telespargel" war ein von DDR-Offiziellen gewünschter Spitzname für den Berliner Fernsehturm, der sich aber kaum durchsetzen konnte. Unter „Bückware" verstand man Produkte, die nicht in ausreichendem Maße angeboten wurden und daher gewissermaßen unter dem Ladentisch hervorgeholt werden mussten (der Verkäufer bückte sich danach).

tionsbewegung nutzten Homosexuelle das Wort dann aber als Selbstbezeichnung, um der Diskriminierung den pejorativen Charakter zu nehmen. Das Wort wurde zu einem Geusenwort, worunter man eine bewusste Sprachveränderung versteht, bei der diskriminierte Gruppen eine abwertende Bezeichnung übernehmen, um sie damit zu neutralisieren (ähnlich in der „Krüppelbewegung"). Eine pejorative Verwendung des Wortes „schwul" ist damit zumindest schwierig geworden, was jedoch in der Jugendsprache zu einer Gegenbewegung führte, die das Adjektiv als generelle Abwertungsvokabel nutzt. Die von den Erwachsenen vorgenommene Tabuisierung der negativen Verwendung wird also von den Jugendlichen bewusst durchbrochen, gerade weil die Tabuisierung das Wort zur Provokation tauglich macht.
Mit **Arbeitsblatt 98**, Seite 242, kann das Muster jugendsprachlicher Umwertungen erfasst werden:

- *Lesen Sie den Text von Martenstein und ordnen Sie: geil – schwul – pädophil – porno – sensibel – psycho – nachhaltig. Womit ist – tatsächlich oder Martensteins Prognose zufolge – eine positive Wertung von Seiten der Jugendlichen verbunden, womit eine negative?*

- *Erläutern Sie Martensteins Theorie der Entwicklung jugendsprachlicher Wertungen und stellen Sie selbst Hypothesen auf über zukünftige Bezeichnungen.*

Jugendsprachliche Wertungsadjektive

Positive Konnotation: geil, porno, vielleicht demnächst: pädophil
Negative Konnotation: schwul, psycho, vielleicht demnächst: sensibel, nachhaltig
Muster: Umwertung gesellschaftlich vorgegebener Konnotationen bzw. Bruch gesellschaftlicher Tabus

Arbeitsblatt 99, Seite 243, stellt die beiden Richtungen der Sprachentwicklung gegenüber: die Nutzung tabuisierter Wörter in der Jugendsprache (zumindest in ihrem abwertenden Charakter tabuisierter Wörter) und die Geusenwortstrategie als Mittel, sprachliche Diffamierung zu beenden. Beide Sprachstrategien folgen ähnlichen Mustern: Die Geusenwort-Strategie beendet eine sprachliche Abwertung, indem sie gegen das Tabu verstößt, abwertende Worte als Selbstbezeichnung zu nutzen. Ein als Selbstbezeichnung genutztes Wort ist nicht mehr als abwertende Beschreibung geeignet.[1] Dies ermöglicht es aber den Jugendlichen, die sprachliche Neutralisierung rückgängig zu machen. Die Abwertungsvokabel „schwul" wird dabei gleichsam inhaltslos genutzt. Sie darf also nicht automatisch mit einer Diffamierung von Schwulen gleichgesetzt werden, da es in erster Linie nur um die Gewinnung einer tabubesetzten Vokabel geht. Inwieweit Jugendliche dennoch mit dieser Bezeichnung auch eine Abgrenzung von Schwulen intendieren, weil Schwulsein gerade in der Pubertät häufig als Gefahr für die sexuelle Selbstfindung gesehen wird, dürfte dabei individuell unterschiedlich sein. So sind auch die Unterschiede beider Strategien klar markierbar: Den Jugendlichen geht es gerade um den Tabubruch, die Geusenwortnutzer dagegen funktionalisieren den Tabubruch für ihre Zwecke, um die Abwertung selbst zu beenden. In diesem Sinne handelt es sich um einen Freiheitskampf, nämlich um den Kampf für eine Beendigung sprachlicher Unterdrückung.[2]

---

[1] In ironisch-spielerischer Weise nutzen Jugendliche eine ähnliche Strategie, wenn Sie T-Shirts tragen mit dem Aufdruck „Zicke" oder „Nerd" (i. S. v. kontaktarmer Computerbesessener).

[2] Auch die Bezeichnung „Geusen" der niederländischen Freiheitskämpfer (zu frz. gueux: Bettler) war zunächst abfällig gemeint, wurde dann aber von den Kämpfern selbst in einen Ehrentitel umgedeutet, was die Bezeichnung „Geusenwort" erklärt.

Baustein 4: Sprachwandel: Phänomen und Kritik

- *Tabubruch – Geusenwort-Strategie: Stellen Sie die beiden hier beschriebenen Sprachentwicklungen gegenüber und erläutern Sie diese anhand weiterer Beispiele.*

Gegenläufige Tendenzen: Geusenwort-Strategie und jugendlicher Tabubruch

Geusenwort-Strategie:
Sprachliche Abwertung einer Gruppe → Eigene neutrale Nutzung der Abwertungsvokabel → Abwertende Nutzung kaum noch möglich

Jugendlicher Tabubruch:
Wörter werden gesellschaftlich tabuisiert (negative Nutzung von „schwul") → Diese Wörter bieten sich für Tabubruch an → Tabubruch ist in sich nicht mit einer Abwertung verbunden

Gemeinsamkeit:
Verschiebung der Wortnutzung auf einen neuen Bereich
Weiteres Beispiel: Krüppelbewegung (Geusenwort) ←→ Krüppel als Abwertungsvokabel (Jugendliche)

Unterschiedliche Motive:
– Geusenwort-Strategie: Verhinderung einer Diffamierung
– Jugendsprache: Lust an Provokation

Die Sprache im Netz und in SMS

Nie wurde von Jugendlichen so viel geschrieben wie heute, allerdings oft nicht in der Form, die Deutschlehrer sich wünschen. Jugendliche schreiben fast täglich SMS, E-Mails oder Beiträge zu Chats, tun dies aber in einer Sprache, der manche das Potenzial zutrauen, einen Sprachverfall zu bewirken, also gewissermaßen ein „e-Deutsch" zu erzeugen, das von Eigenschaften der Netzsprache infiziert ist. Mit den **Arbeitsblättern 100 und 101**, Seiten 244 und 245, kann erörtert werden, worin die Besonderheiten der Netzsprache liegen und wie deren Einfluss auf die Standardsprache einzuschätzen ist.

Die Zunahme schriftlicher Kommunikation ist dadurch begründet, dass sie über die neuen Medien vielfach mündliche Kommunikationsformen ersetzt. Der Sprachstil bleibt dabei jedoch weitgehend erhalten, die schriftlichen Texte folgen einer konzeptionellen Mündlichkeit[1]. Je geringer die zeitliche Distanz zwischen sprachlicher Aktion und Reaktion ist, desto eher scheinen sich konzeptionell mündliche Formen durchzusetzen, also im Chat mehr als in der SMS und dort mehr als in der E-Mail (vgl. Arbeitsblatt 101).

Zudem ist die Sprache oft situativ angepasst, sie nutzt kreative Sprachveränderungen, die bisweilen nur zwischen Jugendlichen verstanden werden, wodurch als Subtext eine humoristische Grundstimmung erzeugt werden soll.

Mit **Arbeitsblatt 100**, Seite 244, wird ein Überblick über die Netzsprache gegeben und deren Bewertung durch Wissenschaftler erkennbar:

- *Systematisieren Sie die sprachlichen Besonderheiten der Sprache im Chat, in E-Mails, in SMS.*

- *Worin sehen Sie die Unterschiede dieser Sprache zum sonstigen Schriftdeutsch begründet?*

---

[1] Vgl. zu diesem Begriff: Koch, Peter und Wulf Oesterreicher: Funktionale Aspekte der Schriftkultur. In: H. Günther und O. Ludwig (Hg.): Handbuch Schrift und Schriftlichkeit. Bd. I. Berlin: de Gruyter 1994, 587–604.

Baustein 4: Sprachwandel: Phänomen und Kritik

- *Wie bewerten Sie solche Verwendungsweisen der Sprache?*
- *Welcher Einfluss der Netzsprache auf die sonstige Sprache wird im Text konstatiert? Wie sind Ihre Beobachtungen?*
- *Unter welchen Bedingungen wäre die Netzsprache eine „Bedrohung" für die deutsche Sprache?*

Sprachliche Besonderheiten der Netzsprache (einschl. SMS):

- Abkürzungen
- konzeptionelle Mündlichkeit, Plauderton
- Rechtschreibreduktion
- Ersetzung nonverbaler Elemente durch Emoticons etc.

Fazit: Vereinfachung der Ausdrucksmittel bei Zunahme pragmatischer Komplexität.[1]

Diese Besonderheiten begründen sich zum Teil funktional (Plauderton), zum Teil durch die Rahmenbedingungen (Zeichenbegrenzung bei SMS, Eile …). Gelegentlich dienen sie auch dazu, einen sozialen Ertrag zu erzielen, so wird z. B. durch Abkürzungen wie „N8" (= Nacht) versucht, die eigene Kreativität und den Humor unter Beweis zu stellen.

Laut Text ist der Einfluss der Netzsprache auf die sonstige Sprache gering, weil Sprecher und Schreiber zwischen den Sprachebenen zu wechseln vermögen. Eine Bedrohung könnte z. B. dann entstehen, wenn Jugendliche die Fähigkeit zu solch einem Registerwechsel verlören. Mit **Arbeitsblatt 101**, Seite 245, lassen sich die Erkenntnisse konkretisieren:

- *Analysieren Sie unter Nutzung der Textaussagen die SMS in Zeile 38 f. und die nachfolgend abgedruckten Nachrichten.*

Analyse/Merkmale der abgedruckten SMS:

- Hang zur Abkürzung (SMS 2)
- sprachliche Verdichtung/Reduktion (Strukturellipse in SMS 1)
- sprachliche Ausschmückung (SMS in Z. 38 f.)
- Verkindlichung der Sprache zur Selbststilisierung in SMS (sozialer Ertrag, SMS in Z. 38 f.)
- Expressivität/Metaphorik → experimenteller Charakter (SMS 2)
- implizite Vermutung einer schnellen Antwort (SMS 2)
- Fähigkeit zum Wechsel zwischen Sprachebenen (SMS 3)
- emulierte (nachgeahmte) Prosodie → konzeptionelle Mündlichkeit (SMS 4)[2]

---

[1] Vgl. Martin Haase u. a.: Internetkommunikation und Sprachwandel. In: Rüdiger Weingarten (Hg.): Sprachwandel durch Computer. Opladen: Westdeutscher Verlag 1997, S. 51–85
[2] Vgl. Hasse u. a. 1997, ebd., S. 68, 74

4.5 Moralische Sprachbeurteilung: Sprache und kommunikative Ethik

Im letzten Teil dieses Bausteins soll der Bereich der politischen Sprachkritik in den Mittelpunkt gerückt werden. Hierzu sind in der Regel keine besonderen linguistischen Kenntnisse, wohl aber psychologische Denkweisen nötig:
„Der Sprachkritiker braucht […] nicht die Hilfe irgendwelcher Theorien oder irgendein besonderes Sachwissen. […] Jeder Sprecher kann ja die Verständlichkeit beurteilen, und er lernt mit der Sprache, wie versucht wird zu manipulieren oder wie Scheinargumentationen aussehen." (Hans-Jürgen Heringer: Sprachkritik – die Fortsetzung der Politik mit besseren Mitteln. In: H.-J. H. (Hg.): Holzfeuer im hölzernen Ofen. Tübingen: Narr. ²1988. S. 31)
In diesem Teil soll es daher darum gehen, zu verstehen, wie sprachliche Manipulationen funktionieren und welche Strategien z. B. sprachlichen Verletzungen zugrunde liegen können. Zwar böte sich in diesem Zusammenhang eine Auseinandersetzung mit der NS-Sprache an, hier wird aber der Untersuchung aktueller Sprachentwicklungen der Vorzug gegeben, weil damit sprachliche Manipulation auch als gegenwärtiges Phänomen begriffen werden kann. Mit **Arbeitsblatt 102**, Seite 246, kann verdeutlicht werden, dass sprachliche Verzerrungen oft auf Kontextuierungen beruhen. Weinrich zeigt, inwiefern die Formulierung „Blut und Boden" „lügen" kann, sie transportiert immer eine Kontextdetermination (NS-Ideologie), kann also nicht mehr neutral verwendet werden, sondern enthält schon eine Weltdeutung, die bewusst verfälschend ist, also lügt.

Mit einem nicht völlig identischen, aber ähnlichen Muster arbeiten manche Unwörter: So ist der Begriff der „Produktivität" positiv konnotiert. Etwas ist produktiv, wenn es dem Menschen Nutzen bringt. Die Entlassung von Mitarbeitern im Hinblick auf den Unternehmensertrag „Entlassungsproduktivität" zu nennen, ist der Versuch, der Entlassung einen positiven Kontext zu verschaffen, der zumindest für die betroffenen Arbeitnehmer vollkommen unzutreffend ist. In diesem Sinne ist das Wort also eine Lüge.

Mit der Lerngruppe sollte hier auch analysiert werden, welche morphologischen Phänomene Unwörter dazu befähigen, Unmenschliches zu verschleiern: Sehr oft sind Unwörter Komposita, die einen menschenentwertenden Gedanken nicht explizit sichtbar machen, sondern in die verdichtete Form der Wortzusammensetzung bringen, in der ein Teil (Produktivität) durch seine positive Konnotation die Wirkung des anderen Teils (Entlassung) so verdecken soll, dass das gesamte Kompositum die positive Konnotation des einen Teils übernimmt. Die Stärke des Deutschen, Verdichtung durch Komposita zu erreichen, wird hier also zur Verschleierung genutzt.

■ *Seit 1991 werden in der Aktion „Unwort des Jahres" sprachliche Missgriffe untersucht und es wird ein „Unwort des Jahres" gekürt. Gibt es darunter Unwörter, die in einem ähnlichen Sinne „lügen", wie Weinrich es darstellt? Versuchen Sie, zu beschreiben, wie Unwörter gebildet sind und wie sie „funktionieren".*

Unwort des Jahres 2005: Entlassungsproduktivität

als Beispiel für das Lügen von Worten (Weinrich)

Kernaussage: Entlassung (negative Konnotation)
Verbindung mit: Produktivität (positive Konnotation (hier: positiv für das Unternehmen))
Kompositum „Entlassungsproduktivität": Überstrahlung der negativen Konnotation (1. Wortteil) durch positive Konnotation (2. Wortteil)

➡ Kompositum wird als Lüge wirksam.

Neben dieser sprachlichen Beschönigung ist ein zweites dominierendes Muster zu erkennen: Die Funktionsweise von Unwörtern ist zum Teil auch dadurch gekennzeichnet, dass nun nicht beschönigt, sondern umgekehrt Menschliches direkt abgewertet oder verdinglicht wird (z. B. *Humankapital*, vgl. auch 1997: *Wohlstandsmüll* für arbeitsunfähige oder -unwillige Menschen).

Anschließend können die Schülerinnen und Schüler aufgefordert werden, auf ähnlichen Mustern basierende Beispiele aus dem aktuellen Sprachgebrauch zu suchen, die dann diskutiert werden.[1]

Arbeitsblatt 103, Seite 247, zeigt in besonders augenfälliger Weise das Grundmuster der Verdinglichung von Menschen, das vielen Unwörtern zugrunde liegt. Das Unwort des Jahres 2005 „Humankapital" ist hierfür ebenso ein Beispiel wie „Schülerberg", „Patientengut" oder „Spielermaterial". Anhand der Textbeispiele kann unterschieden werden, wo der Begriff „Menschenmaterial" kritisch bewertet ist (Tucholsky und wohl auch Marx) und wo er im kritisierten Sinne verwendet wird (Kriegs-Depesche, Göring). Ergänzend hinzugezogen werden kann die Äußerung des ersten SED-Vorsitzenden Otto Grotewohl, für den die Jungen Pioniere in der DDR „das sauberste und beste Menschenmaterial für die Zukunft" waren.[2]

Das in solchen Vergegenständlichungen erkennbare Menschenbild zeichnet sich in der Regel dadurch aus, dass manche Menschen als für andere verfügbare willenlose Dinge betrachtet werden, die rein funktional bewertet werden und keinerlei Recht auf Selbstbestimmung haben.

Die von den Schülerinnen und Schülern gefundenen Beispiele sprachlicher Entmenschlichung können anschließend darauf untersucht werden, inwieweit die Betroffenen selbst dies wohl als Verletzung empfinden (Beispiele: Behindertentransport, Rollstuhlplatz, …).

Mit den **Arbeitsblättern 104, 105 und 106**, Seiten 248 bis 250, kann ein aktuelles Beispiel von Sprachverwendung genauer beleuchtet werden, nämlich die Verwendung des Begriffes „Opfer" durch manche Jugendliche. Der Text von Klaus Hartung (Arbeitsblatt 104) will verdeutlichen, dass die Sprache von Kindern soziale Gegebenheiten oft in radikaler Weise spiegelt. Grundlage des Textes ist der Blick auf ein vermeintlich „sozialtherapeutisches Zeitalter", das „Opfer in Anspruchsberechtigte" verwandelte. Die Kinder verweigern sich Hartung zufolge solchen gesellschaftlichen und sprachlichen Veränderungen und machen in ihrer Sprache Beschönigungen und Tabuisierungen rückgängig. Die Frage, wie der Autor selbst diese Entwicklung bewertet, muss ambivalent beantwortet werden. Der Autor sieht zwar den Wunsch der Kinder, durch die Ausgrenzung der „Opfer" die eigene Normalität unter Beweis zu stellen und sich damit einem gesellschaftlichen Fortschritt in der Sprache zu verweigern, andererseits erkennt er darin einen „präzisen Kommentar" der Kinder, also eine Verweigerung gegenüber sprachlichen Verdeckungen. Der letzte Satz lässt den Kampf der „Normalos" gegen die Minderheiten sogar verständlich erscheinen. Aus dieser ambivalenten Sicht mag sich die Frage ergeben, wie die Schülerinnen und Schüler selbst die gesellschaftlichen Veränderungen sehen und welche sprachliche Reaktion darauf in ihren Augen angemessen erscheint.

- *Beschreiben Sie die gesellschaftlichen und sprachlichen Phänomene, die Klaus Hartung ausgemacht hat, mit eigenen Worten (jeweils mit Belegstellen).*

- *Untersuchen Sie, welche Haltung der Autor gegenüber diesen Phänomenen einnimmt. Wie stehen Sie selbst dazu: Sehen Sie das Beschriebene ähnlich? Teilen Sie die Bewertung?*

- *Untersuchen Sie die genannten Beispiele mit Blick auf die Angesprochenen: Welche Unterschiede sehen Sie z. B. darin, als „Loser" oder als „Opfer" bezeichnet zu werden?*

---

[1] z. B. *klimaneutral, Ehrenmord,* als banales Beispiel auch: *Briefkastenoptimierung* (für den Abbau von Briefkästen)
[2] WDR-Sendung: Stichtag vom 12.12.08 zur Gründung der Jungen Pioniere am 12.12.48 (vgl. www.wdr.de)

> ### Der Begriff „Opfer" in der Jugendsprache
>
> **Gesellschaftliche und sprachliche Phänomene lt. Klaus Hartung:**
>
> - „Sozialtherapeutisches Zeitalter": Dichotomie „Normale Gesellschaft – Außenseiter" werde aufgehoben (Z. 17 ff.)
> - „Sozialstaatliche Welt": Opfer würden zu Anspruchsberechtigten (Z. 48 ff.)
> - Durch Sprachstrategie und Sprachzensur werde der Außenseiterstatus sprachlich verschleiert oder negiert (32 ff.)
> - Kinder und Jugendliche verweigerten sich dieser Strategie, nutzten die Begriffe und machten sich damit gegenseitig zu Außenseitern.
> - Hartung wertet dies als „präzise[n], harte[n] Kommentar gegen unsere Gesellschaft" (Z. 47 f.), in der niemand ein Opfer sein soll.

Wertung durch den Autor: Uneindeutige Positionierung

a) gesellschaftliche Veränderung der Integration früherer „Außenseiter"
   - wird zum Teil positiv betrachtet (Fortschritt (Z. 2 f.), Rückkehr in härtere Zeiten (Z. 52)
   - wird zum Teil sprachlich abgewertet: „sozialtherapeutisches Zeitalter", „Normalos" als Opfer einer Mehrheit von Minderheiten (Z. 17, 55 f.).

b) Reaktion der „Kids" auf diese Veränderung
   - wird zum Teil kritisiert (Negierung des Fortschritts (Z. 1 ff.), sprachliche Abwertung zur eigenen Aufwertung (Z. 15 f.))
   - wird zum Teil sprachlich aufgewertet („präziser, harter Kommentar", Aufkündigung gesellschaftlicher Verschleierung) (Z. 47 ff.).

Wirkung von „Loser" und „Opfer"

Beide Begriffe beziehen ihre Wirkung auch daraus, dass sie ohne nähere Bestimmung genutzt und so generalisiert werden. Gerade der Opferbegriff ist nicht als solcher abwertend (vgl. Unfallopfer, Kriegsopfer, ...), sondern offenbar nur dann, wenn die Situation, in der man zum Opfer wird, ungenannt bleibt, wodurch Opfersein vom Schicksalmoment zum Persönlichkeitsmerkmal umgedeutet wird. Vor diesem Hintergrund sind beide Begriffe massiv verletzend, lediglich graduell unterschiedlich:

- Ein Verlierer („Loser") ist grundsätzlich aktiv und nur in bestimmten Situationen erfolglos, was prinzipiell veränderbar ist → könnte als vorübergehende Stigmatisierung wirken.
- Ein „Opfer" dagegen ist – zumindest, wenn ein Kontext ungenannt bleibt – weitgehend durch passives Erleiden gekennzeichnet, was in der Regel nur von außen veränderbar ist → dürfte als grundlegende Stigmatisierung wirken.

Gerade die ambivalente Bewertung des Phänomens durch den Autor (s. o.) kann Gegenstand einer kontroversen Diskussion im Kurs werden, z. B. mit der Frage:

> ■ Ist die Sprache der Jugendlichen ehrlicher oder menschenverachtender als die der Erwachsenen?

Arbeitsblatt 105, Seite 249, eröffnet einen weiteren Horizont für die Opfer-Diskussion, weil damit der Transport von Wortgeschichten zur Diffamierung verständlich wird. Mit **Arbeitsblatt 106**, Seite 250, können die Elemente der Wortgeschichte erarbeitet werden, die in der

Diffamierung der kontextlosen Bezeichnung „Opfer" mitschwingt: weitgehende Passivität, Täterlosigkeit des Vorgangs (durch Verschweigen der Täter), schicksalhafte Unentrinnbarkeit.

Arbeitsblatt 107, Seite 251, ermöglicht schließlich eine Schlussdiskussion über Sprachlenkungen. Sowohl das Einfordern von Political Correctness als auch die Ablehnung von Political Correctness sind Versuche, sprachliche Prozesse zu steuern, und zwar jeweils aus vermeintlich moralischen Gründen. Mögliche von den Schülerinnen und Schülern gefundene Beispiele könnten sein:

„Hochbetagte" statt „Alte"
„Menschen mit Behinderung" statt „Behinderte"
„Schüler mit erhöhtem Förderbedarf" statt „Sonderschüler"
„Menschen mit Migrationshintergrund" statt „Migranten" (oder sogar statt „Ausländer")

Hieran ließe sich einerseits die Tendenz festmachen, durch veränderte Bezeichnungen die Reduzierung von Menschen auf ein Merkmal zu beenden und stattdessen auch sprachlich zu kennzeichnen, dass lediglich von einem Attribut die Rede ist. Andererseits verbergen sich hinter manchen Bezeichnungen vielleicht auch interessegeleitete Sprachstrategien, die gesellschaftlich gegenläufige Prozesse zu verschleiern versuchen, also ein tatsächliches Drängen an den Rand der Gesellschaft durch eine sprachliche Integrationssuggestion verdecken wollen.

Hieran kann sich eine Abschlussdiskussion anschließen:

- *Kann sprachliche Veränderung eine Bewusstseinsänderung erzeugen?*
- *Welche sprachlichen Veränderungen begrüßen wir, welche bewerten wir neutral, welche wollen wir in unserem individuellen Sprachgebrauch nicht mittragen?*
- *Welche gesellschaftlichen Prozesse, welche individuellen Interessen spiegeln sich in den Sprachveränderungen? Wie wirken sie auf die Betroffenen?*

Die Reihe kann mit einem Blitzlicht enden:

- *Folgender Gedanke aus der Unterrichtsreihe war für mich persönlich neu/wichtig/spannend: …*

Vorschlag zur Reduktion: Ein Minimalkatalog für die Auseinandersetzung mit dem Thema „Sprachwandel"

Stehen nur wenige Stunden für die Auseinandersetzung mit dem Thema dieses Bausteins zur Verfügung, empfiehlt sich eine Reduktion auf folgende Aspekte:

- Fundierung der Theorie des Sprachwandels und Annäherung an aktuelle Phänomene (Arbeitsblätter 80–83)
- Ein Beispiel eines Sprachveränderungsprozesses: unregelmäßige Verben (Arbeitsblatt 84)
- Steuerungsversuche im Sprachwandel: das Beispiel „schwul" (Arbeitsblätter 98, 99)
- Zwei Richtungen der Sprachkritik: Sprachpflege und politische Sprachkritik (Arbeitsblatt 87, evtl. + 89, und Arbeitsblatt 102)
- Offene Abschlussdiskussion: Kann sprachliche Veränderung eine Bewusstseinsänderung erzeugen? Welche sprachlichen Veränderungen begrüßen wir, welche bewerten wir neutral, welche wollen wir in unserem individuellen Sprachgebrauch nicht mittragen? Welche gesellschaftlichen Prozesse, welche individuellen Interessen spiegeln sich in den Sprachveränderungen? Wie wirken sie auf die Betroffenen?

Ein Streitgespräch: Geht die deutsche Sprache vor die Hunde?

Rudi Keller, 65, ist Professor für Germanistik an der Universität Düsseldorf und Verfasser des Buches „Sprachwandel. Von der unsichtbaren Hand in der Sprache".

Walter Krämer, 59, ist Professor für Wirtschafts- und Sozialstatistik an der Universität Dortmund und Vorsitzender des Vereins Deutsche Sprache.

Alexander S. Kekulé, 48, ist Professor für Mikrobiologie an der Universität Halle-Wittenberg und tritt dafür ein, Englisch in unserem Land zur offiziellen Zweitsprache zu erheben.

GEO: Wir sitzen hier mit Blick auf den Hamburger Hafen, über den neuerdings die „Port Authority" wacht. „Hafenbehörde" ist „out", klingt offenbar nicht international genug. Im „Coffee-Shop" bestellen junge Leute „eine talle Latte to go"– einen großen Becher Latte macchiato zum Mitnehmen. [...] Steht die deutsche Sprache vor dem Aus?

RUDI KELLER: Bedroht war das Deutsche tatsächlich einmal – im 16. und 17. Jahrhundert. Damals sprachen der Adel französisch, die Gelehrten Latein und nur die Bauern deutsch. Es gab zu der Zeit sogar den ernst gemeinten Vorschlag, in Deutschland das Französische als allgemeine Umgangssprache einzuführen, anstatt mühsam zu versuchen, die deutsche Sprache zu kultivieren. Heute sehe ich dagegen keine Bedrohung; die deutsche Sprache ist gut in Schuss. Was wir als Sprachverfall wahrnehmen, ist nichts anderes als der allgegenwärtige Sprachwandel. Und den hat es immer schon gegeben.

WALTER KRÄMER: Beispiele wie die „talle Latte" sind die Pest. Und sie stehen für eine Umwälzung: Die Zahl der Fremdwörter im Deutschen hat seit 15 Jahren dramatisch zugenommen, wie zum Beispiel der „Spiegel" schreibt. 1985 war nur einer der 100 am häufigsten verwendeten Begriffe englisch, heute sind es 23 – fast ein Viertel! Der vom Verein Deutsche Sprache herausgegebene Anglizismen-Index umfasst inzwischen rund 6000 englische Wörter, die allesamt Eingang in den Sprachgebrauch gefunden haben. Der „Personalchef" wird zum „Human Resource Manager". Was bitte soll das?

KELLER: Den möchte ich sehen, der den Anteil bestimmter Wörter an der gesprochenen Sprache ausrechnen kann. Wie wollen Sie das für 80 Millionen Deutsche überprüfen, die täglich Hunderte von Sätzen sprechen?

KRÄMER: Das geschieht durch repräsentative Erhebungen.

KELLER: Repräsentativ für wen? Für Werber, für Punker? Ich habe eine Magister-Studentin alle Wörter unter „A" im Duden von 1892 und jenem von 1996 durchsehen lassen. Ergebnis: Der Anteil an Fremdwörtern dort ist in 100 Jahren nahezu gleich geblieben – dem Zuwachs an Anglizismen steht ein großer Schwund an französischen Lehnwörtern gegenüber. Wer von einer „Überfremdung" des Deutschen redet, vergisst meist, dass nicht nur neue Wörter hinzukommen, sondern viele alte sang- und klanglos verschwinden. Zum Beispiel das Wort „ablaktieren" für abstillen. Ich bin auch absolut sicher, dass in 20 Jahren kein Mensch mehr „cool" sagen wird, so wie man heute nicht mehr „knorke" oder „dufte" sagt.

KRÄMER: Ich beklage nicht, dass sich Sprache verändert, sondern wie sie sich verändert. Mich ärgert, dass dafür vor allem flache Geister in Werbeagenturen und Konzernen verantwortlich sind, die uns mit ihrem „Denglisch" belästigen.

KELLER: Wir müssen deutlich unterscheiden zwischen dem, was irgendein beliebiger Sprecher sagt, und dem, was tatsächlich in den normalen Sprachgebrauch eingeht. Wenn ein Friseur „Cut and go" auf sein Firmenschild schreibt oder RWE mit dem Slogan

„One group, multi utilities" wirbt – inzwischen heißt es übrigens „Alles aus einer Hand" –, dann bestimmt das nicht den Lauf der Dinge. Lesen Sie deutsche Literatur, Günter Grass zum Beispiel, eine Zeitung wie „Die Welt", ein Magazin wie GEO, hören Sie die Nachrichten der „Tagesschau". Dort finden Sie überall ein vernünftiges Deutsch. Das, was Sie Denglisch nennen, ist ein Nischenprodukt bestimmter Branchen oder Aufschneider.

ALEXANDER KEKULÉ: Ich glaube schon, dass der Einfluss des Englischen gestiegen ist. Nehmen wir den Begriff der „Corporate Identity". Den haben Amerikaner in die Welt gesetzt, und er wurde gar nicht erst ins Deutsche übersetzt – weil es keine Entsprechung dafür gibt. Jene Nation, die führend auf bestimmten Gebieten ist, egal ob es um die Wirtschaft oder Wissenschaft geht, dominiert die Sprache. [...] Die Konsequenz, die wir daraus ziehen sollten, ist nicht, über die Globalisierung zu schimpfen und „Laptop" durch „Klapprechner" zu ersetzen. Wir sollten stattdessen Englisch ebenso gut beherrschen wie Deutsch.

KRÄMER: Wie wollen Sie das denn erreichen?

KEKULÉ: Der Weg dorthin ist lang. Aber die Bessergestellten in Deutschland haben ihn ohnehin schon eingeschlagen, viele schicken ihre Kinder zur sprachlichen Frühförderung. So etwas muss für jeden möglich werden. Das geht nur über die Kindergarten- und Vorschulausbildung. Diesen Zeitrahmen für das Alter zwischen vier und sechs Jahren gilt es nicht zu versäumen, denn da öffnet sich ein kognitives Fenster für den Erwerb einer Fremdsprache. [...]

KRÄMER: Wir Deutsche neigen dazu, uns im Ausland fremden Kulturen anzupassen – dagegen habe ich nichts. Aber selbst im Inland vermeiden wir unsere Muttersprache so oft wie möglich. Ein prägnantes Beispiel: In Spanien hatte Siemens die Werbebotschaft „La fuerza de innovacion" plakatiert – auf Spanisch. In Frankreich habe ich sie auf Französisch gesehen, in Italien auf Italienisch. Und in Deutschland? Da hieß es „The power of innovation". Was soll das bloß?

GEO: Das übliche Argument ist, dass sich ein Produkt so besser verkauft.

KRÄMER: Das stimmt nicht. Eine Diplomandin von mir hat Emotionen per Hautwiderstand gemessen – bei Personen, die englischen und deutschen Werbesprüchen ausgesetzt waren. Ergebnis: Deutsch erregt Interesse und erzeugt Emotionen. Bei Englisch passiert nichts. Das scheint sich auch langsam herumzusprechen, viele Unternehmen sind zu deutschen Formulierungen zurückgekehrt.

KEKULÉ: Warum regen Sie sich also auf? Es ist ein Riesenunterschied, ob die Menschen hervorragend Englisch und Deutsch können, oder ob das Deutsche mit englischen Wörtern „kontaminiert" ist, wie ich es nenne. Die Beispiele sind ja berühmt: Der Slogan der Parfümeriekette Douglas „Come in and find out", der bei Befragungen als „Komm rein und versuche, wieder herauszufinden" gedeutet wurde, heißt heute „Douglas macht das Leben schöner". Und bei Sat.1 heißt es nicht mehr „Powered by emotion", was wahlweise mit „Kraft durch Freude" oder „Gepudert mit Gefühlen" fehlübersetzt wurde, sondern „Sat.1 zeigt's allen". Wenn alle gut Englisch könnten, hätten wir uns von den Denglisch-Kontaminationen nicht so lange blenden lassen. [...]

KRÄMER: Mir geht es um etwas anderes. Ich schaue, wem eine Entwicklung nützt. Neuerungen in Medizin und Technik entstehen mitnichten hauptsächlich in englischsprachigen Ländern. Deutsche Ingenieure sind auf vielen Gebieten weltweit führend. Auch der „Airbag" kommt aus Deutschland. Aber er heißt eben nicht „Prallkissen", sondern „Airbag", obwohl er gar keine Luft enthält, sondern Stickstoff. Wir geben einen Wettbewerbsvorteil in vorauseilendem Gehorsam auf, indem wir uns zu schnell englische Begriffe oktroyieren lassen.

KELLER: Versuchen Sie mal, eine Fernsehserie namens „Geschlechtlichkeit und die Stadt" zu vermarkten – „Sex and the City" klingt einfach pfiffiger. [...]

GEO: Frankreich geht viel rigider gegen Fremdwörter vor. Was halten Sie von Verboten für bestimmte Ausdrücke?

KRÄMER: Ich bin gegen Verbote, aber sehr wohl für einen kreativen, besonnenen Umgang mit dem Deutschen. Franz Kafka schrieb 1909 den Beitrag „Die Aeroplane in Brescia". Dann ist irgendjemand darauf gekommen, Aeroplane auf Deutsch „Flugzeuge" zu nennen. Das war kreativ – und hat sich durchgesetzt. Ähnlich bei „Schauspieler" für den Begriff „Acteur" und „Leidenschaft" für den Begriff „Passion".

KELLER: Die Geschichte des Sprachpurismus und der Verdeutschung ist eine Geschichte des Scheiterns. Denn was überflüssig ist, kommt letztlich auf den Kontext an. Wem Sie von den Kindern mit den Baseballkappen reden, kann es sinnvoll sein, sie „Kids" zu nennen; die Wiener Sängerknaben sind hingegen eindeutig keine „Kids". Ähnlich bei „Girls": Es gibt einen neuen Roman der saudischen Autorin Rajaa Alsanea, der in Deutschland unter dem Titel „Girls from Riad" verkauft wird. Wäre es besser gewesen, ihn „Mädchen aus Riad" zu nennen? Nein, „Girls" ist passender, weil es sich nicht um Kinder, sondern junge Frauen handelt, mit einer bestimmten Lebenshaltung. [...] Die Frage, ob das Wort „Girl" im Deutschen überflüssig ist, lässt sich nicht anhand eines Lexikons entscheiden. Man sollte sich vielleicht eher fragen, warum das Englische so attraktiv ist.

KEKULÉ: Englisch hat den Vorteil, dass sich damit mehr machen lässt. Es ist morphologisch formbarer als das Deutsche oder Französische. Es erlaubt kurze prägnante Sätze wie „go public", die im Deutschen so nicht möglich sind oder in ihrer Kürze gar sinnlos erscheinen. [...]

KELLER: Etwa 30 bis 40 Prozent des englischen Wortschatzes sind französischen Ursprungs. Aufgrund der normannischen Eroberung, und weil englische Adlige bis ins 18. Jahrhundert hinein untereinander Französisch geredet haben. Kein Geringerer als der deutsche Germanist Jacob Grimm hat bereits 1851 über die englische Sprache geschrieben, an „Reichtum, Vernunft und gedrängter Fuge lässt sich keine aller noch lebenden Sprachen ihr an die Seite setzen, auch unsere deutsche nicht". Sie werde deshalb „künftig noch in höherem Maße an allen Enden der Erde" gesprochen werden. Das Deutsche mit seinen wunderbaren Wortbildungsfähigkeiten ist deutlich komplizierter. Heißt es „brustgeschwommen" oder „gebrustschwommen" oder, in einem „denglischen" Beispiel „downgeloaded" oder „gedownloaded"?

GEO: Noch einmal zurück zur Grammatik. Herr Keller, erschreckt es Sie nicht, wenn Sie einen Satz hören wie: „Ich muss gehen, weil die Läden machen gleich zu"?

KELLER: Das entspricht nicht der heute gültigen Norm, doch ich halte es für einen ganz regulären Sprachwandel. Das Wort „weil" gleicht sich grammatisch dem „denn" an. Die systematischen Fehler von heute sind oft die Regeln von morgen. [...]

Aus: GEO Wissen 40/2007, S. 24 ff.

- *Schreiben Sie zu jedem der drei Wissenschaftler einen weiteren Satz in den Vorstellungstext am Anfang, in dem Sie seine Position und das wichtigste Argument für diese Position aufnehmen, etwa in der Form: „XY vertritt die These, dass ..., denn ...".*

- *Wählen Sie den Wissenschaftler aus, dessen Position am ehesten Ihre Meinung trifft. Stellen Sie auf einem Poster seine Thesen und Argumente möglichst prägnant zusammen. Suchen Sie weitere sprachliche Beispiele, die diese Position stützen können. Arbeiten Sie mit Schülerinnen und Schülern zusammen, die denselben Wissenschaftler gewählt haben wie Sie.*

Sprachpurist oder Modern Talker? – Ein Selbsttest

Folgenden Satz/folgende Wortgruppe beurteile ich als …	uneingeschränkt akzeptabel (schriftl. und mündl.)	nur mündlich akzeptabel	eher inakzeptabel	inakzeptabel
1. Ich muss jetzt gehen, weil ich will noch etwas einkaufen.				
2. Steffi's Teeladen				
3. Braucht ihr denn für Russland Visas?				
4. Wegen dem Fußballspiel müssen wir heute spätestens um sieben zu Hause sein.				
5. Du brauchst nicht kommen, das klappt schon so.				
6. Das ist das Auto von Axel.				
7. Im Januar diesen Jahres habe ich dann den Vertrag gekündigt.				
8. Bei dem Empfang muss man aufpassen, dass man nicht gegen den Dresscode verstößt.				
9. Bevor unser Job an dem Tag startet, gibt es erst einmal ein Briefing.				
10. Das müsstest du mal googeln.				
11. Angela Merkel sagt, unsere Spareinlagen sind sicher.				
12. Er hat das Bild aufgehangen.				
13. Das macht doch keinen Sinn.				
14. Im Streit um den Wahltermin hat die Regierung einen Kompromiss gefunden.				
15. Heute hört es scheinbar gar nicht mehr auf zu regnen.				
16. Trotzdem ich gelernt habe, war es doch wieder eine Fünf.				
17. Das überzeugt mich in keinster Weise.				
18. Die Mathearbeit war wirklich schwer.				
19. Morgens um 6 Uhr werden alle LKWs beladen.				
Summe (Kreuze in dieser Spalte):				

- *Vergleichen Sie Ihre Einschätzungen mit denen eines Partners. Diskutieren Sie die Fälle, in denen Sie abweichende Urteile gefällt haben. Notieren Sie Fragen, die im Unterrichtsgespräch geklärt werden sollten. Entwerfen Sie eine Auswertungsanleitung: Welcher „Sprachtyp" ergibt sich aus welchem Ergebnis?*
- *Systematisieren Sie die hier erkennbaren Sprachphänomene, z. B. in einer Ihnen geeignet erscheinenden Mindmap. Ergänzen Sie durch eigene Sprachbeobachtungen.*

Arten des Bedeutungswandels

Typen des Bedeutungswandels	Beispiele
Bedeutungsverengung: Der Bedeutungsumfang ist kleiner geworden, dadurch dass noch weitere, spezialisierende Merkmale zu dem ursprünglichen Inhalt gekommen sind.	Mhd.* *hôch(ge)zît* war ein hohes kirchliches oder weltliches Fest oder einfach „Freude". Nhd.* *Hochzeit* bedeutet „Eheschließungsfeier".
	In einer *Herberge* wurde ursprünglich nur das Heer untergebracht, dann bekam das Wort die Bedeutung „Unterkunft für Fremde"
	albern hatte im Ahd.* die Bedeutung „ganz wahr, freundlich" (alawari). Heute bedeutet es „töricht, einfältig, übertrieben lustig".
Bedeutungserweiterung: Der Umfang hat sich vergrößert, da inhaltlich spezifizierende Merkmale weggefallen sind.	*Sache* hatte früher die Bedeutung „Streit, Rechtssache" („in Sachen X gegen Y").
	Spießbürger war früher die Bezeichnung des bewaffneten Stadtbürgers, heute ist es ein Spottname für einen engstirnigen Menschen.
Bedeutungsverschiebung: Wenn ein sprachliches Bild ganz verblasst ist, so dass die ursprüngliche konkrete Bedeutung nur noch abstrakt ist, kann man von Bedeutungsverschiebung sprechen (z.B. *ausdrücken, begreifen*)	*Dirne* bedeutete ursprünglich „junges Mädchen", dann „dienendes junges Mädchen", schließlich „Hure".
	Minister bedeutet wörtlich „der geringere (lat. *minus*) Diener", heute „Diener des Staates, oberster Verwaltungsbeamter".
Bedeutungsverschlechterung: Die Bedeutung eines Wortes ist vom moralischen, sozialen oder auch stilistischen Gesichtspunkt aus „schlechter" geworden und enthält oft eine negative Wertung.	*Frauenzimmer* bedeutete ursprünglich „Aufenthaltsraum für Frauen", dann „Frau", dann wurde es zu einer verächtlichen Bezeichnung für Frauen.
	Mhd. *vrouwe* (heute Frau) war ursprünglich eine (adelige) Standesbezeichnung: Herrin.
Bedeutungsverbesserung: Die Bedeutung eines Wortes ist vom moralischen, sozialen oder auch stilistischen Gesichtspunkt aus „besser" geworden (kommt selten vor).	*wîp* (Weib) bedeutete mhd.* „Frau" oder „Ehefrau", heute meist negativ abwertend für eine weibliche Person.
	fräulein (mhd.* vrouwelin) bedeutete bis ins 18./19. Jh. unverheiratete adelige junge Frau, dann unverheiratete junge Frau, nach 1945 auch abwertend für deutsche Frauen, die eine Beziehung zu amerikanischen Soldaten hatten. Seit Anfang der 90er-Jahre verschwindet die Anrede Fräulein für unverheiratete Frauen fast völlig.

* Ahd.: Althochdeutsch
Mhd.: Mittelhochdeutsch
Nhd.: Neuhochdeutsch

Typologie und Beispiele aus: Astrid Stedje: Deutsche Sprache gestern und heute. Paderborn: Fink 2007, 33 ff.

- Ordnen Sie die Beispiele in der rechten Spalte den Typen des Bedeutungswandels zu.
- Erstellen Sie anhand der Aussagen zu Bezeichnungen für weibliche Personen eine kleine Sprachgeschichte zu diesem Wortfeld und versuchen Sie, eine Logik der Veränderung zu beschreiben.

Ursachen des Sprachwandels

Gesellschaftliche Ursachen

Kulturkontakt
Wenn Sprecher miteinander in Kontakt treten, üben oft Laute, Grammatik und Wortschatz der einen Gruppe einen Einfluss auf die Sprache der jeweils anderen Gruppe aus.

Kulturelle Entwicklung
Der lexikalisierte Wortschatz einer Epoche gibt Auskunft über kulturelle Vorstellungen. Das Wort *Fräulein* spiegelt Veränderungen der gesellschaftlichen Struktur: Bis ins 18./19. Jh. war das Wort der unverheirateten adeligen Dame vorbehalten, dann wurde es auf bürgerliche unverheiratete Mädchen ausgedehnt, bis die lexikalisierte Unterscheidung verheiratet/unverheiratet Ende des 20. Jahrhunderts nicht mehr als zeitgemäß aufgefasst wurde.

Neue Ideen und Dinge
Laufend werden neue Ideen formuliert und neue Dinge entwickelt. Die Sprache reagiert darauf und schafft neue oder veränderte Bezeichnungen. Zugleich werden Ideen und Dinge ungebräuchlich und ihre Bezeichnungen verschwinden.

Sozialprestige
Menschen gleichen ihre Sprache oft bewusst oder unbewusst jenen Personen an, mit denen sie sich identifizieren oder die sie bewundern. Neuere soziolinguistische Untersuchungen haben gezeigt, wie systematische Veränderungen mit dem angestrebten Sozialprestige zusammenhängen. Dies kann eine Tendenz zu Formulierungen bedeuten, die einen hohen gesellschaftlichen Stand zu verraten scheinen, es kann aber auch ein verdecktes Prestige angestrebt werden, wie z. B. bei von Männern gewählten Formulierungen, denen Eigenschaften wie Härte und Männlichkeit unterstellt wird.

Tendenz zur beschönigenden Umschreibung
Um den Zuhörer zu schonen, wurden im 19. Jahrhundert der Sprache gewisse Tabus auferlegt, die zu beschönigenden Umschreibungen führten, die heute kaum noch als Beschönigung erkennbar sind: *unpässlich* (leicht krank), *einen Vogel haben* (verrückt sein), *entschlafen* (sterben). Ähnlich verhält es sich mit sozialen Aufwertungen bestimmter Tätigkeiten: z. B. statt *dienen* nun *aufwarten, betreuen, helfen, mitarbeiten* oder Fremdwörter wie *assistieren* und *-service*.

Sprachliche Ursachen

Lexikalisierung bildhafter Ausdrücke
Konkrete Bedeutungen (z. B. erfahren = „reisend erkunden") werden mehr und mehr als Metapher genutzt, bis der metaphorische Gehalt nicht mehr erkennbar ist.

Ausspracheerleichterung
Im Lautwandel ist in manchen Sprachen eine Tendenz zu beobachten, z. B. auslautende Konsonanten abzuschwächen oder zu eliminieren. Dies könnte mit einer Ausspracheerleichterung erklärt werden. So lassen sich jedoch nur wenige Veränderungen erklären.

Analogie
Unregelmäßigkeiten in der Grammatik einer Sprache werden oft von regelmäßigen Mustern beeinflusst, das heißt, Ausnahmen werden der Regel angeglichen.

Zufälligkeiten
Manche Theoretiker sind der Auffassung, es gebe keine systematische Erklärung für den Sprachwandel, sondern dieser sei grundsätzlich unvorhersehbar. Dies kann für viele Erscheinungen im Wortschatz angenommen werden, in der Phonologie (Lautung) und der Grammatik sind jedoch ähnliche Prozesse in nicht miteinander verwandten Sprachen zu beobachten.

Bedarf an stärkeren Ausdrücken (Hyperbel und Litotes)
Die Tatsache, dass manche Wörter durch häufigen Gebrauch abgenutzt wirken, führt zu einem Bedarf an neuen, stärkeren Ausdrücken, besonders in affektgebundenen Situationen. Verstärkende Adverbien machen oft eine solche Abschwächung mit; das heute farblose *sehr* bedeutet eigentlich „schmerzlich". […] Wenn […] Übertreibungen ihre Wirkung verlieren, greift man manchmal zum Gegenteil. Eine vorsichtige, bescheidene Untertreibung (Litotes) wirkt oft als Verstärkung: *nicht übel* […], *ziemlich überraschend*.

Nach: David Crystal: Die Cambridge Enzyklopädie der Sprache. Frankfurt a. M.: Zweitausendeins 1993, S. 333 und Astrid Stedje: Deutsche Sprache gestern und heute. Paderborn: Fink 2007

Holger Dambeck: [Selektionsprozesse in der Sprache]

Seltene Wörter verändern sich am schnellsten

Sprache ist für viele Menschen etwas Heiliges. Sie erregen sich fürchterlich über Wörter aus fremden Sprachen, die althergebrachte Begriffe verdrängen. Aus dem Englischen stammende Redewendungen wie „Sinn machen" oder „googeln" sind ihnen ein Graus. Vereinfachungen in Satzbau und Grammatik („Mama, darf ich ein Eis?") bereiten ihnen regelrecht Schmerzen. [...]

Mancher Sprachpurist ahnt natürlich längst, dass der Kampf gegen Neologismen und den Gebrauch falscher Formen wohl vergeblich ist, denn die Sprache lebt. Wie sehr sie lebt, das haben jetzt zwei Forschergruppen unabhängig voneinander mit aufwendiger Statistik nachgewiesen. In der Sprachentwicklung gelten demnach gleiche Gesetze wie in der Entwicklung von Organismen – und zwar die Regeln der Evolution. Erez Lieberman von der Harvard University und seine Kollegen haben untersucht, wie sich die Vergangenheitsformen unregelmäßiger englischer Verben in den vergangenen 1500 Jahren verändert haben. [...]

Die Ergebnisse lassen sich auf eine einfache Formel bringen: Je häufiger ein Wort im täglichen Sprachgebrauch verwendet wird, desto seltener verändert es sich im Laufe der Zeit [...]. Als [Liebermann] davon hörte, dass die zehn häufigsten englischen Verben sämtlich unregelmäßig gebeugt werden (Beispiel: to go, went, gone), war er wie elektrisiert. Bei 97 Prozent der Verben aus dem Englischen wird die Vergangenheitsform hingegen durch Anhängen der Endung -ed gebildet.

Die Analogie zu Genen war für Lieberman frappierend: Besonders wichtige Bereiche in den Erbinformationen tendieren dazu, sich auch über einen längeren Zeitraum der Evolution nicht zu verändern. Weniger wichtige oder sehr spezielle Gene besitzen hingegen größere Freiheiten zum Wandel.

Sein Team untersuchte 177 Verben, deren Vergangenheitsformen in der altenglischen Sprache vor rund 1200 Jahren unregelmäßig gebildet wurden. Im Mittelenglischen, das im 12. bis 15. Jahrhundert gesprochen wurde, wurden noch 145 dieser Verben unregelmäßig gebeugt, heute sind es nur noch 98. Bei allen anderen wird mittlerweile die regelmäßige Endung „ed" angehängt.

Je häufiger ein Verb in der Sprache verwendet wird, desto größer sei die Wahrscheinlichkeit, dass es noch heute genauso benutzt wird wie vor 1000 Jahren, schreiben die Forscher im Wissenschaftsmagazin „Nature" (Bd. 449, S. 713). [...]

Die statistischen Analysen ermöglichen prinzipiell auch Prognosen für die Zukunft. Während bei Wörtern wie „to be" oder „to have" wohl niemals regelmäßige Vergangenheitsformen entstehen dürften, könnten seltene Verben wie „to shrive", eine veraltete Bezeichnung für „beichten", schon in 300 Jahren regelmäßig gebeugt werden. Das Verb „to wed" (heiraten) wird nach Angaben der Forscher das nächste sein, das seinen unregelmäßigen Status verliert. Bislang lautet das Präteritum ebenfalls wed, es könnte aber schon bald wedded heißen. [...]

Wie aber lässt sich das Phänomen erklären, dass häufig verwendete Wörter kaum zu Veränderungen neigen? [Der Forscher Mark] Pagel schlägt zwei Hypothesen dafür vor. Entweder setzen sich Änderungen bei häufigen Wörtern kaum durch, weil bei ihnen die richtige Bedeutung besonders wichtig für die Kommunikation ist. Oder aber Aussprachefehler sind der Grund des Phänomens: Bei seltenen Wörtern würden diese häufiger gemacht oder häufiger nicht bemerkt, schreibt Pagel, und diese Fehler könnten sich dann im täglichen Sprachgebrauch durchsetzen. Ganz falsch liegen die Kämpfer für eine korrekte Sprache also offenbar nicht.

SPIEGEL ONLINE, Holger Dambeck, 11. Oktober 2007
http://www.spiegel.de/wissenschaft/mensch/0,1518,510913,00.html

---

- *Erstellen Sie eine Liste mit Beispielen von Verben, die im Deutschen regelmäßig konjugiert werden („schwache" Verben, z. B. ich liebe – ich liebte), und solchen, die unregelmäßig sind („starke" Verben, z. B. ich singe – ich sang). Spricht Ihre Liste dafür, dass es im Deutschen ähnliche Selektionsprozesse geben könnte wie im Englischen?*

- *Stellen Sie Prognosen auf, welche heute noch starken Verben möglicherweise bald regelmäßig konjugiert werden.*

Kai Michel: [Neue Wörter aus dem Netz]

Rüpelrentner, Stellmichein, Bundesglucke

Der Computerlinguist Lothar Lemnitzer sieht der Sprache beim Wachsen zu. Er fischt die schönsten neuen Wörter aus dem Internet.

Was gestern hip war, kann heute schon *out of style* sein. Wer sichergehen will, dass er spricht, wie im Moment gesprochen wird, besuche die „Wortwarte" im Internet. Von Pixelerotik bis Rüpelrentner hat sie die neuesten Wörter im Angebot.

Lothar Lemnitzer, Computerlinguist an der Universität Tübingen, trägt auf seiner Site wortwarte.de die ultimativen Sprachkreationen zusammen. Als Trendscout dient ihm eine Analysesoftware, die täglich die Online-Ausgaben deutschsprachiger Zeitungen durchforstet. Bundesglucke (Angela Merkels Kosename) und Doppelfaustsattelbremse (Schmankerl der Ingenieurskunst) gehören zu den bisherigen Highlights [...].

Das ist kein Klamauk: Computerlinguisten wie Lemnitzer wollen dem Computer Lesen und Sprechen beibringen. Dazu paukt der Rechner Vokabeln. Doch Deutsch hat seine Tücken: „Es lassen sich leicht neue Wortbildungen fabrizieren", sagt Lemnitzer. Und Monster schaffen wie Frequenzbereichszuweisungsplanverordnung. Die stehen in keinem Wörterbuch und überfordern den Computer. Um herauszufinden, wie man dessen Wortschatz aktualisiert, startete Lemnitzer die Wortwarte. Seither sieht er der Sprache beim Wachsen zu.

Zunächst muss er aussortieren. Im Fangnetz seiner Software, die jedes Wort mit einem Referenzlexikon vergleicht, bleiben auch Eigennamen und Tippfehler hängen. Anschließend stellt er 20 bis 40 Neulinge ins Netz – täglich. 20000 Neologismen umfasst die Sammlung. „Neue Dinge erfordern neue Benennungen", sagt Lemnitzer. Wird plötzlich per Internet telefoniert, braucht es dafür einen Begriff: „Skypen" (nach der Software Skype) ist der eine Kandidat, „voipen" (von „Voice over IP") der andere. Wer das Rennen macht, ist noch nicht entschieden.

Manche wortschöpferische Tätigkeit „überschreitet die Grenze zur Poesie": Stellmichein oder semitalentiert haben eine begrenzte Reichweite, sind aber der letzte Schrei. „Die meisten Neuschöpfungen sind zunächst provisorisch und mit Unsicherheiten behaftet", erklärt Lemnitzer. „Heißt es das E-Mail oder die E-Mail? Recycelst du deinen Kunststoff, oder recyclest du ihn?" Irgendwann setzt sich eine Version durch. Mailen, rüberfaxen und downgeloadet sagt man heute ganz selbstverständlich.

Oft geht ein Wort auf Kosten des traditionellen Begriffs in das Vokabular der Sprechergemeinschaft über: „‚Kids' bedrängt das deutsche ‚Kinder'", sagt Lemnitzer. „Meine Suchmaschine liefert mir 770000 deutsche Seiten zum Stichwort ‚Kinder' und schon 86000 deutsche Seiten zu ‚Kids'." Viele Wörter verschwinden ganz – Walkman zum Beispiel oder Bandsalat.

Trotz „simsen", „byten" und „bloggen" droht unserer Sprache keine Überfremdung: Anglizismen gibt es laut Lemnitzer nicht signifikant mehr als in den letzten 50 Jahren. Macht die Bürokratur mit Vollbeampelung, Multi-Minoritäten-Gesellschaft und Bescheidrückübermittlung Deutsch zur Gaga-Sprache? Der Düsseldorfer Linguist Rudi Keller nimmt uns die Angst vor der Worthülsen-Diarrhöe: „Das wird schnell schal." Obwohl seit mehr als 2000 Jahren über den angeblichen Sprachverfall gejammert werde, gebe es keinen einzigen Fall einer ruinierten Sprache. „Neuerungen kommen uns meist barbarisch vor", sagt er, „aber wenn sie gang und gäbe sind, belächeln wir ihre Vorgänger."

DIE ZEIT vom 30.03.2006, Nr.14

■ *Im Text werden viele neue Sprachphänomene genannt. Wählen Sie drei Phänomene aus und versuchen Sie eine Erläuterung auf der Grundlage Ihrer bisherigen Kenntnisse zum Sprachwandel.*

■ *Suchen Sie ganz aktuelle Neologismen und beurteilen Sie, inwieweit sich diese durchsetzen werden.*

Auf- und untergehende Wörter

Neue Wörter im Duden („Duden – Die deutsche Rechtschreibung" (24. Auflage))

Neuer Eintrag	Erläuterung im Duden
afrodeutsch	Der/Die Afrodeutsche: Deutsche(r) schwarzafrikanischer Herkunft
Auflaufkind	Fußball: Kind, das einen Spieler beim Auflaufen aufs Spielfeld begleitet
Best Ager	Werbesprache: Jemand, der zur anspruchsvollen, konsumfreudigen Kundengruppe der über 40-Jährigen gehört
Brötchentaste	ugs. für Taste am Parkscheinautomaten für kostenloses kurzes Parken
E-Pass	elektronisch lesbarer Pass od. Ausweis (mit biometrischen Daten)
Fallmanager	persönlicher Berater für Arbeitslose
Feinstaubbelastung	im Duden ohne Erläuterung
H5N1-Virus	Bezeichnung einer gefährlichen Variante des Vogelgrippevirus
jedefrau	bes. im feministischen Sprachgebrauch für *jedermann: das ist die Kleidung für jedefrau*
Memorystick	EDV ein kleinformatiger Datenspeicher
Parallelgesellschaft	größere, nicht integrierte Gruppe innerhalb einer Gesellschaft
Patchworkbiografie	Lebenslauf mit vielen verschiedenartigen Ausbildungs- und Berufsstationen
PISA-Schock	allgemeine Bestürzung nach dem schlechten Abschneiden deutscher Schülerinnen und Schüler bei der PISA-Studie
podcasten	einen Podcast bereitstellen, herunterladen oder abspielen; ich podcaste; gepodcastet
quoteln	nach Quoten aufteilen; ich quot(e)le
Roibuschtee	afrikaans, Rotbuschtee
Sudoku	ein Rätselspiel mit Zahlenquadraten
voipen	zu engl. VoIP = Voice over Internet Protocol, über das Internet telefonieren; ich voipe, gevoipt

Untergegangene Wörter (lt. Schwarzbuch Deutsch. Wiesbaden: Marix ³2007)

Wort	Erläuterung
Backfisch	Bezeichnung für Jugendliche (Mädchen) (vom englischen *backfish*: der Fisch, der beim Einholen der Netze ins Meer zurückgeworfen wird, weil er zu jung ist)
Hagestolz	eingefleischter, meist älterer Junggeselle
kujonieren	schikanieren, unwürdig behandeln
Leumund	Ansehen, guter Ruf, Reputation
Perron	Bahnsteig, Plattform
Spezialien	Besonderheiten
Trottoir	Bürgersteig (in der Schweiz noch gebräuchlich)
xenophob	Fremden gegenüber ablehnend

■ *Wie erklären Sie sich das Auf- und Untergehen dieser Wörter?*

■ *Wie beurteilen Sie die neuen Wörter, welche erscheinen Ihnen notwendig, hilfreich, überflüssig, ärgerlich, …? Welche der untergegangenen Wörter werden Sie vermissen?*

■ *Wagen Sie eine Prognose: Welche der neuen Wörter werden die nächsten zehn Jahre im Duden überleben? Welche der alten Wörter haben eine Chance auf ein Comeback?*

Bastian Sick: Stop making sense!

„Früher war alles besser", sagen ältere Menschen gern. „Früher war alles schlechter", pflegt der Großvater der Opodeldoks[1] zu sagen. Wie auch immer man die Vergangenheit bewertet, sicher ist: Früher war einiges anders. Früher sagte man zum Beispiel noch: „Das ist sinnvoll." Dieser Ausdruck scheint inzwischen vollständig verschwunden. Neuerdings hört man nur noch „Das macht Sinn", in der Negation „Das macht keinen Sinn" oder, im besten Kauderdeutsch: „Das macht nicht wirklich Sinn …". Herkunftsland dieser Sprachmutation ist wieder einmal „Marlboro Country", das Land, wo angeblich alles möglich ist, solange der Strom nicht ausfällt. „That makes sense" mag völlig korrektes Englisch sein, aber „Das macht Sinn" ist alles andere als gutes Deutsch. Irgendwer hat es irgendwann zum ersten Mal verkehrt ins Deutsche übersetzt, vielleicht war es sogar derselbe, dem wir die unaussprechlichen „Frühstückszerealien" zu verdanken haben und das schulterklopfende „Er hat einen guten Job gemacht" („He did a good job"), welches die bis dahin gültige Feststellung „Er hat seine Sache gut gemacht" abgelöst zu haben scheint. […]

Die breite Masse der „macht Sinn"-Sager denkt sich nichts dabei, vielleicht hält sie die Redewendung sogar für korrektes Deutsch. Schließlich hört man es doch täglich im Fernsehen; da kommt einem das „macht Sinn" irgendwann wie von selbst über die Lippen. Es ist ja auch so schön kurz, prägnant und praktisch. Ob nun richtig oder falsch, was „macht" das schon, solange es jeder versteht.

Es macht vielleicht wirklich nicht viel, nicht mehr als ein Fettfleck auf dem Hemd, als Petersilie zwischen den Zähnen, als ein kleines bisschen Mundgeruch. […]

„Sinn" und „machen" passen einfach nicht zusammen. Das Verb „machen" hat die Bedeutung von fertigen, herstellen, tun, bewirken; es geht zurück auf die indogermanische Wurzel *mag-*, die für „kneten" steht. Das Erste, was „gemacht" wurde, war demnach Teig. Etwas Abstraktes wie Sinn lässt sich jedoch nicht kneten oder formen. Er ist entweder da oder nicht. Man kann den Sinn suchen, finden, erkennen, verstehen, aber er lässt sich nicht im Hauruck-Verfahren erschaffen. […]

In ein paar Jahren steht „macht Sinn" vermutlich im Duden Band 9 („Richtiges und gutes Deutsch"), dann haben es die Freunde falscher Anglizismen mal wieder geschafft. So wie mit „realisieren", das auf Deutsch lange Zeit nur „verwirklichen" hieß und neuerdings laut Duden auch die im Englischen übliche Bedeutung „begreifen", „sich einer Sache bewusst werden" haben kann. […] Wohin das noch führen soll? Womöglich zu neudeutschen Drehbuchtexten wie diesem: „Wie bitte, dein Mann betrügt dich mit deiner besten Freundin? Das realisier ich einfach nicht! Das macht doch irgendwie total keinen Sinn!"

Aus: „Der Dativ ist dem Genitiv sein Tod" von Bastian Sick © 2004 by Verlag Kiepenheuer & Witsch GmbH & Co. KG, Köln und © SPIEGEL ONLINE GmbH, Hamburg

---

[1] Stück der Augsburger Puppenkiste.

Alternativen für Anglizismen: Einige Vorschläge von Bastian Sick

Basement	Untergeschoss, Tiefparterre	**Laptop**	Klapprechner
Dummy	Attrappe, (Versuchs-)Puppe, Unfallpuppe	**Lobby (Architektur)**	Foyer, Vestibül, Wandelhalle
Date	Treffen, Verabredung	**Model**	Modell
Call-by-Call	Sparvorwahl	**Payback Card**	Rabattkarte
Feedback	Echo, Rückmeldung, Resonanz	**Snack**	Imbiss, Happen, Zwischenmahlzeit

Aus: Der Dativ ist dem Genitiv sein Tod. Folge 1–3. Köln: Kiepenheuer & Witsch 2008, S. 586 ff.

- *Welche Ursachen sehen Sie dafür, dass sich die von Sick im Text beschriebene Phrase durchzusetzen scheint? Wie beurteilen Sie die Entwicklung?*
- *Welche der Vorschläge zur Anglizismenübersetzung überzeugen Sie? Welche haben aus Ihrer Sicht eine Chance, sich durchzusetzen, welche nicht? Woran liegt dies?*

Jens Jessen: [Anglizismen – Zur Psychologie des Sprachimporteurs]

Es gibt einen Typus des übellaunigen, heimattümelnden Sprachschützers, dem man nicht im Dunklen begegnen möchte. Aber es gibt auch Gründe, im hellen Mittagslicht der aufgeklärten Vernunft Sorge um den Bestand der deutschen Sprache zu empfinden. Warum ist auf Bahnhöfen kein Schalter für Auskünfte, sondern ein *Service Point?* Was hat der englische Genitiv-Apostroph in *Susi's Häkelstudio* zu suchen? Welcher Teufel trieb eine deutsche Wissenschaftsministerin zu einer Kampagne mit dem Motto „*Brain up*", was weder auf Deutsch noch auf Englisch Sinn ergibt?

Die Überflutung mit englischen Wendungen ist nur ein, wahrscheinlich der kleinste Teil des Problems. Der größere Teil besteht in ihrer kenntnislosen Aneignung zu dekorativen Zwecken. Viel spricht dafür, den Geist einer aufschneiderischen Werbung dabei am Werk zu sehen. Die deutsche Bahn will sich nicht nur technisch modernisieren; sie will auch modern wirken. […]

Um sprachschützerische Einfalt von berechtigter Sorge zu trennen, muss man sich klarmachen, dass Deutsch seit Langem eine Hybridsprache ist, die nicht nur Fluten fremder Wörter aufgenommen hat, sondern auch in ihrer Grammatik mehrfach überformt wurde. Den Anfang machten Mönche des Mittelalters, die zahllose Lehnbildungen nach lateinischem Vorbild prägten – berühmtes Beispiel ist die Neubildung *Gewissen* nach lateinisch *conscientia*. Den zweiten Schub besorgten Humanismus und Reformation, als die Syntax dem Lateinischen anverwandelt wurde. Man vergleiche die einfachen Satzmuster des Mittelhochdeutschen mit dem Frühneuhochdeutschen, erst recht aber mit dem barocken Deutsch, in dem die Hypotaxen, die Partizipialkonstruktionen und Verschachtelungen geradezu explodieren. Die Sprache eines Kleist oder Hegel wäre ohne diese syntaktische Überfremdung nicht denkbar.

Daraus folgt freilich keine Entwarnung für die Gegenwart. Denn die früheren Übernahmen haben das Deutsche komplexer, reicher, intellektueller und expressiver, philosophischer und dichterischer, auch wissenschaftsfähiger gemacht. Unter dem Einfluss des globalisierten Englisch aber vollzieht sich eine geradezu atemberaubende Simplifizierung. Die englischen oder pseudoenglischen Ausdrücke kommen nämlich nicht einfach hinzu, sie ersetzen auch nicht nur deutsche Wörter, was schlimmstenfalls überflüssig wäre. Sie verdrängen vielmehr die natürliche Wortbildung des Deutschen, die keinerlei Schwierigkeiten mit Neologismen hätte, weil sie mit ihrer Leichtigkeit der Wortzusammensetzung sonst nur im Altgriechischen einen Vergleich hat. […]

Es lohnt sich, bei der Psychologie des Sprachimporteurs zu verweilen. Es ist nicht deutscher Selbsthass, der ihn antreibt, wie manche Sprachschützer meinen. Der Sprachimporteur ist vor allem ein Marketingexperte in eigener Sache. Er will angeben mit der frisch erworbenen Kenntnis, er kehrt ins verschnarchte Dorf seines Ursprungs zurück und brilliert dort im Glanze seiner Glasperlen, die er den zurückgebliebenen Landsleuten andrehen will. […] So werden dem *Trainee* (deutsch: Lehrling) die *Karriere-Optionen eröffnet* (deutsch: Hoffnungen gemacht), zum *Asset Manager* (deutsch: Kaffeekocher) aufzusteigen. […] Der Geist eines ridikülen Marketings, der in der Managersprache steckt, will Exklusivität, die elitäre Anmutung eines arkanen [geheimen] Wissensvorsprungs. Den Zweck der Ausschließung teilt sie mit der Jugendsprache, der es seit alters darum geht, sich von der Erwachsenenwelt abzuschotten. […] Es fragt sich allerdings, was von Geschäftsleuten zu halten ist, die sich wie Kinder gebärden, die Erwachsene verblüffen und ärgern wollen. Es liegt bei uns, die Antwort zu formulieren. Es liegt in der Macht jeden einzelnen Sprechers, die Zukunft des Deutschen zu gestalten. […]

Jens Jessen: Die verkaufte Sprache; DIE ZEIT vom 26.07.2007

- *Untersuchen Sie die hier beschriebene Anglizismenverwendung auf ihre Wirkung: Welche Wirkung ist beabsichtigt? Welche Wirkung vermuten Sie in der Realität?*
- *Kann in Ihren Augen auch ein Psychogramm für jene gezeichnet werden, die Anglizismen kritisieren?*

Rudolf Hoberg: Wird aus Deutsch Denglisch? – Ein Kommentar zur gängigen Anglizismenkritik

Nach wie vor nennen [Kritiker] besonders vier Gründe für ihre ablehnende Einstellung [gegenüber Anglizismen]:

- **Erste Behauptung:** Anglizismen sind überflüssig; es gibt genug deutsche Wörter bzw. es können und sollen neue deutsche Wörter gebildet werden. Beispiel: *Kids* (nach wie vor der am meisten kritisierte Anglizismus) im Vergleich zu *Kinder*.
Kommentar: Überflüssige Wörter gibt es nicht, und zwar zum einen, weil Sprachen so gut wie keine völlig synonymen Wörter enthalten, und zum anderen, weil für Sprecher und Schreiber kein von ihnen benutztes Wort überflüssig ist, da sie es andernfalls nicht verwenden würden. Und *Kids* und *Kinder* haben selbstverständlich ganz unterschiedliche Bedeutungen. Dieses Beispiel zeigt wie viele andere, dass es Anglizismengegnern häufig an sprachlichem Differenzierungsvermögen fehlt.

- **Zweite Behauptung:** Die Verständigung wird durch Anglizismen erschwert.
Kommentar: Es wurde bisher nicht einmal der Versuch gemacht, diese pauschale Behauptung zu beweisen. Selbstverständlich können neue Wörter, vor allem auch neue deutsche Wörter, besonders wenn sie aus Fachsprachen in die Gemeinsprache eindringen, die Verständigung erschweren oder gar unmöglich machen.

- **Dritte Behauptung:** Anglizismengebrauch ist häufig nichts weiter als Angeberei und Imponiergehabe.
Kommentar: An dieser Behauptung ist zweifellos etwas Richtiges. Die Verwendung englischer Wörter dient vielen Zeitgenossen als Ausweis moderner Lebenseinstellung [...]. Aber auch mit deutschen Wörtern kann man angeben, sich wichtig tun, seine „Modernität" zum Ausdruck bringen. Und Moden sind meist nur sehr kurzlebig.

- **Vierte Behauptung:** Die Deutschen flüchten aus ihrer Sprache, weil sie – vor allem wegen des Nationalsozialismus – Probleme mit der Identität haben.
Kommentar: Auch diese These wurde nie begründet oder gar bewiesen. Ohne hier auf die Identitätsprobleme der Deutschen eingehen zu können, muss darauf hingewiesen werden, dass das Englische auch auf andere Sprachen einwirkt und besonders stark auf das Deutsch in der Schweiz (und die Schweizer sind bekanntlich an den Naziverbrechen nicht beteiligt gewesen). [...]

Was die Anglizismen angeht, so muss vor allem bedacht werden: [...] Im Hinblick auf den Gesamtwortschatz des Deutschen, aber auch auf Fremd- und Lehnwörter aus anderen Sprachen ist die Zahl der Anglizismen auch heute noch sehr gering. Anglizismen finden sich in größerer Zahl nur in wenigen Textsorten, vor allem in Anzeigen- und Werbesprache, in bestimmten Fachsprachen, etwa der Computersprache, in bestimmten Sendungen des Hörfunks und Fernsehens. Im Gegensatz zu einer weit verbreiteten Meinung gibt es in der gesprochenen Jugendsprache keineswegs besonders viele Wörter aus dem Englischen. Und in einer speziellen jugendsprachlichen Textsorte, dem Abituraufsatz, beträgt der Anteil der substantivischen Anglizismen 0,06 %, der der substantivischen Fremdwörter insgesamt aber 14,0 %.

Aus: Thema Deutsch, Bd. 3. Deutsch – Englisch – Europäisch. Impulse für eine neue Sprachpolitik. Herausgegeben von der Dudenredaktion und der Gesellschaft für deutsche Sprache © Bibliographisches Institut & F. A. Brockhaus AG, Mannheim 2002

- *Kategorisieren Sie die vier referierten Behauptungen: Welche beziehen sich auf Sprachfunktionen, welche auf das Sprachsystem, welche auf Motive des Sprechers ...?*

- *Suchen Sie Beispiele, die die genannten Behauptungen bzw. die Widerlegungen stützen können.*

- *Diskutieren Sie die im letzten Satz beschriebene Fremdwortverwendung in Abituraufsätzen.*

- *„Die Gewalt einer Sprache ist nicht, dass sie das Fremde abweist, sondern dass sie es verschlingt" (Johann Wolfgang von Goethe) – Inwieweit ist das Deutsche demnach eine Sprache mit Gewalt?*

Guy Deutscher[1]: Unglückliche Sprachen

Alle unglücklichen Sprachkritiker gleichen sich. Jeder glaubt, seine Sprache sei auf ihre besondere Art unglücklich. In der aktuellen Debatte um den Zustand der deutschen Sprache herrscht allerdings eine krasse Uneinigkeit darüber, welche ihre eigentlichen Gebrechen seien. Jürgen Trabant zufolge leidet die Sprache heutzutage vor allem an dem überwältigenden Einfluss des Englischen. Laut Peter Eisenberg kommt die deutsche Sprache mit ihren Anglizismen gut klar, nur leidet sie ... an den Sprachkritikern. Deren „destruktiver Diskurs" beschreibe ihre Zukunft so trostlos, dass man von jedem Verbesserungsversuch abgebracht werde. [...]

Von außen betrachtet fällt am gegenwärtigen Zustand des Deutschen nichts aus dem Rahmen: weder der Wandel, den es derzeit durchmacht, noch die Heftigkeit der Kritik an diesem Wandel. Die Entwicklungen, die wir in den heutigen Sprachen beobachten, sind von genau der gleichen Art wie die Veränderungen, die alle Sprachen seit Jahrtausenden durchmachen.

Genau genommen sind die Kräfte hinter dem heutigen Sprachwandel nicht von denen zu unterscheiden, die in grauer Vorzeit die kunstvollen Strukturen unserer Sprachen überhaupt erst geschaffen haben. Doch mit nahezu der gleichen Beständigkeit, mit der sich die Sprache ändert, werden Veränderungen von gelehrten Autoritäten als schädlich, verkehrt und gefährlich gekennzeichnet. [...] „Alles Mögliche gibt es", schreibt Kurt Tucholsky 1918, „nur keine anständigen richtigen deutschen Wörter. Sondern ein lallendes Gestammel wichtigtuerischer Journalisten und aufgeblähter Bürokraten." [...]

Nun ja, vielleicht hielten diese Sprachkritiker ihre Situation tatsächlich für düster, aber immerhin hatten sie nicht mit der destruktiven Überschwemmung von Anglizismen zu kämpfen! Wirklich? Im Jahr 1899 hatte der Allgemeine Deutsche Sprachverein Anlass zu der folgenden Erklärung gesehen: „Mit dem immer wachsenden Einfluss englischen Wesens mehrt sich neuerdings in bedenklicher Weise die Zahl der aus dem Englischen stammenden Fremdwörter. Auch in dieser Spracherscheinung treten die alten Erbfehler des deutschen Volkes wieder hervor: Überschätzung des Fremden, Mangel an Selbstgefühl, Missachtung der eigenen Sprache." [...]

Waren die Sprachhüter der früheren Generationen also zufriedener? Natürlich nicht. Ihnen missfiel der französische Einfluss ebenso wie die um sich greifende Tendenz zur Vereinfachung, Verkürzung oder Verlängerung. In den fünfziger Jahren des neunzehnten Jahrhunderts sah Arthur Schopenhauer die deutsche Sprache [...] [einer] Schändung [ausgesetzt], „zu der keine andre Nation ein Analogon aufzuweisen" habe. Und es sei schon einmal besser gewesen: kurz vor dem Ansturm der „seit einigen Jahren methodisch betriebenen Verhunzung der deutschen Sprache". Wann das gewesen sein soll? „Zur Zeit, als es noch gute Schriftsteller in Deutschland gab", im goldenen Zeitalter Schillers und Goethes. Tatsächlich? Im Jahre 1819 – noch zu Goethes Lebzeiten – verglich Jacob Grimm das Deutsche seiner Tage mit der Sprache früherer Jahrhunderte: „Vor sechshundert Jahren hat jeder gemeine Bauer Vollkommenheiten und Feinheiten der deutschen Sprache gewusst, d. h. täglich ausgeübt, von denen sich die besten heutigen Sprachlehrer nichts mehr träumen lassen." [...]

Heute sind genau dieselben Klagen über die Flut der Anglizismen überall in Europa und darüber hinaus zu hören. [...] Einer Sprache, so könnte man meinen, sollten diese Gefahren jedoch erspart bleiben: Das Englische muss doch in einem besseren Zustand sein. Nach Ansicht englischer Sprachhüter trifft das leider nicht zu. Der bekannte BBC-Journalist und Sprachkritiker John Humphries [...] behauptet, das englische Englisch sei heutzutage besonders gefährdet, weil es sich wegen seiner unmittelbaren Verwandtschaft mit dem amerikanischen Englisch nicht vor dessen Einfluss schützen könne [...]. Zumindest eine Sprache, denkt man sich nun, müsse also glücklich sein: das amerikanische Englisch. Glauben Sie? In Amerika fühlt man sich unter anderem durch den massiven Einfluss des Spanischen bedroht. Man beschwert sich über das „Spanglish" und die zunehmende Zweisprachigkeit. Und überhaupt: über den Sprachverfall.

In: Süddeutsche Zeitung vom 16.9.2008

■ *Beschreiben Sie das im Text entworfene Argumentationsmuster. Erörtern Sie, welche Bedeutung es für die aktuelle Diskussion über Anglizismen in Deutschland hat.*

---

[1] Linguist an der Universität Leiden (Niederlande)

Das schönste deutsche Wort

2004 befragte der Deutsche Sprachrat Menschen in aller Welt nach dem ihrer Meinung nach „schönsten deutschen Wort". Am häufigsten wurde in den 22.838 Antworten aus 111 Ländern das Wort „Liebe" genannt. Da die Jury unter dem Vorsitz von Jutta Limbach, der Präsidentin der Goethe-Gesellschaft, die Einsendungen aber nicht nur auszählte, sondern auch die mitgelieferten Begründungen bewertete, setzte sie das Wort „Habseligkeiten" auf den ersten Platz. Auf die Plätze zwei und drei kamen „Geborgenheit" und „lieben".
In „Die Zeit" präsentierte der in München lebende brasilianische Schriftstellers Zé do Rock einen Gegenvorschlag:

Zé do Rock: das shönste wort von deutshe

Shönste wort von deutshe sprache is »pizza«. Jeder weiss das. Pizza is sigertyp, in fünfziger jare nur leute Napoli wussten was is das – armeleute-essen. Und jetz? Jede indianer in tiefst Amazonas weiss was pizza is.

Is kurz, dynamish, 2 z. Keine lautvershibung, nix germanish Pfitzer. Könnte man auch anbite pfizza – pizza mit pfiff. Aber da war jury, jury sagt nix pizza sondern »Habseligkeiten« shönste wort. Sit aus finnish. Noch finnisher, nur Haapseelikaiten.

Kann nich erinnern solche wortwettbewerb in Brasil. Einmal gelese, franzose denke shönste französishe wort »aurore« (Morgenröte). Dabei spreche wort so aus wie brasilianer wort »horror«, one H. Trotzdem: nimand kommt idee wäle »horror« oder französish »horreur«. Nu, Frankreich immer beshäftigt mit l'orthograph von difficile worte, wärend deutshe spilen mit worterfinden. War zu erwarte: deutshe worte nich so oft shwirig shreibe wie französish, dafür deutsh erfinde täglich milione neue worte – reien existente worte anananda. Manchmal sinnvolle kombinazion, manchmal weniger. Manche komme später in wörterbuch, meiste aber eintagfligen. Egal, macht inen tirish spass.

Normal man wält kein wort, das verbunden mit negative gefüle. Bei dise wal ich weiss nich richtig: ich assoziier nich unbedingt »Habseligkeiten« mit positiv. Ich mein, man kann nich sage, »Herr Bill Gates nam seine habseligkeiten und ging von dannen«, oder? Er hat keine habseligkaite. Ich hab. Und wer reicher? Oder muss sen das ganze sozial-kritish? Naja, bei globalisirung nich alle länder werde reich, sondern einige ärmer länder werde reicher, wärend reicha länder werden ärmer. Das kann sein shmerzhaft für reiche länder.

OK, »Habseligkeiten« is gemütlich, shlender so dahin. Aber is ser lang. Nur deutshe könne wäle so lang wort. Sagt nix was is: stelle dir vor, englander muss rate, was »havesoulihoods« bedeut. Würde was abstrakte vorstelle, dabei wort gar nich abstrakt. Würde denke, sachen die leute shleppe mache selig, tun aber nich. Egal, vileicht einige mit wal nich einverstanden, und manche – vileicht sogar vile – meine, dis aktivität is lächerliche teater. Als hätte dis republik nich andre sorgen! Veranstalter sage, solch akzion hat zil, zu shärfe bewusstsein für deutshe sprache. Von mir sie könne tun was wolle, wenn ich muss nich zale mer steuer.

Dismal hat gewonne »Habseligkeiten«. Aber bitte, näxte mal nich shon wider wäle lang germanishe wort, sondern »pizza«. Da könne deutshe zeige, wie sie multikulturell. Sogar islandis, die lasse keine fremdworte in ire sprache, sage »pizza« statt »flatbaka«, islandishe wort für »flach-cake«. Als begründung könnte sage: Das wort sollte »pizza« sein, weil sie shmeckt und nich teuer is. Meistens. Ja, später könnte näxte wort denken, vileicht »kebab«, lieblingsessen von deutshis.

In: DIE ZEIT Nr. 45 vom 28.10.2004

- *Form und Inhalt – Worin besteht für Sie hier der Zusammenhang?*
- *Worin sehen Sie die politische Botschaft des Textes? (Kritikgegenstand, Adressat des Textes, implizit enthaltene Utopie?)*
- *Schreiben Sie einen ähnlichen oder ganz anderen Text über ein Wort, das Sie als schönstes deutsches Wort vorschlagen.*

Ausgewanderte Wörter

Im Jahr 2006 veranstalteten der Deutsche Sprachrat, die Gesellschaft für deutsche Sprache und das Goethe-Institut eine Ausschreibung „Ausgewanderte Wörter". Das Publikum war aufgefordert, deutsche Wörter zu nennen, die in andere Länder ausgewandert und dort ohne Übersetzung in den Sprachgebrauch eingegangen sind. Manche von ihnen, wie „Fingerspitzengefühl", „Weltschmerz" oder „Sehnsucht", sind schon zu Klassikern geworden, die wegen ihrer besonderen Aussagekraft von anderen Nationen übernommen wurden. Die Ausschreibung förderte aber viele weitere Auswanderer zutage.

Wettbewerbssieger „Kaffepaussi", finnisch für „Pause, derzeit außer Betrieb"

Ausgewanderte Wörter – eine Auswahl

besservisseri	finnisch für: Besserwisser	Waldsterben	französisch für Waldsterben	Gemütlichkeit	englisch für: Volksfest
kaffeeklatsching	englisch für: Kaffeeklatsch machen	Weltanschauung	spanisch, französisch für Weltanschauung	Heimat	niederländisch (Flandern) für: Heimat
Kindergarten	englisch für: Kindergarten	Butterbrot	russisch für: belegtes Brot	Zeitgeist	englisch für: Zeitgeist
Wunderkind	englisch für: Wunderkind	Berufsverbot	englisch für: Berufsverbot	Blitzkrieg	russisch für: Blitzkrieg
la Mannschaft	französisch für: die deutsche Fußball-Nationalmannschaft	Realpolitik	italienisch für: sinnvolle Politik	Schadenfreude	englisch für: Schadenfreude
Angst („German angst")	englisch für: Angst vor Zukunft, Lebensangst, panische Angst	Schwalbe	niederländisch für: vorgetäuschtes Foul beim Fußball	Brüderschaft	russisch für: auf Freundschaft ein Glas Wodka trinken

Aus: Jutta Limbach (Hg.): Ausgewanderte Wörter. Ismaning bei München: Hueber Verlag 2006

Einige Kommentare der Einsender:

Wunderkind: englisch für: Wunderkind.
Das Wort „Wunderkind" wird in seinem ursprünglichen Sinn oft im Zusammenhang Kunst und Musik im Englischen benutzt. Begriffe aus anderen Sprachen werden gern übernommen, wenn es in der Sprache, die das Wort aufnimmt, kein genaues Gegenstück gibt. Das heißt, man kann etwas nur umschreiben, und der Erfolg des „Fremdwortes" liegt daran, dass dieses Wort genau das ausdrückt, was man sagen will.
(Christel Stripe, Kingwells Aberdeen, Großbritannien)
Schadenfreude: englisch für: das Gefühl der Freude, das man empfindet, wenn jemand leidet, den man selbst nicht leiden kann.
Edward Sapir und Benjamin Whorf behaupten, dass man nur das empfinden kann, was man in Worten ausdrücken kann. Da wir nicht zugeben wollten, dass wir solche unwürdigen Gefühle empfinden wie Schadenfreude, mussten wir den Deutschen die Schuld in die Schuhe schieben.
(Colin Hall, Dundee, Großbritannien)

■ Schreiben Sie einen Kommentar zu einem Wort der Liste, der erklärt, wieso dieser deutsche Begriff von einer anderen Nation übernommen wurde.

Sprechen Sie Amtsdeutsch?

1. Was ist eine „Lebensberechtigungsbescheinigung"?

   a) Stammbuch ☐

   b) Personalausweis ☐

   c) Aufenthaltsgenehmigung ☐

   d) Meldebescheinigung ☐

2. Worum geht es bei einer „Bestallung"?

   a) Parkhaus ☐

   b) Notunterkunft ☐

   c) Hundezucht ☐

   d) Vormundschaft ☐

3. Was ist eine „bedarfsgesteuerte Fußgängerfurt"?

   a) Zebrastreifen ☐

   b) Fußgängerbrücke ☐

   c) Fußgängerampel ☐

   d) Fußgängerzone ☐

4. Was ist ein „deichselgeführtes Flurförderzeug"?

   a) Rasenmäher ☐

   b) Traktor ☐

   c) Bagger ☐

   d) Hubwagen ☐

5. Was ist eine „rauhfutterverzehrende Großvieheinheit"?

   a) Kuh ☐

   b) Kuhherde ☐

   c) Pferd ☐

   d) Schwein ☐

6. Was ist eine „nicht lebende Einfriedung"?

   a) Krematorium ☐

   b) Poller ☐

   c) Von der Polizei bewachte Schutzzone ☐

   d) Zaun ☐

7. Was ist ein „raumübergreifendes Großgrün"?

   a) Naturschutzgebiet ☐

   b) Golfplatz ☐

   c) Park ☐

   d) Baum ☐

8. Was ist ein „Lautraum"?

   a) Diskothek ☐

   b) Werkstatt ☐

   c) Testhalle für Flugzeugtriebwerke ☐

   d) Tonstudio ☐

Nach: http://www.stern.de/tv/sterntv/:B%FCrokratie-Verstehen-Sie-Beamtendeutsch/591487.html

Amtssprache – eine deutsche Eigenart?

Einfaches kompliziert ausdrücken – das gilt vielen als eine deutsche Eigenart, die sich vor allem in der Amtssprache zeigt. Aber Amtssprache gibt es weltweit. Das folgende Interview mit der Germanistin Michaela Blaha wurde 2008 anlässlich einer internationalen Tagung geführt.

WDR.de: Ihre Tagung heißt „Amtsdeutsch a. D.? Europäische Wege zu einer modernen Verwaltungssprache". Welches Ziel verfolgen Sie?
Blaha: Das Problem der Amtssprache gibt es auf der ganzen Welt. Das finden Sie in jeder Sprache, in jedem Land, auch in China und Indien. Bei der Tagung geht es darum, erstmals eine Plattform zu bieten für ähnliche Initiativen, um sich auszutauschen und voneinander zu lernen. [...]
WDR.de: Gibt es Vorbilder, von denen wir lernen können?
Blaha: In vielen europäischen Ländern wird mehr gemacht als in Deutschland. In Frankreich gibt es schon seit fünf Jahren eine Beratung für Verwaltungsmitarbeiter. Schweden geht nach unseren Erkenntnissen schon am längsten gegen die Amtssprache vor, nämlich bereits seit mehreren Jahrzehnten. Und die Verwaltungssprache ist dort der Alltagssprache schon ziemlich weit angenähert. [...]
WDR.de: Wie entsteht eine Amtssprache? Können Beamte sich nicht anders ausdrücken oder dürfen sie es nicht?
Blaha: Die Amtssprache ist sehr stark geprägt von der Rechtssprache, weil Verwaltungen die Aufgabe haben, geltendes Recht umzusetzen. Sie müssen Entscheidungen immer rechtlich begründen. Da beziehen sie sich auf Gesetzestexte und die sind eben unverständlich. Die andere Schwierigkeit ist die sogenannte Fachsprachlichkeit. Jeder Fachbereich hat seine eigene Fachterminologie. Wenn zum Beispiel im Baubereich gefordert wird, dass man etwas „tagwasserdicht abdichten soll", heißt das, es muss eine Abdeckung geben, die verhindert, dass das sogenannte Oberflächenwasser in einen Schacht eindringen kann. Und da sind Sie schon im Bereich der Fachsprache: Was ist Oberflächenwasser?
WDR.de: Ist damit einfach Regen gemeint?
Blaha: Mit Oberflächenwasser ist nicht nur Regen gemeint, sondern jedes Wasser, das sich an der Oberfläche befindet. Dazu gehört auch Tau oder eine Pfütze und auch ein See. Es kommt immer auf den Kontext an. Das ist bei ganz vielen Wörtern so. Man muss sich immer fragen: Muss dieses Fachwort in diesem Zusammenhang verwendet werden oder nicht? Wenn nicht, dann sollte man das Fachwort weglassen, wenn doch, dann sollte man es erklären.
WDR.de: Leidet die Rechtssicherheit unter einfacheren Formulierungen?
Blaha: Genau dieser Punkt wird immer als Einwand gebracht, warum man nichts machen kann. Natürlich gibt es Fälle, wo man aufpassen muss. Aber man kann auch viele Sachen machen, ohne in Konflikt mit der Rechtssicherheit zu geraten. Wenn Sie an Wörter denken wie „Durchschrift" oder „fernmündlich", die können Sie problemlos austauschen gegen „Kopie" oder „telefonisch". [...]
WDR.de: Bei verquasten Formulierungen hat der Bürger dann die Arbeit: Er muss grübeln, anrufen, nachhaken. Wie viel Zeit frisst das Amtsdeutsch?
Blaha: Wenn Sie mal hochrechnen würden, dass ein Verwaltungsmitarbeiter zu einem Bescheid täglich vielleicht zwei- oder dreimal Fragen beantworten muss, dann addiert sich das über die ganze Verwaltung gerechnet auf einen riesigen Betrag. Sowohl zeitlich als auch finanziell. Aber es geht nicht nur darum, dass man Zeit sparen kann, sondern auch Nerven. Das merke ich selbst, wenn ich einen Text bekomme und bei einer Verwaltung nachfrage, was damit gemeint ist. Dann höre ich ganz oft: „Das fragen uns die Bürger auch immer." Und daran erkennt man schon: Immer das Gleiche gefragt zu werden, nervt. [...]

[http://www.wdr.de/themen/kultur/3/amtssprache_bochum/index.jhtml]
Sabine Tenta: Gespräch mit Michaela Blaha: Amtssprache – eine deutsche Eigenart. (Aufruf: 4.3.2009)

- Welcher der folgenden Aussagen stimmen Sie nach der Lektüre des Interviews zu:
    1) Auf Amtssprache kann völlig verzichtet werden.
    2) Amtssprache ist Machtausübung.
    3) Amtssprache will überhaupt nicht verstanden werden.
    4) Amtssprache ist zum Teil nur antiquiert.

Amtsdeutsch: Vorschläge für die Verständlichkeit

Im IDEMA-Netzwerk bietet die Ruhr-Universität Bochum Verwaltungsmitarbeitern an, ihre Schreiben vor dem Versand so zu überarbeiten, dass sie verständlicher werden. Einige Beispiele:

So besser nicht ...	Eher so ...
1. Die Abfallberatung der XY GmbH hat Sie mit Schreiben vom ((Datum)) auf diesen Missstand aufmerksam gemacht und hat Sie gebeten, das Restmüllbehältervolumen entsprechend der Menge des tatsächlich regelmäßig anfallenden Abfalls von bisher X l auf Y l Gesamtvolumen zu erhöhen.	1. Die Abfallberatung der XY GmbH hat Sie deshalb gebeten, größere/zusätzliche Restmüllbehälter zu bestellen (Schreiben vom ...).
2. Es genügt die Vorlage einer amtlich beglaubigten Ablichtung.	
3. Das Amtsgericht XY hat mich als zuständige Betreuungsbehörde zu einer erneuten Stellungnahme in Ihrer Betreuungssache aufgefordert.	
4. Es entstehen Ihnen bei Inanspruchnahme unserer Hilfe keine Kosten.	
5. Zur Abklärung der noch offenstehenden Fragen möchte ich Sie bitten, sich zu den oben genannten Sprechzeiten telefonisch mit mir in Verbindung zu setzen.	
6. Sie haben mein Schreiben vom ((Datum)) bisher nicht beantwortet. Es wird deshalb an die Erledigung erinnert. Ihre Mitwirkung ist erforderlich, weil ohne Ihre Angaben über Ihren Anspruch nicht entschieden werden kann [...] Sollten Sie innerhalb der genannten Frist nicht antworten, wird nach Aktenlage entschieden.	

http://www.moderne-amtssprache.de/186.html

- *Entwickeln Sie Verbesserungsvorschläge für die Beispiele 2 bis 6.*
- *Untersuchen Sie Ihre Verbesserungsvorschläge auf eine Systematik hin und formulieren Sie dann „Tipps für verständliches Amtsdeutsch".*

Politische Sprache: Zweimal Deutsch? (DDR – BRD)

Christine Keßler: Woran denken Sie bei „Kollektiv"?

[...] Das Institut [für Demoskopie in Allensbach] wollte seit 1976 in den alten Bundesländern und seit 1990 in ganz Deutschland für eine Reihe von Wörtern wissen, ob sie als „sympathisch" oder „unsympathisch" empfunden werden. Es wurden Meinungen zu den Wörtern *Arbeit, Berlin, Börse, Computer, Gebet, Feminismus, Kommunismus* und vielen anderen erfragt. Auch das Wort *Kollektiv* zählte dazu. Die Ergebnisse für *Kollektiv* lauteten (in Prozent):

West 1990 Sympathisch 21 Unsympathisch 48
      1999 Sympathisch 32 Unsympathisch 55
Ost   1990 Sympathisch 52 Unsympathisch 28
      1999 Sympathisch 66 Unsympathisch 24

[...] Grob gesagt haben bei den Westdeutschen doppelt so viele die Empfindung „unsympathisch" im Vergleich zu „sympathisch" mit einer leichten Verschiebung zu Sympathiewerten seit 1990. [...] [Es stellt sich daher die Frage nach] Begründungen für die hohe Wertschätzung des Begriffs *Kollektiv* bei den Ostdeutschen. [...] Die politisch-ideologische Strategie des Angleichens von Klassen und Schichten mit der Dominanz von Werten, die traditionell aus der Arbeiterklasse kommen, ist unübersehbar. Hradil (1995) verweist in diesem Zusammenhang auf das Bescheidenheitsethos der Arbeiterschaft, das neben dem Wert „Bescheidenheit" auch auf die Werte „Verantwortung gegenüber anderen" und auf die pflichtgemäße „Arbeitsorientierung" orientiert. Das „moralisierende Gleichheitsgebot" wurde in großen Teilen der DDR-Bevölkerung durchaus als soziale Gleichberechtigung empfunden, so z. B. die Tatsache, dass man – relativ unabhängig von der eigenen Herkunft – Zugang zu Bildung hatte oder sich im Beruf entfalten konnte. Dieses Gebot hatte auch Auswirkungen auf hierarchische Strukturen in der Arbeitswelt und meint z. B. das Mit-dem-Vorgesetzten-reden-Können. Ein so verstandenes „Gleichheitsgebot" gibt dem Einzelnen das Gefühl von Sicherheit, von gegenseitiger Hilfe, ein Gefühl des Nicht-fallen-gelassen-Werdens. Das ist ein Grund dafür, dass viele Ostdeutsche mit dem Wort *Kollektiv* positive Konnotationen, also Sympathie, verbinden. In Zeiten gesellschaftlichen Umbruchs, die bei vielen auch Unsicherheit und Hilflosigkeit erzeugen, können sich Sympathiewerte für *Kollektiv* folglich auch erhöhen.

Aus: Ruth Reiher/ Baumann Antje (Hg.): Vorwärts und nichts vergessen. Sprache in der DDR – was war, was ist, was bleibt. Berlin: Aufbau 2004, S. 184 ff.

■ Zeichnen Sie die Begründung Kesslers für die hohe Sympathie der Ostdeutschen für den Begriff des „Kollektivs" nach und versuchen Sie dann eine Begründung
   a) für die demgegenüber geringeren Sympathiewerte des Begriffs im Westen,
   b) für den Anstieg der Sympathiewerte im Westen zwischen 1990 und 1999.

■ „Das Ziel politischen Sprachgebrauchs ist es ja, die Menschen zu beeinflussen" (Astrid Stedje). Welche Art der Beeinflussung sehen Sie in dem in der Tabelle dargestellten unterschiedlichen Sprachgebrauch in der DDR und in der Bundesrepublik? Halten Sie den Beeinflussungsversuch für wirksam?

DDR	BRD
Westdeutschland; [BRD]	Bundesrepublik; [Deutschland]
Industrienebel	Smog
Neubürger; Umsiedler	Vertriebener; Heimatloser
DDR-Regierung	SED-Regime
Staatsgrenze West; ges. Grenze, [antifaschistischer Schutzwall]	Mauer; Ulbrichtmauer
Friedenslager; sozialistische Staatengemeinschaft	Ostblock
Neues ökonomisches System (NÖS)	Freie Marktwirtschaft

Aus: Astrid Stedje: Deutsche Sprache gestern und heute. Paderborn: Fink 2007, S. 205 ff.

Geteiltes Land – geteilte Sprache?

Walter Ulbricht (Staatsratsvorsitzender der DDR) auf dem 13. ZK-Plenum der SED 1970:

„[S]ogar die einstige Gemeinsamkeit der Sprache ist in Auflösung begriffen. Zwischen der traditionellen deutschen Sprache Goethes, Schillers, Lessings, Marx' und Engels', die vom Humanismus erfüllt ist, und der vom Imperialismus verseuchten und von den kapitalistischen Monopolverlagen manipulierten Sprache in manchen Kreisen der westdeutschen Bundesrepublik besteht eine große Differenz. Sogar gleiche Worte haben oftmals nicht mehr die gleiche Bedeutung."

„Eine tatsächliche Sprachspaltung hat in den 40 Jahren der deutschen Zweistaatlichkeit nie stattgefunden." (Wolfgang Thierse, 1992)

West (Bundesrepublik): Supermarkt, Aerobic, Lunchpaket, Brathähnchen, Wochenendhaus, Weihnachtsengel

Ost (DDR): Kaufhalle, Pop-Gymnastik, Verpflegungsbeutel, Broiler, Datsche, Jahresendflügelfigur

Duden 1986/1988	
DDR	**Bundesrepublik**
kein Eintrag	Arbeitnehmer
kein Eintrag	Arbeitgeber
Berlin: Hptst. der DDR	Berlin: Stadt an der Spree; Hptst. des ehem. Deutschen Reiches, heute geteilt in Berlin (West) und Berlin (Ost)
kein Eintrag	Flugreise
Individualismus: Vertretung der eigenen Interessen ohne Rücksicht auf die Gesellschaft, auf das Kollektiv	Individualismus: (betonte) Zurückhaltung eines Menschen gegenüber der Gemeinschaft
kein Eintrag	innerdeutsch
NATO: aggressiver imperialist. Militärpakt unter Führung der USA	NATO: westliches Verteidigungsbündnis
kein Eintrag	Warschauer Pakt [ohne Erläuterung]
kein Eintrag	Republikflucht (DDR), vgl. Flucht
Völkerfreundschaft	kein Eintrag
kein Eintrag	Völkermord

An Leiter der Zentral- und Geschäftsbereiche

Aus gegebenem Anlaß darf ich Sie noch einmal bitten, die folgenden Formulierungen nicht mehr zu verwenden:

Kader
Brigade
Kollektiv
Ökonomie
Werktätiger
Territorium
und andere ähnliche spezifische Begriffe, die aus der Vergangenheit stammen.

Diese Begriffe sind für ein westliches Ohr stark vorbelastet und führen zu negativen Assoziationen. Wir machen uns im Umgang mit den westlichen Firmen das Leben unnötig schwer.

Mit kollegialem Gruß

Geschäftsführer

- *Diskutieren Sie auf der Grundlage der Materialien, wie die Unterschiede im Sprachgebrauch zu bewerten sind: Sind diese für Sie Ausdruck eines Bewusstseins oder umgekehrt bewusstseinsbildend? Oder halten Sie die Unterschiede nur für oberflächliche Differenzen?*
- *Wie beurteilen Sie die Frage, ob es eine „tatsächliche Sprachspaltung" zu Zeiten der deutschen Teilung gegeben hat.*
- *Untersuchen Sie die sprachliche Gestaltung des Ulbricht-Zitates.*

Quelle für alle Materialien, falls nicht anders angegeben: Ausstellung „man spricht deutsch", Haus der Geschichte, Bonn, 12.12.08–1.3.09, bzw. zugehöriges museumsmagazin

Umdeutungen als Zeichen gesellschaftlicher Prozesse: Das Beispiel „schwul"

Voll psycho
Harald Martenstein spricht mit seinem Sohn

Mein Sohn ist 14 Jahre alt. Wenn er etwas großartig fand, sagte er bis vor kurzem: „Das ist geil." Das Wort geil bedeutete im Mittelalter gut. Später bedeutete es lüstern. Jetzt heißt geil wieder gut. Ich habe meinen Sohn gefragt: „Was ist das Gegenteil von geil? Wie nennt ihr, in eurer jungen, taubedeckten Welt, in welcher gerade die Morgensonne der Selbstfindung aufgeht, eine Person, ein Tier oder eine Sache, die nicht großartig ist?"

Mein Sohn sagte: „Das Gegenteil von geil heißt schwul. Ein schwuler Film ist ein Film, der nicht geil war. Schwule Schulsportschuhe. Eine schwule Mathearbeit. Der Pitbull – ein schwuler Hund. Die Klassenfahrt nach Bad Orb war schwul. Die Klassenfahrt nach Beverly Hills war geil. Oder es heißt, dieses Mädchen finde ich schwul, jenes Mädchen finde ich geil."

In meiner Jugend ist schwul ein Schimpfwort gewesen. In meinen Mannesjahren wechselte schwul die Bedeutung. Schwule Regierungschefs priesen auf schwulen Stadtfesten in schwulstmöglicher Weise das Schwulsein. In der neuerlichen Umprägung des Wortes kommt meiner Ansicht nach nicht ein Wiederaufleben des Ressentiments gegen Homosexuelle zum Ausdruck, sondern die ewige Lust der Jugend an der Provokation. Hätten geile Regierungschefs auf dem geil-lüsternen Stadtfest in geilen Worten das Geilsein gepriesen, dann wäre in der Jugendsprache manches anders gekommen. An dem Tag aber, an dem der Ministerpräsident von Rheinland-Pfalz auf dem Parteitagspodium mit schwerem Atem und ungeordnetem Haar ins Mikrofon stöhnt: „Genossinnen und Genossen, ich bin geil, und das ist gut so", werden in der Jugendsprache die Karten neu gemischt. Kürzlich kehrte mein Sohn aus der Schule zurück und teilte mir mit, weitere Umwertungen hätten stattgefunden. „Man sagt nicht mehr geil. Nur Dreißigjährige sagen geil." Jetzt sagt man, zu etwas Gutem, meistens porno. Das Schulfest war voll porno. Der Pfarrer im Jugendgottesdienst hat porno gepredigt. Mein Sohn sagte, das Gegenteil von porno bezeichne die Jugend neuerdings als psycho. Ein Mädchen, das gestern noch schwul war, ist heute schon psycho. In der Kombination dieser beiden Begriffe ergeben sich reizende sprachliche Effekte, zum Beispiel: *Psycho* von Hitchcock ist ein porno Film. N. ist ein porno Typ, aber er muss jede Woche zu einem psycho Therapeuten.

Nach einigem Nachdenken wurde mir klar, dass die Gutwörter und die Schlechtwörter der Jugend meist dem Bereich des Sexuellen entnommen werden. Dabei wird stets das gesellschaftlich Goutierte negativ besetzt, das gesellschaftlich Verpönte aber ins Positive gewendet. Dies ist die Entdeckung eines sozialpsychologischen Gesetzes, dies ist das Holz, aus dem Promotionen geschnitzt werden. In zehn Jahren werden die 14-Jährigen sagen: Die Klassenfahrt nach Bad Orb war sensibel und nachhaltig. Die Klassenfahrt nach Beverly Hills aber war pädophil. Dann aber dachte ich an das große Wort des großen Sigmund Freud: „Derjenige, der zum erstenmal an Stelle eines Speeres ein Schimpfwort benutzte, war der Begründer der Zivilisation."

In: DIE ZEIT vom 09.03.2006

- Lesen Sie den Text von Martenstein und ordnen Sie: geil – schwul – pädophil – porno – sensibel – psycho – nachhaltig. Womit ist – tatsächlich oder Martensteins Prognose zufolge – eine positive Wertung von Seiten der Jugendlichen verbunden, womit eine negative?

- Erläutern Sie Martensteins Theorie der Entwicklung jugendsprachlicher Wertungen und stellen Sie selbst Hypothesen auf über zukünftige Bezeichnungen.

Bedeutungswandel von Tabuwörtern: Zwei Richtungen

Rudi Keller, Ilja Kirschbaum: [Tabugehalt von Wörtern]

Tabuwörter sind Wörter, die man zwar kennen sollte, aber nicht ohne Weiteres verwenden darf. Diese Eigenschaft war es schließlich, die das Wort *geil* sodann dazu prädestinierte, Jugendlichen als ein besonders
5 expressiver Ausdruck der Begeisterung und Wertschätzung zu dienen. Denn besondere Expressivität lässt sich hervorragend durch Tabubruch zum Ausdruck bringen. Man erinnere sich beispielsweise daran, dass die meisten Wörter, die wir zum Fluchen
10 verwenden, aus Bereichen stammen, die mit Tabus belegt sind oder zumindest waren: aus dem religiösen, sexuellen oder fäkalen Bereich. Wenn ein Tabuwort häufig verwendet wird, verliert es jedoch notwendigerweise seinen Tabugehalt. Es könnte so weit
15 kommen, dass wir beim Verwenden des Wortes *geil* so wenig an seinen ehemals sexuellen Sinn denken, wie wir beispielsweise bei dem Adjektiv *toll* daran denken, dass man damit früher den Zustand der Geisteskrankheit meinte. Wenn *geil* seinen Tabuwert ver-
20 loren hat, so ist zu vermuten, dass früher oder später wieder ein neues Tabuwort mit der ehemaligen sexuellen Bedeutung von *geil* entstehen wird.

In: Dies.: Bedeutungswandel. Eine Einführung. Berlin/New York: de Gruyter 2003, S. 2

Zur Geschichte des Wortes „schwul"

Die neuere Wortgeschichte von *schwul* im Deutschen ist eng mit einem tief greifenden Wandel in der Einstellung zur Homosexualität verbunden. Da die Nationalsozialisten Homosexualität als Bedrohung für
5 das „Volkswachstum" betrachteten, verschärften sie 1935 den geltenden § 175 StGB, der Homosexualität als *widernatürliche Unzucht* bezeichnete und unter Strafe stellte […] Nach Kriegsende galt der § 175 als einziges von den Nazis verschärftes Gesetz weiter, eine Verfassungsbeschwerde dagegen wurde 1957 zu-
10 rückgewiesen. Zwischen 1950 und 1965 kam es zu fünfundvierzigtausend Verurteilungen nach § 175 in der BRD. […] Ein Bewusstseinswandel zeichnete sich erst als Resultat der sogenannten *Sexuellen Revolution* ab und führte dazu, dass der § 175 1969 und 1973
15 reformiert wurde. In der Folge der Liberalisierung des Sexualstrafrechts bildete sich in den siebziger Jahren eine homosexuelle Emanzipationsbewegung, die „den Spieß der Spießer einfach umdrehte, indem sie das Schimpfwort ‚schwul' mit erhobenem Kopf zum
20 öffentlichen Kampfwort machte und dadurch zu einem guten Teil seines pejorativen* Charakters beraubte" (Sigusch).

Aus: Zeitgeschichtliches Wörterbuch der deutschen Gegenwartssprache, hrsg. von Georg Stötzel und Thorsten Eitz, Georg Olms Verlag, Hildesheim u. a. 2002

* Pejorativ: bedeutungsverschlechternd, abwertend

„schwul" – ein Geusenwort

Als **Geusenwort** (aus dem Holländischen: *Geuzennaam*, Geusen ist der Name, den sich die niederländischen Freiheitskämpfer während des Achtzigjährigen Krieges (1568–1648) gaben.) werden in der
5 Linguistik Wörter bezeichnet, die ursprünglich eine Personengruppe beschimpfen sollten, von dieser aber positiv umgemünzt werden.
Beispiele für solche positiv umgedeuteten Schimpfwörter sind die Ausdrücke Nigger, Yankee, Queer und
10 Krüppel. Der Ausdruck schwul, ebenfalls ein zunächst von Betroffenen adaptiertes Schimpfwort, ist inzwischen in den allgemeinen positiven Sprachgebrauch übergegangen und hat lediglich in der Jugendsprache eine pejorative Bedeutung behalten.

Vgl. http://de.wikipedia.org/wiki/Geusenwort (auf diese Quelle wurde zurückgegriffen, weil nur hier Verständlichkeit und Präzision der Begriffserläuterung in einem ausgewogenen Verhältnis standen).

- *„Jugendliche zeigen sich als schwulenfeindlich, wenn sie eine misslungene Klassenfahrt als ‚schwulen Ausflug' bezeichnen." – Wie beurteilen Sie diese These?*

- *Der Begriff „Geusenwort" beruht auf der Selbstbezeichnung holländischer Freiheitskämpfer. Erörtern Sie, inwieweit diese Bezeichnung Ihnen für das Phänomen der Umdeutung des Wortes „schwul" angemessen erscheint.*

- *Tabubruch – Geusenwort-Strategie: Stellen Sie die beiden hier beschriebenen Sprachentwicklungen gegenüber und erläutern Sie diese anhand weiterer Beispiele.*

e-Deutsch: Lässt das Netz unsere Sprache verfallen?

Florian Höhne: *sprach wandel*

„hai du...knuddelz", schreibt einer. Der Angesprochene antwortet: „hai reknuddel ich wollt grade los :-(".* So hätte Dichterfürst Goethe keinen Brief begonnen. Im Internet aber – beim Chatten, Bloggen, Mailen – gehört zur Normalität, was manchen Sprachfreund und Deutschlehrer das Fürchten lehrt. Lässt das Netz unsere Sprache verfallen?

„Sprachverfall, nein", sagt Linguist Michael Beißwenger von der Uni Dortmund. Seit zehn Jahren beschäftigt er sich mit dem Thema: „Die Möglichkeiten der Sprache werden erweitert. Sprache passt sich immer den jeweiligen Rahmenbedingungen an." Aber wie? Im Plauder-Chat unterhalten sich Menschen am Computer via Internet. „Wer den dabei entstehenden Text mit einem Roman vergleicht, wird natürlich an Sprachverfall denken", sagt Beißwenger. Ein besserer Vergleich sei das Gespräch zwischen Freunden. Mit dem Chat sei eine völlig neue Form entstanden, sich auszutauschen: schriftlich plaudern. Einziger Vorläufer: die Zettel, die man sich unter der Schulbank hin und herschob, anstatt zu flüstern.

Neue Form, neue Schriftverwendung. Manche Besonderheiten dieser „Netzsprache" haben damit zu tun, dass es beim Chatten schnell gehen muss: Es häufen sich die Tippfehler genauso wie Abkürzungen. Auf Großschreibung wird verzichtet, weil ein Großbuchstabe einen Tastenanschlag mehr bedeutet, der Zeit kostet. Aber: „Was mit Zeitökonomie zu tun hat, wird wohl kaum Auswirkungen auf den Rest der Sprache haben", meint Beißwenger: In Bewerbungsschreiben werde Groß- und Kleinschreibung weiterhin wichtig bleiben. [...]

„Sprache hat immer mit der Redesituation, mit Rollen, Formalitätsgraden und kommunikativen Zielen zu tun", betont Beißwenger. So gibt es in Politker-Chats und Bewerbungs-E-Mails insgesamt mehr Rechtschreibung und so gut wie keine „Erikative"[1]: „Ich muss nur wissen, in welcher Situation ich mit welcher Art der Sprache meine Ziel erreichen kann."

Auch Karin Pittner, Germanistik-Professorin an der Ruhr-Uni Bochum, spricht lieber von „neuer Sprachkultur" als von „Sprachverfall". „Noch nie wurde so viel geschrieben wie heute", sagt Pittner, „auch von denen, die früher nicht schrieben." Früher schrieb man Einkaufszettel und Postkarten. Heute verbringen Menschen ihre Freizeit schreibend: Chat, E-Mail, Messenger.

Gleichzeitig würde allgemein der Umgang mit Rechtschreibung und Satzbau laxer: „Wir fangen an zu schreiben, wie wir sprechen", sagt sie. Ob Internetboom und Regelverfall zusammenhingen, sei aber umstritten. Eines hat das Internet definitiv verändert: den Wortschatz. „Was früher Fachjargon von Informatikern war, ist heute Alltagssprache", erklärt Pittner. Und wenn wir in Bildern sprechen, seien das häufig Computerbilder, à la: „Ich habe meine Festplatte voll."

Auch die Internetsuchmaschine „Google" hat den Wortschatz erweitert – und es damit in den Duden geschafft: „googeln" heißt laut Rechtschreibbibel „mit Google im Internet suchen". Dem Duden selbst war das nicht vergönnt. In ihm musste man Wörter immer umständlich nachschlagen und konnte sie nicht einfach „dudeln" oder „duden". Grins.

WAZ, 17.4.2008

---

[1] Erikativ: Auf den Verbstamm reduzierte Verbform, z.B. *knuddel* oder *grins*. In Comics haben solche Erikative eine lange Tradition.

- Systematisieren Sie die sprachlichen Besonderheiten der Sprache im Chat, in E-Mails, in SMS.
- Worin sehen Sie die Unterschiede dieser Sprache zum sonstigen Schriftdeutsch begründet?
- Wie bewerten Sie solche Verwendungsweisen der Sprache?
- Welcher Einfluss der Netzsprache auf die sonstige Sprache wird im Text konstatiert? Wie sind Ihre Beobachtungen?
- Unter welchen Bedingungen wäre die Netzsprache eine „Bedrohung" für die deutsche Sprache?

Gurly Schmidt: [SMS zwischen Sprachreduktion und kreativem Sprachspiel]

Die sprachliche Variation in Textnachrichten bewegt sich im Spannungsfeld zweier unterschiedlicher Rahmenbedingungen [...]. Zum einen spielen die technischen Voraussetzungen eine große Rolle: die schon genannten 160 oder mehr Zeichen, die die grobe Textplanung einer Nachricht strukturell beeinflussen, in Kombination mit der umständlichen und zeitintensiven Eingabe über die Zahlentastatur beschränken und beeinflussen die Gestaltung der Kommunikation. [...] Zum anderen kann bei SMS-Sprachgestaltung deutlich eine konzeptionelle Mündlichkeit erkannt werden [...]. Reduktionen können auf lexikalischer Ebene auftreten, sind aber vergleichsweise nicht in der Häufigkeit zu beobachten wie syntaktische Reduktionen. [...] Generell sind lexikalische Abkürzungen zu denjenigen zu zählen, die eindeutig zu größerer Effizienz bei der Texteingabe beitragen. [...] Beispiele für lexikalische Abkürzungen in den untersuchten Daten sind WE für „Wochenende", Städtenamen wie s für „Stuttgart", [...] „knubus" für „Knutscher und Bussi" [...]. Ein außerordentlich wichtiger Bestandteil der SMS-Kommunikation ist die konzeptionelle Mündlichkeit, die einem Großteil der SMS-Nachrichten zugrunde liegt. Je privater und näher die Beziehung der Kommunzierenden, desto stärker werden die Nachrichten an der Mündlichkeit orientiert. In diesem Punkt kann eine starke Ähnlichkeit zur Chat- und E-Mail-Kommunikation festgestellt werden. Da es sich bei der SMS-Kommunikation jedoch um eine medial schriftliche Kommunikationsform handelt, sind neben den sprechsprachlichen auch schriftsprachliche Phänomene festzustellen. [...]

Neben den beobachteten Abkürzungen sind bei Textnachrichten jedoch auch Wörter und Phrasen festzustellen, die nicht abgekürzt, sondern explizit *ausgeschmückt* werden [...]:

8.34 ISA *Tu grad mit Sunny phonieren: ganz viele *knubus*.Tschüssilein! Sunny+Isa. BYE:>#*

[...] Sprachvariation in der SMS-Kommunikation bewegt sich in einem Spannungsverhältnis zwischen Spracheffizienz und „sozialen Erträgen" (Adamzik 2000), die sich aus der Kommunikation ergeben. [...] SMS-Kommunikation [bedient sich neben der Reduktion] sprachlicher Ausdrucksweisen, die gerade nicht auf Reduktion basieren, sondern sprachliche Ausschmückungen und Sprachspielereien beinhalten. Diese sind zurückzuführen auf die Gestaltung emotional-psychischer Bindungen zwischen den Kommunikationspartnern und können je nach Gruppenteilnehmern auch innerhalb einer Kommunikationsgruppe im Laufe der Zeit spielerisch ausgehandelt werden.

Thema Deutsch, Bd. 7, Von hdl bis cul8r. Sprache und Kommunikation in den Neuen Medien. Herausgegeben von der Dudenredaktion und der Gesellschaft für deutsche Sprache. © Bibliographisches Institut & F. A. Brockhaus AG, Mannheim 2006.

■ *Analysieren Sie unter Nutzung der Textaussagen die SMS in Zeile 38 f. und die nachfolgend abgedruckten Nachrichten:*

1) **Thorben an Tim** Morgen so zehn G109 [G109 = Uniraum]
2) 24.5., 22.32 **Susi** Was wird denn G&R geschenkt, ich hätte da schon Ideen – Sa Geschenke fangen gehen?
25.5. 12.01 **Tina** SPEICHER VOLL, AKKU LEER, DARUM DIE ANTWORT JAHRE SPÄTER: WOLLT MORGEN SCHON LOS, SA IST PUTZTAG – DRINGENST NÖTIG! GERDA INLINE-KÜHLFLASCHE, ROMAN WHISKY
3) **Schüler an Lehrerin** 8.34 Sven Hallo, kann leider aufgrund krankheit nicht am ausflug teilnehmen. Werde am Montag wider in die schule gehen. Mit freundlichen Grüßen, Sven
4) **Svenja an Nadine:** Bin gestern Jan begegnet, *dem* Jan.

■ *Diskutieren Sie die Frage, inwieweit die Sprache der SMS auch zu einem Sprachwandel in gesprochener oder anderer geschriebener Sprache geführt hat. Was beobachten Sie in Ihrem sozialen Umfeld?*

Können Wörter lügen?

Im Jahre 1964 schrieb die Deutsche Akademie für Sprache und Dichtung in Darmstadt die Preisfrage aus: „Kann Sprache die Gedanken verbergen?" Harald Weinrich erhielt damals den ersten Preis für eine Schrift, die unter dem Titel „Linguistik der Lüge" veröffentlicht wurde.

Harald Weinrich: Können Wörter lügen?

Es besteht kein Zweifel, dass man mit Sätzen lügen kann. Aber kann man auch mit Wörtern lügen? [...] Gemeint ist [...] die Frage, ob Wörter, rein für sich genommen, lügen können, ob eine Lüge der Wortbedeutung als solcher anhaften kann. [...]
Wir werfen einen Blick auf zwei Wörter der deutschen Sprache, mit denen viel gelogen worden ist. Ich meine das Wort „Blut" und das Wort „Boden". Beide Wörter können heute so unbekümmert gebraucht werden wie eh und je. Man lügt nicht mit ihnen und wird nicht mit ihnen belogen. Aber es ist keinem Deutschen mehr möglich, die beiden Wörter zu verbinden. Mit „Blut und Boden" kann man nur noch lügen, so wie man eh und je mit dieser Fügung gelogen hat. Liegt das vielleicht an dem Wörtchen „und"? Nein, dieses Wörtchen ist ganz unschuldig. Es liegt daran, dass die beiden Wörter „Blut" und „Boden", wenn sie zusammengestellt werden, sich gegenseitig Kontext geben. Der Kontext „und Boden" determiniert die Bedeutung des Wortes „Blut" auf die nazistische Meinung hin, und ebenso wird die Bedeutung des Wortes „Boden" durch den Kontext „Blut und" im nazistischen Sinne determiniert. [...]
Dies gilt nun allgemein: Wörter, die man sich ohne jede Kontextdetermination denkt, können nicht lügen. Aber es genügt schon ein kleiner Kontext, eine „und"-Fügung etwa, dass die Wörter lügen können. [...]

Aus: Harald Weinrich: Linguistik der Lüge. 6., durch ein Nachw. erw. Aufl. München 2000, S. 34ff. (gek. Auszug)

- *Eine Werbung für Kaffee an Tankstellen mit dem Slogan „Jedem den Seinen" wurde 2009 zurückgezogen, nachdem auf die Ähnlichkeit zu dem Spruch „Jedem das Seine" hingewiesen wurde, der über dem Tor des KZ Buchenwald prangte. Erläutern Sie hieran Weinrichs Position.*

- *Seit 1991 werden in der Aktion „Unwort des Jahres" sprachliche Missgriffe untersucht und es wird ein „Unwort des Jahres" gekürt. Gibt es darunter Unwörter, die in einem ähnlichen Sinne „lügen", wie Weinrich es darstellt? Versuchen Sie zu beschreiben, wie Unwörter gebildet sind und wie sie „funktionieren".*

Unwörter des Jahres

Sozialverträgliches Frühableben (1998)	Wortschöpfung des damaligen Präsidenten der Bundesärztekammer, um die Sparpläne der neuen Bundesregierung zu kritisieren
Gotteskrieger (2001)	Selbst- u. Fremdbezeichnung d. Taliban- u. El-Qaeda-Terroristen
Humankapital (2004)	Laut einer Erklärung der EU die „Fähigkeiten und Fertigkeiten sowie das Wissen, das in Personen verkörpert ist"
Entlassungsproduktivität (2005)	Gewinne aus Produktionsleistungen eines Unternehmens, nachdem zuvor zahlreiche Mitarbeiter entlassen wurden
Freiwillige Ausreise (2006)	Bezeichnung für das Abschieben von Asylbewerbern, wenn diesen eine Zustimmung abgerungen wurde
Notleidende Banken (2008)	Bezeichnung für die (Mit-)Verursacher der Finanzkrise

Unwort des 20. Jahrhunderts: Menschenmaterial

Zum Unwort des 20. Jahrhunderts wählte die Jury der Aktion „Unwort des Jahres" den Begriff „Menschenmaterial", der, so die Jurybegründung, „im 20.Jahrhundert seine besonders zynische Bedeutung gewonnen [hat], nicht zuletzt als Umschreibung von Menschen, die als Soldaten im 1. und 2. Weltkrieg ‚verbraucht' wurden." Dieser „zeiten- und ideologienübergreifende Begriff" stehe „exemplarisch für die weitgediehene Tendenz, Menschen nur noch nach ihrem ‚Materialwert' einzuschätzen".

Karl Marx: Das Kapital (1867)

Den Ausgangspunkt der großen Industrie bildet, wie gezeigt, die Revolution des Arbeitsmittels, und das umgewälzte Arbeitsmittel erhält seine meist entwickelte Gestalt im gegliederten Maschinensystem der Fabrik. Bevor wir zusehn, wie diesem objektiven Organismus Menschenmaterial einverleibt wird, betrachten wir einige allgemeine Rückwirkungen jener Revolution auf den Arbeiter selbst.

Karl Marx – Friedrich Engels – Werke. Band 23, „Das Kapital", Bd. I . Berlin (DDR): Dietz Verlag 1968, S. 416

Amtliche Kriegs-Depesche: Berlin, 17. April 1917.

[…] Wie sieht es nun in Wirklichkeit heute am Tage nach Beginn des französischen Angriffs aus? Wohl ist unsere erste deutsche Linie durch das während 10 Tage anhaltende ununterbrochene französische Feuer aller Kaliber nur noch eine Trichterstellung, wohl sind an einzelnen Stellen die Franzosen in diese frühere erste Linie eingedrungen, was aber um so weniger wundernehmen kann, als die Truppenführer dort in richtiger Erkenntnis der Lage und um das wertvolle Menschenmaterial nach Möglichkeit zu schonen, die frühere erste Linie, wenn überhaupt, so nur ganz dünn besetzt hatten. […]

Amtliche Kriegs-Depeschen. Nach Berichten des Wolff´schen Telegr.-Bureaus ; Band 6; Berlin: Nationaler Verlag 1917, S. 2146

Kurt Tucholsky: Menschenmaterial (1920)

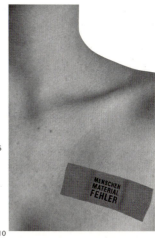

Was aus der Maschine Kapitalismus zerbrochen und unnütz durch den Rost auf die Aschenplatte fällt, ist auch „Menschenmaterial". Um das kümmert sich der Staat nicht allzuviel: denn er will augenblicklich keinen Krieg führen, und die Leute sind auch meist über 45 Jahre, und so ist er denn nicht so ängstlich besorgt um die Gesundheit der Volksgenossen, wie ers in der großen Zeit gewesen ist. […]

Ignaz Wrobel [=Kurt Tucholsky]: Menschenmaterial. In: Freie Welt vom 19.12.1920, Nr. 48, S. 2–3

Hermann Göring am 30. Januar 1943

Wir haben jetzt ein wahres Bild der sowjetischen Verluste, die zu gegebener Zeit bekannt gegeben werden. Ein Schauer läuft einem den Rücken herunter, wenn man diese Verluste sieht. Das Menschenmaterial, das die Sowjetunion noch zur Verfügung hat, ist unterernährt und friert. Trotzdem wird das Letzte aus ihm herausgeholt. Die Panzer sind viel schlechter geworden, aber sie sind wieder zur Stelle gewesen. Der Bolschewist kennt keine Ruhe, er lässt seinem Volk keine Ruhe.

Aus: Hermann Göring, Appell an die Wehrmacht (Auszug), 30. Januar 1943. Aus: Berndt, J. A. und Oberst v. Wedel (Hrsg.): Deutschland im Kampf, Januar-Lieferung. Berlin: Stollberg 1943

- Der Begriff „Menschenmaterial" gilt als herausgehobenes Beispiel der sprachlichen Verdinglichung von Menschen. In welcher Weise erkennen Sie dies in den Textausschnitten wieder? Welches Menschenbild vermuten Sie bei den jeweiligen Autoren?

- Der Begriff „Menschenmaterial" in vier Texten – Wo sehen Sie einen kritisierenden Sprachgebrauch, wo einen zu kritisierenden?

- Finden Sie weitere Beispiele, in denen Menschen sprachlich verdinglicht werden.

Was die Sprache der Kinder über unsere Gesellschaft verrät: Das Beispiel „Opfer"

Klaus Hartung: Die Opfer des Schulhofs
Was die Sprache der Kinder über unsere Gesellschaft verrät

Die Sprache der Kinder erinnert immer daran, dass es tatsächlich so etwas gibt wie gesellschaftlichen Fortschritt. Denn in ihr herrscht noch Kampf ums Dasein und Klassenkampf. Der Stärkere darf über den Schwä-
5 cheren siegen, Stammesgesellschaften entstehen, Banden bilden sich, Diktatoren triumphieren. Kampfgeschrei dominiert die Schulöffentlichkeit, nicht der Diskurs. Wurde früher jemand als Idiot oder Schizo oder Spasti beschimpft, so heißt es nun tro-
10 cken und summarisch „Opfer". Werte, Tabus und alles politisch Korrekte der allgemeinen Öffentlichkeit ignorierte die Sprache der Kids. Diese geheime Korrespondenz zeigte die Schulhofsprache mit ihrer Freude, den anderen als verrückt und wahnsinnig zu
15 taxieren. Kinder machen sich eben ungebrochen gegenseitig zu Außenseitern, um normal zu sein.
Nun leben wir im sozialtherapeutischen Zeitalter. In einer großen sprachstrategischen Anstrengung wurde die Welt der Außenseiter eingemeindet. Am deut-
20 lichsten wird dies in der ideologischen Kehrtwende der Psychiatrie. Es ist kaum vorstellbar, was im frühen 19. Jahrhundert üblich war: der Sonntagsausflug der gutbürgerlichen Familie in die großen Anstalten, in den Menschenzoo. Zur Abschreckung und Belehrung
25 durften die menschlichen Monster betrachtet werden, die die Psychiatrie in vivo präparierte. Mit einem tiefen Schauer der Genugtuung, dass man ja auf der anderen Seite, der Seite der normalen Gesellschaft lebe, konnte dann die Familie heimkehren. Die Vorstellung vom lebensunwerten Leben wurde bekämpft. 30
Die sinistre Buntheit des Wahnsinns verschwand. Der Verrückte verwandelte sich in den Abweichenden, den Betroffenen, den Klienten. Zur Sprachstrategie kam die Sprachzensur. Liza Simpson ermahnt ihren Vater Homer, nicht von Zombies zu reden, sondern 35 von „vermindert Lebenden".
Nur die Kids honorierten das offenbar nicht. Verstockt diskriminieren sie ihre Schulhoffeinde als „Schizos" und „Spastis". Wiederkehr des Verdrängten also? Protest gegen sozialstaatliche Wohlanständig- 40 keit? Dass auf dem Schulhof „Loser" Loser genannt werden, gehört eben zum Schulhofkampf. Aber jetzt gibt es eine Sprachverwendung, die verblüfft. Wer nicht dazugehören soll, wird abgefertigt: „Opfer". Ist das noch ein Schimpfwort oder schon eine feste 45 Kategorie der Verachtung? Es klingt jedenfalls wie ein präziser, harter Kommentar gegen unsere Gesellschaft. Sie hat Opfer in Anspruchsberechtigte verwandelt, und diejenigen, die etwas beanspruchen wollen, haben gelernt, sich als Opfer darzustellen. 50 Kündigen die Kids die schöne sozialstaatliche Welt auf, oder antizipieren sie gar härtere Zeiten, in denen Opfer wieder zu Opfern werden? Oder braucht man zum Normalsein Opfer? Aber eigentlich leben wir ja in einer Welt, in der die „Normalos" sich inzwischen 55 als Opfer einer Mehrheit von Minderheiten fühlen.

In: Die Zeit Nr. 32/2001, 2.8.2001

- *Beschreiben Sie die gesellschaftlichen und sprachlichen Phänomene, die Klaus Hartung ausgemacht hat, mit eigenen Worten (jeweils mit Belegstellen).*
- *Untersuchen Sie, welche Haltung der Autor gegenüber diesen Phänomenen einnimmt. Wie stehen Sie selbst dazu: Sehen Sie das Beschriebene ähnlich? Teilen Sie die Bewertung?*
- *Untersuchen Sie die genannten Beispiele mit Blick auf die Angesprochenen: Welche Unterschiede sehen Sie z. B. darin, als „Loser" oder als „Opfer" bezeichnet zu werden?*

Judith Butler: „Hass spricht"

Um die Frage zu entscheiden, was eine Drohung ist oder was ein verwundendes Wort, reicht es nicht, die Wörter einfach zu prüfen. Deshalb scheint eine Untersuchung der institutionellen Bedingungen erforderlich, um zu bestimmen, mit welcher Wahrscheinlichkeit bestimmte Wörter unter bestimmten Umständen verwunden werden. Doch auch die Umstände allein bewirken nicht, dass Worte verwunden. So drängt sich die These auf, dass jedes Wort verwunden kann, je nachdem wie es eingesetzt wird, und dass die Art und Weise dieses Einsatzes von Wörtern nicht auf die Umstände ihrer Äußerung zu reduzieren ist. Letzteres erscheint sinnvoll, doch vermag eine solche Sichtweise nicht zu erklären, warum bestimmte Wörter verwunden, wie sie es augenscheinlich tun, oder warum bestimmte Wörter schwerer als andere von ihrer Macht, zu verwunden, abzulösen sind. Tatsächlich scheitern neuere Versuche, die unbestreitbar verwundende Macht bestimmter Wörter zu begründen, offenbar an der Frage, wer diese Interpretation vornimmt, was diese Worte bedeuten und welche Sprechakte sie vollziehen. Neue Bestimmungen zur Regelung der lesbischen und schwulen Selbstdefinition in der Armee oder neuere Kontroversen um die Rap-Musik weisen darauf hin, dass kein eindeutiger Konsens über die Frage möglich ist, ob es eine klare Verbindung zwischen den geäußerten Worten und ihrer mutmaßlichen verletzenden Macht gibt. Die These einerseits, dass der anstößige Effekt der Wörter vollständig vom Kontext abhängt und dass dessen Verschiebung diesen Effekt vergrößern oder verringern könnte, enthält noch keine Aussage über die Macht, die solche Worte angeblich ausüben. Die Behauptung andererseits, dass diese Äußerungen immer, d. h. unabhängig vom Kontext, anstößig sind und gleichsam mit ihrem Kontext verwoben, dass sie ihn kaum abschütteln können, bietet immer noch keine Möglichkeit zu verstehen, wie der Kontext im Augenblick der Äußerung aufgerufen und neu inszeniert wird. [...]

Offenbar haben die verletzenden Namen eine Geschichte, die im Augenblick der Äußerung aufgerufen und wieder gefestigt, jedoch nie ausdrücklich erzählt wird. Es geht nicht einfach um eine Geschichte ihres Gebrauchs in bestimmten Kontexten und zu bestimmten Zwecken. Es geht vielmehr darum, wie diese Geschichten durch den Namen gleichsam eingesetzt und stillgestellt werden. Der Name besitzt also eine *Geschichtlichkeit* in dem Sinne, dass seine Geschichte in den Namen selbst eingezogen ist und seine aktuelle Bedeutung konstituiert. [...]

Wenn man die Kraft des Namens als Effekt seiner Geschichtlichkeit versteht, erscheint sie nicht mehr als bloße Kausalfolge oder ein ausgeteilter Schlag. Vielmehr wirkt die Kraft teilweise durch ein kodiertes Gedächtnis oder ein Trauma, das in der Sprache weiterlebt und in ihr weitergetragen wird.

Aus: Judith Butler: Hass spricht. Zur Politik des Performativen. © Suhrkamp Verlag, Frankfurt am Main 2006

■ Geben Sie wieder, wie Judith Butler erklärt, dass Worte verwunden können.

■ Erläutern Sie vor diesem Hintergrund die verletzende Wirkung des Wortes „Opfer". Kennen Sie andere Beispiele?

Zur Wortgeschichte des Wortes „opfern"

opfern ahd. *opharōn*, mhd. *o.*, „der Lautform nach", entlehnt aus lat. *operārī* ‚arbeiten', auch ‚Almosen geben', ahd. zunächst ‚eine Arbeit verrichten', dann ‚ein religiöses Opfer darbringen', in dieser Bed. bein-
5 flusst von ahd. *offron* ‚Gott schenken, weihen'. lat. *offere* u. a. ‚darbringen'. [...] Auch refl. *sich o.; aufo.* Aus *o.* abgel. **Opfer**, ahd. *ophar*, mhd. *o.*
  1.1 ‚eine der Gottheit dargebrachte Gabe', aber auch
10 1.2 ‚Handlung des Opferns', in Belegen wie *auf des ölbergs höhe bereiten sie dem götzen Moloch o.* wird die Nähe der Bed. deutlich. Im Christentum v. a. vom Tode Christi als *Sühneo.* für die Sünden der Menschheit und von den daraus abgel. liturgischen Bräuchen
15 im Zusammenhang mit Messe und Abendmahl. [...] In weiterer Bedeutung
  3.1 ‚jmd., der durch etw. umkommt, etw. erleidet' *das o. der lawine,* fest in Verbindung *Täter und O.,* im Rechtswesen und v. a. zur Bezeichnung der Verbre-
20 cher und der von ihnen Verfolgten und Ermordeten in totalitären Unrechtsstaaten, v. a. in N.S.-Staat *die O. des Faschismus* (in der Nachkriegszeit abgek. *OdF*).
  3.2 ‚Hingabe, möglich durch Verzicht, von etwas zu-
25 gunsten eines anderen' [...]

Hermann Paul: Zur Wortgeschichte des Wortes „opfern". Aus: Ders.: Deutsches Wörterbuch. 10. Aufl., Max Niemeyer Verlag, Tübingen 2002, S. 725

Hildegard Cancik-Lindemaier: Grammatik und kulturelle Funktion des Wortes „Opfer"

Das Wort „Opfer ist, so scheint es, unentbehrlich, wenn der im Kriege Getöteten gedacht wird, bei der Einweihung von Kriegerdenkmälern, alljährlich am Volkstrauertag. Man gedenkt der „Kriegsopfer" und des „Opfertodes" der Soldaten insbesondere. Kaum
5 ein Redner vergisst die Mahnung, dass „auch wir Opfer bringen müssen", dass „ohne Opferbereitschaft" Wohlstand, Freiheit o. Ä. verloren wären.
Welche Funktion hat das Wort „Opfer" in diesem Kontext? Religionsgeschichtliche Fragen decken
10 Merkwürdigkeiten dieses Sprachgebrauchs auf: Wer hat die „Kriegsopfer" geopfert? Wer sind die Priester? Werden im Krieg Menschenopfer dargebracht? Sind die Soldaten, die „sich opfern", Priester und Opfertiere zugleich? Welchem Gott werden die „Opfer"
15 dargebracht?
Für die Grammatik des Wortes Opfer in Gedenkreden ist charakteristisch, dass es in passiven oder unpersönlichen Konstruktionen gebraucht wird: Opfer werden gebracht, der Krieg fordert Opfer; Wohlstand,
20 Freiheit oder die Demokratie brauchen Opfer. Ein persönliches Subjekt wird, außer bei dem Selbstopfer der Soldaten, gemieden; diese opfern sich, ihr Leben, ihre Gesundheit. Man sagt aber nicht: „die Regierungen oder die Generäle opfern ihre Bürger, ihre
25 Soldaten"; man sagt nicht: „die Soldaten opfern die Feinde".
Hinter diesem Sprachgebrauch verschwinden die Geschichte, die konkrete historische Situation und die Akteure. Es wird der Eindruck eines schicksalhaften
30 unentrinnbaren Verlaufs erzeugt. Die Frage nach dem Subjekt, nach Tätern, Auftraggebern, Verantwortlichen wird von den Regeln der Grammatik des Ausdrucks „Opfer" verhindert.

Auszug aus: Hildegard Cancik-Lindemaier: „Feindbilder abbauen". Kulturwissenschaftliche Bemerkungen anlässlich zweier Kongresse zur Friedenskultur. In: Zeitschrift für Pädagogik 32. 6/1986, S. 779 ff.

- *Erstellen Sie eine grafische Darstellung zur Entwicklung des Opferbegriffes.*
- *Erörtern Sie, auf welche Facetten der Begriffsgeschichte Schüler – unbewusst – anspielen könnten, wenn sie Mitschüler „Opfer" nennen.*
- *Erörtern Sie, inwiefern die Bezeichnung „Opfer" eine außergewöhnlich verletzende Form der Abwertung unter Schülern darstellt.*

Political Correctness zwischen Moral und Kampfbegriff

Gesa von Leesen: „Das sagt man nicht!"

Darf man bestimmte Dinge gar nicht und einige nur in festgelegten Worten sagen? Spätestens seit der – gute – Begriff des Prekariats den – schlechten – Begriff der Unterschicht abgelöst hat, spricht man in Deutschland wieder über sie: die Political Correctness. [...] Die Debatte um die Political Correctness, kurz PC, hatte in der Bundesrepublik in den 90er-Jahren Hochkonjunktur. Angestoßen wurde sie von konservativen und rechten Kreisen. Demnach ist PC dafür verantwortlich, dass wir Deutschen immer noch kein „normales" Verhältnis zu unserer Vergangenheit hätten. PC verhindere Meinungsfreiheit und sorge für Denk- und Handlungsverbote. Böse PC.

Doch wer steht eigentlich hinter dieser allmächtigen PC? Glaubt man den schärfsten Gegnern, muss es irgendwo eine verschworene Gemeinschaft von – wie eben jene Kritiker es ausdrücken würden – Gutmenschen geben, die mittels eines gnadenlosen Machtapparates über die Einhaltung des politisch Korrekten wachen. Leider hat sich bis heute kein Mitglied dieser Gemeinschaft gemeldet. Aber das ist auch nicht notwendig. Denn in ihren Veröffentlichungen über PC geht es Kritikern meist nicht um eine Auseinandersetzung mit der Gegenseite. Es geht darum, die eigene Weltsicht zu etablieren, indem vermeintliche Tabus gebrochen werden, damit man endlich „die Dinge wieder beim Namen nennen" könne, wie es der Publizist Klaus J. Groth 1996 in „Die Diktatur des Guten" ausdrückte. Die Kritik an angeblich herrschender politischer Korrektheit war (und ist) Teil einer neokonservativen Strategie gegen die ihrerseits als falsch deklarierte liberale Multikulti-Gesellschaft. Das ist die eine Seite. Auf der anderen Seite gibt es in der Tat seit den 70er-Jahren einen politisch motivierten veränderten Sprachgebrauch, der sich durchgesetzt hat. Neger ist tabu, statt dessen heißt es Schwarzer oder Farbiger. Auf einer Website für Übersetzer wird empfohlen, statt Eskimo Inuit zu benutzen; zu kleine Menschen dürften nicht mehr Liliputaner, sondern sollten Kleinwüchsige genannt werden. [...] Womit der Ursprung der PC erreicht ist – das Bemühen um Anti-Diskriminierung.

Im Zuge von Bürgerrechts-, Anti-Vietnamkriegs- und Feminismusbewegung wurde der Begriff ausgehend von nordamerikanischen Universitäten in den 60er-Jahren zur moralpolitischen Beurteilung von Sprache und Verhalten geprägt. Dahinter stand die Einschätzung (und Hoffnung), dass eine veränderte Sprache Diskriminierung von Minderheiten und Frauen abschaffen kann. [...]

In den 90er-Jahren begannen US-Konservative an Hochschulen und in Medien in Auseinandersetzung mit dem politischen Gegner PC als Kampfbegriff zu prägen. Diese Bewegung schwappte ebenso wie zuvor PC nach Deutschland über. Munition fanden konservative Kreise reichlich: Die Umbenennung vom Negerkuss in Schokokuss; Theater ließen den Agatha-Christie-Klassiker „Zehn kleine Negerlein" unter dem Titel „Da waren's nur noch Neun" laufen; in kirchlichen Lebensschützerkreisen gibt es keine „gesunden", sondern „nichtbehinderte" Kinder. [...]

Sicherlich gibt es – auch heute – Kreise, in denen PC sehr ernst genommen wird. Verdächtig sind waldorfschulgeprägte SozialpädagogInnen, allerdings selten diejenigen, die in der Praxis arbeiten. Auch so manche Mitglieder linker Splittergruppen mögen auf korrekte antiimperialistische und antidiskriminierende Sprache achten – das sind kaum die Meinungsmacher in unserer Gesellschaft. Womit der Einfluss von PC nicht herabgewürdigt werden soll. Ein Bürgermeister wagt es kaum noch, in seiner Rede auf die „Bürgerinnen" zu verzichten. Mag sein, dass er trotzdem ein Macho ist. [...] Und wenn der Ausdruck „Multikultischwuchteln" des ehemaligen Bundestagsabgeordneten Henry Nitzsche (ehemals CDU, jetzt fraktionslos) öffentlich kritisiert und nicht als lustig-kerniger Spruch abgetan wird, ist das ein Erfolg von PC. [...]

In: Das Parlament vom 2.1.2007

- *Grenzen Sie die im Text genannten Haltungen zur politisch korrekten Sprache und die jeweils dafür vorgebrachten Argumente voneinander ab.*
- *Stellen Sie politisch korrekte und nicht korrekte Bezeichnungen gegenüber. In welchen Fällen verwenden Sie selbst ausschließlich den politisch korrekten Ausdruck? Welche Bedeutung messen Sie bei Ihrer Entscheidung der Frage zu, welches Wort die Bezeichneten als Selbstbezeichnung bevorzugen?*
- *Kann nach Ihrer Auffassung Sprache Bewusstsein verändern?*

Selbsteinschätzung: Umgang mit Sachtexten

	Vor Beginn der Unterrichtsreihe						Am Ende der Unterrichtsreihe					
Allgemeine Lesetechniken	++ ++ +	++ +	+	–	– – –	– –	++ ++ +	++ +	+	–	– – –	– –
Ich kann anhand der **Überschrift** meist schnell erkennen, worum es in dem Text geht.												
Ich kann präzise benennen, mit welcher **Absicht** ich einen Text lese.												
Ich bin in der Lage, eine Textvorlage durch sparsames, gezieltes Unterstreichen und sinnvolle **Markierungszeichen** zu bearbeiten.												
Es gelingt mir meist, unklare Stellen aus dem **Zusammenhang** zu klären.												
Ich kann einen Text in **Sinnabschnitte** einteilen und Randnotizen so formulieren, dass die Textlogik aus den Randnotizen deutlich wird.												
Ich kann aufgrund meiner Randnotizen den **Gedankengang** eines Textes gut mit eigenen Worten zusammenfassen.												
Ich bin in der Lage, nach einer gründlichen Lektüre einen Text zu „**verwerten**", also die Textinformationen auf die Fragen zu beziehen, wegen derer ich den Text gelesen habe.												
Spezielle Lesetechniken (argumentative/ wissenschaftliche Sachtexte/Textvergleich)												
Ich kann in einem argumentativen Text Thesen, Argumente, Belege, Beispiele, Erläuterungen voneinander **abgrenzen** und die vertretene **Position** differenziert **erfassen**.												
Ich kann **Argumentationsmuster** erkennen (z. B. Analogieschluss, Argumentieren durch Ausschluss, Strategien der Beeinflussung des Lesers etc.).												
Ich kann **Argumentationsweisen bewerten** (sachlich/unsachlich, schlüssig/unschlüssig …).												
Ich kann die **sprachliche Gestaltung** eines Textes und ihre Wirkung differenziert erfassen.												
Mir gelingt es, **Textaussagen** unterschiedlicher Texte **aufeinander** zu **beziehen**.												
Ich kann eine Textposition in eine (mir bekannte) **Diskussion einordnen**.												
Sachtexte schriftlich analysieren												
Ich kann in einer **Einleitung** eine kurze Einführung in ein Thema formulieren, die für uninformierte Leser verständlich und informativ ist.												
Ich kann den **Textinhalt** (Position, Argumentation) in eigenen Worten kurz und sprachlich korrekt (ind. Rede) wiedergeben.												
Ich kann die **Argumentationsweise** und die **Wirkungsabsicht** treffend und differenziert beschreiben.												
Ich kann die **sprachliche Gestaltung** angemessen beschreiben und ihre Wirkung analysieren.												
Ich kann die vertretene Textposition anderen mir bekannten Positionen **gegenüberstellen**.												
Ich kann eine **kritische Bewertung** der Position und der Darstellungsweise eines Textes nachvollziehbar begründen.												
Aus diesem Bogen ergeben sich für mich folgende **Übungsschwerpunkte:**												

Sachtexte lesen und verstehen: 3 + 3 + 1-Lesemethode

Vor dem genauen Lesen: 3 Schritte

1. Schritt: Überschriften nutzen/Überfliegen

Lesen Sie die Überschrift und überfliegen Sie den Text, um sich klarzumachen:
a) Worum geht es vermutlich?
b) Was weiß ich schon über dieses Thema?

2. Schritt: Texthintergrund klären

Klären Sie, falls möglich: Wer ist der Autor? Aus welchem Anlass wurde der Text geschrieben? Erscheinungsjahr? Was ist der historische und thematische Kontext des Textes (Welche Epoche? Welche Diskussion?)?

3. Schritt: Leseziel festlegen

Sachtexte liest man meist nicht einfach so, sondern weil man ein bestimmtes Interesse hat. Klären Sie für sich die Lesemotive, notieren Sie ggf. konkrete Fragen an den Text.

Während des Lesens: 3 Schritte

4. Schritt: Genaues Lesen mit Bleistift

Lesen Sie den Text genau und markieren Sie mit Bleistift Wesentliches (siehe Leseziel!). Nutzen Sie – vor allem bei längeren Sachtexten – Markierungszeichen und fertigen Sie Randnotizen an!
Lassen Sie sich mindestens einmal zu Ihrer Markierung eines Textes eine Rückmeldung von einem erfahrenen Leser geben!

5. Schritt: ?-Stellen klären

Versuchen Sie – ohne jemanden zu fragen – die ?-Stellen zu klären:
a) Achten Sie auf den Zusammenhang: Kann man daraus den Sinn erschließen?
b) Wenn (a) nicht funktioniert: Schlagen Sie nach!
c) Wenn alles nicht hilft: Versuchen Sie den Text ohne die ?-Stellen zu verstehen!

6. Schritt: Stichworte zu zentralen Stellen machen

a) Lesen Sie insbesondere die markierten Stellen noch einmal und notieren Sie Stichworte am Rand. (Achten Sie auf Zwischenüberschriften im Text.)
b) Prüfen Sie, ob anhand der Stichworte die Textlogik deutlich wird (Makrostruktur des Gesamttextes, Mikrostruktur wichtiger Textteile). Nutzen Sie ansonsten weitere Stellen!

Nach dem Lesen: 1 Schritt

7. Schritt: Zusammenfassen und Verwerten

a) Stellen Sie aufgrund der Randnotizen zusammen: Auf welche Fragen antwortet der Text? Wie lautet die Antwort?
b) Was haben Sie Neues erfahren? Wo stimmen Sie dem Text zu, wo nicht?
c) Schauen Sie auf Ihr Leseziel: Sind die für Sie wesentlichen Dinge durch die Lektüre geklärt?

Mögliche Markierungszeichen		Oft hilfreiche Randnotizen
____	Zentrale Stellen unterstreichen (sparsam: weniger als 20% markieren)	(Haupt-)These: [Stichwort der Behauptung notieren]
↓ ↑	Beginn/Ende eines Sinnabschnitts	Argument: [Stichwort] (ähnlich: Beispiel, Faktenhinweis, Pointierung, Schlussfolgerung …)
~~	Unterschlängeln auffälliger Stellen (z.B. die zum Widerspruch reizen)	→ Anknüpfung an [Name des anderen Autors]
?	Unklare Stelle: Klärung nötig	↔ Widerspruch zu [Name des anderen Autors]
⚡ zu…	Widerspruch (zu welcher Textbehauptung?)	√ Argumentationslücke [Stichwort dazu]
!	Ich stimme zu	Def. [von welchem Begriff?]
⇨ S./Z.	Querverweis auf andere Stelle	Hintergrund: [Anführen von vermuteten Argumentationsmotiven]
⬭	Schlüsselwörter im Text umkreisen	Bild: [Stichwort zu auffälligem sprachlichen Bild]
		Rhet. Mittel: [Stichwort]

(Argumentative) Sachtexte (schriftlich) analysieren

Vorab: Bearbeiten Sie den Text nach der 3+3+1-Schritt-Lesemethode

Die **Einleitung** enthält oft folgende Elemente:
- Bündelung der Textdaten (Autor, Titel, Erscheinungsjahr, Textsorte, Thema)
- Darstellung des Kontextes, in dem der Text entstanden ist (aktuelle Diskussion, Reaktion auf Ereignisse, andere Schriften, historischer Hintergrund …), evtl. auch der persönlichen Stellung des Autors zur Sache
- evtl. kurze Übersicht über den Inhalt der Textvorlage, evtl. Hinweise zum eigenen Vorgehen

Hauptteil: Einen Sachtext im Detail analysieren

Wählen Sie die für den vorliegenden Text wichtigen Aspekte aus!

Fokus: Inhalt
- Herausarbeitung der **zentralen Fragestellung des Textes** (falls es eine solche gibt)
- Herausarbeitung der **vertretenen Position** (mit eigenen Worten)
- Herausarbeitung einer **Intention** (= Wirkungsabsicht), falls solche erkennbar ist
- Bündelnde Wiedergabe von **Argumentationslinien** (z. B. „Dafür führt der Autor drei zentrale Gründe an …", „Anknüpfungspunkt der Argumentation ist die Theorie von …")
- **Differenzierung** zwischen **Kernargumenten** und **Nebenaussagen** (entsprechende pointierte Darstellung im Analysetext), **Abgrenzung** von Thesen, Argumenten, Belegen, Beispielen, Erläuterungen
- **Einordnung der Textposition** unter Einbeziehung anderer Theorien oder empirischer Befunde

Fokus: Struktur/Form
- Herausarbeitung der **Grundstruktur des Textes** (z. B. Einteilung in abgrenzbare Sinnabschnitte)
- Beschreibung der **Verbindung von Argumenten** (linear, verzweigt, dialektisch, assoziativ, unverbunden, …)
- **Aufbau der Argumentation** (induktiv, deduktiv, gemischtes Verfahren)
- **Art der Argumentation** (Berufung auf Fakten, Autoritäten, Normen, Beispiele, Parallelen zu anderen Phänomenen, Plausibilitätsbetrachtungen, Generalisierung, Argumentation durch Ausschluss, …)
- **Funktion der Referierung fremder Positionen** (als Gegensatz, als Stützung)
- **Art der Darstellung fremder Positionen** (korrekte Wiedergabe? sachliche, polemische, ironische, abwertende … Darstellung? Vergleich des Vokabulars bei der Darstellung der eigenen und bei der der fremden Position, …)
- **Funktion von Beispielen**, Art der Nutzung von Beispielen (Belegt Beispiel das, was es belegen soll?)
- Besondere **Aspekte der Lesersteuerung** (z. B. Strategien der Beeinflussung (Aufwertung, Abwertung, Wir-Verbindung Autor/Leser, …), Leitung des Lesers durch Fragen, die dieser selbst zugunsten des Autors beantworten soll, dramaturgische Momente, didaktische Momente wie Zusammenfassungen, …)
- Unterscheidung der **Sprechhandlungen** (Behauptung, Bericht, Erklärung, Unterstellung, Folgerung, Entwertung, Spekulation, Argument, …)

Fokus: Sprache
- **Semantische Mittel** (Schlüsselwörter, Leitbegriffe, Neologismen, Reizwörter, Phrasen, …)
- Sprachliche Signale (**Signalwörter** für Widerspruch, logische Verknüpfung, …)
- **Sprachstil** (z. B. nüchtern, sachlich, sakral, populärwissenschaftlich, wissenschaftlich, polemisch, …)
- **Vermutete Adressaten** (Untersuchung von Sprachniveau, Fremdwortgebrauch, inhaltlichen Hinweisen)

Schluss enthält oft eine kritische Bewertung:
- **Intention und Kernaussage würdigen** (kritische Bewertung, in die z. B. empirische Erkenntnisse einfließen, Kenntnisse anderer Theorien eingebracht werden, die vorliegende Theorie auf sachliche Richtigkeit beurteilt wird, …)
- **Logischen Aufbau und Stil auf Sachlichkeit, Schlüssigkeit und Verständlichkeit bewerten**
- **Wirkungsabsicht diskutieren** (Antizipieren der Reaktion der Adressaten)
- **Historische Bedeutung** (Einzelposition? Herrschende Meinung? Neue Position? Historische Wirkung?)

Sprachliche Anforderungen an die Analyse
- Es muss erkennbar sein, wenn das Wiedergegebene nicht eigene Gedanken, sondern Gedanken des Textes sind: in der Regel **indirekte Rede**
- Wiedergabe des Textes erfolgt mit **eigenen Worten**. Zitate sollten grundsätzlich nur dann verwendet werden, wenn es um die konkrete Wortwahl des Textes geht. Tempus: i.d.R. **Präsens**.
- Zudem die stets geltenden Anforderungen: kohärente, gedanklich und begrifflich differenzierte Darstellung, fachsprachliche Präzision, orthografische Fehlerfreiheit, …

Lyrik lesen und verstehen: 5 Verstehensdurchgänge

Lyrische Texte thematisieren in oft sehr verdichteter und subjektiver Weise erlebnishafte Weltbegegnungen oder Ideen und Gedanken zu Weltphänomenen. Daraus ergibt sich nicht selten ein schwer zugänglicher Charakter der Texte. Es ist daher ratsam, einen lyrischen Text mehrfach unter unterschiedlichen Blickwinkeln zu lesen.
Entscheiden Sie, welche Durchgänge und welche Fragen für den vorliegenden Text hilfreich sind:

1. Erster-Eindruck-Durchgang

Lesen Sie das Gedicht und beobachten Sie aufmerksam, wie es auf Sie wirkt:
- Wie wirkt die Stimmung des Gedichtes auf Sie?
- An welchen Stellen bleiben Sie hängen, werden Sie aufmerksam?
- Welche Stellen finden Sie beim ersten Lesen seltsam, unverständlich?
- Welche Themen sehen Sie im Gedicht angesprochen?
- Wie gefällt Ihnen das Gedicht?

Machen Sie sich zu diesen Fragen erste Notizen.

2. Inhaltsdurchgang

Klären Sie in diesem zweiten Lesedurchgang, was Sie inhaltlich erfahren (Randnotizen!):
- Wer spricht? Zu wem? Welche weiteren Figuren treten auf?
- Was erfahren wir über die räumliche Situation?
- Was erfahren wir über die zeitliche Situation?
- Welche Themen, Gedanken, Phänomene sind angesprochen?
- Wie ist der Realitätscharakter des Geschehens (realistisch, surreal, ...)?

3. Deutungsdurchgang

Versuchen Sie, in diesem **intensivsten** Lesedurchgang Deutungselemente zusammenzutragen:
Nutzen Sie dazu die für dieses Gedicht relevanten Fragen zur inhaltlichen Deutung aus dem Bogen „Lyrik analysieren".
- Schenken Sie den im ersten Durchgang auffälligen Stellen besondere Beachtung.
- Beachten Sie Titel, Anfang und Ende in besonderer Weise. Welche weiteren Stellen werden durch die Form in die Aufmerksamkeit gerückt?
- Für welche Stellen sehen Sie verschiedene begründbare Deutungsmöglichkeiten?

4. Sprach- und Formdurchgang

In diesem Durchgang soll untersucht werden, wie die Sprache und die Form die inhaltliche Aussage unterstützen:
- Nutzen Sie dazu die für dieses Gedicht relevanten Fragen zu Form/Sprache aus dem Bogen „Lyrik analysieren".
- Beziehen Sie Ihre Sprach- und Formanalyse immer auf den Inhalt.

5. Epochendurchgang

Versuchen Sie, in diesem Durchgang Epochentypisches, Typisches für den Autoren, Typisches für die geistesgeschichtliche Situation herauszuarbeiten:
- In welcher Weise geht der Autor mit dem zentralen Thema (z. B. Sprache) um?
- Inwiefern ist die Umgangsweise typisch für ihn, für eine Epoche, für eine geistesgeschichtliche Strömung, für eine historische Situation? Was ist untypisch?

Reflexion des Vorgehens:
- Welche Deutungsdurchgänge haben sich warum als besonders ertragreich erwiesen? Wie könnten Durchgänge verändert werden?
- Inwieweit haben die Fragen den Blick verengt? Welche wesentlichen Aspekte des Gedichtes sind noch nicht untersucht?

Abschluss:
→ Versuchen Sie, Ihre Ergebnisse in Deutungsthesen zu bündeln, die Ergebnisse möglichst vieler Durchgänge berücksichtigen.

Lyrik (schriftlich) analysieren

Beschäftigen Sie sich zunächst in Form der fünf Verstehensdurchgänge mit dem Gedicht! Bereiten Sie dann Ihre Analyse vor, indem Sie die für das vorliegende Gedicht relevanten Aspekte aus dem folgenden Katalog auswählen:

Einleitung (enthält oft folgende Aspekte):

- Textvorstellung: Autor, Titel, Gattung (evtl. Gedichttyp), Thema, Epoche, Entstehungs-/Veröffentlichungsjahr
- Textbeschreibung: kurze Inhaltsangabe (z. B. anhand der Strophen), formale Besonderheiten, Aufbau
- Kennzeichnung der Situation/des Themen-/Problembereiches
- evtl. Darstellung eines Gesamteindrucks
- evtl. Verdeutlichung des Interpretationsansatzes (werkimmanent, literatursoziologisch, biografisch …)

Hauptteil: Aspekte der Analyse (Wählen Sie das Relevante aus!)

Bauen Sie Ihre Analysegedanken in der Regel nach folgendem Dreischritt auf: These – Beleg – Erläuterung.

Inhalt
- Beschreibung der Stimmung des Gedichtes
- Figur des lyrischen Ich (konkrete Figur, gestaltlos?, Rollenfigur?) Standpunkt des lyrischen Ich (konkret, übertragen)/Blickrichtung des lyr. Ich/Wer ist Figur des lyrischen Ich (Mann, Frau, nähere Kennzeichnung)? Sprechweise: emotional, appellativ, …? Haltung (euphorisch, kritisch, …)?
- Welche typischen Merkmale einer Situation fehlen (z. B. Menschen …)?
- Bedeutung des Titels
- Deutung von Bildern/Auflösung der Metaphorik/der Symbolik (bei absoluten Metaphern Wirkung der Metapher ausleuchten)
- Zusammenhängende Metaphorikdeutung (z. B. Natur als Spiegel von …)
- Zeitstruktur/Raumstruktur/Lichtdarstellung (z. B. Hell-dunkel-Kontraste, Symbolik?)
- Einordnung als Gedanken-/Erlebnislyrik …
- Art der Darstellung von Natur, Sprache, Vergangenheit, …
- Deutung von Anfang und Ende des Gedichtes
- Untersuchung zentraler Motive (Leitmotive)
- Untersuchung intertextueller Bezüge (z. B. zu Bibelstellen, …)
- evtl. Herstellung von Bezügen zu anderen bekannten Texten des Autors, der Epoche, zu dieser Thematik
- Wertung der Gesamtaussage (z. B. Lyrik als Eskapismus, Selbstreflexion des Dichters über die Wirksamkeit von Sprache, …)

Weisen Sie an geeigneten Stellen auf unterschiedliche Deutungsmöglichkeiten hin.

Form/Sprache
Nutzen Sie das Fachvokabular und beziehen Sie die Form-/Sprachanalyse stets auf den Inhalt.
- Besondere Gedichtform? (Sonett, Ode, Elegie, …)
- Gesamtstruktur (lineare Darstellung eines Prozesses, antithetische Struktur, Polarität und Steigerung, argumentative Rahmenstruktur, Korrekturstil, finale Pointierung, ohne Strukturprinzip, …)
- Strukturelle Auffälligkeiten, z. B. Steigerung, Kontrastierungen deuten
- Metrum: besondere Beachtung von Brüchen
- Gründe der strophischen Aufteilung
- Benennung und Deutung sprachlicher Bilder (z. B. Metapher, Synästhesie, Personifikation, Verdinglichung, Metonymie, Vergleich, Symbol, …)
- Erkennen und Untersuchen der Figuren (Satzfiguren wie Ellipse, Parallelismus, Chiasmus, Akkumulation, Inversion, …; Gedankenfiguren wie Apostrophe, rhet. Frage, Antithese, Oxymoron, …; Klangfiguren wie Anapher, Epipher, Onomatopöie, …)
- Untersuchung von Wortfeldern/Schlüsselwörtern
- Untersuchung einzelner Wortarten: Gibt es Häufungen bestimmter Wortarten? Warum?
- Untersuchung von Satzstellungen: Welche Wörter werden durch die Satzstellung betont? Warum?
- Reim (insb. auch Alliteration, Assonanz), Reimwörter (gewollte inhaltliche Verbindung?)
- Lautbestand (Welche Konsonanten, Vokale fallen besonders auf?)

Historischer/Geistesgeschichtlicher/Thematischer Hintergrund
Ordnen Sie das Gedicht in den Ihnen bekannten Kontext einer Epoche, einer geistesgeschichtlichen Auseinandersetzung, einer thematischen Diskussion ein: typische Merkmale, Abweichungen, Kennzeichnung der Zugangsweise zum Gegenstand.

Schluss rundet den Text ab, z. B.:
- Bündelung der zentralen Ergebnisse/abschließende Wertung/Reflexion des eigenen Vorgehens

Texte vergleichen

In Klausuren und auch im Abitur ist eine oft auftretende Aufgabenstellung der Vergleich zweier Texte. Es kann sich um zwei fiktionale, zwei nicht-fiktionale oder einen fiktionalen und einen nicht-fiktionalen Text handeln.

Die Aufgabe, Texte zu vergleichen

- Die Aufgabe zum Vergleich von Texten wird meist sehr allgemein formuliert, z. B.: „Analysieren und vergleichen Sie die beiden vorliegenden Texte."
- Ein Textvergleich enthält implizit oder explizit zwei Aufgabenteile:
  → die genaue Analyse jedes einzelnen Textes,
  → den Vergleich der beiden Texte.
- Zuweilen wird nur die genaue Analyse *eines* Textes verlangt, an die sich der Vergleich anschließen soll.

Möglicher Aufbau eines Textvergleichs

1. **Einleitung:** a) Vorstellen der Texte und Verdeutlichung des Kontextes
   b) Aufzeigen des Vergleichsrahmens

2. **Hauptteil:** Analysen und Vergleich; 2 Alternativen denkbar:
   Alternative I: Lineares Vorgehen: Gesonderte Analysen
   Analyse von Text A – Analyse von Text B – Vergleich von Text A und B
   Alternative II: Vernetztes Vorgehen: Integrierte Analysen
   – Aufbau des Aufsatzes orientiert an den Vergleichsaspekten,
   – beide Texte werden im Zuge des Vergleichs integriert analysiert.
   Ggf. Bearbeitung einer weiterführenden Aufgabe (z. B. Einordnung der Positionen)

3. **Schluss:** Reflexionsteil: Reflektierte Bewertung bzw. persönliche Stellungnahme

Hinweise zu den Textteilen

Einleitung enthält oft folgende Elemente:
- Im Einleitungssatz werden beide Texte vorgestellt (Themasatz).
- Bei Sachtexten:
  → kurze Darstellung des Problemkontextes
  → Kontextuierung der Texte: Von wem wann wofür geschrieben? (falls bekannt)
  → In welcher Hinsicht lassen sich die Texte vergleichen? (Thema, Argumentationsmuster, …)
  → evtl. kurze Andeutung des Ergebnisses des Textvergleichs
- Bei literarischen Texten:
  → Textbeschreibung: kurze Inhaltsangabe, formale Besonderheiten, Aufbau der Texte
  → Hinweise auf Entstehung (synchroner Vergleich: gleiche Epoche, diachroner Vergleich: unterschiedliche historische Kontexte)
  → In welcher Hinsicht lassen sich die Texte vergleichen? (Thema, Motive, Aufbau, …)
  → evtl. kurze Andeutung des Ergebnisses des Textvergleichs

Hauptteil
- Die Schwerpunkte der Analyse und des Vergleichs orientieren sich an den Analyseaspekten, die auch bei der Einzeltextanalyse wesentlich sind.
- Im Mittelpunkt sollten die Aspekte stehen, die den Vergleich begründen (z. B. die Darstellung des Phänomens Sprache in den Texten).
- Stets beide Texte einordnen (geistesgeschichtlicher Hintergrund, historischer Hintergrund, Fachdiskussionen, Vergleich zu bekannten Positionen …)

Schluss
- Für den Schluss bietet sich bei Sachtextvergleichen eine reflektierte Bewertung an, z. B. bezogen auf die Textleistungen (Erklärungsgehalt, Einlösen von Anforderungen, Schlüssigkeit, Kontexthaltigkeit), bei literarischen Texten kann die Analyse mit einer persönlichen Stellungnahme enden.

Vorschlag für das Vorgehen bei Textvergleichen

1. **Schritt:** Lesen Sie die zu vergleichenden Texte in rascher Folge.
2. **Schritt:** Halten Sie fest, zu welchen Fragen oder Aspekten sich die Texte vergleichen lassen.
3. **Schritt:** Bearbeiten Sie die Texte gründlich gemäß den Ihnen bekannten mehrschrittigen Verfahren.
4. **Schritt:** Sichten Sie Ihre Lektüreergebnisse unter dem Blickwinkel des Vergleichs: Ergeben sich genügend Bezugspunkte? Vertiefen Sie gegebenenfalls die für den Vergleich relevanten Aspekte der Analyse!
5. **Schritt:** Entscheiden Sie, wie Sie Ihren Text gliedern wollen.
6. **Schritt:** Formulieren Sie zentrale Ergebnisse des Textvergleichs in Form von Thesen! Nutzen Sie diese als Leitfaden Ihrer Analyse!

Klausurbeispiel zu Baustein 1

Aufgabenart: Vergleichende Analyse nichtfiktionaler Texte
Aufgabe: Stellen Sie die von Schopenhauer und Nietzsche vorgetragenen Positionen zum Ursprung der Sprache und ihre argumentative Herleitung gegenüber. Ordnen Sie dann beide Positionen in die Ihnen bekannte Diskussion über den Ursprung der Sprache ein (Frageverständnis, Positionierung der Antwort).

Arthur Schopenhauer: Über Sprache und Worte [Zur Entstehung der Sprache] [1851]

Bekanntlich sind die Sprachen, namentlich in grammatischer Hinsicht, desto vollkommener, je älter sie sind, und werden stufenweise immer schlechter [...].
Wir können doch nicht umhin, das erste aus dem Schoße der Natur irgendwie hervorgegangene Menschengeschlecht uns im Zustande gänzlicher und kindischer Urkunde, folglich roh und unbeholfen zu denken: Wie soll nun ein solches Geschlecht diese höchst kunstvollen Sprachgebäude, diese komplizierten und mannigfaltigen grammatischen Formen erdacht haben – selbst angenommen, dass der lexikalische Sprachschatz sich erst allmählich angesammelt habe? Dabei sehen wir andererseits überall die Nachkommen bei der Sprache ihrer Eltern bleiben und nur allmählich kleine Änderungen vornehmen. Die Erfahrung lehrt aber nicht, dass in der Sukzession der Geschlechter die Sprachen sich grammatikalisch vervollkommnen, sondern, wie gesagt, gerade das Gegenteil: sie werden nämlich immer einfacher und schlechter. – Sollen wir trotzdem annehmen, dass das Leben der Sprache dem einer Pflanze gleiche, die, aus einem einfachen Keim hervorgegangen, ein unscheinbarer Schößling, sich allmählich entwickelt, ihre Akme[1] erreicht und von da an allgemach wieder sinkt, indem sie altert, wir aber hätten bloß von diesem Verfall, nicht aber vom früheren Wachstum Kunde? Eine bloß bildliche und noch dazu ganz arbiträre[2] Hypothese – ein Gleichnis, keine Erklärung! Um nun eine solche zu erlangen, scheint mir das Plausibelste die Annahme, dass der Mensch die Sprache *instinktiv* erfunden hat, indem ursprünglich in ihm ein Instinkt liegt, vermöge dessen er das zum Gebrauch seiner Vernunft unentbehrliche Werkzeug und Organ derselben ohne Reflexion und bewusste Absicht hervorbringt, welcher Instinkt sich nachher, wann die Sprache einmal da ist und er nicht mehr zur Anwendung kommt, allmählich im Lauf der Generationen verliert. Wie nun alle aus bloßem Instinkt hervorgebrachten Werke, z. B. der Bau der Bienen, der Wespen, der Biber, die Vogelnester in so mannigfaltigen und stets zweckmäßigen Formen usw., eine ihnen eigentümliche Vollkommenheit haben, indem sie gerade und genau das sind und leisten, was ihr Zweck erfordert, sodass wir die tiefe Weisheit, die darin liegt, bewundern – ebenso ist es mit der ersten und ursprünglichen Sprache: sie hatte die hohe Vollkommenheit aller Werke des Instinkts; dieser nachzuspüren, um sie in die Beleuchtung der Reflexion und des deutlichen Bewusstseins zu bringen, ist das Werk der erst Jahrtausende später auftretenden Grammatik.

Aus: Arthur Schopenhauer: Sämtliche Werke. Hg. von Wolfgang Frhr. von Löhneysen. Bd. 5. Darmstadt: Wiss. Buchges 1963, S. 663–665

Friedrich Nietzsche: Vom Genius der Gattung [1886]

Wir könnten nämlich denken, fühlen, wollen, uns erinnern, wir könnten ebenfalls „handeln" in jedem Sinne des Wortes: und trotzdem brauchte das alles nicht uns „ins Bewusstsein zu treten" (wie man im Bilde sagt). Das ganze Leben wäre möglich, ohne dass es sich gleichsam im Spiegel sähe: wie ja tatsächlich auch jetzt noch bei uns der bei weitem überwiegende Teil dieses Lebens sich ohne diese Spiegelung abspielt – und zwar auch unseres denkenden, fühlenden, wollenden Lebens, so beleidigend dies einem älteren Philosophen klingen mag. Wozu überhaupt Bewusstsein, wenn es in der Hauptsache *überflüssig* ist? – Nun scheint mir, wenn man meiner Antwort auf diese Frage und ihrer vielleicht ausschweifenden Vermutung Gehör geben will, die Feinheit und Stärke des Bewusstseins immer im Verhältnis zur *Mitteilungsfähigkeit* eines Menschen (oder Tiers) zu stehen, die Mitteilungsfähigkeit wiederum im Verhältnis zur *Mitteilungsbedürftigkeit:* Letzteres nicht so verstanden, als ob gerade der einzelne Mensch selbst, welcher gerade Meister in der Mitteilung und Verständlichmachung seiner Bedürfnisse ist, zugleich auch mit seinen Bedürfnissen am meisten auf die anderen angewiesen sein müsste. Wohl aber scheint es mir so in Bezug auf ganze Rassen und Geschlechterketten zu stehen: Wo das Bedürfnis, die Not die Menschen lange gezwungen hat, sich mitzuteilen, sich gegenseitig rasch und fein zu verstehen, da ist endlich ein Überschuss dieser

---
[1] Höhepunkt
[2] willkürlich

Kraft und Kunst der Mitteilung da [...]. Gesetzt, diese Beobachtung ist richtig, so darf ich zu der Vermutung weitergehen, dass *Bewusstsein überhaupt sich nur unter dem Drucke des Mitteilungsbedürfnisses entwickelt hat,* – dass es von vornherein nur zwischen Mensch und Mensch (zwischen Befehlenden und Gehorchenden in Sonderheit) nötig war, nützlich war, und auch nur im Verhältnis zum Grade dieser Nützlichkeit sich entwickelt hat. Bewusstsein ist eigentlich nur ein Verbindungsnetz zwischen Mensch und Mensch, – nur als solches hat es sich entwickeln müssen: Der einsiedlerische und raubtierhafte Mensch hätte seiner nicht bedurft. Dass uns unsere Handlungen, Gedanken, Gefühle, Bewegungen selbst ins Bewusstsein kommen – wenigstens ein Teil derselben –, das ist die Folge eines furchtbaren langen, über dem Menschen waltenden „Muss": er *brauchte,* als das gefährdetste Tier, Hilfe, Schutz, er *brauchte* seinesgleichen, er musste, seine Not auszudrücken, sich verständlich zu machen wissen – und zu dem allen hatte er zuerst „Bewusstsein" nötig, also selbst zu „wissen", was ihm fehlt, zu „wissen", wie es ihm zumute ist, zu „wissen", was er denkt. Denn nochmals gesagt: der Mensch, wie jedes lebende Geschöpf, denkt immerfort, aber weiß es nicht; das *bewusst* werdende Denken ist nur der kleinste Teil davon, sagen wir: der oberflächlichste, der schlechteste Teil: – denn allein dieses bewusste Denken *geschieht in Worten, das heißt in Mitteilungszeichen,* womit sich die Herkunft des Bewusstseins selber aufdeckt. Kurz gesagt, die Entwicklung der Sprache und die Entwicklung des Bewusstseins *(nicht der Vernunft, sondern allein des Sich-bewusst-Werdens der Vernunft)* gehen Hand in Hand. [...] Der zeichenerfindende Mensch ist zugleich der immer schärfer seiner selbst bewusste Mensch; erst als soziales Tier lernte der Mensch seiner selbst bewusst werden – er tut es noch, er tut es immer mehr. Mein Gedanke ist, wie man sieht: dass das Bewusstsein nicht eigentlich zur Individual-Existenz des Menschen gehört, vielmehr zu dem, was an ihm Gemeinschafts- und Herden-Natur ist [...].

Aus: Friedrich Nietzsche: Die fröhliche Wissenschaft. In: Gesammelte Werke. München: Musarion 1924, Band XII, S. 277–280. Rechtschreibung behutsam verändert.

Bewertungsbogen[1] zum Klausurbeispiel (Baustein 1)

Name: _____

Sie	Maximale Punktzahl	Erreichte Punktzahl	Anmerkungen
verfassen eine aufgabenbezogene Einleitung: Einleitungssatz (z. B. Vorstellung beider Texte: Autor, Textsorte, Entstehungsjahr, Thema (Sprachursprung), unterschiedliche Antwort auf Sprachursprungsfrage als Kern des Vergleiches).	4		
skizzieren kurz den Problemkontext, z. B.: • Positionen aus dem 19. Jahrhundert zur Sprachursprungsfrage, die auf eine lange Sprachursprungsdiskussion zurückblicken können, die vor allem die Problemdimensionen der Frage klärte, während die Sprachursprungsfrage selbst weiterhin offen ist.	6		
erschließen die inhaltliche Aussage der Texte, deren Argumentationsstruktur und vergleichen: Schopenhauers Position und die argumentative Herl. werden dargestellt, z. B.: • Prämisse: Sprachen werden in ihrer Geschichte einfacher → schon zu Beginn muss es eine hochkomplexe Sprache gegeben haben. • Markierung der Frage: Zu klären ist, wie ein „rohes" Menschengeschlecht zu etwas so Kunstvollem wie der Sprache gekommen sei. • „Urmenschen" sind unfähig zur Erfindung der Ursprache. • Schopenhauers Theorie zur Durchbrechung dieses Paradoxons: Der Mensch muss mit einem Sprachinstinkt ausgestattet gewesen sein, der die komplexe Ursprache hervorbringen konnte. • Sprachverfall = Nachlassen dieses Instinktes • Ungesichertheit der Theorie wird zugestanden • argumentativer Ausschluss möglicher Gegenpositionen • Argumentation per Plausibilitätsbetrachtung • lineare, tendenziell induktive Darstellung	12		
Nietzsches Position und die argumentative Herl. werden dargestellt, z. B.: • Markierung der Frage: Große Teile menschlichen Handelns kommen Nietzsche zufolge ohne Bewusstsein aus, nur für den kleinen bewussten Teil benötige der Mensch Sprache. • Bewusstsein als Abgrenzung von Tier und Mensch • Prämisse: Bewusstsein (und Sprache) ist an Bedürfnis zu zwischenmenschlichem Austausch gekoppelt. • Konkretisierung: Als „Mängelwesen" musste sich der Mensch seiner Not bewusst werden und sie in Worte fassen, um sie durch Mitmenschen zu lindern • Sprachbegriff: S. ist für Nietzsche (in diesem Text) keine auch für den Einzelmenschen existierende Notwendigkeit zur sprachlichen Strukturierung der Welt, sondern allein ein Mittel zur Vergesellschaftung des menschlichen Lebens. • Ungesichertheit der Theorie wird zugestanden („scheint mir"). • nicht streng lineare, tendenziell deduktive Darstellung, die didaktische Redundanzen enthält	12		
Vergleich: Kontrastierung der Ansätze, z. B.: • Während Schopenhauer von der Qualität der Sprache auf ihre Entstehung schließt, versucht Nietzsche die Notwendigkeit einer Sprachentstehung zu beleuchten. • Schopenhauer argumentiert damit sprachwissenschaftlich (Was verrät die Sprache über ihre Entstehung?), Nietzsche eher evolutionsbiologisch (Wozu hilft die Sprache dem Menschen?). • Beide betonen Nähe des Menschen zum Tier („Instinkt", „soziales Tier"). • Beide Autoren widmen sich in ihren Textausschnitten nicht der Funktion der Sprache für den menschlichen Weltzugang. • Beide Autoren setzen Prämissen, die sie nicht herleiten (Schopenhauer: Verfall der Sprache; Nietzsche: Existenz sprachlosen Bewusstseins), betonen zugleich aber den Hypothesencharakter ihrer jeweiligen Theorie.	12		

---

[1] Der Punkterahmen und die Kriterien für die Darstellungsleistung sind angelehnt an die Abiturkriterien in NRW (http://www.standardsicherung.schulministerium.nrw.de/abitur-gost/fach.php?fach=1)

ordnen die Positionen begründet in die Sprachursprungsdiskussion ein:	
Beide Autoren • suchen nach einer Erklärung für den historischen Sprachursprung (phylogenetisch).	4
Schopenhauer: Mögliche Einordnung: • knüpft mit seinem Argumentationsmuster an Rousseau und auch Süßmilch an: Er zeigt ein Dilemma der Erklärung der Sprachentwicklung auf und begründet daraus seine Theorie des Sprachinstinkts. • Vorstellung eines Sprachinstinkts hat gedankliche Nähe zu Herders Besonnenheits-Vorstellung, insbesondere aber zu Humboldt, der auch von einem „Instinkt" spricht; im Unterschied zu Herder, der Sprache aus Instinktfreiheit begründet, sieht Schopenhauer die Sprache selbst als Instinkt. • Die argumentative Herleitung, mit Parallelen aus dem Tierreich zu begründen, erinnert an Herder.	8
Nietzsche: Mögliche Einordnung: • argumentiert ähnlich wie Condillac, indem er die kommunikative Funktion der Sprache in den Mittelpunkt stellt und daraus ihre Entstehung begründet, sieht wie Condillac eine Nähe zwischen Tier und Mensch („soziales Tier") • erläutert nicht, wie er den Rousseau'schen Zirkel von Bewusstsein und Sprache durchbrechen will („gehen Hand in Hand") • entwickelt eine radikal andere Position als Herder, der nicht die kommunikative Funktion, sondern die Strukturierungsfunktion der Sprache für zentral hält • argumentiert wie später viele Evolutionsbiologen, reduziert dabei die Sprache aber auf Kommunikation (weist z. B. nicht auf den Vorteil hin, sich sprachlich vom Hier und Jetzt zu entfernen)	8
Reflektierte Bewertung am Schluss, z. B.: • Infragestellung der Prämissen • Hinweis auf logische Leerstellen in den Argumentationen (z. B. Nietzsches Ignorieren der Zirkel) • Bewertung, z. B. Schopenhauer als durchaus modern, Nietzsche argumentiert eher wie die frühen Aufklärer	6
Sie erfüllen ein weiteres aufgabenbezogenes Kriterium.	(5)
Darstellungsleistung: Sie	
strukturieren Ihren Text kohärent, schlüssig, stringent und gedanklich klar: • angemessene Gewichtung der einzelnen Teilaufgaben in der Durchführung • schlüssige Verbindung der einzelnen Arbeitsschritte • schlüssige gedankliche Verknüpfung von Sätzen	6
formulieren unter Beachtung der fachsprachlichen und fachmethodischen Anforderungen: • Trennung von Inhaltsebene und Autor-Leser-Ebene • begründeter Bezug von Thesen, Belegen und Erläuterung • Verwendung von Fachtermini in sinnvollem Zusammenhang • Beachtung der Tempora, korrekte Redewiedergabe (Modalität)	6
belegen Aussagen durch angemessenes und korrektes Zitieren: • sinnvoller Gebrauch von vollständigen oder gekürzten Zitaten in begründender Funktion	3
drücken sich allgemeinsprachlich präzise, stilistisch sicher und begrifflich differenziert aus: • sachlich-distanzierte Schreibweise • Schriftsprachlichkeit • begrifflich abstrakte Ausdrucksfähigkeit	5
formulieren lexikalisch und syntaktisch sicher, variabel und komplex (und zugleich klar)	5
schreiben sprachlich richtig. [bei gehäuften Verstößen gegen Sprachrichtigkeit: Notenherabsetzung]	3

Abschlussbemerkungen:

Note: ( )   Datum:

Klausurbeispiel zu Baustein 2

Aufgabenart: Vergleichende Analyse nicht-fiktionaler Texte
Aufgabe: Analysieren und vergleichen Sie die Texte von Sapir und Fanselow/Felix. Ordnen Sie dabei die vertretenen Positionen in die sprachwissenschaftliche Diskussion um die Ontogenese der Sprache ein.

Edward Sapir: Vom Wesen der Sprache (1972)

Die Sprache ist so eng mit unserem Alltagsleben verbunden, dass wir uns selten die Mühe nehmen, über ihr Wesen nachzudenken. Sprechen erscheint uns als so selbstverständlich wie Gehen und kaum weniger selbstverständlich als Atmen. Ein wenig Überlegung wird uns freilich schnell davon überzeugen, dass unser Gefühl hier täuscht. Objektiv betrachtet ist nämlich die Art und Weise, wie wir das Sprechen lernen, grundverschieden von der Art, wie wir das Gehen lernen. Im letzteren Fall spielen zivilisatorische Momente, nämlich die Masse überlieferter Sitten und Gebräuche, kaum eine Rolle. Ein Kind verfügt, dank dem komplizierten Zusammenspiel von Faktoren, die wir seine biologische Erbmasse nennen, über eine Apparatur von Muskeln und Nerven, die ihm das Gehen ermöglichen. Man kann sogar sagen, dass die Anordnung dieser Muskeln und der einschlägigen Teile des Nervensystems in erster Linie auf die Bewegungen eingestellt ist, die beim Gehen und ähnlichen Tätigkeiten notwendig werden. Der Mensch ist eigentlich schon zum Gehen prädestiniert: Und das nicht etwa deshalb, weil ihm von den Älteren dabei geholfen wird, sich diese Kunstfertigkeit anzueignen, sondern weil der menschliche Organismus von Geburt, ja schon vom Moment der Empfängnis an darauf eingerichtet ist, all diese Anstrengungen der Nerven und Muskeln zu machen, die letzten Endes zum Gehen führen. Kurz gesagt, Gehen ist angeborene biologische Funktion des menschlichen Organismus.

Ganz anders steht es um die Sprache. Zwar ist in einem gewissen Sinne jeder Mensch auch zum Sprechen prädestiniert, aber das kommt ausschließlich daher, dass ein neues Menschenkind nicht nur als Kind der Natur auf der Bühne dieser Welt erscheint, sondern auch als Mitglied eines Gemeinwesens, das den Neuankömmling normalerweise in all seine Bräuche einführen wird. Man stelle sich einmal vor, ein solches Gemeinwesen sei nicht vorhanden! Dann würde das neue Lebewesen, sollte es überhaupt am Leben bleiben, wohl sicher das Gehen erlernen. Ebenso sicher würde es niemals lernen zu sprechen, d. h., es würde ihm nie möglich sein, Gedanken in dem Sprachsystem einer bestimmten Gemeinschaft mitzuteilen. Oder man setze den anderen Fall: Das Neugeborene würde aus dem sozialen Milieu verpflanzt. Dann würde es das Gehen wohl ziemlich genauso erlernen, wie es das in der alten Umgebung getan hätte. Seine Sprache aber wird grundverschieden sein von der des ursprünglichen Milieus. Das Gehen ist somit eine allen Menschen eigene Tätigkeit, deren Ausführung bei den einzelnen Individuen Unterschiede innerhalb recht enger Grenzen zulässt. Solche Unterschiede sind weder bewusst noch zweckbestimmt. Die Sprache dagegen ist eine allen Menschen eigene Tätigkeit, deren unterschiedlicher Ausführung durch die einzelnen Sprachgemeinschaften keine erkennbaren Grenzen gesetzt sind: Denn die Sprache ist das rein historisch bedingte Erbe einer solchen Gemeinschaft, das Ergebnis lang andauernden Gemeingebrauchs. Die Sprache verändert sich wie alles, was der schöpferische Geist des Menschen hervorbringt: nicht ganz so zielstrebig vielleicht, aber mit dem gleichen Effekt, wie die Religion, die Kultur, das Brauchtum und die Kunst der einzelnen Völker sich fortlaufend ändern. Das Gehen ist, obschon natürlich nicht selbst ein Instinkt, eine instinktive Funktion des menschlichen Organismus; die Sprache ist eine erworbene, eine zivilisatorische Funktion des Menschen.

Aus: Edward Sapir: Die Sprache. Übers. von Conrad P. Homberger. München: Hueber 1972, S. 13

Gisbert Fanselow/Sascha W. Felix: [Das Lernbarkeitsproblem] (1993)

In sehr allgemeiner Form lässt sich das Lernbarkeitsproblem etwa wie folgt formulieren: Was versetzt ein Kind in die Lage, unter den üblichen Bedingungen eine beliebige natürliche Sprache als Muttersprache zu erwerben? Eine offenkundige Voraussetzung für den Spracherwerb ist nun sicherlich, dass das Kind der betreffenden Sprache in seiner Umgebung ausgesetzt ist. Diese Beobachtung scheint trivial zu sein, und so ist der Laie vielfach geneigt, das Lernbarkeitsproblem mit dem Hinweis abzutun, dass Kinder ihre Muttersprache deshalb erlernen, weil sie tagtäglich mit dem Gebrauch von Sprache und mit sprachlichen Handlungen konfrontiert sind. Bei genauer Betrachtung kann eine solche Antwort jedoch nicht ausreichen. Sprachliche Erfahrung ist zweifellos eine notwendige, jedoch keine hinreichende Bedingung für den Spracherwerb. Auch Hunde, Katzen und andere Haustiere sind alltäglich sprachlichen Handlungen ausgesetzt, aber dennoch erwerben sie – im Gegensatz zum Kind – natürliche Sprachen nicht. Daraus folgt, dass ein Lebewesen nur dann etwas lernen kann, wenn es mit einem Lernmechanismus ausgestattet ist, dessen Eigenschaften der zu bewältigenden Aufgabe angemessen sind.

Man mag nun annehmen, dass der für den Spracherwerb relevante Lernmechanismus primär kognitiver Natur ist; i.e. [d. h.] was den Menschen in diesem Bereich von anderen Lebewesen unterscheidet, ist nicht etwa seine spezifische Anatomie oder Physiologie, sondern die Struktur seiner Kognition. Das Lernbarkeitsproblem involviert[1] somit vor allem drei Aspekte, die zueinander in Beziehung zu setzen sind: a) die Struktur des (kognitiven) Lernmechanismus; b) den Gegenstand des Lernens, in unserem Fall die Sprache; c) die verfügbare Datenbasis. Die entscheidende Frage ist nun: Welche Struktureigenschaften muss ein Lernmechanismus bzw. ein Kognitionssystem besitzen, um auf der Grundlage der üblicherweise verfügbaren Daten den Erwerb einer beliebigen natürlichen Sprache zu ermöglichen?

Den Ausgangspunkt für die Beantwortung dieser Frage bildet das „poverty-of-stimulus"-Argument. Bei genauer Betrachtung zeigt sich, dass das grammatische Wissen, das ein Kind im Laufe seiner sprachlichen Entwicklung erwirbt, durch die ihm verfügbare empirische Evidenz[2] unterdeterminiert[3] ist; d. h., das Kind erwirbt Wissen, für das ihm seine sprachliche Umgebung keinerlei Anhaltspunkte bietet. Vereinfacht ausgedrückt: Am Ende des Erwerbsprozesses weiß das Kind viel mehr, als es aufgrund seiner sprachlichen Erfahrung eigentlich wissen kann. Nach dem derzeitigen Stand der Dinge lassen sich vor allem drei Aspekte aufzeigen, unter denen das grammatische Wissen, das das Kind erwirbt, durch die verfügbare Evidenz unterdeterminiert ist:

1. quantitative Unterdeterminiertheit
   die sprachliche Erfahrung des Kindes umfasst stets nur einen relativ kleinen Ausschnitt der in einer Sprache möglichen Sätze und Strukturen.
2. qualitative Unterdeterminiertheit:
   das zu erwerbende Wissen besteht im Wesentlichen aus Regeln und Prinzipien, während die sprachliche Erfahrung aus konkreten Äußerungen besteht, die lediglich als Exemplifizierung der zu erwerbenden Regeln und Prinzipien gelten können.
3. Unterdeterminiertheit durch Fehlen negativer Evidenz:
   die sprachlichen Daten, die dem Kind zum Erwerb des grammatischen Wissens zur Verfügung stehen, enthalten zwar positive, aber keine negative Evidenz; d. h., das Kind kann an den Daten erkennen, ob eine Struktur grammatisch ist, aber es kann nicht eindeutig erkennen, ob eine Struktur ungrammatisch ist.

[...] Das zu erwerbende grammatische Wissen wird dem Kind somit nicht direkt durch seine sprachliche Erfahrung vermittelt, sondern sozusagen in „verschlüsselter" Form durch konkrete Sätze und Äußerungen. Diese Sätze stellen jedoch lediglich einen begrenzten und weitgehend zufälligen Ausschnitt der in der jeweiligen Sprache gegebenen Strukturmöglichkeiten dar. [...] Die sprachliche Erfahrung des Kindes ist somit im Wesentlichen exemplarischer Natur und keineswegs repräsentativ für das, was die Sprache an strukturellen Möglichkeiten bereitstellt. [...] Wenn nun die in der sprachlichen Erfahrung des Kindes vorhandene Datenbasis nicht in ausreichendem Maße die Informationen enthält, die notwendig sind, um stets die korrekten Generalisierungen herbeizuführen, so liegt es nahe, diese Informationen in der Struktur des Erwerbsmechanismus selbst zu suchen. [...]

Aus: Gisbert Fanselow/Sascha W. Felix: Sprachtheorie. Band 1. Tübingen/Basel: Francke, 3. Auflage 1993. © 1993 Narr Francke Attempto Verlag GmbH & Co. KG

---

[1] involvieren: einschließen
[2] Evidenz: das Augenscheinliche, das klar Erkennbare
[3] unterdeterminiert: unterbestimmt

Bewertungsbogen zum Klausurbeispiel (Baustein 2)

Name: _____

Sie	Maximale Punktzahl	Erreichte Punktzahl	Anmerkungen
verfassen eine aufgabenbezogene Einleitung: Einleitungssatz (z. B. Vorstellung beider Texte: Autor, Textsorte, Jahr der Veröffentlichung, Thema (Sprachentstehung im Kinde), unterschiedliche Erklärungen des Spracherwerbs als Kern des Vergleichs)	4		
skizzieren kurz den Problemkontext z. B.: • Positionen aus der zweiten Hälfte des 20. Jahrhunderts, in der die Frage nach der Erlernbarkeit bzw. der Angeborenheit sprachlicher Strukturen Gegenstand linguistischer Diskussion war	6		
erschließen die inhaltliche Aussage der Texte, deren Argumentationsstruktur und vergleichen: Sapir, z. B.: • Hauptthese: Sprache sei eine erworbene Funktion des Menschen und ein Gemeinschaftserbe. • Zweischrittige Argumentation als Beleg für die These: Zunächst Einführen einer natürlichen Funktion des Menschen (Gehen), dann Abgrenzung von Gehen und Sprechen. Anders als das Gehen sei das Sprechen abhängig von einer (Sprach-)Gemeinschaft. • Sprachbegriff: Betonung des Kulturcharakters der Sprache. Bedeutungskonstitution ist zentral.	12		
Fanselow/Felix, z. B.: • Voraussetzungslose Erlernbarkeit von Sprache wird für unmöglich gehalten. • Tierbeispiele als Argument dafür, dass nicht allein die Umgebung Sprachentstehung bedingen könne. • Sprachlicher Input sei in verschiedener Hinsicht unterdeterminiert, sodass die entstehende komplexe Sprache aus ihm nicht erklärbar sei: Input repräsentiere nur einen Ausschnitt der Sprache, dieses bestehe aus konkreten Äußerungen, während Regeln zu finden seien, zudem gebe das Material keine Auskunft darüber, was ungrammatisch ist. • Schlussfolgerung: Der Mensch muss mit sprachlichem Wissen auf die Welt kommen. • Sprachbegriff: Sprache vor allem auf grammatische Sprachstruktur konzentriert. Bedeutungskonstitution steht nicht im Mittelpunkt.	12		
Vergleich, z. B.: • Die Texte vertreten radikal unterschiedliche Positionen: Sapir vertritt die These einer sozial bedingten Sprachaneignung, Fanselow/Felix die nativistische Position einer angeborenen Sprachstruktur. • Ihnen liegt jeweils auch eine andere Akzentsetzung im Sprachbegriff zugrunde: Sapir betont implizit die semantische, Fanselow/Felix explizit die grammatische Seite der Sprache.	6		
Ähnlichkeiten in der argumentativen Vorgehensweise werden dargestellt, z. B.: • Beide Texte folgen im Kern einem induktiven Argumentationsmuster, das auf die zentralen Thesen hinführt. • Beide benutzen – in der Begrifflichkeit der Rhetorik – ein psychologisches Überzeugungsschema, das bei vermeintlich naheliegenden Lösungen ansetzt, diese dann als unsinnig darstellt und eine eigene gegenteilige Lösung präsentiert, die die vorherigen Probleme zu lösen vermag. • Die Vertreter der jeweils anderen Position werden als naiv gekennzeichnet. Die eigene Position erscheint als die wissenschaftliche, die andere als die letztlich absurde Alltagsvorstellung. • Beide Texte nutzen aufwertendes und abwertendes Vokabular, um ihre Position als die höherwertige erscheinen zu lassen (Sapir: Z. 1–7, Fanselow/Felix: *der Laie* (Z. 9) – *Bei genauerer Betrachtung* (Z. 13f.)). • Fanselow/Felix legen einen Text vor, der mehr als der Sapir-Text den Eindruck einer wissenschaftlichen Publikation macht. Sapirs Text hat eher populärwiss. Charakter.	10		

ordnen die Positionen in die Sprachursprungsdiskussion ein: Beide Autoren • suchen nach einer Erklärung für den ontogenetischen Sprachursprung (Sprachentstehung im Kinde).	2
Sapirs Position wird eingeordnet, z. B. • Sprachtheoretische Nähe insbesondere zu Skinners Lernbarkeitsbehauptung (nur sehr bedingt auch zu epigenetischen Positionen) • Anders als Skinner nimmt Sapir aber offenbar doch eine Eigenexistenz der Sprache jenseits der Einzeläußerungen an (vgl. z. B. den Vergleich zu Religion oder Brauchtum).	6
Fanselow/Felix: Position wird eingeordnet, z. B. • deutliche Anknüpfung an die Sprachposition Chomskys	6
Fazit: Die Texte stehen in völlig verschiedenen und sich widersprechenden Traditionen: Sapir steht im Kern in der Tradition behavioristischer Lerntheorie, Fanselow und Felix sind Vertreter der nativistischen Spracherwerbsauffassung in der Tradition Chomskys.	4
Reflektierte Bewertung am Schluss, z. B.: • Hinweis auf logische Leerstellen in den Argumentationen (z. B. fehlt bei Sapir eine Erklärung des eigentlichen Spracherwerbs, bei Fanselow/Felix fehlt einer Erklärung des Bedeutungserwerbs) • Bewertung, z. B. Fanselow/Felix mit weiterentwickelter und auch differenzierterer Theorie, die sich aber über die eigenen Leerstellen offenbar nicht klar ist	4
Sie erfüllen ein weiteres aufgabenbezogenes Kriterium.	(5)
Darstellungsleistung: Sie	
strukturieren Ihren Text kohärent, schlüssig, stringent und gedanklich klar: • angemessene Gewichtung der einzelnen Teilaufgaben in der Durchführung • schlüssige Verbindung der einzelnen Arbeitsschritte • schlüssige gedankliche Verknüpfung von Sätzen	6
formulieren unter Beachtung der fachsprachlichen und fachmethodischen Anforderungen: • Trennung von Inhaltsebene und Autor-Leser-Ebene • begründeter Bezug von Thesen, Belegen und Erläuterung • Verwendung von Fachtermini in sinnvollem Zusammenhang • Beachtung der Tempora, korrekte Redewiedergabe	6
belegen Aussagen durch angemessenes und korrektes Zitieren: • sinnvoller Gebrauch von vollständigen oder gekürzten Zitaten in begründender Funktion	3
drücken sich allgemeinsprachlich präzise, stilistisch sicher und begrifflich differenziert aus: • sachlich-distanzierte Schreibweise • Schriftsprachlichkeit • begrifflich abstrakte Ausdrucksfähigkeit	5
formulieren lexikalisch und syntaktisch sicher, variabel und komplex (und zugleich klar).	5
schreiben sprachlich richtig. [bei gehäuften Verstößen gegen Sprachrichtigkeit: Notenherabsetzung]	3

Abschlussbemerkungen:

Note: ( ) Datum:

Klausurbeispiel zu Baustein 3

Aufgabenart: Vergleichende Analyse fiktionaler Texte
Aufgabe: Analysieren und vergleichen Sie die beiden nachfolgenden Gedichte.

Hugo von Hofmannsthal (1874 – 1929):
SUNT ANIMAE RERUM (1890)[1]
(Thomas v. Aquino)[2]

Ein gutes Wort musst du im Herzen tragen,
Und seinen Wert enthüllt dir e i n e Stunde:
Stets dringt dein Aug nicht nach des Meeres
                                Grunde,
An trüben tiefer als an hellen Tagen.
5 Zuweilen gibt ein lichter Blick dir Kunde
Von Herzen, die in toten Dingen schlagen,
Und wenn du nur verstehest recht zu fragen
Erfährst du manches auch aus stummem Munde.
Drum flieh aus deinem Selbst, dem starren, kalten,
10 Des Weltalls Seele dafür einzutauschen,
Lass dir des Lebens wogende Gewalten,
Genuss und Qualen durch die Seele rauschen
Und kannst du eine Melodie erlauschen,
So strebe, ihren Nachhall festzuhalten!

Aus: Hugo von Hofmannsthal: Werke in zehn Bänden. Hg. von Lorenz Jäger.
Bd. I: Gedichte. Frankfurt a. M.: Fischer 1999, S. 76

---

[1] etwa: Es gibt Seelen der Dinge
[2] Kirchenlehrer und Philosoph (1225 oder 1226 – 1274); „Sunt animae rerum" ist bei Thomas allerdings nicht belegt, vermutlich von Hofmannsthal selbst gebildet.

Gottfried Benn (1886 – 1956):
WORTE (1955)

Allein: du mit den Worten
und das ist wirklich allein,
Clairons[1] und Ehrenpforten
sind nicht in diesem Sein.

5 Du siehst ihnen in die Seele
nach Vor- und Urgesicht,
Jahre um Jahre – quäle
dich ab, du findest nicht.

Und drüben brennen die Leuchten
10 in sanftem Menschenhort,
von Lippen, rosigen, feuchten
perlt unbedenklich das Wort.

Nur deine Jahre vergilben
in einem anderen Sinn,
15 bis in die Träume: Silben –
doch schweigend gehst du hin.

Aus: Gottfried Benn: Sämtliche Werke. Stuttgarter Ausgabe.
Band I. Gedichte 1. In Verb. mit Ilse Benn hrsg. von
Gerhard Schuster. Klett-Cotta, Stuttgart 1986

---

[1] Clairon: Signalhorn beim Militär

Bewertungsbogen zum Klausurbeispiel (Baustein 3)

Name: _____

Sie	Maximale Punktzahl	Erreichte Punktzahl	Anmerkungen
verfassen eine aufgabenbezogene Einleitung: Einleitungssatz (Vorstellung beider Gedichte: Autor, Textsorte, Entstehungsjahr, Thema, z. B.: Bedeutung der Sprache für das Subjekt und sein Verhältnis zu anderen Menschen bzw. zu den Dingen, thematische Nähe ist Horizont des Vergleichs)	3		
beschreiben Aufbau und Inhalt beider Gedichte, z. B.: • Hofmannsthal: Einstrophigkeit, Sonettform, Quartette beschreiben die Sprache (Wort im Herzen), die Erkenntnismöglichkeit der Dinge, Terzette enthalten eine Aufforderung an ein Du (= lyrisches Ich? Leser?) • Benn: Vierstrophigkeit, Strophe 1, 2: Einsamkeit „mit den Worten", Strophe 3: neidvoller Blick auf andere Menschen, Strophe 4: Todesahnung (wortloser Tod nach wortreichem Leben)	6		
erschließen die inhaltliche Aussage der Gedichte und vergleichen diese: Hofmannsthal: • Verhältnis des Wortes des Herzens zu den Dingen muss gedeutet werden (z. B. Wort des Herzens als Ahnung der Dinge → Nichtwahrnehmung oder Erkenntnis schafft innere Wahrheit, sondern eine Ahnung des Wesenhaften).	3		
• Die Darstellung der Dingwelt muss untersucht werden (z. B. Dinge haben „Herzen", die durch einen richtigen Blick (eine richtige Frage) erschließbar sind, auch wenn sie stumm bleiben).	3		
• Das angesprochene Du muss zumindest umrissen werden (z. B. als Leser oder als das lyrische Ich selbst).	1		
• Der Appell der Terzette muss gedeutet werden (z. B. die Welt auf sich wirken zu lassen, um eine innere Wahrheit zu erzeugen).	2		
• Gesamtdeutung muss erkennbar werden, z. B.: ästhetizistische Weltsicht, in der die Worte das Wesen der Dinge zauberhaft erfassen.	3		
Benn: • Die Situation des lyrischen Ich (bzw. des angesprochenen „du") muss gedeutet werden (z. B. Einsamkeit in einer Wortwelt (Dichterwelt?), äußerer Ruhm (V. 3) durchbricht die Einsamkeit nicht).	3		
• Die anfängliche Sicht auf die Sprache muss gedeutet werden (z. B. eine genaue Kenntnis der Sprache schafft keine innere Bereicherung).	2		
• Die Sicht auf die anderen muss gedeutet werden (z. B. neidvoller Blick auf gedankenloses Sprechen).	2		
• Die sprachliche Differenzierung der Schlussstrophe muss gedeutet werden (z. B. poetische Sprache kann kommunikative Sprache nicht ersetzen).	2		
• Gesamtdeutung muss erkennbar werden, z. B.: Selbstzweifel des Dichters angesichts einer nur auf sich selbst verweisenden monologischen Poesie-Sprache, die Kommunikation nicht ersetzen kann.	3		
Vergleich: Darstellung zentraler Ähnlichkeiten und Unterschiede, z. B. • Sprachbegriff: Hofmannsthal stellt Sprache als Wesensahnung dar („Zauberworte"), kommunikative Funktion ist ausgeblendet; Benn stellt neben die poetische Sprache die kommunikative, die dem lyr. Ich („du") nicht mehr zugänglich ist. • Glücksbegriff: Hofmannsthal beschreibt Glück als das Erfassen des „Weltalls Seele", also des mythischen Wesens der Dinge; Benn beschreibt Glück als gedankenlose Verwendung von Worten, die mit anderen verbinden. • Grundstimmung: Hofmannsthal zeigt die optimistische, appellative Haltung des jungen Dichters; Benn die resignative Einsamkeit des Dichters am Lebensende.	12		

erschließen die Formen- und Bildsprache der Gedichte und vergleichen (differenzierte, auf mehrere Aspekte bezogene Darstellung):			
Hofmannsthal, z. B. • sonetttypische Gesamtstruktur (Sprache (als These) – Sein (als Antithese) – Flucht in das Sein mit Spiegelung in Sprache (als Synthese)) • Deutung von Kontrastierungen (z. B. lichter Blick – tote Dinge, starr/kalt – wogend/Herz, …) • Wechsel des Bildbereiches (Auge – Mund – Ohr) in Form einer Klimax der Bedeutung für das innere Sein	6		
Benn, z. B. • Klimax-Aufbau: Alleinsein – Blick auf die Worte – Blick auf die anderen – Fazit der Vergeblichkeit dichterischer Tätigkeit • Betonungstechniken für einzelne Wörter (V. 1: Allein: Fanfarenhafte Frontstellung; V. 7: „quäle" durch Enjambement betont; V. 15: „Silben" als Kontrast zum Schweigen durch Gedankenstrich verstärkt) • Untersuchung der Verbstruktur (perlen: gedankenloses Hervorbrechen; vergilben: tatenloses Absterben)	6		
Vergleich, z. B. • Bilder der Wirklichkeitspreisung bei Hofmannsthal stehen Bilder der Ausweglosigkeit bei Benn gegenüber; das „Rosige" wird hier nur aus der Ferne betrachtet • Appellative Zuspitzung bei Hofmannsthal – Klimax der Verzweiflung bei Benn	6		
ordnen Gedichte begründet in sprachskeptische Lyrik ein, z. B.: • das Hofmannsthal-Gedicht von 1890: noch weitgehend ungebrochenes Verhältnis zur Sprache, Zeugnis einer ästhetizistischen Poesievorstellung; Hinweise auf den Epiphanie-Gedanken des Chandos-Briefes • Benns Gedicht ist in jene sprachskeptische Lyrik der Nachkriegszeit einzuordnen, die dem Wort keine vermittelnde Kraft mehr zuweist.	7		
Abrundender Schluss (z. B. eigene Stellungnahme)	2		
Sie erfüllen ein weiteres aufgabenbezogenes Kriterium.	(5)		
Darstellungsleitung: Sie			
strukturieren Ihren Text kohärent, schlüssig, stringent und gedanklich klar: • angemessene Gewichtung der einzelnen Teilaufgaben in der Durchführung • schlüssige Verbindung der einzelnen Arbeitsschritte • schlüssige gedankliche Verknüpfung von Sätzen	6		
formulieren unter Beachtung der fachsprachlichen und fachmethodischen Anforderungen: • Trennung von Inhaltsebene und Autor-Leser-Ebene • begründeter Bezug von Thesen, Belegen und Erläuterung • Verwendung von Fachtermini in sinnvollem Zusammenhang • Beachtung der Tempora, korrekte Redewiedergabe (Modalität)	6		
belegen Aussagen durch angemessenes und korrektes Zitieren: • sinnvoller Gebrauch von vollständigen oder gekürzten Zitaten in begründender Funktion	3		
drücken sich allgemeinsprachlich präzise, stilistisch sicher und begrifflich differenziert aus: • sachlich-distanzierte Schreibweise • Schriftsprachlichkeit • begrifflich abstrakte Ausdrucksfähigkeit	5		
formulieren lexikalisch und syntaktisch sicher, variabel und komplex (und zugleich klar).	5		
schreiben sprachlich richtig. [bei gehäuften Verstößen gegen Sprachrichtigkeit: Notenherabsetzung]	3		
Abschlussbemerkungen:			

Note:	( )	Datum:

Klausurbeispiel zu Baustein 4

Aufgabenart: Analyse eines nicht-fiktionalen Textes mit weiterführendem Schreibauftrag
Aufgaben: Analysieren Sie den Text von Peter Radtke, indem Sie
a) die Kerngedanken des Textes und den Argumentationsgang wiedergeben und die Argumentationsweise analysieren,
b) Bezüge herstellen zwischen Radtkes Argumentation und sprachtheoretischen Positionen, die Sie kennengelernt haben.
c) Erörtern Sie auf der Grundlage des Textes folgende Frage:
Peter Radtke hat den Artikel 1994 geschrieben. Heute hat sich in Deutschland in vielen Bereichen der Begriff „Mensch mit Behinderung" statt „Behinderter" durchgesetzt. Vor allem im amerikanischen Englisch wird in ähnlicher Weise zuweilen statt „disabled" (wörtlich: entfähigt) „differently abled" (anders befähigt) gesagt. Stellen Sie dar, wie Peter Radtke diese sprachliche Entwicklung wohl beurteilen würde, und nehmen Sie dann selbst Stellung zu dieser Sprachentwicklung.

Peter Radtke: Sprache ist Denken – Über den gedankenlosen Umgang mit Sprache (1994)

[...] Ich höre immer wieder, unsere Sprache würde behinderte Menschen diskriminieren. Das stimmt, und stimmt auch wieder nicht. Nicht die Sprache diskriminiert, oder nur in den seltensten Fällen, sondern der Sprechende, der das Gesagte in einen bestimmten Kontext stellt. Nehmen wir das bekannteste Beispiel: den Begriff „Krüppel". Er leitet sich ab aus der Wortfamilie „Kringel", die dem Lateinischen „contractus" – „zusammenziehen", „klein werden" und konsequent daraus folgernd „lahm werden" entspricht. Interessanterweise geht auch unser heutiges „krank" auf die gleiche Wurzel zurück. Man kann nun, rein biologisch gesehen, den Vorgang nachvollziehen: Muskeln ziehen sich zusammen, die Glieder werden hierdurch verkürzt und verkrümmt, der Betroffene kann nicht mehr gehen und wird lahm. Der „Krüppel" ist also, vom Standpunkt des Mediziners, die objektive Beschreibung eines natürlichen Geschehens. Ohne die Verhältnisse in den letzten Jahrhunderten positiv reden zu wollen, muss man sagen, dass die Verwendung der Bezeichnung „Krüppel" früher viel eher jenem neutralen Beschreiben zuzurechnen war, als dies heute überhaupt vorstellbar ist. Zwar hatte der Begriff, wie wir dem Grimm'schen „Deutschen Wörterbuch" entnehmen können, schon seit dem 15. Jahrhundert einen gewissen pejorativen[1] Beigeschmack, da mit ihm auch das Kleinerwerden (sprich: Abnehmen) und Aus-dem-Ebenmaß-Herausfallen verbunden war, aber doch nie in der Weise, wie wir dies aus der Gegenwart kennen. Wenn Johann Nepomuk Edler von Kurz 1832 in München die erste Einrichtung für „krüppelhafte Kinder" Europas eröffnete, wie die Bezeichnung damals hochoffiziell lautete, war hinter jenem Namen keine Diffamierung versteckt, sondern es war dies ein Ausdruck, der eben eine gewisse Gruppe Menschen bezeichnete, die trotz ihrer Einschränkung zu „nützlichen Gliedern der Gesellschaft" herangezogen werden sollten. Knapp hundert Jahre später, als Hans Würtz in Leipzig sein Buch „Das Seelenleben des Krüppels" (1921) herausbrachte, hatten sich die Dinge schon weiter entwickelt. Die Suche in den ersten Jahrzehnten des 20. Jahrhunderts nach einem weniger diffamierenden Begriff als den des „Krüppels" für Menschen mit einer Behinderung zeigt, dass die Bezeichnung zu jener Zeit bereits verstärkt als Diskriminierung verstanden wurde. Nicht zuletzt durch die industrielle Revolution hatte sich das Menschenbild in einer Weise geändert, dass die Produktivität einen immer höheren Rang in der gesellschaftlichen Werteskala einnahm. Behinderte Glieder der Gemeinschaft verloren damit automatisch an Rücksichtnahme und menschlichem Respekt. „Krüppel" rückte immer ausschließlicher in den Dunstkreis eines Schimpfwortes. [...] Unter der Naziideologie mit ihrem Wahn von Ebenmaß und körperlicher Schönheit, von Erbgutreinheit und arischem Übermenschen, erhielt der Ausdruck „Krüppel" schließlich jene durch und durch abfällige Tönung, die wir heute in erster Linie in ihm sehen. Ich wage zu behaupten, der Begriff „Krüppel" für sich genommen beinhaltete noch nicht von vornherein eine Diskriminierung. In dem Maße, in dem jedoch das Bezeichnete der gesellschaftlichen Ächtung anheim fiel, nahm auch das Bezeichnende die negative Wertung in sich auf. [...]
Vielleicht wird sich jetzt Kritik erheben, weil ich das Problem der Diskriminierung durch Sprache scheinbar zu sehr herabspiele. Das Gegenteil ist der Fall. Ich möchte gerne das Schwergewicht unserer Betrachtung auf jene Aspekte lenken, die, meines Erachtens,

---
[1] pejorativ: bedeutungsverschlechternd, abwertend

viel gefährlicher, weil subtiler unser Denken beeinflussen und dabei unermesslichen Schaden anrichten. Ich denke an den Gebrauch gewisser Sprachformen und die Verwendung vermeintlich unproblematischer Begriffe. Da wäre zunächst die gängige Substantivierung des Adjektivs: „der Behinderte" statt „der behinderte Mensch", „der behinderte Heranwachsende", „der behinderte Bürger" oder, noch besser, „der junge Mann mit einer Querschnittlähmung", „der durch eine Behinderung beeinträchtigte Bürger" oder „Menschen, die mit einer Behinderung leben". Indem wir aus einem Beiwort – ich verwende hier lieber diesen Begriff als die übliche Bezeichnung „Eigenschaftswort", weil Behinderung keine Eigenschaft ist – ein Hauptwort machen, reduzieren wir den Betroffenen auf dieses eine Merkmal, als setze er sich nicht aus einer Vielzahl weiterer Aspekte zusammen. Wir kennen den Vorgang aus anderen Bereichen. Da spricht man von „den Deutschen", „den Ausländern", „den Mohammedanern". In der Bezeichnung „der Behinderte" wird zusätzlich die Mehrzahl in die Einzahl gesetzt, sodass der Eindruck eines homogenen Kollektivkörpers entsteht, der sich durch nichts anderes kennzeichnet als eben seine Behinderung. Diese Gleichschaltung der verschiedensten individuellen Ausformungen, die natürlich auch unter Menschen mit einer Behinderung anzutreffen sind, verstärkt in der Gesellschaft die Vorstellung einer beängstigenden, einheitlichen Masse des Andersseins. Das möglicherweise Verbindende tritt in den Hintergrund, das Fremde gewinnt die Oberhand.

Betrachten wir eine andere Gepflogenheit. Wenn wir vom Vermeiden diskriminierender Begriffe sprechen, dann geht es in der Regel lediglich um das Ersetzen eines negativ besetzten Wortes durch ein anderes, zunächst als nicht negativ angesehenes, am besten ein völlig wertneutrales. Dies reicht aber, wie bereits erwähnt, nicht aus, denn rascher als gewünscht, sind die alten Verhältnisse wieder hergestellt. Ich meine, wir brauchen nicht neue Wörter für alte, uns unlieb gewordene, sondern wir müssen beginnen, bewusst die positiven Seiten im Behindertsein aufzuspüren und sie benennen. Ein wertneutraler Ausdruck kann schnell das Odium des Pejorativen erhalten; ein an sich in der übrigen Sprache positiv verstandener Begriff wird dieser Entwicklung stärkeren Widerstand entgegensetzen. Nur wenn wir mit dem Umdenken anfangen, hat auch das Umbenennen einen Sinn.

http://www.peter-radtke.de/sprache.htm; Freiburg 1994

Bewertungsbogen zum Klausurbeispiel (Baustein 4)

Name: _____

Sie	Maximale Punktzahl	Erreichte Punktzahl	Anmerkungen
verfassen eine aufgabenbezogene Einleitung: Einleitungssatz (Vorstellung des Textes: Autor, Textsorte, Entstehungsjahr, Thema, z. B.: Diskriminierung durch Sprache).	4		
geben die Kerngedanken des Textes und den Argumentationsgang wieder, z. B.: • Hauptthese findet sich am ehesten am Ende des Textes: Diskriminierung findet nicht durch die Sprache, sondern durch Sprecher statt; um Diskriminierung zu vermeiden, sind nicht neue Begriffe nötig, sondern ein Umdenken, das als Konsequenz die Bezeichnung von Menschen verändern wird.	10		
Zentrale Stationen des Argumentationsgangs werden wiedergegeben, z. B. • Begriffsgeschichte „Krüppel" als Beispiel der Umbewertung von Worten aufgrund gesellschaftlicher Veränderungen (Ideologie der Nazis) • Zweifelhaftigkeit der Umbenennung diskriminierender Begriffe, da neuer, zunächst wertneutraler Begriff bei unveränderter Sicht auf das Bezeichnete rasch pejorativen Charakter erhält • Möglicher Ausweg: durch die Sprache gesellschaftlichen Blick verändern (Beispiel: diskriminierendes Merkmal als Merkmal kennzeichnen, z. B. statt „Der Behinderte" nun „ein junger Mann mit einer Querschnittslähmung")	16		
Die Argumentationsweise wird schlüssig analysiert, z. B. • Argumentationsmuster: Historische Erkenntnisse zeigen, wie heute sprachliche Diskriminierung verhindert werden kann. • Argumentation: induktiv, weitgehend linear, Einwände antizipierend, sachlich, bewusst subjektive Formulierungen, Adressaten offenbar ein bereits sensibilisiertes Publikum	8		
Bezug zu sprachtheoretischen Positionen, je nach Unterricht z. B. • Kontrastierung zu Butlers „Hass spricht"-These (sprachliche Verletzung geschieht, indem man Wörter benutzt, die eine Geschichte haben, die sie als verletzend ausweist): Radtke: Diskriminierende Wirkung liege nicht in dem Wort und seiner Geschichte, sondern im gesellschaftlichen Blick auf den Diskriminierten. • Einordnung in Geusenwortstrategie: Radtkes Ausführungen zu „Krüppel" ermöglichen, dieses Wort als Geusenwort zu etablieren. Ziel Radtkes jedoch: nicht Umwertung der Wörter, sondern Umdenken • Einordnung in die Diskussion um „Political correctness": Radtkes Vorschläge zur Bezeichnung behinderter Menschen können als Ausdrücke politischer Korrektheit verstanden werden. Aber: Seine Ausführungen antworten indirekt auf diesen Vorwurf (nicht Bezeichnung, sondern dadurch erzeugtes Umdenken ist das Ziel).	10		
erörtern Frage (c), dabei muss der Textbezug deutlich werden, z. B.: • Mögl. Einschätzung: Die Bezeichnungen im Deutschen und im Englischen folgen offenbar der Differenzierung, die Radtke vorschlägt. • Die Bezeichnungen dürfte Radtke als wirkungslos betrachten, wenn ihnen kein gesellschaftliches Bewusstsein entspricht – dessen Existenz sollte diskutiert werden.	12		
• Erörterung: Es muss eine klare Position erkennbar werden, sie muss nachvollziehbar begründet sein, wobei in der Begründung eine sprachtheoretische Sicht auf das Phänomen erkennbar sein muss.	12		

Sie erfüllen ein weiteres aufgabenbezogenes Kriterium.	(5)	
Darstellungsleistung: Sie		
strukturieren Ihren Text kohärent, schlüssig, stringent und gedanklich klar: • angemessene Gewichtung der einzelnen Teilaufgaben in der Durchführung • schlüssige Verbindung der einzelnen Arbeitsschritte • schlüssige gedankliche Verknüpfung von Sätzen	6	
formulieren unter Beachtung der fachsprachlichen und fachmethodischen Anforderungen: • Trennung von Inhaltsebene und Autor-Leser-Ebene • begründeter Bezug von Thesen, Belegen und Erläuterung • Verwendung von Fachtermini in sinnvollem Zusammenhang • Beachtung der Tempora, korrekte Redewiedergabe (Modalität)	6	
belegen Aussagen durch angemessenes und korrektes Zitieren: • sinnvoller Gebrauch von vollständigen oder gekürzten Zitaten in begründender Funktion	3	
drücken sich allgemeinsprachlich präzise, stilistisch sicher und begrifflich differenziert aus: • sachlich-distanzierte Schreibweise • Schriftsprachlichkeit • begrifflich abstrakte Ausdrucksfähigkeit	5	
formulieren lexikalisch und syntaktisch sicher, variabel und komplex (und zugleich klar).	5	
schreiben sprachlich richtig. [bei gehäuften Verstößen gegen Sprachrichtigkeit: Notenherabsetzung]	3	
Abschlussbemerkungen:		

Note:	( )	Datum:

Gruppenpuzzle

1. Phase
Einzelarbeit

Bearbeiten Sie die Aufgaben zu Ihrem Text.

2. Phase
Expertengruppe

Diskutieren Sie in der Gruppe der Schülerinnen und Schüler, die denselben Text hatten, Ihre Ergebnisse aus der Einzelarbeit und machen Sie sich in der Gruppe zu Experten/Expertinnen zu Ihrem Thema.

Wählen Sie dann in der Gruppe die Aspekte aus, die für den gesamten Kurs nach Ihrer Einschätzung wesentlich sind, und bereiten Sie eine kurze Präsentation (ca. 5 Min.) für Mitschüler/Mitschülerinnen vor, die den Text selbst nicht kennen.

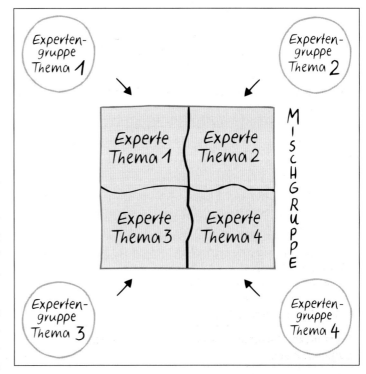

3. Phase
Mischgruppen

In der Mischgruppe kommen nun 3 bzw. 4 Experten/Expertinnen zu den verschiedenen Texten zusammen. Stellen Sie sich jetzt in ca. 5 Minuten Ihre Ergebnisse vor:

Als Vortragende(r)
a) Tragen Sie Ihre Ergebnisse aus der Expertengruppe vor.
b) Geben Sie Gelegenheit zu Nachfragen.

Als Zuhörende(r)
a) Prüfen Sie genau, ob Sie das Vorgetragene verstehen, fragen Sie nach.
b) Machen Sie sich Notizen.

Sie müssen anschließend in der Lage sein, alle vorgestellten Themen selbst darstellen zu können.

Kugellagermethode/Doppelkreismethode Kurzbeschreibung

1. Einzelarbeit

Grundlage der Doppelkreisarbeit sind in der Regel zwei verschiedene Texte. Jeweils eine Hälfte des Kurses bearbeitet einen Text mit den dazugehörigen Aufgaben in Einzelarbeit.

2. Doppelkreis

Die Teilnehmer bilden einen Doppelkreis (Außenkreis mit Gesicht nach innen, Innenkreis mit Gesicht nach außen, jeder sitzt einem Partner gegenüber – ungerade Teilnehmerzahl: ein Schüler arbeitet mit einem Schülerpaar zusammen). Im Außenkreis sitzen die Bearbeiter von Text A, im Innenkreis die Bearbeiter von Text B.

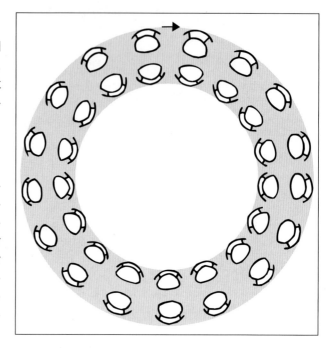

2a. Vorstellung der Texte/Aufgabenlösungen im Doppelkreis

I. Der Außenkreis stellt dem Innenkreis seinen Text A und die Lösung der dazugehörigen Aufgaben vor.
   Der Innenkreis schreibt mit und fragt ggf. nach.

– *Der Außenkreis rückt anschließend um zwei Stühle im Uhrzeigersinn weiter* –

II. Der Innenkreis stellt dem Außenkreis seinen Text B und die Lösung der dazugehörigen Aufgaben vor.
   Der Außenkreis schreibt mit, fragt ggf. nach.

– *Der Außenkreis rückt anschließend um zwei Stühle im Uhrzeigersinn weiter* –

2b. Kontrolle des Gehörten im Doppelkreis

III. Der Außenkreis stellt dem Innenkreis das vor, was gerade gehört wurde (also den „fremden Text" B und die Lösung der dazugehörigen Aufgaben).
   Der Innenkreis, in dem die Experten zu diesem Text sitzen, kontrolliert, ergänzt, verbessert.

– *Weiterrücken* –

IV. Der Innenkreis stellt dem Außenkreis nun umgekehrt Text A mit den dazugehörigen Lösungen vor.
   Der Außenkreis, in dem die Experten zu diesem Text sitzen, kontrolliert, ergänzt, verbessert.

3. Fortsetzung

Es bietet sich an, zur Kontrolle nun nicht eine weitere Vorstellung im Plenum vorzunehmen, sondern eine Aufgabe zu wählen, in der die Ergebnisse beider Textarbeiten benötigt werden.

EinFach Deutsch
Unterrichtsmodelle

Herausgegeben von Johannes Diekhans

Ausgewählte Titel der Reihe:

Unterrichtsmodelle – Klassen 5 – 7

Germanische und deutsche Sagen
91 S., DIN A4, kart.   Best.-Nr. 022337

Otfried Preußler: Krabat
131 S., DIN A4, kart.   Best.-Nr. 022331

Unterrichtsmodelle – Klassen 8 – 10

Gottfried Keller: Kleider machen Leute
64 S., DIN A4, geh.   Best.-Nr. 022326

Das Tagebuch der Anne Frank
112 S., DIN A4, kart.   Best.-Nr. 022272

Friedrich Schiller: Wilhelm Tell
90 S., DIN A4, geh.   Best.-Nr. 022301

Unterrichtsmodelle – Gymnasiale Oberstufe

Barock
152 S., DIN A4, kart.   Best.-Nr. 022418

Romantik
155 S., DIN A4, kart.   Best.-Nr. 022382

Lyrik nach 1945
189 S., DIN A4, kart.   Best.-Nr. 022379

Bertolt Brecht: Leben des Galilei
112 S., DIN A4, kart.   Best.-Nr. 022286

Georg Büchner: Dantons Tod
143 S., DIN A4, kart.   Best.-Nr. 022369

Georg Büchner: Woyzeck
115 S., DIN A4, kart.   Best.-Nr. 022313

Friedrich Dürrenmatt: Der Besuch der alten Dame
124 S., DIN A4, kart.   Best.-Nr. 022417

Friedrich Dürrenmatt: Die Physiker
102 S., DIN A4, kart.   Best.-Nr. 022407

Theodor Fontane: Effi Briest
140 S., DIN A4, kart.   Best.-Nr. 022409

Theodor Fontane: Irrungen, Wirrungen
89 S., DIN A4, kart.   Best.-Nr. 022388

Max Frisch: Homo faber
88 S., DIN A4, geh.   Best.-Nr. 022315

Johann Wolfgang von Goethe: Faust I
145 S., DIN A4, kart.   Best.-Nr. 022277

Johann Wolfgang von Goethe: Die Leiden des jungen Werthers
128 S., DIN A4, kart.   Best.-Nr. 022365

Gerhart Hauptmann: Die Ratten
122 S., DIN A4, kart.   Best.-Nr. 022427

E.T.A. Hoffmann: Der Sandmann
123 S., DIN A4, kart.   Best.-Nr. 022357

Franz Kafka: Erzählungen
ca. 128 S., DIN A4, kart.   Best.-Nr. 022422

Franz Kafka: Der Prozess
143 S., DIN A4, kart.   Best.-Nr. 022363

Heinrich von Kleist: Michael Kohlhaas
100 S., DIN A4, kart.   Best.-Nr. 022349

Gotthold Ephraim Lessing: Emilia Galotti
141 S., DIN A4, kart.   Best.-Nr. 022279

Robert Musil: Die Verwirrungen des Zöglings Törleß
153 S., DIN A4, kart.   Best.-Nr. 022400

Friedrich Schiller: Don Carlos
182 S., DIN A4, kart.   Best.-Nr. 022420

Friedrich Schiller: Die Räuber und andere Räubergeschichten
134 S., DIN A4, kart.   Best.-Nr. 022343

Christa Wolf: Kassandra
109 S., DIN A4, kart.   Best.-Nr. 022393

Schöningh Verlag
Postfach 2540
33055 Paderborn

Schöningh

Fordern Sie unseren Prospekt zur kompletten Reihe an:
Informationen 0800 / 18 18 787 (freecall)
info@schoeningh.de / www.schoeningh-schulbuch.de